2023

法律硕士联考

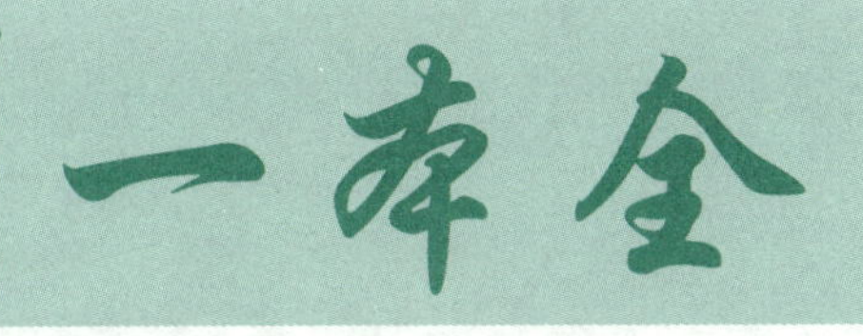

真题全解析

➢ 民法学

华图考研 / 组编　华研法硕 / 出品

中国法制出版社
CHINA LEGAL PUBLISHING HOUSE

目　录

第三编　合　同

第一分编　通则

第二分编　典型合同

第四编　知识产权

第五编　人格权

第六编　家庭婚姻

第七编　继　承

第八编　侵权责任

PART I

第一编

总　则

PART 01

第一章 绪 论

第一节 民法概述

一、主观题

试论民法的性质。(2014-法学-36-论述)

[参考答案] (1)民法是私法。民法的调整对象决定了民法是私法,民法调整的社会关系主要涉及私人利益,民事主体之间是平等主体的关系,国家也是作为特殊的民事主体参与民事活动。

(2)民法是调整市场经济关系的基本法。从民法调整的财产关系的性质归纳得出民法是调整市场经济关系的基本法。

(3)民法是调整社会关系的基本法。

民法调整社会关系,重在保护公民的私权,加大对个人自由权利的保障,以构建和谐的社会秩序。

(4)民法是权利法。

民法最基本的职能在于对民事权利的确认和保护。民法就是为了对抗公权力的干预、保障公民权利不受侵犯而产生的。

(5)民法是实体法。民法作为实体法,既是行为规则,又是裁判规则。

二、2023年度重点预测

本节内容尚未以客观题方式考查。考生须注意:民法的渊源、民法的解释、民法的适用。《民法典总则编解释》对民法的渊源解释,有新内容,尤为重要。

第二节 民法的调整对象

一、客观题

下列行为中,由民法调整的是[ ]。(2019-非法学-21-单)(2019-法学-11-单)

A. 甲与网友相约一起参加电子竞技

B. 乙大学拒绝授予郑某硕士学位

C. 丙在相亲活动中与王某成功“牵手”

D. 丁公安局发布公告:“提供破案线索者,奖励3000元”

[答案] D

[考点] 民法的调整对象

[解析] 【考点1:悬赏广告】《民法典》第499条规定:“悬赏人以公开方式声明对完成特定行为的人支付报酬的,完成该行为的人可以请求其支付。”公安局与提供破案线索者之间是平等主体,不是管理与被管理的关系,丁公安局发布的悬赏广告,由民法典合同编调整,故D选项正确。

【考点2:不属于民事法律事实的情形】民事法律事实,是指依法能够引起民事法律关系产生、变更和消灭的客观现象,包括行为和自然事实。甲与网友相约一起参加电子竞技,丙在相亲活动中与王某成功“牵手”,是民法之外的空间,不是民法调整,A、C选项错误。大学与学生之间是管理与被管理、教育与被教育之间的关系,不是平等主体之间的关系,不由民法调整,B选项错误。

二、2023年度重点预测

本节内容尚未以主观题方式考查。注意简答题:民法调整的人身关系和财产关系的特征。

第三节 民法的基本原则

一、主观题

1. 试论绿水青山就是金山银山体现的规则体系。(2022-法学-论述-回忆版)

[参考答案] 绿水青山就是金山银山,主要体现的是《民法典》所规定的绿色原则及其规则。

绿色原则，是指民事主体的民事活动应当符合资源的有效利用和环境保护的要求。绿色原则贯穿民法典各编章。

（1）民法典在总则中规定了绿色原则，统领全局。《民法典》第 9 条规定：“民事主体从事民事活动，应当有利于节约资源、保护生态环境。”绿色原则是代际正义的要求、是社会可持续发展的要求、也是倡导性的原则规定，倡导民事主体的民事活动应有利于节约资源、保护生态环境。

（2）绿色原则在物权编中的规则体现主要有：①业主应当遵守法律、法规以及管理规约，相关行为应当符合节约资源、保护生态环境的要求；②用益物权人行使权利，应当遵守法律有关保护和合理开发利用资源、保护生态环境的规定。如设立建设用地使用权，应当符合节约资源、保护生态环境的要求，遵守法律、行政法规关于土地用途的规定，不得损害已经设立的用益物权。

（3）绿色原则在合同编中的规则体现主要有：①合同履行中须遵守保护生态环境规则，指在履行合同过程中，应当避免浪费资源、污染环境和破坏生态。②具体表现如在买卖合同中对包装方式有约定按照约定，没有约定或者约定不明确，应当按照通用的方式包装；没有通用方式的，应当采取足以保护标的物且有利于节约资源、保护生态环境的包装方式。

（4）绿色原则在侵权责任编中的规则体现主要是环境污染和生态破坏责任。污染环境、破坏生态造成他人财产或者人身损害而应承担的侵权责任，归责原则是无过错责任。污染者应当就其行为与损害之间不存在因果关系承担举证证明责任。

2. 试论我国民法中的绿色原则的功能。（2018-法学-36-论述）

［参考答案］（1）《民法典》第 9 条规定：“民事主体从事民事活动，应当有利于节约资源、保护生态环境。”绿色原则，是指民事主体的民事活动应当符合资源的有效利用和环境保护的要求。

（2）绿色原则的具体体现：

①绿色原则是代际正义的要求，当代社会经济的发展不能牺牲未来的社会资源和环境。

②绿色原则也是社会可持续发展的要求，对于民事活动中民事责任承担的利益考量，应当符合绿色原则，例如在环境侵权等特殊侵权构成中基于绿色原则而确定其特殊的构成要件。

③绿色原则也是倡导性的原则规定，倡导民事主体的民事活动应有利于节约资源、保护生态环境。民事主体应当选择低能耗、对环境友好的生产、生活方式，以实现节约资源、保护环境、绿色发展的理念。

（3）绿色原则的功能：

①指导功能。绿色原则的功能突出表现在它的指导性。绿色原则对民事立法、民事行为和民事司法均有指导意义。

②约束功能。绿色原则对民法立法、民事行为和民事司法有约束力。

③补充功能。通常在民事法律规范有具体规定的情况下，必须适用具体规定，不能直接适用绿色原则。绿色原则在法律适用中有补充功能。

3. 试论民法基本原则的含义和功能。（2017-法学-36-论述）

［参考答案］民法基本原则，是指效力贯穿于民法始终的基本准则，是对民事立法、民事行为和民事司法具有普遍指导意义的基本准则。民法基本原则是民法调整的社会关系和民法观念的综合反映。民法基本原则的功能主要表现为以下三个方面：

（1）指导功能。民法基本原则的功能突出表现在它的指导性。民法基本原则对民事立法、民事行为和民事司法均有指导意义。

（2）约束功能。民法基本原则对民事立法、民事行为和民事司法有约束力。

（3）补充功能。民法基本原则在民事法律规范中处于指导和统帅的地位，但是通常在民事法律规范有具体规定的情况下，必须适用具体规定，不能直接适用民法基本原则。

4. 简述诚实信用原则的含义和功能。（2011-非法学-53-简答）

［参考答案］《民法典》第 7 条规定：“民事主体从事民事活动，应当遵循诚信原则，秉持诚实，恪守承诺。”诚信原则，又叫诚实信用原则，是指民事主体从事民事活动时，应当诚实守信，正当行使民事权利并履行民事义务，不实施欺诈

和规避法律的行为，在不损害他人利益和社会利益的前提下追求自己的利益。诚实信用原则的功能，主要表现为以下三个方面：

（1）指导功能。诚实信用原则的功能突出表现在它的指导性。民法基本原则对民事立法、民事行为和民事司法均有指导意义。

（2）约束功能。诚实信用原则对民事立法、民事行为和民事司法有约束力。

（3）补充功能。诚实信用原则在民事法律规范中处于指导和统帅的地位，但是通常在民事法律规范有具体规定的情况下，必须适用具体规定，不能直接适用民法基本原则。

二、2023年度重点预测

本节内容尚未以客观题方式考查。基本原则是主观题考查的常客。绿色原则、基本原则的功能分别考查两次。平等原则、自愿原则、公平原则、合法原则、公序良俗原则必须掌握其内容。

PART 02

第二章　民事法律关系

第一节　民事法律事实

一、客观题

1. 下列事实中，能引起甲、乙之间民事法律关系发生的是〔　　〕。(2017-非法学-21-单)(2017-法学-11-单)

A. 甲向乙问路，乙因疏忽指错方向

B. 甲赌博输给乙2万元并当场给付

C. 甲、乙约定某日商谈“互联网+创意”合作合同

D. 甲开车撞断乙公司的输电线，造成损失3000元

［答案］D

［考点］**民事法律事实**

［解析］【考点1：好意施惠】好意施惠关系指当事人之间无意设定法律上的权利义务关系，而由当事人一方基于良好的道德风尚实施的使另一方受恩惠的关系，其旨在增进情谊。甲向乙问路，乙因疏忽指错方向，属于好意施惠，不能引起甲、乙之间民事法律关系的发生，A选项错误。

【考点2：不当得利】甲赌博输给乙2万元并当场给付，赌债违反法律、行政法规的强制性效力性规定，也违背公序良俗，无效。因给付赌债属于不法原因交付财产，不构成不当得利，不能以不当得利请求返还，故甲、乙不产生民事法律关系，B选项错误。

【考点3：民法之外的空间】甲、乙约定某日商谈“互联网+创意”合作合同，并未签订合同，属于民法之外的空间，甲、乙之间不产生民事法律关系，C选项错误。

【考点4：侵权责任】甲开车撞断乙公司的输电线，造成损失3000元，须承担侵权责任，引起侵权损害赔偿关系，故D选项正确。

2. 下列民事法律关系中，需要两个法律事实才能产生的是〔　　〕。(2016-非法学-22-单)

A. 抵押关系

B. 遗嘱继承关系

C. 侵权赔偿关系

D. 婚姻关系

［答案］B

［考点］**民事法律关系的事实构成**

［解析］民事法律关系的产生、变更和消灭，有时只需要以一个法律事实为根据，有时需要以两个或两个以上的法律事实的相互结合为根据。能够引起民事法律关系的产生、变更或消灭的两个以上的法律事实的总和，称为民事法律关系的事实构成。此时，只有在具备事实构成的情况下，才能引起民事法律关系的产生、变更或消灭。针对抵押关系，如果是动产抵押关系，须主合同成立有效以及抵押合同成立有效两个法律事实才能产生；如果是不动产抵押关系，须主合同成立有效、抵押合同成立有效以及登记三个法律事实才能产生，故A选项错误。遗嘱继承关系须立遗嘱行为及立遗嘱人死亡两个法律事实才能产生，B选项正确。侵权赔偿关系只须侵权行为一个法律事实即可产生，婚姻关系只须婚姻登记一个法律事实即可产生，C、D选项错误。

3. 甲、乙违反计划生育政策生下丙。丙的出生属于民事法律事实中的〔　　〕。(2016-法学-16-单)

A. 事实行为　　B. 违法行为

C. 状态　　D. 事件

［答案］D

［考点］**民事法律事实**

［解析］自然事实，又称为非行为事实，是指与人的意志无关，能够引起民事法律关系发生、

变更和消灭的客观现象。自然事实又可分为事件和状态。事件，是指某种客观现象的发生。如人的出生、死亡，发生自然灾害等。状态，是指某种客观现象持续。如人的下落不明、对物继续占有、权利继续不行使等。人的出生是事件，D 选项正确，其他选项错误。

4. 下列选项中，属于民事法律事实的是〔　　〕。(2014-非法学-21-单)

A. 王某报考公务员

B. 孙某在宅基地上建造房屋

C. 崔某请李某吃饭

D. 林某代孪生妹妹举行结婚仪式

[答案] B

[考点] **民事法律事实**

[解析] 民事法律事实，是指依法能够引起民事法律关系产生、变更和消灭的客观现象。《民法典》第 231 条规定："因合法建造、拆除房屋等事实行为设立或者消灭物权的，自事实行为成就时发生效力。"孙某在宅基地上建造房屋，根据法律规定，可以取得房屋的所有权，B 选项正确。王某报考公务员、林某代孪生妹妹举行结婚仪式，不具有民法上的意义，是民法之外的空间；崔某请李某吃饭是好意施惠，均不能引起民事法律关系的产生、变更和消灭，不属于民事法律事实，A、C、D 选项错误。

5. 下列行为中，属于事实行为的是〔　　〕。(2011-法学-11-单)

A. 立遗嘱

B. 修缮邻居的房屋

C. 喂养自家耕牛

D. 招待朋友的客人

[答案] B

[考点] **事实行为**

[解析] 事实行为是行为人主观不一定具有发生、变更或消灭民事法律关系的意思，但客观上能够引起这种后果的行为。主要的事实行为：创作作品的行为；作为债权标的的给付行为如交货、付款行为；侵权行为、建造、修缮房屋等。B 选项正确。立遗嘱是民事法律行为，A 选项错误。喂养自家耕牛是民法之外的空间，招待朋友的客人属于好意施惠，均不是事实行为，C、D 选项错误。

二、2023 年度重点预测

本节内容尚未以主观题方式考查。本节是历年客观题考试重点，但不是难点。主要考点在于判断民事法律事实的分类，特别要注意不属于民事法律事实的情形：好意施惠、婚约、民法之外的空间和戏谑行为。

第二节　民事法律关系的概念及分类

一、客观题

下列选项中，属于民事法律关系的是〔　　〕。(2013-非法学-21-单)

A. 甲男与乙女之间的恋人关系

B. 甲公司与乙公司之间的技术转让关系

C. 甲公司与其分支机构之间的业务指导关系

D. 甲教育局与乙中学之间的管理关系

[答案] B

[考点] **民事法律关系**

[解析] 甲公司与乙公司之间的技术转让关系，属于民事法律关系中的合同关系，B 选项正确。甲男与乙女之间的恋人关系不是民法所调整，A 选项错误。甲公司与其分支机构其实是一个主体的内部关系，不是平等主体之间的关系，C 选项错误。甲教育局与乙中学之间的管理关系，不是平等主体之间的关系，D 选项错误。

二、2023 年度重点预测

曾经以案例分析考查绝对法律关系和相对法律关系，该案例置于后期章节内容进行理解。民事法律关系按照不同的标准分为：人身关系和财产关系；绝对法律关系和相对法律关系；物权关系和债权关系。

第三节　民事法律关系的要素

一、客观题

1. 下列选项中，构成原物与孳息关系的是〔　　〕。(2021-非法学-40-单)

A. 名画原件与其复制品

B. 母牛与其产下的牛犊

C. 水库与水库里的鱼

D. 果树与果树上的果实

[答案] B

[考点] **原物与孳息**

[解析] 根据两物之间的派生关系，物可以分为原物与孳息。原物是指能够产生收益的物，孳息为原物产生的收益。孳息分天然孳息与法定孳息，前者为基于物的自然属性产生的孳息，如果实；后者是依法律关系所生的孳息，如利息。鸡所生的蛋、出生的牛犊、挤出的牛奶，属于孳息，由原物的所有权人取得孳息的所有权，故 B 选项正确。苹果树上的苹果，未收割的庄稼是否是孳息？不是。孳息和原物必须是两个物，若未与原物分离，则仅是一物，无所谓原物与孳息的分类，因此 D 选项错误。名画的原件和复制件没有派生关系，水库和鱼也无派生关系，不是原物和孳息关系，A 选项、C 选项错误。

2. 在当事人没有约定时，能够取得原物的天然孳息所有权的有〔　　〕。（2014－非法学－48－多）

A. 所有权人

B. 留置权人

C. 土地承包经营权人

D. 动产抵押权人

[答案] AC

[考点] **孳息归属**

[解析] 【考点 1：孳息归属】《民法典》第 321 条第 1 款规定："天然孳息，由所有权人取得；既有所有权人又有用益物权人的，由用益物权人取得。当事人另有约定的，按照其约定。"所有权人、土地承包经营权人可以取得天然孳息所有权，A、C 选项正确。

【考点 2：收取孳息】《民法典》第 452 条第 1 款规定："留置权人有权收取留置财产的孳息。"《民法典》第 412 条第 1 款规定："债务人不履行到期债务或者发生当事人约定的实现抵押权的情形，致使抵押财产被人民法院依法扣押的，自扣押之日起，抵押权人有权收取该抵押财产的天然孳息或者法定孳息，但是抵押权人未通知应当清偿法定孳息义务人的除外。"留置权人、动产抵押权人不能取得孳息所有权，但是符合条件时有权收取孳息，B、D 选项错误。

3. 下列各组财产中，构成主物与从物关系的是〔　　〕。（2012－非法学－21－单）

A. 赵某的房屋和房门

B. 李某的手表和孙某的表带

C. 钱某的电视机和遥控器

D. 周某的汽车和车轮

[答案] C

[考点] **主物和从物**

[解析] 根据两物之间的关系，物可以分为主物和从物。在为同一所有人所有，需共同使用才能更好地发挥作用的两物中，起主要作用的即为主物，辅助主物发挥效用的物即为从物。赵某的房屋和房门是一个物，周某的汽车和车轮也是一个物，无所谓主、从关系，A 选项、D 选项错误。李某的手表和孙某的表带，两个物并非属于同一个主体，也无主、从关系，B 选项错误。钱某的电视机和遥控器是典型的主物和从物关系，C 选项正确。

4. 下列选项中，不属于民法上的物的是〔　　〕。（2011－非法学－21－单）

A. 金银制品

B. 空气

C. 货币

D. 枪支

[答案] B

[考点] **物**

[解析] 民法上的物，是指存在于人体之外，为人力所能支配，并能满足人类社会生活需要的有体物及自然力。物具有非人格性、独立性，能为人力所支配。金银制品、货币、枪支均是物。空气不能为人力所支配，不是民法上的物，B 选项正确，其他选项错误。

二、2023 年度重点预测

本节内容尚未以主观题方式考查。民事法律关系的三大要素：主体、客体、内容。本节重点掌握民事法律关系的客体，特别是客体中的物以及物的分类。客观题基本上都是要求判断物的分类。

第四节　民事权利、民事义务

一、客观题

1. 除斥期间的适用对象通常是〔　　〕。(2018-非法学-38-单)

A. 形成权　　B. 请求权

C. 支配权　　D. 抗辩权

［答案］A

［考点］**除斥期间**

［解析］除斥期间是指法律规定或者当事人约定的权利（主要是形成权）预定存在的期间。权利人在此期间不行使权利，预定期间届满，即发生该权利消灭的法律后果。撤销权、解除权的存续期间属于除斥期间，期间届满，撤销权、解除权消灭。除斥期间适用于形成权，诉讼时效适用于请求权，支配权、抗辩权一般没有时间的限制，特殊情况下有不变期间的限制，如所有权具有恒久性，没有时间限制；建设用地使用权、土地承包经营权均有时间限制。故A选项正确，其他选项错误。

2. 下列民事权利中，属于支配权的是〔　　〕。(2015-非法学-21-单)

A. 甲对无权代理的追认权

B. 乙对自身肖像的使用权

C. 丙因受欺诈享有的撤销合同的权利

D. 丁被他人打伤享有的请求赔偿的权利

［答案］B

［考点］**支配权**

［解析］甲对无权代理的追认权，丙因受欺诈享有的撤销合同的权利，单方意思表示发生权利变动，属于形成权，A选项、C选项错误。乙对自身肖像的使用权属于人身权，可以直接支配，属于支配权，B选项正确。丁被他人打伤享有的请求赔偿的权利，须请求对方为或者不为一定行为，属于请求权，D选项错误。

3. 甲、乙签订了一份买卖合同，双方未约定先后履行顺序。现甲未履行债务而请求乙履行，遭乙拒绝。乙行使的权利属于〔　　〕。(2013-法学-11-单)

A. 请求权　　B. 支配权

C. 抗辩权　　D. 形成权

［答案］C

［考点］**同时履行抗辩权**

［解析］《民法典》第525条规定："当事人互负债务，没有先后履行顺序的，应当同时履行。一方在对方履行之前有权拒绝其履行请求。一方在对方履行债务不符合约定时，有权拒绝其相应的履行请求。"本案双方未约定先后履行顺序，乙行使的权利属于同时履行抗辩权，C选项正确，其他选项错误。

4. 民事权利的私力救济方式包括〔　　〕。(2012-非法学-46-多)

A. 自卫行为　　B. 民间调解

C. 自助行为　　D. 民事仲裁

［答案］AC

［考点］**民事权利的私力救济**

［解析］民事权利的保护措施根据性质的不同可以分为私力救济和公力救济两种。民事权利的私力救济，是指权利人自己采取各种合法手段来保护自己的权利不受侵犯。民事权利主体可以以法律许可的方式在法律允许的限度内保护自己的权利。自卫行为：正当防卫、紧急避险；自助行为等属于私力救济。民事权利的公力救济，是指民事权利受到侵害时，由国家机关给予保护。民事主体的民事权利受到侵犯时，可以诉请人民法院或仲裁机关予以裁判，也可以依法请求有关的国家机关给予保护。民间调解和民事仲裁也属于公力救济。故A、C选项正确，B、D选项错误。

5. 下列权利中，属于相对权的是〔　　〕。(2011-非法学-22-单)

A. 配偶权　　B. 抵押权

C. 邻接权　　D. 债权

［答案］D

［考点］**权利的分类**

［解析］以权利人可以对抗的义务人的范围为标准所作的分类，分为绝对权和相对权。绝对权，又称对世权，是指义务人不确定，权利人无须通过义务人实施一定的积极协助行为即可实现的权利。如物权、人身权、知识产权等。相对权，又称对人权，是指权利人和义务人均为特定人，权利人必须通过义务人积极实施或者不实施一定行

为才能实现的权利。债权是典型的相对权，D 选项正确。配偶权是人身权的一种，属于绝对权；抵押权是物权的一种，是绝对权；邻接权是知识产权的一种，属于绝对权。

二、主观题

试论民事权利的私力救济。（2013-法学-36-论述）

[参考答案] 民事权利的私力救济，是指权利人自己采取各种合法手段来保护自己的权利不受侵犯。民事权利主体可以以法律许可的方式在法律允许的限度内保护自己的权利。包括：正当防卫、紧急避险、自助行为等。

（1）正当防卫。为了使国家利益、社会公共利益、本人或者他人的人身权利、财产权利以及其他合法权益免受正在进行的不法侵害，而针对实施侵害行为的人采取的制止不法侵害的行为，应当认定为正当防卫。经审理，正当防卫没有超过必要限度的，人民法院应当认定正当防卫人不承担责任。正当防卫超过必要的限度，造成不应有的损害的，正当防卫人应当承担适当的责任。

①正当防卫超过必要限度的，人民法院应当认定正当防卫人在造成不应有的损害范围内承担部分责任；实施侵害行为的人不能请求正当防卫人承担全部责任。

②实施侵害行为的人不能证明防卫行为造成不应有的损害，仅以正当防卫人采取的反击方式和强度与不法侵害不相当为由主张防卫过当的，人民法院不予支持。

（2）紧急避险。为了使国家利益、社会公共利益、本人或者他人的人身权利、财产权利以及其他合法权益免受正在发生的急迫危险，不得已而采取紧急措施的，应当认定为紧急避险。

①经审理，紧急避险采取措施并无不当且没有超过必要限度的，人民法院应当认定紧急避险人不承担责任。

②因人为因素紧急避险造成损害的，由引起险情发生的人承担责任。

③自然原因引起的，紧急避险人不承担责任或者给予适当补偿。

④紧急避险采取措施不当或者超过必要的限度，造成不应有的损害的，紧急避险人应当承担适当的责任。

（3）自助行为是指权利人为保护自己的权利，在来不及请求公力救济的情况下，对义务人的财产予以扣留等行为。

①措施得当，无须承担民事责任。

②受害人采取的措施不当造成他人损害的，应当承担侵权责任。

三、2023 年度重点预测

民事权利的分类是民法学的基础，特别是支配权、请求权、抗辩权和形成权的分类，务必理解。本节客观题的考查方向是针对某个民事权利，判断其属于何种分类的权利。民事权利的特征、行使，注意简答题。

第五节 民事责任

本节虽然没有专门通过客观题、主观题的方式单独考查，但是民事责任的理论是违约责任、侵权责任、缔约过失责任的理论基础，学好本节，方能理解民法的责任制度。注意：民事责任的特征。

PART 03
第三章　自然人

第一节　自然人的民事权利能力

一、客观题

1. 李某于2012年7月将户籍由甲市迁往乙市，因遗失户籍迁移证而未能落户，后李某因工作需要，自2013年8月起租住在丙市，并在2014年9月至2015年12月期间因重病在丁市某医院住院治疗。2015年10月时李某的住所是〔　　〕。(2018-非法学-21-单)（2018-法学-11-单）

A. 甲市　　B. 乙市
C. 丙市　　D. 丁市

[答案] C

[考点] **住所**

[解析]《民法典》第25条规定："自然人以户籍登记或者其他有效身份登记记载的居所为住所；经常居所与住所不一致的，经常居所视为住所。"经常居所，指自然人离开住所地，最后连续居住1年以上的地方，但住院治病的除外。李某的住所地是甲市，2014年9月至2015年12月期间因重病在丁市某医院住院治疗，不是经常居所，其经常居所是丙市，故2015年10月时李某的住所是丙市，C选项正确，其他选项错误。

2. 认定公民的出生时间，其证明依据的顺序是〔　　〕。(2013-非法学-22-单)

A. 户籍证明、其他相关证明、医院证明
B. 户籍证明、医院证明、其他相关证明
C. 医院证明、其他相关证明、户籍证明
D. 医院证明、户籍证明、其他相关证明

[答案] 无

[考点] **出生时间**

[解析]《民法典》第15条规定："自然人的出生时间和死亡时间，以出生证明、死亡证明记载的时间为准；没有出生证明、死亡证明的，以户籍登记或者其他有效身份登记记载的时间为准。有其他证据足以推翻以上记载时间的，以该证据证明的时间为准。"因法律修改，本题没有答案。

二、2023年度重点预测

本节内容尚未以主观题方式考查。民事权利能力始于出生，终于死亡，其中涉及的"出生""死亡"两个概念须深度理解，方能理解胎儿利益的保护、推定死亡制度。主观题注意：民事权利能力的特征。

第二节　自然人的民事行为能力

一、客观题

1. 16周岁的中学生史某在一次抽奖活动中获得10万元大奖。史某用该笔款项不仅交纳了自己的学费，还帮助父亲偿还了5万元欠款。史某〔　　〕。(2014-非法学-22-单)

A. 是完全民事行为能力人
B. 是限制民事行为能力人
C. 视为限制民事行为能力人
D. 视为完全民事行为能力人

[答案] B

[考点] **民事行为能力**

[解析]《民法典》第18条第2款规定："十六周岁以上的未成年人，以自己的劳动收入为主要生活来源的，视为完全民事行为能力人。"16周岁的中学生史某在一次抽奖活动中获得10万元大奖，不是"以自己的劳动收入为主要生活来源"，仍为限制民事行为能力人，B选项正确，其他选项错误。

2. 不满10周岁的小学生所为的下列行为中，无效的是〔　　〕。(2013-非法学-23-单)

A. 在自动售货机上买零食

B. 接受学校对三好生的物质奖励

C. 将自己的200元压岁钱送给同学

D. 写了一篇文章并发表在校报上

［答案］无

［考点］**民事法律行为的效力**

［解析］本题的题干有瑕疵，原因在于原《民法通则》将限制民事行为能力人的起始年龄规定为10周岁，《民法典》规定为8周岁。本题须分两种情形讨论：

【考点1：限制民事行为能力人所实施的民事法律行为的效力】如果该小学生是8周岁以上，不满10周岁，则属于限制民事行为能力人。《民法典》第19条规定："八周岁以上的未成年人为限制民事行为能力人，实施民事法律行为由其法定代理人代理或者经其法定代理人同意、追认；但是，可以独立实施纯获利益的民事法律行为或者与其年龄、智力相适应的民事法律行为。"《民法典总则编解释》第5条规定："限制民事行为能力人实施的民事法律行为是否与其年龄、智力、精神健康状况相适应，人民法院可以从行为与本人生活相关联的程度，本人的智力、精神健康状况能否理解其行为并预见相应的后果，以及标的、数量、价款或者报酬等方面认定。"在自动售货机上买零食属于"与其年龄、智力相适应的民事法律行为"，有效，A选项错误。接受学校对三好生的物质奖励属于"纯获利益的民事法律行为"，有效，B选项错误。将自己的200元压岁钱送给同学，超越其能力范围，效力未定，C选项错误。写了一篇文章并发表在校报上，是事实行为，不存在效力问题，D选项错误。

【考点2：无民事行为能力人所实施的民事法律行为的效力】如果该小学生不满8周岁。《民法典》第20条规定："不满八周岁的未成年人为无民事行为能力人，由其法定代理人代理实施民事法律行为。"《民法典》第144条规定："无民事行为能力人实施的民事法律行为无效。"A、B、C选项均无效，正确。写了一篇文章并发表在校报上，是事实行为，不存在效力问题，D选项错误。

3. 某童星15周岁，其演出收入能够满足自己的生活需要。该童星未经监护人同意独立实施的下列行为中，有效的是〔　　〕。(2012-非法学-22-单)

A. 向户籍管理部门申请变更姓名

B. 向工商管理部门申请注册公司

C. 购买价格为2万元的摄像机

D. 接受10万元现金的赠与

［答案］D

［考点］**纯获利益的民事法律行为**

［解析］【考点1：限制民事行为能力人】某童星15周岁，未达16周岁，即使其演出收入能够满足自己的生活需要，仍然是限制民事行为能力人。向户籍管理部门申请变更姓名、向工商管理部门申请注册公司、购买价格为2万元的摄像机均超越其能力范围，A、B、C选项错误。

【考点2：纯获利益的民事法律行为】《民法典》第19条规定："八周岁以上的未成年人为限制民事行为能力人，实施民事法律行为由其法定代理人代理或者经其法定代理人同意、追认；但是，可以独立实施纯获利益的民事法律行为或者与其年龄、智力相适应的民事法律行为。"接受10万元现金的赠与，属于纯获利益的民事法律行为，有效，D选项正确。

二、2023年度重点预测

本节内容尚未以主观题方式考查。掌握民事行为能力的分类，从而理解不同民事行为能力人所实施的民事法律行为的效力，这是命题者固有的考试套路。简答题注意：民事行为能力的特征。

第三节　监护

一、客观题

1. 监护人因发生突发事件等紧急情况暂时无法履行监护职责，被监护人的生活处于无人照料状态的，应当为被监护人安排必要的临时生活照料措施的组织有〔　　〕。(2021-非法学-46-多)(2021-法学-26-多)

A. 被监护人住所地的民政部门

B. 监护人的所在单位

C. 被监护人住所地的居民委员会

D. 被监护人住所地的村民委员会

［答案］ACD

［考点］**紧急照料**

［解析］《民法典》第34条第4款规定："因发生突发事件等紧急情况，监护人暂时无法履行监护职责，被监护人的生活处于无人照料状态的，被监护人住所地的居民委员会、村民委员会或者民政部门应当为被监护人安排必要的临时生活照料措施。"应当为被监护人安排必要的临时生活照料措施的组织有：居民委员会、村民委员会或者民政部门。监护人的所在单位并无此义务，故A选项、C选项、D选项正确，B选项错误。

2. 甲、乙系夫妻，1998年5月儿子丙出生。2017年10月，甲与侄子丁签订书面协议，约定在甲丧失民事行为能力时，丁担任甲的监护人。一年后甲丧失民事行为能力，其好友戊表示愿意担任甲的监护人，并得到甲住所地居委会的同意。此时甲的监护人是（　　）。（2019-非法学-24-单）（2019-法学-14-单）

A. 乙　　B. 丙

C. 丁　　D. 戊

［答案］C

［考点］**意定监护**

［解析］《民法典》第33条规定："具有完全民事行为能力的成年人，可以与其近亲属、其他愿意担任监护人的个人或者组织事先协商，以书面形式确定自己的监护人，在自己丧失或者部分丧失民事行为能力时，由该监护人履行监护职责。"2017年10月，甲与侄子丁签订书面协议，约定在甲丧失民事行为能力时，丁担任甲的监护人，符合意定监护的要件，故甲丧失民事行为能力后，应当尊重当事人的意思自治，由侄子丁担任监护人，C选项正确，其他选项错误。

3. 甲为精神病人乙的监护人。甲的下列行为中，属于依法履行监护职责的是（　　）。（2016-非法学-23-单）

A. 免除丙欠乙的1万元债务

B. 撤销乙患病前低价卖表给丁的合同

C. 用乙的存款为乙支付医疗费

D. 为防止乙出门用铁链将其锁在家里

［答案］C

［考点］**监护的职责**

［解析］【考点1：监护职责】《民法典》第34条第1款规定："监护人的职责是代理被监护人实施民事法律行为，保护被监护人的人身权利、财产权利以及其他合法权益等。"《民法典》第35条规定："监护人应当按照最有利于被监护人的原则履行监护职责。监护人除为维护被监护人利益外，不得处分被监护人的财产。"免除丙欠乙的1万元债务，非为被监护人的利益，A选项错误；为防止乙出门用铁链将其锁在家里，侵害被监护人的合法权益，D选项错误；用乙的存款为乙支付医疗费，是为了被监护人的利益，故C选项正确。

【考点2：撤销权】乙患病前低价卖表给丁的合同，属于双方真实意思表示，监护人没有撤销权，B选项错误。

4. 甲系精神病人，有亲属如下：母亲，75周岁，瘫痪在床；弟弟，48周岁，工人；儿子，20周岁，在校大学生；女儿，17周岁，无业。甲的监护人应为（　　）。（2015-非法学-24-单）

A. 甲母　　B. 甲弟

C. 甲子　　D. 甲女

［答案］C

［考点］**监护能力**

［解析］【考点1：法定顺序监护人】《民法典》第28条规定："无民事行为能力或者限制民事行为能力的成年人，由下列有监护能力的人按顺序担任监护人：（一）配偶；（二）父母、子女；（三）其他近亲属；（四）其他愿意担任监护人的个人或者组织，但是须经被监护人住所地的居民委员会、村民委员会或者民政部门同意。"

【考点2：监护能力的认定】《民法典总则编解释》第6条规定："人民法院认定自然人的监护能力，应当根据其年龄、身心健康状况、经济条件等因素确定；认定有关组织的监护能力，应当根据其资质、信用、财产状况等因素确定。"母亲，75周岁，瘫痪在床，没有监护能力，A选项错误。女儿，17周岁，无业，未成年，没有监护能力，D选项错误。弟弟，48周岁，工人；儿子，20周岁，在校大学生，已经成年，有监护能力。根据《民法典》第28条的顺序，应由甲子担任监护人，C 选项正确，B 选项错误。

5. 甲出差，委托同事乙照看其 9 周岁儿子丙。某日，乙将丙单独留在家中，自己出去打麻将。丙在玩耍时将邻居小孩丁打伤。丁的损害应由〔　　〕。(2015-非法学-25-单)

A. 甲单独承担责任

B. 乙单独承担责任

C. 甲、乙承担连带责任

D. 甲承担责任，乙承担相应的补充责任

[答案] 无

[考点] **委托监护**

[解析]【考点 1：委托监护的责任承担】《民法典》第 1189 条规定："无民事行为能力人、限制民事行为能力人造成他人损害，监护人将监护职责委托给他人的，监护人应当承担侵权责任；受托人有过错的，承担相应的责任。"甲委托同事乙照看其 9 周岁的儿子丙，甲仍为监护人，承担无过错的替代责任；乙将丙单独留在家中，自己出去打麻将，有过错，承担与其过错相应的责任。可见，甲、乙承担按份责任。本题公布的答案是 C，因法律修改，没有答案。

【考点 2：委托监护的受托人不是监护人】《民法典总则编解释》第 13 条规定："监护人因患病、外出务工等原因在一定期限内不能完全履行监护职责，将全部或者部分监护职责委托给他人，当事人主张受托人因此成为监护人的，人民法院不予支持。"但是，请注意，协议监护中，协商确定的人是监护人。

6. 小文系儿童影星，片酬颇丰。其父甲的弟弟乙生活困难。甲征得小文同意后，不顾小文母亲的反对，将小文的 5000 元片酬以小文的名义赠与乙。甲处分小文财产的行为〔　　〕。(2013-法学-12-单)

A. 有效，因为甲已征得小文同意

B. 有效，因为甲为小文的法定代理人

C. 无效，因为小文母亲反对

D. 无效，因为甲处分财产不是为了小文的利益

[答案] D

[考点] **监护人的职责**

[解析]《民法典》第 35 条第 1 款规定："监护人应当按照最有利于被监护人的原则履行监护职责。监护人除为维护被监护人利益外，不得处分被监护人的财产。"甲处分小文的财产，不是为了小文的利益，应当无效，D 选项正确，其他选项错误。

7. 监护人有权处理被监护人财产的法定情形是〔　　〕。(2012-非法学-23-单)

A. 发生紧急情况

B. 为被监护人的利益

C. 经被监护人同意

D. 经被监护人所在地的基层组织同意

[答案] B

[考点] **监护职责**

[解析]《民法典》第 35 条第 1 款规定："监护人应当按照最有利于被监护人的原则履行监护职责。监护人除为维护被监护人利益外，不得处分被监护人的财产。"监护人有权处理被监护人财产的法定情形是"为被监护人的利益"，B 选项正确，其他选项错误。

二、主观题

简述撤销监护人资格的法定事由。(2020-非法学-53-简答)(2020-法学-33-简答)

[参考答案] 撤销监护人资格的法定事由：

(1) 监护人实施严重损害被监护人身心健康的行为；

(2) 监护人怠于履行监护职责，或者无法履行监护职责并且拒绝将监护职责部分或者全部委托给他人，导致被监护人处于危困状态；

(3) 监护人实施严重侵害被监护人合法权益的其他行为。

[解析] 类型总结题。撤销监护资格的事由，属于理由型的总结题，又如赠与人行使法定撤销权的事由等。

三、2023 年度重点预测

监护是历年考试的重点，尤其今年《民法典总则编解释》生效，其中关于遗嘱监护、协议监护、意定监护、一般的委托监护的内容均作了补充性规定，是本年度考试重点。主观题注意：监护人的职责和监护终止的事由。

第四节　宣告失踪与宣告死亡

一、客观题

1. 甲外出务工多年未与家中联系，经其配偶乙申请，法院宣告甲死亡。甲的好友丙替甲偿还了欠丁的1万元。后乙与丙组成家庭。一日，甲返乡。对此，下列说法正确的是〔　　〕。(2019-非法学-25-单)(2019-法学-15-单)

A. 甲和乙之间的婚姻关系自动恢复

B. 乙和丙之间的婚姻关系自动解除

C. 乙、丙婚后，丙可向乙主张1万元债权

D. 无论甲、乙是否恢复婚姻关系，丙均有权要求甲偿还1万元债务

［答案］D

［考点］**宣告死亡、代为清偿**

［解析］【考点1：撤销死亡宣告的后果】《民法典》第51条规定："被宣告死亡的人的婚姻关系，自死亡宣告之日起消除。死亡宣告被撤销的，婚姻关系自撤销死亡宣告之日起自行恢复。但是，其配偶再婚或者向婚姻登记机关书面声明不愿意恢复的除外。"法院宣告甲死亡后，乙与丙组成家庭，即再婚，故甲返乡撤销死亡宣告，甲和乙之间的婚姻关系不能恢复，A选项错误。乙和丙之间的婚姻关系受到法律保护，不能自动解除，故B选项错误。

【考点2：代为清偿】《民法典》第524条第1款规定："债务人不履行债务，第三人对履行该债务具有合法利益的，第三人有权向债权人代为履行；但是，根据债务性质、按照当事人约定或者依照法律规定只能由债务人履行的除外。"第2款规定："债权人接受第三人履行后，其对债务人的债权转让给第三人，但是债务人和第三人另有约定的除外。"甲的好友丙替甲偿还了欠丁的1万元(由题目表述可见，该1万元债务属于甲的个人债务，而不是甲、乙夫妻共同债务)，构成代为清偿。根据《民法典》第524条第2款的规定，丙可向甲追偿，不能向乙追偿，故C选项错误，D选项正确。

2. 甲被依法宣告失踪，乙为甲的财产代管人。下列选项中，由乙从甲的财产中支付的有〔　　〕。(2017-非法学-46-多)(2017-法学-26-多)

A. 甲所欠税款

B. 甲所欠债务

C. 甲应支付的赡养费

D. 乙代管财产的管理费

［答案］ABCD

［考点］**宣告失踪**

［解析］《民法典》第43条第1款规定："财产代管人应当妥善管理失踪人的财产，维护其财产权益。"第2款规定："失踪人所欠税款、债务和应付的其他费用，由财产代管人从失踪人的财产中支付。"其他费用包括甲应支付的赡养费、乙代管财产的管理费等，A、B、C、D选项正确。

3. 甲离家出走，下落不明已满5年。下列人员中，可向人民法院申请甲为失踪人的有〔　　〕。(2015-非法学-46-多)

A. 甲的妻子

B. 甲的姐姐

C. 甲的债权人

D. 甲的外祖父

［答案］ABCD

［考点］**宣告失踪的申请人**

［解析］《民法典》第40条规定："自然人下落不明满二年的，利害关系人可以向人民法院申请宣告该自然人为失踪人。"《民法典总则编解释》第14条规定："人民法院审理宣告失踪案件时，下列人员应当认定为民法典第四十条规定的利害关系人：(一)被申请人的近亲属；(二)依据民法典第一千一百二十八条、第一千一百二十九条规定对被申请人有继承权的亲属；(三)债权人、债务人、合伙人等与被申请人有民事权利义务关系的民事主体，但是不申请宣告失踪不影响其权利行使、义务履行的除外。"甲的妻子、姐姐、外祖父是近亲属，可以申请宣告失踪，A、B、D选项正确。题目没有"不申请宣告失踪不影响其权利行使、义务履行"的情形，甲的债权人也属于利害关系人，C选项正确。

二、主观题

1. 简述宣告死亡的条件。(2016-非法学-53-简答)

［参考答案］宣告死亡是指经利害关系人申请，由法院依照法律规定的条件和程序，判决宣

告下落不明满法定期限的自然人死亡的民事法律制度。宣告死亡的条件：

（1）自然人下落不明达法定期间

①一般情形下下落不明的，满4年；自然人在战争期间下落不明的，利害关系人申请宣告死亡的期间是4年，自战争结束之日或者有关机关确定的下落不明之日起计算。

②因意外事件下落不明的，自下落不明之日起满2年。

③因意外事件下落不明，经有关机关证明不可能生存的，无期间的限制，可以直接申请宣告死亡。

（2）利害关系人申请

近亲属及具有民事权利义务关系的人。

①被申请人的配偶、父母、子女；

②尽了主要赡养义务的丧偶儿媳、丧偶女婿；（即依据《民法典》第1129条规定对被申请人有继承权的亲属）

③符合下列情形之一的，被申请人的其他近亲属，以及代位继承人：

其一，被申请人的配偶、父母、子女均已死亡或者下落不明的；

其二，不申请宣告死亡不能保护其相应合法权益的。

④被申请人的债权人、债务人、合伙人等民事主体不能认定为《民法典》第46条规定的利害关系人，但是不申请宣告死亡不能保护其相应合法权益的除外。

（3）法院依法宣告

①首先由利害关系人向法院提出申请；

②法院受理以后，应当发出寻找失踪人的公告，公告期间为1年；因意外事件下落不明，经有关机关证明该自然人不可能生存的，公告期间为3个月。

③期间届满，下落不明的自然人仍无音讯的，法院应作出宣告该自然人死亡的判决。

2.（2018-法学-38-案例）甲、乙系夫妻。2013年5月，甲、乙签订离婚协议，约定：3岁的孩子丙跟乙共同生活，甲婚前的个人房产在年底前过户给丙。同年6月，甲、乙办理了离婚手续。

2013年8月，甲向丁借款20万元做生意。9月，甲与戊结婚，不久甲生意失败，无法偿还债务。2013年12月，甲将离婚协议约定给丙的房产卖给他人并办理了过户手续。2014年1月，甲携卖房款离家出走，至今下落不明。

请根据上述材料，回答下列问题并说明理由：

（1）2013年10月，谁是丙的监护人？

（2）乙是否有权主张房屋买卖合同无效？

（3）若丁请求戊偿还债务，戊是否有义务偿还？

（4）谁有权申请宣告甲失踪？

［参考答案］

（1）2013年10月，甲、乙是丙的监护人。根据《民法典》的规定，父母是未成年子女的监护人。父母与子女间的关系，不因父母离婚而消除。甲、乙虽然离婚，但是仍是丙的父母，丙尚未成年，故甲、乙均为丙的监护人。

【法律依据】① 《民法典》第27条第1款规定："父母是未成年子女的监护人。"《民法典》第1084条第1款规定："父母与子女间的关系，不因父母离婚而消除。离婚后，子女无论由父或者母直接抚养，仍是父母双方的子女。"第2款规定："离婚后，父母对于子女仍有抚养、教育、保护的权利和义务。"

（2）无权。2013年12月，甲将离婚协议约定给丙的房产卖给他人并办理了过户手续。甲仍为房屋的所有权人，甲、买房人有相应的民事行为能力、意思表示真实，不违反法律、行政法规的强制性规定，不违背公序良俗，根据《民法典》的规定，甲、买房人的房屋买卖合同有效，乙无权主张合同无效。

【法律依据】《民法典》第143条规定："具备下列条件的民事法律行为有效：（一）行为人具有相应的民事行为能力；（二）意思表示真实；（三）不违反法律、行政法规的强制性规定，不违背公序良俗。"

（3）戊无义务偿还。甲、乙离婚后，甲向丁借款20万元做生意。后来甲才与戊结婚。根据我国法律规定，该20万元属于甲的个人债务，由甲清偿，丁无权请求戊偿还债务。

【法律依据】《民法典婚姻家庭编解释（一）》

① 案例分析的答案无须写具体的法律条文，本案将法律条文注明供考生参考。

第 33 条规定："债权人就一方婚前所负个人债务向债务人的配偶主张权利的，人民法院不予支持。但债权人能够证明所负债务用于婚后家庭共同生活的除外。"

（4）丙、丁、戊有权宣告甲失踪。根据《民法典》的规定，近亲属及具有民事权利义务关系的人有权宣告失踪。丙是甲的子女、戊是配偶，属于近亲属；丁是债权人，属于具有民事权利义务关系的人，有权宣告甲失踪。

【法律依据】《民法典》第 40 条规定："自然人下落不明满二年的，利害关系人可以向人民法院申请宣告该自然人为失踪人。"

《民法典总则编解释》第 14 条规定："人民法院审理宣告失踪案件时，下列人员应当认定为民法典第四十条规定的利害关系人：（一）被申请人的近亲属；（二）依据民法典第一千一百二十八条、第一千一百二十九条规定对被申请人有继承权的亲属；（三）债权人、债务人、合伙人等与被申请人有民事权利义务关系的民事主体，但是不申请宣告失踪不影响其权利行使、义务履行的除外。"

三、2023 年度重点预测

宣告失踪和宣告死亡，是考试重点。《民法典总则编解释》对宣告失踪和宣告死亡的利害关系人作了细化补充，是今年考试重点。

1. 宣告失踪的利害关系人包括：近亲属及具有民事权利义务关系的人。（《民法典总则编解释》第 14 条）

（1）被申请宣告失踪人的近亲属：配偶、父母、子女、兄弟姐妹、祖父母、外祖父母、孙子女、外孙子女；

（2）代位继承人；（即《民法典》第 1128 条规定的继承人）

（3）尽了主要赡养义务的丧偶儿媳、丧偶女婿；（即《民法典》第 1129 条规定的继承人）

（4）债权人、债务人、合伙人等与被申请人有民事权利义务关系的民事主体，但是不申请宣告失踪不影响其权利行使、义务履行的除外。

2. 宣告死亡的利害关系人包括：近亲属及具有民事权利义务关系的人。（《民法典总则编解释》第 16 条）

（1）被申请人的配偶、父母、子女；

（2）尽了主要赡养义务的丧偶儿媳、丧偶女婿；（即依据《民法典》第 1129 条规定对被申请人有继承权的亲属）

（3）符合下列情形之一的，被申请人的其他近亲属，以及代位继承人：

①被申请人的配偶、父母、子女均已死亡或者下落不明的；

②不申请宣告死亡不能保护其相应合法权益的。

（4）被申请人的债权人、债务人、合伙人等民事主体不能认定为《民法典》第 46 条规定的利害关系人，但是不申请宣告死亡不能保护其相应合法权益的除外。

第五节 个体工商户、农村承包经营户

个体工商户和农村承包经营户尚未考查。须注意该两大主体的性质是自然人而不是非法人组织。理解个体工商户和农村承包经营户的特征。

PART 04

第四章 法 人

第一节 法人概述

一、客观题

1. 甲公司章程规定：公司的法定代表人为张某；公司签订金额100万元以上的合同须经董事会决议。后张某擅自以甲公司名义与不知情的乙公司签订了一份金额为150万元的合同。张某的代表行为〔　　〕。(2016-非法学-35-单)

A. 有效

B. 可撤销

C. 无效

D. 效力待定

［答案］A

［考点］**表见代表**

［解析］《民法典》第61条第3款规定："法人章程或者法人权力机构对法定代表人代表权的限制，不得对抗善意相对人。"《民法典》第504条规定："法人的法定代表人或者非法人组织的负责人超越权限订立的合同，除相对人知道或者应当知道其超越权限外，该代表行为有效，订立的合同对法人或者非法人组织发生效力。"法定代表人张某超越权限与不知情的乙公司订立合同，有效，A选项正确，其他选项错误。

2. 按照民法理论，有限责任公司属于〔　　〕。(2016-法学-26-多)

A. 私法人

B. 营利法人

C. 企业法人

D. 社会团体法人

［答案］ABC

［考点］**法人分类**

［解析］有限责任公司是私法人，不是公法人，A选项正确。《民法典》第76条第1款规定："以取得利润并分配给股东等出资人为目的成立的法人，为营利法人。"第2款规定："营利法人包括有限责任公司、股份有限公司和其他企业法人等。"有限责任公司属于营利法人、企业法人，B、C选项正确。《民法典》第90条规定："具备法人条件，基于会员共同意愿，为公益目的或者会员共同利益等非营利目的设立的社会团体，经依法登记成立，取得社会团体法人资格；依法不需要办理法人登记的，从成立之日起，具有社会团体法人资格。"有限责任公司是社团法人（理论分类），不是社会团体法人（我国特有分类），D不选。

3. 下列选项中，具备法人资格的是〔　　〕。(2015-非法学-22-单)

A. 合伙企业

B. 个体工商户

C. 个人独资企业

D. 一人有限责任公司

［答案］D

［考点］**法人**

［解析］《民法典》第102条第1款规定："非法人组织是不具有法人资格，但是能够依法以自己的名义从事民事活动的组织。"第2款规定："非法人组织包括个人独资企业、合伙企业、不具有法人资格的专业服务机构等。"合伙企业、个人独资企业属于非法人组织，A、C选项错误。《民法典》第54条规定："自然人从事工商业经营，经依法登记，为个体工商户。个体工商户可以起字号。"个体工商户属于自然人范畴，B选项错误。《民法典》第57条规定："法人是具有民事权利能力和民事行为能力，依法独立享有民事权利和承担民事义务的组织。"一人有限责任公司属于

法人，D 选项正确。

二、2023 年度重点预测

法人的机关，特别是法定代表人，客观题考试重点。法人的能力，也是客观题的主要考查方向。主观题注意：法人的特征和分类。

第二节 营利法人

一、客观题

营利法人依法解散进行清算期间，营利法人〔　　〕。（2020-非法学-38-单）

A. 主体资格消灭，不能进行任何民事活动

B. 主体资格消灭，但可以从事与清算有关的活动

C. 主体资格不消灭，可以进行各种民事活动

D. 主体资格不消灭，但不得从事与清算无关的活动

［答案］D

［考点］**清算**

［解析］《民法典》第 72 条第 1 款规定："清算期间法人存续，但是不得从事与清算无关的活动。"第 3 款规定："清算结束并完成法人注销登记时，法人终止；依法不需要办理法人登记的，清算结束时，法人终止。"可见，营利法人依法解散进行清算期间，主体资格不消灭，但不得从事与清算无关的活动，D 选项正确，其他选项错误。

二、2023 年度重点预测

营利法人包括：有限责任公司、股份有限公司和其他企业法人。法人人格否认制度是民法典新增的重要制度，尚未考查，须特别注意。

第三节 非营利法人

一、客观题

1. 下列关于捐助法人的表述，正确的是〔　　〕。（2021-非法学-21-单）（2021-法学-11-单）

A. 捐助法人终止时应将剩余财产返还给捐助人

B. 捐助法人无需设立决策机构

C. 捐助人是捐助法人的法定代表人

D. 捐助法人是为公益目的设立的非营利法人

［答案］D

［考点］**捐助法人**

［解析］【考点 1：以公益为目的的非营利法人终止时财产的处理】《民法典》第 95 条规定："为公益目的成立的非营利法人终止时，不得向出资人、设立人或者会员分配剩余财产。剩余财产应当按照法人章程的规定或者权力机构的决议用于公益目的；无法按照法人章程的规定或者权力机构的决议处理的，由主管机关主持转给宗旨相同或者相近的法人，并向社会公告。"捐助法人属于以公益为目的成立的非营利法人，终止时不得将剩余财产返还给捐助人，A 选项错误。

【考点 2：捐助法人的机构设置】《民法典》第 93 条第 2 款规定："捐助法人应当设理事会、民主管理组织等决策机构，并设执行机构。理事长等负责人按照法人章程的规定担任法定代表人。"第 3 款规定："捐助法人应当设监事会等监督机构。"可见，捐助法人应当设决策机构，B 选项错误。

【考点 3：捐助法人的法定代表人】《民法典》第 93 条第 2 款规定："捐助法人应当设理事会、民主管理组织等决策机构，并设执行机构。理事长等负责人按照法人章程的规定担任法定代表人。"理事长等负责人按照法人章程的规定担任法定代表人。捐助人不一定是捐助法人的法定代表人，C 选项错误。

【考点 4：捐助法人是非营利法人】《民法典》第 92 条第 1 款规定："具备法人条件，为公益目的以捐助财产设立的基金会、社会服务机构等，经依法登记成立，取得捐助法人资格。"可见，捐助法人是为公益目的设立的非营利法人，D 选项正确。

2. 下列选项中，属于非营利法人的有〔　　〕。（2020-非法学-47-多）（2020-法学-27-多）

A. 基层群众性自治组织法人

B. 社会团体法人

C. 事业单位法人

D. 农村合作经济组织法人

［答案］BC

［考点］**非营利法人的分类**

［解析］【考点 1：非营利法人的分类】《民法典》第 87 条第 1 款规定："为公益目的或者其他非营利目的成立，不向出资人、设立人或者会员分配所取得利润的法人，为非营利法人。"第 2 款规定："非营利法人包括事业单位、社会团体、基金会、社会服务机构等。"可见，B、C 选项正确。

【考点 2：特别法人】《民法典》第 96 条规定："本节规定的机关法人、农村集体经济组织法人、城镇农村的合作经济组织法人、基层群众性自治组织法人，为特别法人。"因此，A、D 选项属于特别法人，不选。

【注】特别法人也不是以营利为目的，考生千万不要将其归类为非营利法人。特别法人是我们国家民法典的特别分类，尤须掌握。

二、2023 年度重点预测

非营利法人包括：事业单位法人、社会团体法人和捐助法人。捐助法人又包括：基金会、社会服务机构、宗教活动场所。掌握非营利法人取得法人资格的时间点，特别注意为公益目的成立的非营利法人终止时的财产如何处理。

第四节　特别法人

一、客观题

我国《民法总则》依据法人存在的目的，将法人分为营利法人、非营利法人和特别法人。下列选项中，属于特别法人的有〔　　〕。（2019-非法学-46-多）（2019-法学-26-多）

A. 机关法人

B. 事业单位法人

C. 捐助法人

D. 农村集体经济组织法人

［答案］AD

［考点］**特别法人**

［解析］《民法典》第 96 条规定："本节规定的机关法人、农村集体经济组织法人、城镇农村的合作经济组织法人、基层群众性自治组织法人，为特别法人。"可见，A、D 选项正确。事业单位法人、捐助法人属于非营利法人，B、C 选项错误。

二、2023 年度重点预测

特别法人包括：机关法人、农村集体经济组织法人、城镇农村的合作经济组织法人、基层群众性自治组织法人。

第五节　法人的设立、变更和终止

一、客观题

1. 甲为设立蓝天公司，以自己的名义承租乙公司的房屋作为蓝天公司筹备处的办公场所，约定租金 2 万元。蓝天公司成立后，乙公司对到期未付的租金〔　　〕。（2019-非法学-23-单）（2019-法学-13-单）

A. 只能请求甲支付

B. 只能请求蓝天公司支付

C. 有权选择请求甲或蓝天公司支付

D. 有权请求甲和蓝天公司承担按份责任

［答案］C

［考点］**法人设立的责任**

［解析］《民法典》第 75 条第 1 款规定："设立人为设立法人从事的民事活动，其法律后果由法人承受；法人未成立的，其法律后果由设立人承受，设立人为二人以上的，享有连带债权，承担连带债务。"第 2 款规定："设立人为设立法人以自己的名义从事民事活动产生的民事责任，第三人有权选择请求法人或者设立人承担。"本案中，甲为设立蓝天公司，以自己的名义签订合同，蓝天公司成立后，乙公司对到期未付的租金有权选择请求甲或蓝天公司支付，故 C 选项正确，其他选项错误。

2. 下列情形中，不属于法人解散原因的是〔　　〕。（2018-非法学-32-单）

A. 被吊销营业执照

B. 被吊销登记证书

C. 章程规定的存续期间届满

D. 变更名称

［答案］D

［考点］法人解散

［解析］《民法典》第69条规定："有下列情形之一的，法人解散：（一）法人章程规定的存续期间届满或者法人章程规定的其他解散事由出现；（二）法人的权力机构决议解散；（三）因法人合并或者分立需要解散；（四）法人依法被吊销营业执照、登记证书，被责令关闭或者被撤销；（五）法律规定的其他情形。"因此，不属于法人解散原因的是变更名称，D选项正确。

3. 法人必须依据特别立法或国家元首的许可才得以设立的原则称为〔　　〕。（2104-非法学-24-单）

A. 准则主义

B. 特许主义

C. 行政许可主义

D. 自由设立主义

［答案］B

［考点］法人设立

［解析］法人的设立是指依照法律规定的条件和程序使社会组织取得民事主体资格的过程。设立法人的过程必须遵守一定的原则，主要包括：（1）特许主义，即法人的设立必须依据特别立法或国家元首的许可。（2）核准主义，指设立法人须依据法律规定的要件并经行政主管机关审核批准而成立，也称行政许可主义。（3）准则主义，指把法人的成立要件通过法律加以规定，只要设立行为符合该条件，无须经行政机关的许可，而仅向登记机关进行登记，法人即可成立。（4）自由设立主义，指法人的设立仅凭当事人的意思即可设立，国家不加以干涉。可见，B选项正确，其他选项错误。该考点已经被大纲删除。

二、2023年度重点预测

法人的分立与合并方式及其法律后果，客观题须理解。主观题掌握：法人的设立、法人终止的事由。

PART 05
第五章　非法人组织

第一节　非法人组织概述

一、主观题

简述非法人组织的概念及应具备的要件。(2011-法学-33-简答)

[参考答案] 非法人组织，是指虽不具有法人资格但可以自己的名义从事民事活动的组织体。非法人组织应具备的要件包括：

(1) 有自己目的的社会组织体。

(2) 有自己的名称。

(3) 有自己的财产或者经费。

(4) 有代表人或者管理人。

二、2023 年度重点预测

非法人组织包括：个人独资企业、合伙企业、不具有法人资格的专业服务机构。非法人组织的特征和法人的特征，须比较理解。

第二节　合伙企业

一、客观题

1. 甲、乙结婚后，乙与丙、丁、戊设立一合伙企业，四人的出资比例是 1：2：3：4。五年后，甲与乙协议离婚，双方约定将乙在合伙企业中的财产份额全部转让给甲。甲取得合伙人地位的条件是〔　　〕。(2021-非法学-28-单) (2021-法学-18-单)

A. 丁、戊同意即可

B. 经丙、丁、戊一致同意

C. 丙、丁同意即可

D. 丙、戊同意即可

[答案] B

[考点] 合伙企业份额转让

[解析] 【考点 1：合伙企业财产份额转让】《合伙企业法》第 22 条第 1 款规定："除合伙协议另有约定外，合伙人向合伙人以外的人转让其在合伙企业中的全部或者部分财产份额时，须经其他合伙人一致同意。"第 2 款规定："合伙人之间转让在合伙企业中的全部或者部分财产份额时，应当通知其他合伙人。"可见，合伙企业中财产份额转让，除合伙协议另有约定外，须经全票决，故 B 选项正确，其他选项错误。

【考点 2：离婚的合伙企业财产分割】《民法典婚姻家庭编解释（一）》第 74 条规定："人民法院审理离婚案件，涉及分割夫妻共同财产中以一方名义在合伙企业中的出资，另一方不是该企业合伙人的，当夫妻双方协商一致，将其合伙企业中的财产份额全部或者部分转让给对方时，按以下情形分别处理：（一）其他合伙人一致同意的，该配偶依法取得合伙人地位；（二）其他合伙人不同意转让，在同等条件下行使优先购买权的，可以对转让所得的财产进行分割；（三）其他合伙人不同意转让，也不行使优先购买权，但同意该合伙人退伙或者削减部分财产份额的，可以对结算后的财产进行分割；（四）其他合伙人既不同意转让，也不行使优先购买权，又不同意该合伙人退伙或者削减部分财产份额的，视为全体合伙人同意转让，该配偶依法取得合伙人地位。"

【注】本题考查合伙企业财产份额的转让，且考查了离婚时的财产分割。因为 2021 年考试大纲将合伙企业大部分考点删除，故本题是超纲题。建议考生按照本书的考点进行掌握，以应对命题者的适度超纲考点。

2. 甲、乙、丙设立一合伙企业。2014 年 8 月，该合伙企业欠星月公司贷款 36 万元，同年 10

月，丙经甲、乙同意退伙，依约承担了 15 万元的合伙债务。2015 年 2 月，丁经甲、乙同意入伙，并约定：丁对入伙前该合伙企业所欠债务不承担责任。对该合伙企业欠星月公司的债务应承担无限连带责任的有〔　　〕。（2018-非法学-46-多）（2018-法学-26-多）

A. 甲

B. 乙

C. 丙

D. 丁

［答案］ABCD

［考点］**合伙企业**

［解析］【考点 1：普通合伙企业责任承担】《合伙企业法》第 2 条第 2 款规定："普通合伙企业由普通合伙人组成，合伙人对合伙企业债务承担无限连带责任。本法对普通合伙人承担责任的形式有特别规定的，从其规定。"请考生注意，在做题时，只要没有交代是特殊的普通合伙企业或者是有限合伙企业，都属于一般的普通合伙企业，合伙人对外承担无限连带责任，甲、乙、丙是普通合伙人，须对外承担无限连带责任。

【考点 2：退伙的责任承担】《合伙企业法》第 53 条规定："退伙人对基于其退伙前的原因发生的合伙企业债务，承担无限连带责任。"丙退伙后，仍须对该 36 万元债务承担无限连带责任。

【考点 3：入伙的责任承担】《合伙企业法》第 44 条第 1 款规定："入伙的新合伙人与原合伙人享有同等权利，承担同等责任。入伙协议另有约定的，从其约定。"第 2 款规定："新合伙人对入伙前合伙企业的债务承担无限连带责任。"2015 年 2 月，丁经甲、乙同意入伙，并约定：丁对入伙前该合伙企业所欠债务不承担责任。该约定内部有效，但不得对抗第三人，新合伙人丁对入伙前合伙企业的债务仍须承担无限连带责任，但可以根据约定向其他合伙人追偿。综上，答案是 ABCD。

3. 甲、乙、丙三人共同设立一会计师事务所，该事务所为特殊的普通合伙企业。甲、乙在办理一笔业务时，因重大过失造成客户损失 10 万元。该损失应由〔　　〕。（2016-非法学-28-单）

A. 甲、乙、丙承担按份责任

B. 甲、乙、丙承担无限连带责任

C. 甲、乙承担按份责任，丙承担补充责任

D. 甲、乙承担无限连带责任，丙承担有限责任

［答案］D

［考点］**特殊的普通合伙企业**

［解析］《合伙企业法》第 57 条第 1 款规定："一个合伙人或者数个合伙人在执业活动中因故意或者重大过失造成合伙企业债务的，应当承担无限责任或者无限连带责任，其他合伙人以其在合伙企业中的财产份额为限承担责任。"甲、乙在办理一笔业务时，因重大过失造成客户损失 10 万元，由甲、乙承担无限连带责任，丙承担有限责任，D 选项正确，其他选项错误。

4. 甲、乙、丙设立一有限合伙企业，丙为有限合伙人。该合伙企业委托丙与丁公司签订一货物买卖合同。签约时，丙表明自己是该企业合伙人，并出示了单位印章。后合伙企业未清偿到期货款。对该合伙企业所欠丁公司的债务〔　　〕。（2014-法学-12-单）

A. 丙不承担责任

B. 丙承担有限责任

C. 丙承担按份责任

D. 丙承担无限连带责任

［答案］D

［考点］**有限合伙人**

［解析］《合伙企业法》第 76 条第 1 款规定："第三人有理由相信有限合伙人为普通合伙人并与其交易的，该有限合伙人对该笔交易承担与普通合伙人同样的责任。"第 2 款规定："有限合伙人未经授权以有限合伙企业名义与他人进行交易，给有限合伙企业或者其他合伙人造成损失的，该有限合伙人应当承担赔偿责任。"丙为有限合伙人，丙表明自己是该企业合伙人，并出示了单位印章，丁公司有理由相信丙为普通合伙人并与其交易，丙承担无限连带责任，故 D 选项正确，其他选项错误。

5. 根据《合伙企业法》规定，有限合伙人〔　　〕。（2014-非法学-46-多）

A. 不执行合伙事务

B. 有权对外代表合伙企业

C. 可以用实物和知识产权出资

D. 对合伙企业的债务承担有限责任

［答案］ ACD

［考点］ **有限合伙人**

［解析］【考点 1：出资】《合伙企业法》第 64 条第 1 款规定："有限合伙人可以用货币、实物、知识产权、土地使用权或者其他财产权利作价出资。"第 2 款规定："有限合伙人不得以劳务出资。"有限合伙人可以用实物和知识产权出资，C 选项正确。

【考点 2：执行合伙事务】《合伙企业法》第 68 条第 1 款规定："有限合伙人不执行合伙事务，不得对外代表有限合伙企业。"A 选项正确，B 选项错误。

【考点 3：责任承担】《合伙企业法》第 2 条第 3 款规定："有限合伙企业由普通合伙人和有限合伙人组成，普通合伙人对合伙企业债务承担无限连带责任，有限合伙人以其认缴的出资额为限对合伙企业债务承担责任。"有限合伙人对合伙企业的债务承担有限责任，D 选项正确。

6. 甲、乙、丙三人共同出资设立一合伙企业，甲被推举为合伙事务执行人。根据我国合伙企业法规定，甲在任职期间有权单独实施的行为是〔　　〕。（2013－非法学－25－单）（2013－法学－18－单）

A. 与 A 公司签订货物买卖合同

B. 转让合伙企业拥有的一间商铺

C. 以合伙企业名义为 B 公司提供担保

D. 聘任丁担任合伙企业的经营管理人员

［答案］ A

［考点］ **合伙事务执行**

［解析］《合伙企业法》第 26 条第 2 款规定："按照合伙协议的约定或者经全体合伙人决定，可以委托一个或者数个合伙人对外代表合伙企业，执行合伙事务。"《合伙企业法》第 31 条规定："除合伙协议另有约定外，合伙企业的下列事项应当经全体合伙人一致同意：（一）改变合伙企业的名称；（二）改变合伙企业的经营范围、主要经营场所的地点；（三）处分合伙企业的不动产；（四）转让或者处分合伙企业的知识产权和其他财产权利；（五）以合伙企业名义为他人提供担保；（六）聘任合伙人以外的人担任合伙企业的经营管理人员。"转让合伙企业拥有的一间商铺属于"处分合伙企业的不动产"，以合伙企业名义为 B 公司提供担保属于"以合伙企业名义为他人提供担保"，聘任丁担任合伙企业的经营管理人员属于"聘任合伙人以外的人担任合伙企业的经营管理人员"，均须全票决，B、C、D 选项错误，A 选项正确。

7. 根据合伙企业法的规定，新入伙的有限合伙人对入伙前有限合伙企业的债务〔　　〕。（2012－法学－12－单）

A. 不承担责任

B. 应承担按份责任

C. 应承担无限连带责任

D. 应以其认缴的出资额为限承担责任

［答案］ D

［考点］ **入伙**

［解析］《合伙企业法》第 77 条规定："新入伙的有限合伙人对入伙前有限合伙企业的债务，以其认缴的出资额为限承担责任。"D 选项正确，其他选项错误。

8. 2008 年 5 月，甲、乙、丙合开了一间酒吧，甲以现金 10 万元出资，乙以其所有的房屋出资，丙以担任调酒师工作的劳务出资。2008 年 12 月，酒吧欠某酒厂 5 万元货款。后甲因与其他合伙人发生矛盾，于 2009 年 2 月退伙。上述债务应当〔　　〕。（2012－非法学－24－单）

A. 由乙独立承担责任

B. 由乙和丙承担连带责任

C. 由甲和乙承担连带责任

D. 由甲、乙和丙承担连带责任

［答案］ D

［考点］ **合伙企业债务承担**

［解析］【考点 1：合伙企业债务承担】《合伙企业法》第 2 条第 1 款规定："本法所称合伙企业，是指自然人、法人和其他组织依照本法在中国境内设立的普通合伙企业和有限合伙企业。"第 2 款规定："普通合伙企业由普通合伙人组成，合伙人对合伙企业债务承担无限连带责任。本法对普通合伙人承担责任的形式有特别规定的，从其规定。"考试当中，只要没有说明是何种合伙企业，默认为一般的普通合伙企业。普通合伙人对合伙企业的债务承担连带责任。

【考点2：退伙】《合伙企业法》第53条规定："退伙人对基于其退伙前的原因发生的合伙企业债务，承担无限连带责任。"因此，即使甲退伙了，其对退伙前的原因发生的合伙企业债务，仍须承担无限连带责任，故D选项正确，其他选项错误。

二、2023年度重点预测

合伙企业分为普通合伙企业和有限合伙企业。普通合伙企业又分为：一般的普通合伙企业和特殊的普通合伙企业。合伙企业的设立、责任承担、入伙和退伙（超纲），须掌握。

PART 06

第六章　民事法律行为

第一节　民事法律行为概述

一、客观题

下列选项中，属于民事法律行为的是〔　　〕。(2016–非法学–26–单)

A. 甲到烈士陵园缅怀先烈

B. 乙开车不慎将行人撞倒

C. 丙邀请朋友到自家聚餐

D. 丁向同事转让一架钢琴

[答案] D

[考点] **民事法律行为**

[解析] 民事法律行为是民事主体通过意思表示设立、变更、终止民事法律关系的行为。因为行为人有预期的效果意思，所以该行为能使得当事人意欲达到的民事法律关系的产生、变更和终止。丁向同事转让一架钢琴，签订买卖合同，属于民事法律行为，D选项正确。甲到烈士陵园缅怀先烈是民法之外的空间，丙邀请朋友到自家聚餐是好意施惠，乙开车不慎将行人撞倒是侵权行为，属于事实行为的一种，故A、B、C选项错误。

二、主观题

简述民事法律行为的含义和特征。(2012–非法学–53–简答)(2012–法学–33–简答)

[参考答案] 民事法律行为是民事主体通过意思表示设立、变更、终止民事法律关系的行为。

(1) 民事法律行为以意思表示为基本要素。意思表示是指民事主体将设立、变更或消灭一定民事法律关系的内在意思以一定的方式表示于外部的行为。意思表示是民事法律行为的基本构成要素，没有意思表示就没有法律行为。

(2) 民事法律行为是以设立、变更、终止民事法律关系为目的的行为。任何有意识的活动，都是有一定目的的活动，都能引起一定的后果，但民事法律行为不是要达到一般的目的，而是要设立、变更、终止某种民事权利和民事义务关系，并能引起行为人预期的法律后果。

三、2023年度重点预测

民事法律行为是民法典总则编规定的上位概念，包括：物权行为（我国不采纳物权行为理论）、合同行为、婚姻行为（结婚、离婚等行为）、监护行为、收养行为、遗嘱行为、遗赠行为、遗赠扶养协议等。

第二节　民事法律行为的分类

一、客观题

1. 甲（12周岁）将自己的自行车出卖给乙（19周岁），甲的父母得知后予以追认。该追认行为是〔　　〕。(2022–单–回忆版)

A. 从行为　　B. 负担行为

C. 单方行为　　D. 要式行为

[答案] C

[考点] **形成权、单方行为**

[解析]《民法典》第19条规定："八周岁以上的未成年人为限制民事行为能力人，实施民事法律行为由其法定代理人代理或者经其法定代理人同意、追认；但是，可以独立实施纯获利益的民事法律行为或者与其年龄、智力相适应的民事法律行为。"追认权是形成权，属于单方行为，C选项正确，其他选项错误。

2. 甲（13周岁）因考试成绩不理想将自己的书包扔掉。甲将书包扔掉的事实属于〔　　〕。

（2018-非法学-35-单）

A. 事件

B. 事实行为

C. 民事法律行为

D. 不具有法律意义的事实

［答案］C

［考点］**单方行为**

［解析］【考点1：单方行为】单方行为是指仅由一方当事人的意思表示就能成立的民事法律行为。订立遗嘱、抛弃所有权、无权代理的追认等，这些行为不需要他人同意，就能发生行为人预期的法律后果。甲将书包扔掉属于单方行为，是民事法律行为的一种，故C选项正确，D选项错误。

【考点2：民事法律事实】事件，是指某种客观现象的发生。如人的出生、死亡，发生自然灾害等。抛弃书包是人的行为，不是事件，A选项错误。事实行为是行为人主观不一定具有发生、变更或消灭民事法律关系的意思，但客观上能够引起这种后果的行为。主要的事实行为：（1）创作作品的行为；（2）作为债权标的的给付行为如交货、付款行为；（3）侵权行为等。抛弃行为要求有意思表示，不属于事实行为，B选项错误。

3. 下列行为中，属于从法律行为的是〔 〕。（2015-非法学-23-单）

A. 行纪合同　　B. 协议离婚

C. 履行行为　　D. 抵押合同

［答案］D

［考点］**主行为和从行为**

［解析］主行为和从行为是依据法律行为之间的相互依从关系为标准进行的划分。区分的意义主要在于：除非法律另有规定或当事人另有约定，从行为随着主行为的成立而成立，也随着主行为的无效而无效。主行为是指不需要其他法律行为而存在的法律行为。行纪合同、离婚协议均不需要其他法律行为而存在，属于主行为，A、B选项错误。因为我国不采纳物权行为理论，理论上认为履行行为是事实行为，而不是民事法律行为，故无主、从之分，C选项错误。抵押合同随着主行为的成立而成立，也随着主行为的无效而无效，属于从行为，D选项正确。

4. 下列选项中，属于单方法律行为的是〔 〕。（2012-法学-11-单）

A. 遗赠　　B. 租赁

C. 宽恕表示　　D. 侵权行为

［答案］A

［考点］**民事法律行为的分类**

［解析］《民法典》第1133条第3款规定："自然人可以立遗嘱将个人财产赠与国家、集体或者法定继承人以外的组织、个人。"遗嘱、遗赠均属于单方民事法律行为，A选项正确。租赁是合同，属于双方民事法律行为，B选项错误。宽恕表示，将内心意思表示于外，但法律效果由法律规定，属于准民事法律行为，根本不是民事法律行为，何谈单方民事法律行为？C选项错误。侵权行为是事实行为，不属于民事法律行为，D选项错误。

二、2023年度重点预测

民事法律行为的分类是客观题考查的主要方向。特别注意财产行为和身份行为、单务行为和双务行为。

第三节　意思表示

一、客观题

下列关于意思表示生效的表述，正确的有〔 〕。（2019-非法学-48-多）（2019-法学-28-多）

A. 以对话方式作出的意思表示，相对人知道其内容时生效

B. 以非对话方式作出的意思表示，到达相对人时生效

C. 无相对人的意思表示，法律无特别规定的，表示完成时生效

D. 以公告方式作出的意思表示，公告发布时生效

［答案］ABCD

［考点］**意思表示**

［解析］《民法典》第137条第1款规定："以对话方式作出的意思表示，相对人知道其内容时生效。"A选项正确。第2款规定："以非对话

方式作出的意思表示，到达相对人时生效。以非对话方式作出的采用数据电文形式的意思表示，相对人指定特定系统接收数据电文的，该数据电文进入该特定系统时生效；未指定特定系统的，相对人知道或者应当知道该数据电文进入其系统时生效。当事人对采用数据电文形式的意思表示的生效时间另有约定的，按照其约定。”B 选项正确。《民法典》第 138 条规定：“无相对人的意思表示，表示完成时生效。法律另有规定的，依照其规定。”C 选项正确。《民法典》第 139 条规定：“以公告方式作出的意思表示，公告发布时生效。”D 选项正确。

二、2023 年度重点预测

意思表示的形式：口头形式、书面形式、默示形式（推定、沉默）。意思表示的生效和撤回，客观题考查方向，须结合合同订立中的要约和承诺进行理解。意思表示的瑕疵，是理解民事法律行为效力的前提考点。

第四节　民事法律行为的成立和有效

一、客观题

公司职员甲办理了某银行的信用卡，在商场持卡消费 2 万余元。在向银行还款前，甲突患精神病。对此，下列说法正确的是〔　　〕。（2017-非法学-22-单）

A. 甲与银行之间的合同、甲与商场之间的合同均有效

B. 甲与银行之间的合同、甲与商场之间的合同均无效

C. 甲与银行之间的合同有效，甲与商场之间的合同无效

D. 甲与银行之间的合同无效，甲与商场之间的合同有效

［答案］A

［考点］**民事法律行为有效**

［解析］《民法典》第 143 条规定：“具备下列条件的民事法律行为有效：（一）行为人具有相应的民事行为能力；（二）意思表示真实；（三）不违反法律、行政法规的强制性规定，不违背公序良俗。”甲与银行之间的合同、甲与商场之间的合同均符合有效要件，在向银行还款前，甲突患精神病不影响之前合同的效力，故 A 选项正确，其他选项错误。

二、2023 年度重点预测

民事法律行为的有效要件、无权处分订立的合同效力，该两大考点渗透到客观题和案例分析题进行考查。未经批准的合同，民法典新增制度，尚未考查，须注意。

第五节　附条件和附期限的民事法律行为

一、客观题

甲、乙约定：甲赠与乙紫砂壶一把，该合同在乙结婚时生效。该合同属于〔　　〕。（2017-非法学-31-单）

A. 附确定期限的合同

B. 附不确定期限的合同

C. 附延缓条件的合同

D. 附解除条件的合同

［答案］C

［考点］**附条件的民事法律行为**

［解析］【考点 1：条件与期限】民事法律行为中所附的条件，是一种特定的法律事实，它可以是某种自然现象、也可以是人的某种行为，还可以是某种特定的事件。条件具有未来性、或然性、非法定性；条件的成就与否，是当事人所不能预知的，它将来可能发生，也可能不发生；而期限则是当事人可以预知的，是必然要到来的。乙可能结婚也可能不结婚，属于条件，而不是期限，故 A、B 选项错误。

【考点 2：附延缓条件的民事法律行为】《民法典》第 158 条规定：“民事法律行为可以附条件，但是根据其性质不得附条件的除外。附生效条件的民事法律行为，自条件成就时生效。附解除条件的民事法律行为，自条件成就时失效。”乙可能结婚也可能不结婚，如果乙结婚，则赠与合同生效，因此该合同属于附延缓条件（生效条件）的合同，C 选项正确，D 选项错误。

二、主观题

简述附条件民事法律行为的含义及所附条件的特点。(2016-法学-33-简答)

[参考答案] 附条件的民事法律行为是指双方当事人在民事法律行为中设立了一定的事由作为条件，以条件的成就与否（是否发生）作为决定民事法律行为效力产生或解除根据的民事法律行为。作为所附的条件必须有下列特点：

(1) 条件应当是将来发生的事实，具有未来性。

(2) 条件应当是将来可能发生也可能不发生的事实，具有或然性。

(3) 条件应当是当事人选定（商定）的事实，具有非法定性。

(4) 条件应当是合法的事实。

三、2023年度重点预测

条件和期限的分类，客观题考查方向，须懂得判断。

第六节 无效民事法律行为

一、客观题

1. 某幼儿园教师组织幼儿做游戏时，小莉被小明撞倒，前额磕伤。小莉的父母向幼儿园索赔，幼儿园以入园登记表中有“若非教师人为原因导致幼儿磕碰、摔伤等伤害，幼儿园不承担责任”的内容为由拒赔。该免责条款〔　　〕。(2021-非法学-24-单)(2021-法学-14-单)

A. 可撤销　　B. 效力待定

C. 有效　　D. 无效

[答案] D

[考点] **免责条款的效力**

[解析]【考点1：无效的免责条款】《民法典》第506条规定：“合同中的下列免责条款无效：(一)造成对方人身损害的；(二)因故意或者重大过失造成对方财产损失的。”“若非教师人为原因导致幼儿磕碰、摔伤等伤害，幼儿园不承担责任”属于“造成对方人身损害”的免责条款，无效，D选项正确，其他选项错误。

【考点2：教育机构的责任】《民法典》第1199条规定：“无民事行为能力人在幼儿园、学校或者其他教育机构学习、生活期间受到人身损害的，幼儿园、学校或者其他教育机构应当承担侵权责任；但是，能够证明尽到教育、管理职责的，不承担侵权责任。”第1200条规定：“限制民事行为能力人在学校或者其他教育机构学习、生活期间受到人身损害，学校或者其他教育机构未尽到教育、管理职责的，应当承担侵权责任。”可见，教育机构有过错时，须承担责任。

2. 甲、乙未婚同居。乙谎称怀孕，迫使甲承诺：甲给付乙“结婚保证金”50万元，如半年内不与乙结婚不得要求返还。甲、乙之间的约定〔　　〕。(2017-非法学-23-单)

A. 因甲受胁迫可撤销

B. 因甲受欺诈可撤销

C. 因违反公序良俗原则而无效

D. 因违反法律的强制性规定而无效

[答案] C

[考点] **无效的民事法律行为**

[解析]《民法典》第153条第2款规定：“违背公序良俗的民事法律行为无效。”乙迫使甲承诺：甲给付乙“结婚保证金”50万元，如半年内不与乙结婚不得要求返还。结婚保证金限制结婚自由，违背公序良俗，无效。无效的民事法律行为自始无效、确定无效、当然无效，自然无所谓的撤销，故C选项正确，其他选项错误。

二、2023年度重点预测

无效民事法律行为的情形以及法律后果，重点。

第七节 可撤销的民事法律行为

一、客观题

1. 甲以5万元购得一块手表，甲的朋友乙发现该表系高仿品，但未告知甲。丙看见该手表有意购买，乙为让丙买下该表，对丙声称该表是绝版正品，丙信以为真，遂以5.5万元买下该表。甲与丙之间买卖合同的效力为〔　　〕。(2020-非法学-28-单)(2020-法学-18-单)

A. 无效

B. 可撤销

C. 效力待定

D. 有效

[答案] B

[考点] **欺诈、重大误解**

[解析]【考点1：第三人欺诈】《民法典》第149条规定："第三人实施欺诈行为，使一方在违背真实意思的情况下实施的民事法律行为，对方知道或者应当知道该欺诈行为的，受欺诈方有权请求人民法院或者仲裁机构予以撤销。"本案中，甲、丙签订手表的买卖合同，第三人乙欺诈了丙，须对方即甲知道或者应当知道该欺诈行为，受欺诈方丙才有撤销权。但是甲并不知道也不应当知道该欺诈行为，故丙无撤销权。

【考点2：重大误解】《民法典》第147条规定："基于重大误解实施的民事法律行为，行为人有权请求人民法院或者仲裁机构予以撤销。"行为人对行为的性质、对方当事人或者标的物的品种、质量、规格、价格、数量等产生错误认识，按照通常理解如果不发生该错误认识行为人就不会作出相应意思表示的，人民法院可以认定为《民法典》第147条规定的重大误解。行为人能够证明自己实施民事法律行为时存在重大误解，并请求撤销该民事法律行为的，人民法院依法予以支持；但是，根据交易习惯等认定行为人无权请求撤销的除外。（《民法典总则编解释》第19条）丙对标的物的质量有错误认识，属于重大误解，丙有撤销权，因此，甲与丙之间的买卖合同可撤销，B选项正确，其他选项错误。在民事法律行为的效力判断中，须通盘考虑效力瑕疵的具体情形再做判断。

2. 下列选项中，属于可撤销民事行为的是〔　〕。（2016-法学-11-单）

A. 甲将租赁的一辆汽车转让给乙

B. 甲在某网店购得国家禁止销售的窃听器

C. 某公司误将甲当成乙而与之签订委托合同

D. 甲谎称未婚，乙信以为真与之结婚

[答案] C

[考点] **可撤销的民事法律行为**

[解析]【考点1：无权处分】《民法典》第597条第1款规定："因出卖人未取得处分权致使标的物所有权不能转移的，买受人可以解除合同并请求出卖人承担违约责任。"甲将租赁的一辆汽车转让给乙属于无权处分订立买卖合同，仍然有效，A选项错误。

【考点2：违反法律、行政法规强制性、效力性的民事法律行为无效】《民法典》第153条第1款规定："违反法律、行政法规的强制性规定的民事法律行为无效。但是，该强制性规定不导致该民事法律行为无效的除外。"甲在某网店购得国家禁止销售的窃听器，无效，B选项错误。

【考点3：重大误解】《民法典》第147条规定："基于重大误解实施的民事法律行为，行为人有权请求人民法院或者仲裁机构予以撤销。"某公司误将甲当成乙而与之签订委托合同，属于重大误解，可撤销，C选项正确。

【考点4：重婚】《民法典》第1051条规定："有下列情形之一的，婚姻无效：（一）重婚；（二）有禁止结婚的亲属关系；（三）未到法定婚龄。"甲谎称未婚，乙信以为真与之结婚，构成重婚，无效，D选项错误。

二、主观题

试论可撤销的民事法律行为。（2019-法学-36-论述）

[参考答案] 可撤销的民事法律行为指由于欠缺有效条件，当事人有权依照法律规定请求人民法院或者仲裁机关予以撤销的民事法律行为。

（1）可撤销民事法律行为的特征：可撤销民事法律行为主要是因意思表示不真实而发生的民事行为。意思表示不真实往往只有当事人才知晓，这就需要由当事人自己决定是否撤销不真实的意思表示；可撤销民事法律行为须由撤销权人主动行使撤销权。撤销权在性质上属于形成权，撤销权人通过单方的意思表示行使撤销权，可导致可撤销的民事法律行为的效力溯及既往地消灭；可撤销民事法律行为在被撤销前仍然是有效的。

（2）可撤销民事法律行为的情形：

①重大误解。重大误解的民事法律行为，指行为人对于民事法律行为产生错误的理解，并基于这种错误理解而为的民事法律行为。行为人对行为的性质、对方当事人、标的物的品种、质量、规格和数量等的错误认识，使行为的后果与自己的意思相悖，并造成较大损失的，可以认定为重大误解。所谓误解，又称错误。

②欺诈。一方当事人故意告知对方虚假情况，或者故意隐瞒真实情况，诱使对方当事人作出错误意思表示的，可以认定为欺诈行为。

③胁迫。一方或者第三人以胁迫手段，使对方在违背真实意思的情况下实施的民事法律行为，受胁迫方有权请求人民法院或者仲裁机构予以撤销。

④显失公平。在双方、有偿的民事行为中，一方利用对方处于危困状态、缺乏判断能力等情形，致使民事法律行为成立时显失公平。

[解析] 宏观制度题。对可撤销民事法律行为的宏观论述，建议考生留意无效民事法律行为、效力未定的民事法律行为等。

三、2023 年度重点预测

《民法典总则编解释》对重大误解、欺诈、胁迫的概念做了修改，法条分析须注意。后期的模拟题我们会针对该司法解释进行重要命题模拟和预测。掌握：无效民事法律行为和可撤销民事法律行为的区别。

第八节　效力未定的民事法律行为

一、客观题

甲 16 周岁，无业，依靠父母生活。某日，甲向朋友乙借款 2 万元，用其中的 1 万元买了名牌包送给男友丙，用 200 元为自己的手机充值，用余款购买了一张美发店的消费卡。下列选项中，正确的是［　　］。(2015-非法学-28-单)

A. 甲与乙之间的借款合同有效

B. 甲与丙之间的赠与合同无效

C. 甲为手机充值的行为可撤销

D. 甲购买消费卡的行为效力待定

[答案] D

[考点] **效力未定的民事法律行为**

[解析]【考点 1：效力未定的民事法律行为】《民法典》第 19 条规定："八周岁以上的未成年人为限制民事行为能力人，实施民事法律行为由其法定代理人代理或者经其法定代理人同意、追认；但是，可以独立实施纯获利益的民事法律行为或者与其年龄、智力相适应的民事法律行为。"甲是限制民事行为能力人，向朋友乙借款 2 万元，赠与 1 万元的名牌包给丙，余款购买了一张美发店的消费卡，均不是与其年龄、智力相适应的民事法律行为，效力未定，A、B 选项错误，D 选项正确。

【考点 2：与其年龄、智力相适应的认定】《民法典总则编解释》第 5 条规定："限制民事行为能力人实施的民事法律行为是否与其年龄、智力、精神健康状况相适应，人民法院可以从行为与本人生活相关联的程度，本人的智力、精神健康状况能否理解其行为并预见相应的后果，以及标的、数量、价款或者报酬等方面认定。"甲为手机充值 200 元，与本人生活有关联，能理解其行为并预见相应的后果，且价款较小，与其年龄、智力相适应，有效，C 选项错误。

二、主观题

1. (2020-非法学-56-法条分析)《中华人民共和国民法总则》第 145 条规定：

限制民事行为能力人实施的纯获利益的民事法律行为或者与其年龄、智力、精神健康状况相适应的民事法律行为有效；实施的其他民事法律行为经法定代理人同意或者追认后有效。

相对人可以催告法定代理人自收到通知之日起一个月内予以追认。法定代理人未作表示的，视为拒绝追认。民事法律行为被追认前，善意相对人有撤销的权利。撤销应当以通知的方式作出。

请分析：

(1) 本条中"其他民事法律行为"在法定代理人同意或追认前效力如何？

(2) 本条中撤销权的行使须具备哪些条件？

(3) 本条中"善意相对人"应如何认定？

[参考答案]

(1) 本条中"其他民事法律行为"在法定代理人同意或追认前效力未定。

[解析] 制度理解题。限制民事行为能力人超越能力范围作出的民事法律行为效力未定。

(2) 撤销权的行使须具备以下条件：应在法定代理人追认前行使；相对人须为善意；应采用明示方式。

[解析] 制度理解题。效力未定民事法律行为的效力转化问题须掌握。

（3）行为时不知道或者不应当知道对方为限制民事行为能力人的为“善意相对人”。

［解析］名词解释题。善意的认定规则。

2. 简述效力待定民事法律行为的法律后果。（2018-非法学-简答-53）（2018-法学-简答-33）

［参考答案］效力待定的民事法律行为，是指民事行为成立之后，是否能发生效力尚不能确定，有待享有形成权的第三人作出追认或拒绝的意思表示来使之有效或者无效的法律行为。

效力待定民事法律行为的效力确定基于以下不同法律事实：

（1）权利人行使追认权的，效力待定的民事法律行为有效；权利人拒绝追认的，效力待定的民事法律行为自始无效或对特定人如被代理人不发生效力。

（2）善意相对人行使撤销权，从而使效力待定的民事法律行为归于无效。

（3）效力待定的民事法律行为会因特定事实的出现而补正其效力。

［解析］法律后果题。效力未定民事法律行为的后果、无效民事法律行为的后果、可撤销民事法律行为的后果、善意取得的后果等。

三、2023 年度重点预测

区分无权代理和无权处分，客观题和案例分析题会有所表现。

PART 07

第七章　代　理

第一节　代理概述

一、客观题

1. 学校委托教务人员王某购买一批教学器材。王某到百货公司购买时，恰逢该公司举行有奖销售，王某抽中数码相机一台。该相机应当〔　　〕。(2013-非法学-26-单)

A. 归学校所有

B. 归王某所有

C. 归学校与王某共有

D. 归学校所有，但学校应给王某适当奖励

[答案] A

[考点] **代理的法律效果**

[解析]《民法典》第 162 条规定："代理人在代理权限内，以被代理人名义实施的民事法律行为，对被代理人发生效力。"学校委托教务人员王某购买一批教学器材，学校是被代理人，王某是代理人，法律效果归被代理人学校。因学校购物，才有抽奖的资格，故该相机应当归学校所有，A 选项正确，其他选项错误。

2. 甲、乙双方同意协议离婚。甲因出差，故委托丙去婚姻登记机关代为办理离婚登记手续。根据我国法律，丙〔　　〕。(2012-非法学-25-单)

A. 不得代理

B. 可以代理

C. 在取得甲书面授权后可以代理

D. 在取得乙同意后可以代理

[答案] A

[考点] **代理的适用范围**

[解析]《民法典》第 161 条规定："民事主体可以通过代理人实施民事法律行为。依照法律规定、当事人约定或者民事法律行为的性质，应当由本人亲自实施的民事法律行为，不得代理。"这些行为包括：(1) 具有人身性质的行为，如立遗嘱、婚姻登记、收养子女等；(2) 法律规定或当事人约定应当由特定的人亲自为之的行为，如演出、讲课等。故离婚登记不能代理，A 选项正确，其他选项错误。

【注】代理的适用范围，不限于民事法律行为，部分公法上的行为也可以适用代理，如诉讼代理、税务代理、专利申请代理等。

3. 下列行为中，可以代理的有〔　　〕。(2011-非法学-46-多)

A. 立遗嘱

B. 申请商标注册

C. 订立合同

D. 参加行政诉讼

[答案] BCD

[考点] **代理的适用范围**

[解析]《民法典》第 161 条规定："民事主体可以通过代理人实施民事法律行为。依照法律规定、当事人约定或者民事法律行为的性质，应当由本人亲自实施的民事法律行为，不得代理。"这些行为包括：(1) 具有人身性质的行为，如立遗嘱、婚姻登记、收养子女等；(2) 法律规定或当事人约定应当由特定的人亲自为之的行为，如演出、讲课等。代理的适用范围，不限于民事法律行为，部分公法上的行为也可以适用代理，如诉讼代理、税务代理、专利申请代理等。可见，B、C、D 选项正确，A 选项错误。

二、2023 年度重点预测

代理的特征，2021 年大纲因《民法典》修改作了变化。代理的适用范围注意客观题。

第二节 代理的分类

一、客观题

1. 甲委托乙以乙的名义为甲购买一辆汽车。乙与丙签订购车合同后，由于甲的原因不能依约向丙支付购车款，乙遂向丙披露了委托人甲。对此，下列说法正确的是〔 〕。（2017-非法学-25-单）（2017-法学-12-单）

A. 丙只能请求甲支付购车款

B. 丙只能请求乙支付购车款

C. 丙可以在甲、乙中择一请求支付购车款

D. 丙请求甲支付购车款遭拒后，可请求乙支付

［答案］C

［考点］**间接代理**

［解析］《民法典》第 926 条第 1 款规定："受托人以自己的名义与第三人订立合同时，第三人不知道受托人与委托人之间的代理关系的，受托人因第三人的原因对委托人不履行义务，受托人应当向委托人披露第三人，委托人因此可以行使受托人对第三人的权利。但是，第三人与受托人订立合同时如果知道该委托人就不会订立合同的除外。"第 2 款规定："受托人因委托人的原因对第三人不履行义务，受托人应当向第三人披露委托人，第三人因此可以选择受托人或者委托人作为相对人主张其权利，但是第三人不得变更选定的相对人。"丙作为第三人有选择权，选定后不得变更，C 选项正确，其他选项错误。

2. 甲委托乙购买某品牌新款手机并预付了购机款，乙又委托丙办理此事，但未将购机款交给丙，也未征求甲的意见。丙购得手机后交给甲，甲拒绝接受。对此，下列选项正确的是〔 〕。（2016-非法学-29-单）

A. 丙系甲的指定代理人

B. 乙的转委托行为有效

C. 甲有权要求乙返还购机款

D. 丙有权要求甲支付购机款

［答案］C

［考点］**复代理**

［解析］复代理，是指代理人为了被代理人的利益需要，将其享有的代理权的全部或一部分转委托给他人行使而产生的代理。《民法典》第 169 条第 1 款规定："代理人需要转委托第三人代理的，应当取得被代理人的同意或者追认。"第 2 款规定："转委托代理经被代理人同意或者追认的，被代理人可以就代理事务直接指示转委托的第三人，代理人仅就第三人的选任以及对第三人的指示承担责任。"第 3 款规定："转委托代理未经被代理人同意或者追认的，代理人应当对转委托的第三人的行为承担责任，但是在紧急情况下代理人为了维护被代理人的利益需要转委托第三人代理的除外。"本案中，乙又委托丙办理此事，未征求甲的意见。丙购得手机后交给甲，甲拒绝接受。可见，代理人乙没有经过被代理人甲的事先同意或者事后追认，也不符合"紧急情况"，不构成复代理，A、B、D 选项错误，C 选项正确。

3. 甲（8 周岁）名下有一套房产。下列人员中，在处分房产时可以成为甲的法定代理人的有〔 〕。（2015-法学-26-多）

A. 甲的父亲

B. 甲的祖父

C. 甲的舅舅

D. 甲的继母

［答案］ABD

［考点］**法定代理人**

［解析］【考点 1：监护人和法定代理人】《民法典》第 23 条规定："无民事行为能力人、限制民事行为能力人的监护人是其法定代理人。"

【考点 2：监护的设定】《民法典》第 27 条第 1 款规定："父母是未成年子女的监护人。"第 2 款规定："未成年人的父母已经死亡或者没有监护能力的，由下列有监护能力的人按顺序担任监护人：（一）祖父母、外祖父母；（二）兄、姐；（三）其他愿意担任监护人的个人或者组织，但是须经未成年人住所地的居民委员会、村民委员会或者民政部门同意。"甲的父亲是当然监护人，甲的祖父在甲的父母已经死亡或者没有监护能力时，作为第一顺序的监护人，A、B 选项正确。甲的舅舅在愿意担任监护人时，还须甲住所地的居民委员会、村民委员会或者民政部门同意，故 C 选项错误。甲的继母如果和甲未形成抚养教育

关系，在愿意担任监护人时，也须甲住所地的居民委员会、村民委员会或者民政部门同意，故 D 选项存在瑕疵。本题公布的答案是 ABD，但 D 选项并不严谨。

二、主观题

（2022-非法学-法条分析-回忆版）《民法典》第 170 条第 1 款规定："执行法人或者非法人组织工作任务的人员，就其职权范围内的事项，以法人或者非法人组织的名义实施的民事法律行为，对法人或者非法人组织发生效力。"

第 2 款规定："法人或者非法人组织对执行其工作任务的人员职权范围的限制，不得对抗善意相对人。"

请分析：

（1）本条规定的代理属于何种代理？

（2）"不得对抗善意相对人"如何理解？

（3）相对人知道行为人超越职权范围实施代理行为的，该代理行为的法律后果如何？

[参考答案]

（1）本条规定的代理属于职务代理。职务代理是因劳动合同、聘用合同或雇佣合同之法律关系，受雇人就其职权范围内的事项，以法人或者非法人组织的名义实施民事法律行为，对法人或者非法人组织发生效力的代理。

（2）"不得对抗善意相对人"的意思是即使法人或者非法人组织对执行其工作任务的人员的职权范围有限制，只要相对人善意，不影响该代理行为的效力。

（3）相对人知道行为人超越职权范围实施代理行为的，行为人构成无权代理，法人或者非法人组织（被代理人）有追认权。如果法人或者非法人组织不追认，则相对人和行为人按照各自的过错承担责任。

三、2023 年度重点预测

本代理和复代理，大纲作了多次修改，掌握之。直接代理和间接代理的分类，民法典合同编仍保留，注意间接代理的客观题或者简答题。《民法典总则编解释》补充规定了共同代理的规则，重点。

第三节　代理权

一、客观题

1. 甲公司委托魏某、董某购买药品，魏某背着董某与卖方乙公司串通，购回一批假药。甲公司的损失应由〔　　〕。（2013-法学-15-单）

A. 魏某承担全部赔偿责任

B. 魏某与乙公司承担连带赔偿责任

C. 乙公司承担全部赔偿责任

D. 魏某与董某承担连带赔偿责任

[答案] B

[考点] **滥用代理权**

[解析]《民法典》第 164 条第 1 款规定："代理人不履行或者不完全履行职责，造成被代理人损害的，应当承担民事责任。"第 2 款规定："代理人和相对人恶意串通，损害被代理人合法权益的，代理人和相对人应当承担连带责任。"魏某背着董某与卖方乙公司串通，购回一批假药，魏某与乙公司承担连带赔偿责任，B 选项正确，其他选项错误。

2. 下列行为中，属于滥用代理权的有〔　　〕。（2012-非法学-47-多）

A. 自己代理

B. 双方代理

C. 越权代理

D. 无权代理

[答案] AB

[考点] **滥用代理权**

[解析] 滥用代理权主要有三种情形：自己代理、双方代理、代理人和相对人恶意串通。A、B 选项正确。滥用代理权的前提是有代理权，越权代理、无权代理，均无代理权，不构成滥用代理权，C、D 选项错误。

二、主观题

简述滥用代理权的主要情形及其效力。（2015-非法学-54-简答）（2015-法学-34-简答）

[参考答案] 滥用代理权主要有三种情形：

（1）自己代理。指代理人以被代理人的名义与自己为法律行为，如代理人将自己的房屋出租于本人。效力：代理人不得以被代理人的名义与自己实施民事法律行为，但是被代理人同意或者追认的除外。

（2）双方代理。指同时代理本人和相对人为同一法律行为。效力：代理人不得以被代理人的名义与自己同时代理的其他人实施民事法律行为，但是被代理的双方同意或者追认的除外。

（3）代理人和相对人恶意串通。代理人和相对人恶意串通，损害被代理人合法权益的，代理人和相对人应当承担连带责任。

三、2023 年度重点预测

委托合同是双方行为，代理权的授权行为是单方行为。

第四节　无权代理

一、客观题

1. 某服装公司员工实施的下列行为中，该公司不予认可但仍应承担民事法律后果的有〔　　〕。（2017-非法学-47-多）（2017-法学-27-多）

A. 超越代表权限与不知情的 L 公司订立买卖合同

B. 超越公司经营范围与不知情的 M 公司订立买卖合同

C. 伪造公司印章与不知情的 P 公司订立买卖合同

D. 以自己的名义将公司的电脑转让给不知情的 Q 公司

［答案］AB

［考点］**代理、代表**

［解析］【考点 1：表见代表】某服装公司员工可能是代理人，也可能是法定代表人，要结合选项判断。超越代表权限与不知情的 L 公司订立买卖合同，可见，某服装公司员工是法定代表人。《民法典》第 61 条第 3 款规定："法人章程或者法人权力机构对法定代表人代表权的限制，不得对抗善意相对人。"某服装公司员工超越代表权限与不知情的 L 公司订立买卖合同，属于表见代表，相对人 L 公司善意，即使该公司不予认可，也仍应承担民事法律后果，故 A 选项正确。

【考点 2：超越经营范围订立的合同】《民法典》第 505 条规定："当事人超越经营范围订立的合同的效力，应当依照本法第一编第六章第三节和本编的有关规定确定，不得仅以超越经营范围确认合同无效。"某服装公司员工超越公司经营范围与不知情的 M 公司订立买卖合同，即使该公司不予认可，也仍应承担民事法律后果，B 选项正确。

【考点 3：表见代理】某服装公司员工伪造公司印章与不知情的 P 公司订立买卖合同。可能有三种情形：一，如果该员工是代理人，不管印章真假，仍属于有权代理，该公司不予认可，仍须承担有权代理的法律后果。二，如果该员工是法定代表人，不管印章真假，仍属于有权代表，该公司不予认可仍须承担有权代表的法律后果。三，如果该员工既没有代理权也没有代表权，因伪造公司印章，没有权利外观，不构成表见代理，该公司不予认可则无须承担法律后果，C 选项错误。

【考点 4：无权处分】某服装公司员工以自己的名义将公司的电脑转让给不知情的 Q 公司，构成无权处分，如果完成交付，符合善意取得的构成要件，则即使该公司不予认可，仍应承担民事法律后果，丧失所有权；如果未完成交付，不符合善意取得的构成要件，该公司不予认可，仍然是所有权人，无须承担法律后果。因此，D 选项并未标明是否完成交付，有瑕疵，错误。

2. 甲欲出售一辆汽车，乙向甲声称受丙委托购买该车，甲托人向丙核实，丙未予否认。甲遂将该车交给乙，乙将车开走后不知去向，甲向丙要求付款遭拒绝。此案的正确处理方法是〔　　〕。（2011-非法学-23-单）

A. 由甲自行承担损失

B. 由乙支付车款

C. 由丙支付车款

D. 由乙、丙承担连带付款责任

［答案］B

［考点］**无权代理**

［解析］《民法典》第 171 条第 1 款规定："行为人没有代理权、超越代理权或者代理权终止后，仍然实施代理行为，未经被代理人追认的，对被代理人不发生效力。"第 2 款规定："相对人可以催告被代理人自收到通知之日起三十日内予以追认。被代理人未作表示的，视为拒绝追认。

行为人实施的行为被追认前，善意相对人有撤销的权利。撤销应当以通知的方式作出。”乙向甲声称受丙委托购买该车，属于无权代理。甲托人向丙核实，丙未予否认，视为拒绝，故该合同对被代理人丙不发生效力。《民法典》第171条第3款规定：“行为人实施的行为未被追认的，善意相对人有权请求行为人履行债务或者就其受到的损害请求行为人赔偿。但是，赔偿的范围不得超过被代理人追认时相对人所能获得的利益。”故本案由乙支付车款，B选项正确。当年公布答案是C，因法律修改，答案需要修改。

二、主观题

简述表见代理的构成要件。（2017-非法学-54-简答）

[参考答案] 表见代理是指行为人虽没有代理权，但第三人在客观上有理由相信其有代理权而与其实施法律行为，该法律行为的后果由本人承担的代理。构成要件有：

（1）代理人无代理权。

（2）该无权代理人有被授予代理权的外表或假象。

（3）相对人有正当理由相信该无权代理人有代理权。

（4）相对人基于信任而与该无权代理人成立法律行为。

三、2023年度重点预测

《民法典总则编解释》对无权代理的法律后果的内容有重要补充，重点把握。表见代理是客观题考查的常客。

第五节　代理关系的终止

本节注意简答题：委托代理关系的终止、法定代理的终止事由。

PART 08

第八章 诉讼时效与期间

第一节 诉讼时效

一、客观题

1. 下列关于诉讼时效的约定，无效的有〔　　〕。(2021-非法学-49-多)(2021-法学-29-多)

A. 关于诉讼时效中止事由的约定

B. 关于诉讼时效中断事由的约定

C. 关于诉讼时效期间的约定

D. 关于诉讼时效计算方法的约定

[答案] ABCD

[考点] **诉讼时效**

[解析]《民法典》第 197 条第 1 款规定："诉讼时效的期间、计算方法以及中止、中断的事由由法律规定，当事人约定无效。"第 2 款规定："当事人对诉讼时效利益的预先放弃无效。"诉讼时效的期间、计算方法、中止、中断事由等，均属于强制性效力性规定，因此，当事人约定这些内容的，自然无效，A、B、C、D 选项正确。

2. 下列情形中，可引起诉讼时效中止的是〔　　〕。(2016-非法学-24-单)

A. 发生不可抗力

B. 债权人起诉后又撤诉

C. 债权人向公安机关报案

D. 债权人向债务人主张权利

[答案] A

[考点] **诉讼时效中止**

[解析]【考点 1：诉讼时效中止】《民法典》第 194 条第 1 款规定："在诉讼时效期间的最后六个月内，因下列障碍，不能行使请求权的，诉讼时效中止：(一) 不可抗力；(二) 无民事行为能力人或者限制民事行为能力人没有法定代理人，或者法定代理人死亡、丧失民事行为能力、丧失代理权；(三) 继承开始后未确定继承人或者遗产管理人；(四) 权利人被义务人或者其他人控制；(五) 其他导致权利人不能行使请求权的障碍。"A 选项正确。

【考点 2：诉讼时效中断】《民法典》第 195 条第 1 款规定："有下列情形之一的，诉讼时效中断，从中断、有关程序终结时起，诉讼时效期间重新计算：(一) 权利人向义务人提出履行请求；(二) 义务人同意履行义务；(三) 权利人提起诉讼或者申请仲裁；(四) 与提起诉讼或者申请仲裁具有同等效力的其他情形。"B、C、D 选项是诉讼时效中断的事由，错误。

3. 甲将一批货物存放于乙的仓库，提货时发现部分货物丢失。甲要求乙赔偿损失的诉讼时效期间是〔　　〕。(2015-非法学-26-单)

A. 6 个月　　B. 1 年

C. 2 年　　D. 4 年

[答案] 无

[考点] **诉讼时效期间**

[解析]《民法典》第 188 条第 1 款规定："向人民法院请求保护民事权利的诉讼时效期间为三年。法律另有规定的，依照其规定。"本案考查普通诉讼时效期间，3 年。因法律修改，故本题无答案。

4. 甲欠乙 10 万元，时效期间届满未还。乙索要时，甲承诺 2 个月内偿还，但事后只给付了 2 万元。乙索要余款时，甲以 10 万元欠款已超过诉讼时效期间为由拒绝，并要求乙返还之前给付的 2 万元。下列选项中，正确的是〔　　〕。(2015-非法学-27-单)

A. 甲应偿还剩余的 8 万元

B. 甲承诺偿还引起诉讼时效中断

C. 甲给付的2万元属于不当得利，乙应返还

D. 甲无权要求乙返还2万元，但剩余的8万元可以不偿还

[答案] A

[考点] **时效利益放弃**

[解析]【考点1：时效利益放弃】《民法典》第192条第2款规定："诉讼时效期间届满后，义务人同意履行的，不得以诉讼时效期间届满为由抗辩；义务人已经自愿履行的，不得请求返还。"诉讼时效期间届满后，债务人全部履行或同意全部履行的，全部不得反悔；诉讼时效期间届满后，债务人部分履行或同意部分履行的，该部分不得反悔。甲承诺2个月内偿还，承诺全部偿还，全部不得反悔，A选项正确，C、D选项错误。

【考点2：诉讼时效中断】因诉讼时效期间届满，无所谓中断问题，B选项错误。

5. 张某借给王某3万元，约定2013年5月1日还款。因王某到期未还，张某于2013年5月8日邮寄催款信件，王某于2013年5月10日收到此信，但直到2013年5月12日才拆阅此信。该债权诉讼时效中断的日期是〔　　〕。(2014-法学-13-单)

A. 2013年5月1日

B. 2013年5月8日

C. 2013年5月10日

D. 2013年5月12日

[答案] C

[考点] **诉讼时效中断**

[解析]【考点1：诉讼时效中断】《民法典》第195条第1款规定："有下列情形之一的，诉讼时效中断，从中断、有关程序终结时起，诉讼时效期间重新计算：(一) 权利人向义务人提出履行请求；(二) 义务人同意履行义务；(三) 权利人提起诉讼或者申请仲裁；(四) 与提起诉讼或者申请仲裁具有同等效力的其他情形。"

【考点2：意思表示生效规则】《民法典》第137条第2款规定："以非对话方式作出的意思表示，到达相对人时生效。以非对话方式作出的采用数据电文形式的意思表示，相对人指定特定系统接收数据电文的，该数据电文进入该特定系统时生效；未指定特定系统的，相对人知道或者应当知道该数据电文进入其系统时生效。当事人对采用数据电文形式的意思表示的生效时间另有约定的，按照其约定。"本案邮寄催款信件，属于以非对话方式作出的意思表示，采取到达主义，非以知悉为要件，王某于2013年5月10日收到此信，C选项正确，其他选项错误。

6. 根据《民法典》的规定，诉讼时效中止后，从中止时效的原因消除之日起，诉讼时效期间〔　　〕。(2014-非法学-23-单)

A. 届满

B. 不再计算

C. 重新计算

D. 继续计算

[答案] D

[考点] **诉讼时效中止**

[解析]《民法典》第194条第2款规定："自中止时效的原因消除之日起满六个月，诉讼时效期间届满。"从中止时效的原因消除之日起，诉讼时效期间继续计算6个月，故D选项正确，其他选项错误。

7. 下列各组请求权，均适用诉讼时效制度的是〔　　〕。(2013-法学-16-单)

A. 定金返还请求权、不当得利返还请求权、缴付出资请求权

B. 定金返还请求权、人身损害赔偿请求权、不当得利返还请求权

C. 所有物返还请求权、存款本金返还请求权、人身损害赔偿请求权

D. 占有物返还请求权、存款利息返还请求权、不当得利返还请求权

[答案] B

[考点] **诉讼时效适用范围**

[解析]【考点1：诉讼时效适用范围】依民法理论，适用诉讼时效的请求权为债权请求权。包括基于合同债权的请求权(履行请求权、损害赔偿请求权、违约金请求权等)、基于侵权行为的请求权、基于无因管理的请求权、基于不当得利的请求权等。基于所有权和人格权而发生的请求权，也应适用诉讼时效。当然，并非所有的请求权都适用诉讼时效。《民法典》第196条规定："下列请求权不适用诉讼时效的规定：(一) 请求

停止侵害、排除妨碍、消除危险；（二）不动产物权和登记的动产物权的权利人请求返还财产；（三）请求支付抚养费、赡养费或者扶养费；（四）依法不适用诉讼时效的其他请求权。”定金返还请求权、人身损害赔偿请求权、不当得利返还请求权属于债权请求权，适用诉讼时效，B 选项正确。所有物返还请求权，如果是不动产和登记的动产请求返还财产，不适用诉讼时效；如果是没有登记的动产请求返还财产，适用诉讼时效，故 C 选项错误。

《诉讼时效规定》第 1 条规定：“当事人可以对债权请求权提出诉讼时效抗辩，但对下列债权请求权提出诉讼时效抗辩的，人民法院不予支持：（一）支付存款本金及利息请求权；（二）兑付国债、金融债券以及向不特定对象发行的企业债券本息请求权；（三）基于投资关系产生的缴付出资请求权；（四）其他依法不适用诉讼时效规定的债权请求权。”缴付出资请求权不适用诉讼时效期间，A 选项错误。

【考点 2：占有物返还请求权】《民法典》第 462 条第 1 款规定：“占有的不动产或者动产被侵占的，占有人有权请求返还原物；对妨害占有的行为，占有人有权请求排除妨害或者消除危险；因侵占或者妨害造成损害的，占有人有权依法请求损害赔偿。”第 2 款规定：“占有人返还原物的请求权，自侵占发生之日起一年内未行使的，该请求权消灭。”占有物返还请求权适用不变期间 1 年，D 选项错误。

8. 下列选项中，可引起诉讼时效中止的事由是〔　　〕。（2013-非法学-28-单）

A. 义务人同意履行义务

B. 当事人提起诉讼

C. 权利人提出请求

D. 发生不可抗力

［答案］ D

［考点］ **诉讼时效中止**

［解析］【考点 1：诉讼时效中止】《民法典》第 194 条第 1 款规定：“在诉讼时效期间的最后六个月内，因下列障碍，不能行使请求权的，诉讼时效中止：（一）不可抗力；（二）无民事行为能力人或者限制民事行为能力人没有法定代理人，或者法定代理人死亡、丧失民事行为能力、丧失代理权；（三）继承开始后未确定继承人或者遗产管理人；（四）权利人被义务人或者其他人控制；（五）其他导致权利人不能行使请求权的障碍。”发生不可抗力是诉讼时效中止的事由，D 选项正确。

【考点 2：诉讼时效中断】《民法典》第 195 条第 1 款规定：“有下列情形之一的，诉讼时效中断，从中断、有关程序终结时起，诉讼时效期间重新计算：（一）权利人向义务人提出履行请求；（二）义务人同意履行义务；（三）权利人提起诉讼或者申请仲裁；（四）与提起诉讼或者申请仲裁具有同等效力的其他情形。”A、B、C 选项属于诉讼时效中断的事由，错误。

9. 下列情形中，不能引起诉讼时效中断的是〔　　〕。（2012-非法学-26-单）

A. 权利人申请仲裁

B. 权利人主张权利

C. 义务人同意履行义务

D. 权利人因不可抗力不能起诉

［答案］ D

［考点］ **诉讼时效中断**

［解析］ 《民法典》第 195 条第 1 款规定：“有下列情形之一的，诉讼时效中断，从中断、有关程序终结时起，诉讼时效期间重新计算：（一）权利人向义务人提出履行请求；（二）义务人同意履行义务；（三）权利人提起诉讼或者申请仲裁；（四）与提起诉讼或者申请仲裁具有同等效力的其他情形。”A、B、C 选项是诉讼时效中断的事由，D 选项是诉讼时效中止的事由，故 D 选项正确。

10. 根据法律规定，因技术进出口合同争议提起诉讼的期限为〔　　〕。（2011-非法学-33-单）

A. 1 年　　B. 2 年

C. 3 年　　D. 4 年

［答案］ D

［考点］ **特殊诉讼时效期间**

［解析］《民法典》第 594 条规定：“因国际货物买卖合同和技术进出口合同争议提起诉讼或者申请仲裁的时效期间为四年。”因技术进出口合同争议提起诉讼的期间是 4 年，D 选项正确，其他选项错误。

二、2023 年度重点预测

诉讼时效的适用范围、起算、中断和中止，是客观题考查的重点。最长的诉讼时效期间可以延长，不得中断、中止；普通的诉讼时效期间可以中断、中止，但不能延长。《民法典总则编解释》在本节有重要补充，重点。

第二节 期间

一、客观题

1. 2007 年 5 月，甲向乙借款 10 万元。同年 10 月，乙要求甲在 2008 年 10 月 1 日前还款，甲同意。后甲未按期还款。2008 年 11 月 1 日，甲请求乙将还款期延长一年，乙未同意。因甲迟迟未还款，乙拟提起诉讼。本案诉讼时效期间的起算点是〔　　〕。(2011-法学-15-单)

A. 2008 年 10 月 1 日

B. 2008 年 10 月 2 日

C. 2008 年 11 月 1 日

D. 2008 年 11 月 2 日

[答案] D

[考点] **诉讼时效期间起算**

[解析]《民法典》第 195 条规定："有下列情形之一的，诉讼时效中断，从中断、有关程序终结时起，诉讼时效期间重新计算：(一) 权利人向义务人提出履行请求；(二) 义务人同意履行义务；(三) 权利人提起诉讼或者申请仲裁；(四) 与提起诉讼或者申请仲裁具有同等效力的其他情形。" 2007 年 5 月，甲向乙借款 10 万元，未约定还款日期，诉讼时效期间尚未开始计算。乙要求甲在 2008 年 10 月 1 日前还款，诉讼时效期间开始计算。2008 年 11 月 1 日，甲请求乙将还款期延长 1 年，属于"义务人同意履行义务"，诉讼时效中断，重新开始计算。《民法典》第 201 条规定："按照年、月、日计算期间的，开始的当日不计入，自下一日开始计算。" 故本案诉讼时效期间的起算点是 2008 年 11 月 2 日，D 选项正确，其他选项错误。

2. 根据《民法典》的规定，在期间的计算上，民法所称的包括"本数"在内的术语有〔　　〕。(2012-法学-26-多)

A. 以上　　B. 以下

C. 以内　　D. 以外

[答案] ABC

[考点] **期间计算**

[解析]《民法典》第 1259 条规定："民法所称的'以上'、'以下'、'以内'、'届满'，包括本数；所称的'不满'、'超过'、'以外'，不包括本数。" 可见，A、B、C 选项正确，D 选项错误。

二、2023 年度重点预测

期间的计算，须理解。主观题：诉讼时效与除斥期间的区别。

PART II

第二编

物 权

PART 01

第一章　物权概述

第一节　物权的特征及分类

一、客观题

下列选项中，属于物权优先于债权之例外情形的有〔　　〕。(2013-法学-29-多)

A. "一物二卖"时，买受人因交付或登记而取得标的物的所有权

B. 房屋预售时，经过预告登记的买受人的债权具有排他效力

C. 租赁房屋抵押时，原租赁关系不受该抵押权的影响

D. 租赁房屋出卖时，承租人的租赁权不因租赁物所有权的变动而受影响

[答案] BCD

[考点] **债权物权化**

[解析] 物权的优先效力包括两个方面：一是物权对于债权的优先效力，二是物权相互之间的优先效力。债权物权化的情况下，债权优先于物权：房屋预售时，经过预告登记的买受人的债权具有排他效力；租赁房屋抵押时，原租赁关系不受该抵押权的影响；租赁房屋出卖时，承租人的租赁权不因租赁物所有权的变动而受影响；以上均属于债权优先于物权。B、C、D 选项正确。"一物二卖"时，买受人因交付或登记而取得标的物的所有权，是所有权优先于债权，A 选项错误。

二、2023 年度重点预测

掌握物权的特征、物权与债权的区别。物权的分类可能会在客观题中出现。

第二节　物权的基本原则

一、主观题

1. 试论我国物权法的公示、公信原则。(2016-法学-34-论述)

[参考答案]（1）公示，是指以一定的方式使公众知悉物权变动的事实，物权的公示分为物权存在的公示及物权变动的公示。

①物权存在的公示，为物权的静态公示。按各国物权法的规定，"占有"是动产物权存在的公示方式，国家不动产物权登记簿上所作的"登记"记载是不动产物权存在的公示方式。

②物权变动的公示，为物权的动态公示。按各国物权法的规定，"交付"是动产物权变动的公示方式，变更"登记"是不动产物权变动的公示方式。

（2）公信，又叫公信力，是指物权变动符合法定公示方式的就具有可信赖性的法律效力。公信原则包括两方面的内容：

①记载于不动产登记簿的人推定为该不动产的权利人，动产的占有人推定为该动产的权利人，除非有相反的证据证明。这称为"权利的正确性推定效力"。

②凡善意信赖公示的表象而为一定的行为，在法律上应当受到保护，保护的方式就是承认发生物权变动的效力。

公示原则在于使人"知"，公信原则在于使人"信"。

2. (2013-非法学-58-法条分析) 我国《物权法》第 5 条（《民法典》第 116 条）规定："物权的种类和内容，由法律规定。"

请分析：

（1）本条文规定的是物权法的哪项基本原则？其内涵与意义是什么？

（2）本条文中“法律”的具体表现形式有哪些？

［参考答案］

（1）本条规定的是物权法定原则。物权法定原则的内涵是：物权的种类不得创设，即当事人不得创设法律所不认可的新类型的物权，即类型强制；物权内容不得创设，即当事人不得创设与物权的法定内容相悖的物权内容，即内容强制。物权法定原则的意义：限制当事人在物权领域的私法自治，明确物权的类型和内容，维护交易安全。

（2）本条文中“法律”属于狭义的法律，是指全国人大及其常委会制定和颁布的法律。

二、2023 年度重点预测

物权的基本原则包括：平等保护原则、物权客体特定原则、物权法定原则和公示、公信原则，是简答题和论述题的考试重点。

第三节　物权的保护

一、客观题

1. 甲将房屋出租给乙。租赁期间甲将房屋卖给了丙，办理了过户登记手续，双方约定剩余租期的租金由丙收取。其后甲将上述事实告知乙。租期届满后，乙继续占有该房屋。对此，下列表述正确的是〔　　〕。（2021－非法学－30－单）（2021－法学－20－单）

A. 丙只能请求乙向甲返还房屋

B. 丙既可以请求甲交付房屋，也可以请求乙返还房屋

C. 丙只能请求甲交付房屋

D. 丙只能请求乙返还房屋

［答案］D

［考点］**返还原物请求权**

［解析］【考点 1：返还原物请求权】《民法典》第 235 条规定：“无权占有不动产或者动产的，权利人可以请求返还原物。”返还原物请求权须符合以下构成要件：（1）请求权人是物权人。该物权人应为具有占有权能的物权人，如所有权人、用益物权人、质权人、留置权人等；不具有占有权能的物权人，如抵押权人，不能主张返还原物请求权；（2）被请求人是现在的无权占有人。租赁期间甲将房屋卖给了丙，办理了过户登记手续，丙取得房屋的所有权。租期届满后，乙继续占有该房屋，乙属于现在的无权占有人，甲不再是房屋的占有人，故丙有权请求乙返还房屋，D 选项正确，其他选项错误。

【考点 2：买卖合同中的孳息归属】《民法典》第 630 条规定：“标的物在交付之前产生的孳息，归出卖人所有；交付之后产生的孳息，归买受人所有。但是，当事人另有约定的除外。”孳息归属采取交付主义。本案侧面表述了租金归属问题，但选项没有涉及，考生也应理解。

2. 宋某和赵某分别住在同一栋住宅楼的一层和二层。宋某在小区围墙与该楼之间自建平房，给住宅楼造成严重的安全隐患。不久，宋某在平房内开办门窗加工厂，加工生产的噪音严重干扰了赵某的正常生活。对此，赵某有权要求宋某〔　　〕。（2019－非法学－47－多）（2019－法学－27－多）

A. 赔礼道歉

B. 消除危险

C. 恢复原状

D. 停止侵害

［答案］BCD

［考点］**物权请求权**

［解析］【考点 1：消除危险、恢复原状请求权】《民法典》第 236 条规定：“妨害物权或者可能妨害物权的，权利人可以请求排除妨害或者消除危险。”宋某在小区围墙与该楼之间自建平房，给住宅楼造成严重的安全隐患，故赵某有权请求宋某消除危险，B 选项正确。《民法典》第 237 条规定：“造成不动产或者动产毁损的，权利人可以依法请求修理、重作、更换或者恢复原状。”故赵某有权请求宋某恢复原状，C 选项正确。

【考点 2：停止侵害】《民法典》第 1167 条规定：“侵权行为危及他人人身、财产安全的，被侵权人有权请求侵权人承担停止侵害、排除妨碍、消除危险等侵权责任。”故 D 选项正确。

【考点3：赔礼道歉】《民法典》第995条规定："人格权受到侵害的，受害人有权依照本法和其他法律的规定请求行为人承担民事责任。受害人的停止侵害、排除妨碍、消除危险、消除影响、恢复名誉、赔礼道歉请求权，不适用诉讼时效的规定。"赔礼道歉一般适用于人格权受到侵害，故A选项错误。

二、主观题

试论物权的保护。（2015-法学-36-论述）

［参考答案］物权的保护，是指通过法律规定的方法和程序保障物权人在法律许可的范围内对其财产行使占有、使用、收益、处分权利的制度。物权保护方式，可以单独适用，也可以根据权利被侵害的情形合并适用。物权的保护方法主要包括：

（1）确认物权。请求确认物权，包括请求确认所有权和请求确认他物权。因物权的归属、内容发生争议的，利害关系人可以请求确认权利。请求确认物权，包括请求确认所有权和请求确认他物权。

（2）返还原物请求权。无权占有不动产或者动产的，权利人可以请求返还原物。

（3）排除妨害请求权。妨害物权的，权利人可以请求排除妨害。

（4）消除危险请求权。可能妨害物权的，权利人可以请求消除危险。

（5）修理、重作、更换或者恢复原状。造成不动产或者动产毁损的，权利人可以依法请求修理、重作、更换或者恢复原状。

（6）损害赔偿。侵害物权，造成权利人损害的，权利人可以依法请求损害赔偿，也可以依法请求承担其他民事责任。

三、2023年度重点预测

返还原物请求权有两大构成要件：（1）请求权人是物权人；（2）被请求人是现在的无权占有人。该请求权经常考查客观题和案例分析题。

PART 02

第二章 物权变动

第一节 物权变动概述

物权变动是指物权的设立、变更、转让和消灭。物权变动的原因有：基于民事法律行为的物权变动和非基于民事法律行为的物权变动。物权变动是考试重点，主要体现在以下两节。

第二节 非基于民事法律行为的物权变动

一、客观题

1. 甲将母亲的骨灰葬于乙村坟地时，将自己的一对手镯随葬。该手镯的所有权属于〔　　〕。（2016－非法学－27－单）（2016－法学－16－单）

A. 甲母　　B. 甲

C. 乙村　　D. 国家

［答案］B

［考点］**埋藏物**

［解析］甲将母亲的骨灰葬于乙村坟地时，将自己的一对手镯随葬，属于埋藏物，甲并无抛弃的意思表示，故甲仍然是所有权人，B选项正确，其他选项错误。当然，甲母已经死亡，不具有民事权利能力，不能成为所有权的主体。

2. 甲在其宅基地上建造房屋。现房屋已建成，并办理了登记手续。甲取得房屋所有权的时间是〔　　〕。（2011－法学－14－单）

A. 房屋开始建造时　　B. 房屋建造完成时

C. 申请房屋登记时　　D. 登记手续完成时

［答案］B

［考点］**非基于民事法律行为的物权变动**

［解析］《民法典》第231条规定："因合法建造、拆除房屋等事实行为设立或者消灭物权的，自事实行为成就时发生效力。"房屋建造完成时，甲取得房屋所有权，B选项正确，其他选项错误。

3. 下列选项中，物权变动的情形包括〔　　〕。（2011－非法学－47－多）

A. 政府征收了甲村的土地

B. 乙将自己的彩电赠与了好友

C. 丙在其宅基地上建造了房屋

D. 法院判决所有权有争议的汽车属于丁

［答案］ABC

［考点］**物权变动**

［解析］【考点1：征收】《民法典》第229条规定："因人民法院、仲裁机构的法律文书或者人民政府的征收决定等，导致物权设立、变更、转让或者消灭的，自法律文书或者征收决定等生效时发生效力。"政府征收了甲村的土地，征收决定生效时，政府取得土地所有权，故A选项正确。

【考点2：生效法律文书导致物权变动】《民法典物权编解释（一）》第7条规定："人民法院、仲裁机构在分割共有不动产或者动产等案件中作出并依法生效的改变原有物权关系的判决书、裁决书、调解书，以及人民法院在执行程序中作出的拍卖成交裁定书、变卖成交裁定书、以物抵债裁定书，应当认定为民法典第二百二十九条所称导致物权设立、变更、转让或者消灭的人民法院、仲裁机构的法律文书。"法院判决所有权有争议的汽车属于丁，属于确认判决，并未改变原有物权关系，仅仅确认真正物权人享有物权，故并未发生物权变动，D选项错误。本题公布的答案有D选项，因理论和法律修改，答案应该修改。

【考点3：基于法律行为的物权变动】《民法典》第224条规定："动产物权的设立和转让，自交付时发生效力，但是法律另有规定的除外。"乙将自己的彩电赠与了好友，只要完成交付，即发生物权变动，B 选项正确。

【考点 4：合法建造房屋】《民法典》第 231 条规定："因合法建造、拆除房屋等事实行为设立或者消灭物权的，自事实行为成就时发生效力。"丙在其宅基地上建造了房屋，房屋建造完成时，丙取得房屋的所有权，故 C 选项正确。

二、2023 年度重点预测

掌握三种重要的非基于民事法律行为的物权变动：生效文书、继承及合法建造房屋、拆除房屋。生效法律文书、征收决定引起的物权变动中，只有形成判决才可以直接导致物权变动，给付判决和确认判决不能直接导致物权变动。

第三节 基于民事法律行为的物权变动

一、客观题

1. 甲将借给乙的笔记本电脑卖给丙，甲、丙约定由丙直接向乙请求返还电脑。该电脑的交付方式属于〔 〕。(2020-非法学-31-单)

A. 现实交付　　B. 占有改定

C. 简易交付　　D. 指示交付

[答案] D

[考点] **交付的方式**

[解析]【考点 1：指示交付】《民法典》第 227 条规定："动产物权设立和转让前，第三人占有该动产的，负有交付义务的人可以通过转让请求第三人返还原物的权利代替交付。"甲、丙签订笔记本电脑买卖合同，约定由丙直接向乙请求返还电脑，属于指示交付，D 选项正确，其他选项错误。

【考点 2：简易交付、占有改定】《民法典》第 226 条规定："动产物权设立和转让前，权利人已经占有该动产的，物权自民事法律行为生效时发生效力。"转让前，受让人已经占有该动产的，转让人与受让人达成的物权转让合同生效时即为交付，属于简易交付。《民法典》第 228 条规定："动产物权转让时，当事人又约定由出让人继续占有该动产的，物权自该约定生效时发生效力。"占有改定，即动产物权的让与人与受让人之间特别约定，标的物仍然由出让人继续占有，在物权让与的合意成立时，即视为交付，而受让人取得间接占有。

2. 下列选项中，无需登记即可发生物权变动的有〔 〕。(2018-非法学-47-多)(2018-法学-27-多)

A. 甲公司将其股权出质给银行

B. 乙公司将其轮船的所有权转让给高某

C. 丙公司通过拍卖取得建设用地使用权

D. 丁农户将土地承包经营权转让给钱某

[答案] BD

[考点] **物权变动**

[解析]【考点 1：股权质权设立】《民法典》第 443 条第 1 款规定："以基金份额、股权出质的，质权自办理出质登记时设立。"甲公司将其股权出质给银行，登记时设立，故 A 选项错误。

【考点 2：特殊动产物权变动】《民法典》第 225 条规定："船舶、航空器和机动车等的物权的设立、变更、转让和消灭，未经登记，不得对抗善意第三人。"乙公司将其轮船的所有权转让给高某，在交付时发生物权变动，登记是对抗要件，故 B 选项正确。

【考点 3：建设用地使用权设立】《民法典》第 349 条规定："设立建设用地使用权的，应当向登记机构申请建设用地使用权登记。建设用地使用权自登记时设立。登记机构应当向建设用地使用权人发放权属证书。"丙公司通过拍卖取得建设用地使用权，须登记才设立，故 C 选项错误。

【考点 4：土地承包经营权转让】《民法典》第 335 条规定："土地承包经营权互换、转让的，当事人可以向登记机构申请登记；未经登记，不得对抗善意第三人。"丁农户将土地承包经营权转让给钱某，在合同生效时土地承包经营权转让，登记是对抗要件，故 D 选项正确。

3. 甲经政府主管部门批准，在其宅基地上盖了一栋楼房，未办理房屋登记手续。3 年后甲死亡，其唯一的继承人乙将房屋卖给同村的丙，并交付丙占有使用。现该房屋的所有权人是〔 〕。(2017-非法学-30-单)(2017-法学-16-单)

A. 国家　　B. 甲所在村集体

C. 乙　　D. 丙

[答案] C

[考点] **物权变动**

[考点]【考点 1：合法建造房屋取得所有权】《民法典》第 231 条规定："因合法建造、拆除房屋等事实行为设立或者消灭物权的，自事实行为成就时发生效力。"甲经政府主管部门批准，在其宅基地上盖了一栋楼房，房屋建造完成时，甲即取得房屋的所有权，即使没有办理登记手续。

【考点 2：因继承取得所有权】《民法典》第 230 条规定："因继承取得物权的，自继承开始时发生效力。"3 年后甲死亡，其唯一的继承人乙即取得该房屋的所有权。

【考点 3：基于法律行为的不动产物权变动】《民法典》第 214 条规定："不动产物权的设立、变更、转让和消灭，依照法律规定应当登记的，自记载于不动产登记簿时发生效力。"乙将房屋卖给同村的丙，并交付丙占有使用，但未办理登记，丙不能取得房屋的所有权。可见，C 选项正确，其他选项错误。

4. 我国物权法规定的动产交付方式包括〔　　〕。(2012-非法学-48-多)

A. 指示交付　　B. 现实交付

C. 简易交付　　D. 占有改定

[答案] ABCD

[考点] **交付方式**

[解析] 根据《民法典》的规定，交付的方式包括：现实交付、简易交付、指示交付和占有改定，故全选。

二、主观题

(2011-非法学-58-法条分析) 原《中华人民共和国物权法》第 15 条（《民法典》第 215 条）规定："当事人之间订立有关设立、变更、转让和消灭不动产物权的合同，除法律另有规定或者当事人另有约定外，自合同成立时生效；未办理物权登记的，不影响合同效力。"

根据该条文，分析不动产物权变动合同的生效与不动产物权变动的关系。

[参考答案]

本条所规定的是区分原则。不动产物权变动合同的生效与不动产物权变动效果的区分原则主要表现在：

(1) 民事法律行为（债权行为）是否生效，应依照民事法律行为制度确定；

(2) 物权变动效果是否发生，应依照物权变动的规则确定；

(3) 因欠缺公示手段（登记或交付）导致不能发生物权变动效果的，民事法律行为的效力不因此而受影响；

(4) 登记或交付，是合同的履行行为，未登记或未交付并不影响债权合同的效力。而债权合同不成立、无效或被撤销，也不能发生物权变动的效果。

三、2023 年度重点预测

基于民事法律行为的不动产、动产物权变动的具体情形，考生须总结记忆。区分原则经常考查客观题。主观题须掌握：物权变动模式。

第四节　不动产登记

一、客观题

1. 预告登记失效的原因有〔　　〕。(2022-多-回忆版)

A. 预告登记的权利人死亡或者终止

B. 买卖不动产的协议被认定无效

C. 买卖不动产的协议被撤销

D. 自能够进行不动产登记之日起 90 日内，权利人未申请登记

[答案] BCD

[考点] **预告登记**

[解析]《民法典》第 221 条第 2 款规定："预告登记后，债权消灭或者自能够进行不动产登记之日起九十日内未申请登记的，预告登记失效。"《民法典物权编解释（一）》第 5 条规定："预告登记的买卖不动产物权的协议被认定无效、被撤销，或者预告登记的权利人放弃债权的，应当认定为民法典第二百二十一条第二款所称的'债权消灭'。"B、C、D 选项正确，A 选项错误。

2. 根据以下案情，回答第（1）、(2) 小题。(2016-非法学-39、40-单)

2014 年 3 月 12 日，甲、乙签订房屋买卖合同，并于当日办理了预告登记。合同约定，乙于 3

月15日支付全款，双方于3月30日前办理过户手续。乙依约支付房款后，因甲出差双方一直未办理过户手续。7月10日甲又将该房屋卖给丙并办理了过户手续。

（1）关于两份房屋买卖合同的效力，下列选项正确的是〔　　〕。

A. 甲、乙之间的合同和甲、丙之间的合同均有效

B. 甲、乙之间的合同有效，甲、丙之间的合同无效

C. 甲、乙之间的合同无效，甲、丙之间的合同有效

D. 甲、乙之间的合同有效，甲、丙之间的合同效力待定

［答案］A

［考点］**区分原则**

［解析］《民法典》第215条规定："当事人之间订立有关设立、变更、转让和消灭不动产物权的合同，除法律另有规定或者当事人另有约定外，自合同成立时生效；未办理物权登记的，不影响合同效力。"甲、乙之间的合同，未办理物权登记，不影响合同效力，有效。《民法典》第221条第1款规定："当事人签订买卖房屋的协议或者签订其他不动产物权的协议，为保障将来实现物权，按照约定可以向登记机构申请预告登记。预告登记后，未经预告登记的权利人同意，处分该不动产的，不发生物权效力。"7月10日，甲又将该房屋卖给丙，即使预告登记没有失效，也不影响合同效力，故A选项正确，其他选项错误。

（2）2014年8月1日，乙将甲诉至法院。此时〔　　〕。

A. 预告登记有效，但丙取得房屋所有权

B. 预告登记有效，丙不能取得房屋所有权

C. 预告登记失效，丙取得房屋所有权

D. 预告登记失效，但丙不能取得房屋所有权

［答案］C

［考点］**预告登记失效**

［解析］《民法典》第221条第2款规定："预告登记后，债权消灭或者自能够进行不动产登记之日起九十日内未申请登记的，预告登记失效。"合同约定，乙于3月15日支付全款，双方于3月30日前办理过户手续，7月10日甲又将该房屋卖给丙并办理了过户手续，超过90日，预告登记失效，丙取得房屋所有权，故C选项正确，其他选项错误。

二、主观题

（2018-非法学-法条分析-56）原《中华人民共和国物权法》第20条（《民法典》第221条）规定：

当事人签订买卖房屋的协议或者签订其他不动产物权的协议，为保障将来实现物权，按照约定可以向登记机构申请预告登记。预告登记后，未经预告登记的权利人同意，处分该不动产的，不发生物权效力。

预告登记后，债权消灭或者自能够进行不动产登记之日起九十日内未申请登记的，预告登记失效。

请分析：

（1）哪些行为属于该条第一款所称的"处分该不动产"行为？

（2）哪些情形应当认定为该条第二款所称的"债权消灭"的情形？

［参考答案］

（1）处分该不动产的行为具体包括：未经预告登记的权利人同意，转移不动产所有权，或者设定建设用地使用权、居住权、地役权、抵押权等其他物权的。

［解析］名词解释题。直接对《民法典物权编解释（一）》法条的考查。

（2）买卖不动产物权的协议被认定为无效、被撤销，或者预告登记的权利人放弃债权的，应当认定为本款中的"债权消灭"。

［解析］名词解释题。直接对《民法典物权编解释（一）》法条的考查。

三、2023年度重点预测

不动产权属证书记载的事项应与不动产登记簿一致；记载不一致的，除有证据证明不动产登记簿确有错误外，以不动产登记簿为准。变动登记、更正登记、异议登记、预告登记，特别须掌握异议登记和预告登记。

PART 03

第三章　所有权

第一节　所有权概述

一、客观题

1. 下列选项中，专属于国家所有的是〔　　〕。（2020-非法学-32-单）

A. 土地

B. 文物

C. 野生动植物

D. 无线电频谱资源

[答案] D

[考点] **国家所有权**

[解析]《民法典》第252条规定："无线电频谱资源属于国家所有。"下列财产专属于国家所有，任何单位和个人不能取得所有权：城市土地、矿藏、水流、海域、无居民海岛、无线电频谱资源、国防资产等。D选项正确。城市土地专属于国家所有，法律规定属于集体所有的土地和森林、山岭、草原、荒地、滩涂，属于集体所有，A选项错误。《民法典》第253条规定："法律规定属于国家所有的文物，属于国家所有。"只有法律规定属于国家所有的文物才属于国家所有，其它文物可以由私人取得所有权，B选项错误。《民法典》第251条规定："法律规定属于国家所有的野生动植物资源，属于国家所有。"所以，野生动植物也不是专属于国家所有，C选项错误。

2. 村民甲在自家院子里挖水沟，致邻居乙的房屋地基下沉。依据物权法，甲侵害了乙的〔　　〕。（2011-非法学-25-单）

A. 所有权

B. 地上权

C. 地役权

D. 建设用地使用权

[答案] A

[考点] **所有权**

[解析]《民法典》第240条规定："所有权人对自己的不动产或者动产，依法享有占有、使用、收益和处分的权利。"村民甲在自家院子里挖水沟，致邻居乙的房屋地基下沉，侵犯乙的所有权，A选项正确，其他选项错误。

二、2023年度重点预测

所有权的特征、所有权的权能和限制，注意简答和论述题。

第二节　所有权的取得

一、客观题

1. 甲将一部相机借给乙，乙擅自将相机卖给不知情的丙，丙又将相机卖给不知情的丁并交付。对此，下列说法正确的是〔　　〕。（2018-非法学-22-单）（2018-法学-12-单）

A. 丁根据善意取得取得相机的所有权

B. 丁基于丙的交付取得相机的所有权

C. 丁在甲追认后方可取得相机的所有权

D. 丁在付清全部款项后方可取得相机的所有权

[答案] B

[考点] **善意取得**

[解析]【考点1：善意取得】《民法典》第311条第1款规定："无处分权人将不动产或者动产转让给受让人的，所有权人有权追回；除法律另有规定外，符合下列情形的，受让人取得该不动产或者动产的所有权：（一）受让人受让该不动产或者动产时是善意；（二）以合理的价格转让；（三）转让的不动产或者动产依照法律规定应当登记的已经登记，不需要登记的已经交付给受让人。"乙擅自将相

机卖给不知情的丙，属于无权处分，符合善意取得的构成要件，丙善意取得该相机的所有权。

【考点2：继受取得】丙又将相机卖给不知情的丁并交付，因丙是所有权人，其处分是有权处分，故在完成交付时发生物权变动，故丁基于丙的交付，继受取得相机的所有权，B选项正确，其他选项错误。

2. 甲将汽车以15万元的价格卖给乙并交付，后甲从乙处借回该车，并以16万元的价格卖给不知情的丙，同时办理了登记手续，但车仍由甲占有。乙得知后，要求甲、丙返还汽车、赔偿损失。对此，下列选项正确的是〔　　〕。（2018-非法学-34-单）

A. 汽车归丙所有，乙的损失由甲赔偿

B. 汽车归丙所有，乙的损失由甲、丙连带赔偿

C. 汽车归乙所有，乙有权要求甲返还汽车、赔偿损失

D. 汽车归乙所有，乙有权要求丙返还汽车、赔偿损失

［答案］C

［考点］**善意取得**

［解析］【考点1：继受取得】《民法典》第224条规定："动产物权的设立和转让，自交付时发生效力，但是法律另有规定的除外。"甲有权处分，将汽车出卖给乙并完成现实交付，乙取得该汽车的所有权。

【考点2：善意取得】甲从乙处借回该车，并以16万元的价格卖给不知情的丙，同时办理了登记手续，但车仍由甲占有，即没有完成交付，不符合《民法典》第311条善意取得动产所有权的构成要件，故丙尚未取得该汽车的所有权，A、B选项错误。

【考点3：返还原物请求权】《民法典》第235条规定："无权占有不动产或者动产的，权利人可以请求返还原物。"乙是汽车的所有权人，甲是现在的无权占有人，故乙有权要求甲返还汽车、赔偿损失，C选项正确，D选项错误。

3. 甲遗失一条项链，被乙拾得。丙从乙处偷走项链，以1万元价格卖给不知情的丁并交付。现该项链的所有权人是〔　　〕。（2017-非法学-27-单）（2017-法学-13-单）

A. 甲　　B. 乙

C. 丙　　D. 丁

［答案］A

［考点］**物权变动**

［解析］甲遗失一条项链，被乙拾得，拾得遗失物，乙不能取得该项链的所有权。丙从乙处偷走项链，也不能取得所有权。丙以1万元价格卖给不知情的丁并交付，因为该物属于遗失物，不能善意取得，故现该项链的所有权人仍然是甲，A选项正确，其他选项错误。

4. 下列选项中，属于所有权继受取得方式的是〔　　〕。（2015-非法学-29-单）

A. 添附　　B. 先占

C. 生产　　D. 遗赠

［答案］D

［考点］**继受取得**

［解析］【考点1：继受取得】所有权的继受取得是指通过某种法律行为或基于法律行为以外的事实从原所有人处取得所有权。所有权继受取得的原因包括法律行为和法律行为以外的事实两大类。所有权继受取得的主要方式包括：买卖、互易、赠与、继承、受遗赠等。故D选项正确。

【考点2：原始取得】原始取得是指非依他人既存的所有权而取得所有权，主要包括：添附、先占、生产、善意取得等，A、B、C选项错误。

5. 甲、乙系对门邻居，同时装修房屋。某日，在甲家装修的丙公司工人丁误将乙堆放在公共过道上的瓷砖当成甲所有，贴到甲家厨房墙壁。乙可以要求〔　　〕。（2015-非法学-47-多）

A. 甲返还原物

B. 甲返还不当得利

C. 丙公司赔偿损失

D. 丙公司与丁承担连带责任

［答案］BC

［考点］**添附**

［解析］《民法典》第322条规定："因加工、附合、混合而产生的物的归属，有约定的，按照约定；没有约定或者约定不明确的，依照法律规定；法律没有规定的，按照充分发挥物的效用以及保护无过错当事人的原则确定。因一方当事人的过错或者确定物的归属造成另一方当事人损害

的，应当给予赔偿或者补偿。”丁误将乙堆放在公共过道上的瓷砖当成甲所有，贴到甲家厨房墙壁，构成动产和不动产的附合，由甲取得所有权，乙丧失所有权，乙不能主张返还原物，但可以请求返还不当得利，A 选项错误，B 选项正确。丙公司侵犯乙的所有权，乙可以要求丙公司承担赔偿责任，员工丁不是对外承担责任的主体，C 选项正确，D 选项错误。

6. 甲将电脑交给乙保管。丙得知后，诱使乙将电脑低价卖给了自己。后电脑被丙遗失，被丁拾得。该电脑的所有权人是〔　　〕。(2013-法学-17-单)

A. 甲　　B. 乙

C. 丙　　D. 丁

[答案] A

[考点] **善意取得**

[解析]《民法典》第 311 条第 1 款规定：“无处分权人将不动产或者动产转让给受让人的，所有权人有权追回；除法律另有规定外，符合下列情形的，受让人取得该不动产或者动产的所有权：(一) 受让人受让该不动产或者动产时是善意；(二) 以合理的价格转让；(三) 转让的不动产或者动产依照法律规定应当登记的已经登记，不需要登记的已经交付给受让人。”乙无权处分，将电脑低价卖给知情的丙，不符合善意取得的构成要件，丙不能善意取得。后电脑被丙遗失，被丁拾得，丁不能取得电脑所有权，故该电脑的所有权人仍然是甲，A 选项正确，其他选项错误。

二、主观题

1. (2019-非法学-58-案例) 何某 2014 年丧偶，其子女甲、乙二人均已工作。2015 年 5 月，何某在邻居张律师的见证下，当着甲、乙的面书写了遗嘱：本人去世后，名下两套房产由甲、乙分别继承。同年 6 月，何某因在报纸上读到有关遗产税的新闻，便找来甲、乙二人，与其虚构了房屋买卖文书。2015 年 7 月何某将房产分别过户至甲、乙名下。此后，何某与甲共同生活。

2018 年 10 月，何某因遭受甲的虐待，向甲表示撤销（撤回）遗嘱，并要求甲返还房屋。甲声称何某将房产过户给自己是三年前的事情，过了诉讼时效，拒绝归还房屋。

请根据上述材料，回答下列问题并说明理由：

(1) 何某是否有权在张律师不在场的情况下撤销（撤回）遗嘱？

(2) 何某将房屋过户给甲三年之后，是否有权要求甲归还房屋？

(3) 如甲于 2016 年 6 月将房屋以市价卖给丙并过户，何某是否有权要求丙返还房屋？

[参考答案]

(1) 有权。遗嘱的撤回，是指遗嘱人废除原先所立的遗嘱，或者对原先所立遗嘱内容作全部修改。遗嘱人可以撤回、变更自己所立的遗嘱。2015 年 5 月，何某在邻居张律师的见证下，书写了遗嘱，属于自书遗嘱，可以撤回。

【法律依据】《民法典》第 1142 条第 1 款规定：“遗嘱人可以撤回、变更自己所立的遗嘱。”第 2 款规定：“立遗嘱后，遗嘱人实施与遗嘱内容相反的民事法律行为的，视为对遗嘱相关内容的撤回。”第 3 款规定：“立有数份遗嘱，内容相抵触的，以最后的遗嘱为准。”

(2) 有权。何某和甲、乙二人，虚构了房屋买卖文书，属于双方虚假行为，无效。即使当事人办理了房屋过户登记手续，仍不能发生物权变动，何某仍然是房屋的所有权人，有权主张返还原物请求权，且不受诉讼时效的限制。

【法律依据】《民法典》第 146 条第 1 款规定：“行为人与相对人以虚假的意思表示实施的民事法律行为无效。”

(3) 无权。如甲于 2016 年 6 月将房屋以市价卖给丙并过户，丙是善意的，且以合理的价格受让，符合善意取得的构成要件，丙取得房屋的所有权。因何某已经丧失所有权，故何某无权请求丙返还房屋。

【法律依据】《民法典》第 311 条第 1 款规定：“无处分权人将不动产或者动产转让给受让人的，所有权人有权追回；除法律另有规定外，符合下列情形的，受让人取得该不动产或者动产的所有权：(一) 受让人受让该不动产或者动产时是善意；(二) 以合理的价格转让；(三) 转让的不动产或者动产依照法律规定应当登记的已经登记，不需要登记的已经交付给受让人。”

2. (2016-非法学-60-案例) 2015 年 5 月 7 日，A 公司法定代表人甲吩咐员工乙将一台已损坏的旧电脑扔掉。乙将电脑扔到垃圾箱后，觉得与其扔了还不如修好后卖掉，遂返回将电脑带回家修好。乙的朋友丙得知上述情况后，在2015年6月5日找到乙，请求乙将电脑送给自己，乙答应，并与丙约定一周后交付。丁听说乙有一台旧电脑，在2015年6月8日向乙表示愿以合理价格购买，乙当即同意。因乙在电脑中的文件尚未完成备份，故双方约定乙借用电脑三天，三天后再交付给丁。2015年6月9日，乙通知丙撤销赠与。

请根据上述材料，回答下列问题并说明理由：

(1) A公司是否丧失了电脑的所有权？

(2) 乙是否有权撤销赠与？

(3) 丁是否取得了电脑的所有权？

[参考答案]

(1) A公司丧失了电脑的所有权。A公司法定代表人甲吩咐员工乙将一台已损坏的旧电脑扔掉，有抛弃的意思表示，且完成了抛弃行为，故A公司丧失了电脑的所有权。

(2) 有权。根据《民法典》的规定，赠与人在赠与财产的权利转移之前可以撤销赠与。因为乙尚未将该电脑交付给丙，故有任意撤销权，撤销赠与合同。

【法律依据】《民法典》第658条第1款规定："赠与人在赠与财产的权利转移之前可以撤销赠与。"第2款规定："经过公证的赠与合同或者依法不得撤销的具有救灾、扶贫、助残等公益、道德义务性质的赠与合同，不适用前款规定。"

(3) 丁已经取得电脑的所有权。乙处分电脑属于有权处分，乙、丁之间的电脑买卖合同有效，且以占有改定方式完成交付，故丁已经取得电脑的所有权。

【法律依据】《民法典》第228条规定："动产物权转让时，当事人又约定由出让人继续占有该动产的，物权自该约定生效时发生效力。"

三、2023年度重点预测

原始取得是指非依他人既存的权利而取得物权。原始取得主要包括：生产、先占、添附、拾得遗失物、拾得漂流物、发现埋藏物或者隐藏物、善意取得。当然，拾得遗失物、拾得漂流物、发现埋藏物或者隐藏物须在国家取得所有权时才是原始取得。特别注意：善意取得的构成要件、添附。

第三节 共有

一、客观题

1. 甲乙丙三人以3：2：1的比例按份共有一头骆驼用于旅游服务，现甲欲将自己的份额转让给丁，乙丙要求以同等条件购买，甲的份额应当〔 〕。(2019-非法学-29-单)（2019-法学-19-单）

A. 由丁购买

B. 由乙丙等额购买

C. 由甲在乙丙中指定一个购买

D. 由乙丙按所持份额比例购买

[答案] D

[考点] **按份共有人的优先购买权**

[解析]《民法典》第306条第1款规定："按份共有人转让其享有的共有的不动产或者动产份额的，应当将转让条件及时通知其他共有人。其他共有人应当在合理期限内行使优先购买权。"第2款规定："两个以上其他共有人主张行使优先购买权的，协商确定各自的购买比例；协商不成的，按照转让时各自的共有份额比例行使优先购买权。"甲、乙、丙三人形成按份共有关系，甲将份额对外转让，其他按份共有人有优先购买权。乙、丙均要求以同等条件购买，应当先协商，协商不成，由乙、丙按所持份额比例购买，D选项正确，其他选项错误。

2. 甲、乙、丙三人按35%、55%、10%的份额共有一艘渔船。乙、丙二人均有意卖掉渔船，甲坚决反对，关于出卖渔船，下列选项正确的是〔 〕。(2018-非法学-37-单)

A. 乙有权单独决定出卖渔船

B. 乙、丙未经甲同意无权出卖渔船

C. 乙、丙有权基于多数份额出卖渔船

D. 乙、丙可以根据多数共有人同意出卖渔船

[答案] B

[考点] **按份共有**

[解析]【考点1：处分共有物】《民法典》第301条规定："处分共有的不动产或者动产以及对共有的不动产或者动产作重大修缮、变更性质或者用途的，应当经占份额三分之二以上的按份共有人或者全体共同共有人同意，但是共有人之间

另有约定的除外。”甲、乙、丙三人按份共有该渔船，处分共有物，须份额三分之二以上的按份共有人同意。乙、丙二人均有意卖掉渔船，占 65%，尚未达到三分之二，故 B 选项正确，其他选项错误。

【考点 2：份额的处分】《民法典》第 305 条规定：“按份共有人可以转让其享有的共有的不动产或者动产份额。其他共有人在同等条件下享有优先购买的权利。”按份共有人转让份额，无须其他按份共有人同意，但其他按份共有人在同等条件下享有优先购买的权利。

【注】请考生务必区分共有物的处分与份额处分，处理规则不同。

3. 甲、乙、丙、丁共同出资购买一辆挖掘机，出资比例分别为 55%、30%、10%、5%。对该挖掘机的转让〔　　〕。（2017-非法学-29-单）（2017-法学-15-单）

A. 甲一人即可决定

B. 甲、乙二人同意即可

C. 经任意三人同意即可

D. 必须经四人一致同意

［答案］B

［考点］**共有物处分**

［解析］《民法典》第 301 条规定：“处分共有的不动产或者动产以及对共有的不动产或者动产作重大修缮、变更性质或者用途的，应当经占份额三分之二以上的按份共有人或者全体共同共有人同意，但是共有人之间另有约定的除外。”甲、乙、丙、丁按份共有挖掘机，对该挖掘机的转让须经占份额三分之二以上的按份共有人同意，甲、乙份额共 85%，故 B 选项正确，A、D 选项错误。C 选项任意三人同意，如果是乙、丙、丁，也不足三分之二，故错误。

4. 甲、乙兄弟二人居住于祖传院落中，四间南房为甲所有，五间北房为乙所有。甲在外地打工，乙独自在家。某日，院墙因连日暴雨倒塌将路人丙砸伤。丙的损害应由〔　　〕。（2015-法学-16-单）

A. 乙单独承担责任

B. 甲、乙承担连带责任

C. 甲、乙承担按份责任

D. 丙自己承担

［答案］B

［考点］**共有物产生的债**

［解析］《民法典》第 307 条规定：“因共有的不动产或者动产产生的债权债务，在对外关系上，共有人享有连带债权、承担连带债务，但是法律另有规定或者第三人知道共有人不具有连带债权债务关系的除外；在共有人内部关系上，除共有人另有约定外，按份共有人按照份额享有债权、承担债务，共同共有人共同享有债权、承担债务。偿还债务超过自己应当承担份额的按份共有人，有权向其他共有人追偿。”甲、乙兄弟二人居住于祖传院落中，对院墙是共有关系。如果甲、乙没有分家，有家庭关系，属于共同共有。根据《民法典》第 307 条的规定，不管是共同共有还是按份共有，对外均承担连带责任，B 选项正确，其他选项错误。

5. 根据法律规定，按份共有人转让其应有份额时，其他共有人享有〔　　〕。（2011-非法学-24-单）

A. 禁止其转让的权利

B. 解除共有关系的权利

C. 同等条件下的优先购买权

D. 对转让份额的追及权

［答案］C

［考点］**按份共有人的优先购买权**

［解析］《民法典》第 305 条规定：“按份共有人可以转让其享有的共有的不动产或者动产份额。其他共有人在同等条件下享有优先购买的权利。”C 选项正确，其他选项错误。

二、2023 年度重点预测

按份共有人的优先购买权制度、两种共有的比较是客观题考试的常客。主观题注意：共有的特征，包括按份共有和共同共有的特征。

第四节　业主的建筑物区分所有权

一、客观题

1. 根据我国《民法典》规定，下列由业主共同决定的事项中，应当经参与表决专有部分面积 3/4 以上的业主且参与表决人数 3/4 以上的业主同意的是〔 〕。（2021－非法学－26－单）（2021－法学－16－单）

A. 解聘物业服务企业

B. 制定和修改管理规约

C. 选举业主委员会

D. 筹集建筑物的维修资金

［答案］ D

［考点］ **建筑物区分所有权**

［解析］【考点 1：双绝对多数规则】《民法典》第 278 条第 1 款规定："下列事项由业主共同决定：（一）制定和修改业主大会议事规则；（二）制定和修改管理规约；（三）选举业主委员会或者更换业主委员会成员；（四）选聘和解聘物业服务企业或者其他管理人；（五）使用建筑物及其附属设施的维修资金；（六）筹集建筑物及其附属设施的维修资金；（七）改建、重建建筑物及其附属设施；（八）改变共有部分的用途或者利用共有部分从事经营活动；（九）有关共有和共同管理权利的其他重大事项。"第 2 款规定："业主共同决定事项，应当由专有部分面积占比三分之二以上的业主且人数占比三分之二以上的业主参与表决。决定前款第六项至第八项规定的事项，应当经参与表决专有部分面积四分之三以上的业主且参与表决人数四分之三以上的业主同意。决定前款其他事项，应当经参与表决专有部分面积过半数的业主且参与表决人数过半数的业主同意。"筹集建筑物及其附属设施的维修资金；改建、重建建筑物及其附属设施；改变共有部分的用途或者利用共有部分从事经营活动；该三种情形的表决须经双绝对多数规则，即"应当由专有部分面积占比三分之二以上的业主且人数占比三分之二以上的业主参与表决，且经参与表决专有部分面积四分之三以上的业主且参与表决人数四分之三以上的业主同意"。故 D 选项正确。

【考点 2：双简单多数规则】《民法典》第 278 条第 1 款第（1）－（5）的事项，须经双简单多数规则，即"应当由专有部分面积占比三分之二以上的业主且人数占比三分之二以上的业主参与表决，且经参与表决专有部分面积过半数的业主且参与表决人数过半数的业主同意"。解聘物业服务企业、制定和修改管理规约、选举业主委员会均要求双简单多数规则即可，A、B、C 选项错误。

2. 下列选项中，可以认定为建筑物区分所有权的业主的有〔 〕。（2016－非法学－48－多）

A. 基于租赁合同使用房屋的承租人

B. 依法登记取得建筑物专有部分所有权的人

C. 根据人民法院的生效判决取得建筑物专有部分所有权的人

D. 基于与建设单位之间的商品房买卖合同已合法占有建筑物专有部分的人

［答案］ BCD

［考点］ **业主的范围**

［解析］《建筑物区分所有权解释》第 1 条规定："依法登记取得或者依据民法典第二百二十九条至第二百三十一条规定取得建筑物专有部分所有权的人，应当认定为民法典第二编第六章所称的业主。"第 2 款规定："基于与建设单位之间的商品房买卖民事法律行为，已经合法占有建筑物专有部分，但尚未依法办理所有权登记的人，可以认定为民法典第二编第六章所称的业主。"依法登记取得建筑物专有部分所有权的人、根据人民法院的生效判决取得建筑物专有部分所有权的人、基于与建设单位之间的商品房买卖合同已合法占有建筑物专有部分的人属于业主，B、C、D 选项正确，A 选项错误。

3. 甲、乙、丙分别购买了某住宅楼（共 3 层）的一层、二层、三层，各自办理了房产证。现丙欲出售其住宅，对丙出售的住宅〔 〕。（2014－非法学－38－单）

A. 仅甲享有优先购买权

B. 仅乙享有优先购买权

C. 甲、乙均享有优先购买权

D. 甲、乙均不享有优先购买权

［答案］ D

［考点］ **优先购买权**

［解析］ 甲、乙、丙分别购买了某住宅楼，各自办理了房产证，取得建筑物区分所有权，不是共有关系。丙欲出售其住宅，甲、乙均不享有优先购买权，D 选项正确，其他选项错误。如果只有一个房产证，构成按份共有，丙出让份额，甲、乙才享有优先购买权，请考生注意辨析。

4. 根据物权法的规定，业主的建筑物区分所有权的内容包括〔 〕。（2013－法学－27－多）

A. 专有部分的所有权

B. 业主的相邻权

C. 共有部分的共有权

D. 业主的管理权

［答案］ACD

［考点］**建筑物区分所有权**

［解析］《民法典》第 271 条规定："业主对建筑物内的住宅、经营性用房等专有部分享有所有权，对专有部分以外的共有部分享有共有和共同管理的权利。"业主的建筑物区分所有权的内容包括专有部分的所有权、共有部分的共有权和业主的管理权，A、C、D 选项正确，B 选项错误。

5. 根据物权法的规定，下列由建筑物区分所有权的业主共同决定的事项中，应当经专有部分占建筑物面积 2/3 以上的业主且占总人数 2/3 以上的业主同意的有（　　）。（2012-法学-30-多）

A. 制定和修改业主大会议事规则

B. 改建、重建建筑物及其附属设施

C. 选聘和解聘物业服务企业或者其他管理人

D. 筹集和使用建筑物及其附属设施的维修资金

［答案］无

［考点］**建筑物区分所有权**

［解析］《民法典》第 278 条第 1 款规定："下列事项由业主共同决定：（一）制定和修改业主大会议事规则；（二）制定和修改管理规约；（三）选举业主委员会或者更换业主委员会成员；（四）选聘和解聘物业服务企业或者其他管理人；（五）使用建筑物及其附属设施的维修资金；（六）筹集建筑物及其附属设施的维修资金；（七）改建、重建建筑物及其附属设施；（八）改变共有部分的用途或者利用共有部分从事经营活动；（九）有关共有和共同管理权利的其他重大事项。"第 2 款规定："业主共同决定事项，应当由专有部分面积占比三分之二以上的业主且人数占比三分之二以上的业主参与表决。决定前款第六项至第八项规定的事项，应当经参与表决专有部分面积四分之三以上的业主且参与表决人数四分之三以上的业主同意。决定前款其他事项，应当经参与表决专有部分面积过半数的业主且参与表决人数过半数的业主同意。"A、C 属于双简单多数规则，错误。筹集建筑物及其附属设施的维修资金；改建、重建建筑物及其附属设施；改变共有部分的用途或者利用共有部分从事经营活动等三大类情形采取双绝对多数规则，即应当由专有部分面积占比三分之二以上的业主且人数占比三分之二以上的业主参与表决，应当经参与表决专有部分面积四分之三以上的业主且参与表决人数四分之三以上的业主同意。民法典作出了修改，请考生注意，故本题无答案。

二、主观题

（2014-非法学-58-法条分析）原《中华人民共和国物权法》第 70 条（《民法典》第 271 条）规定："业主对建筑物内的住宅、经营性用房等专有部分享有所有权，对专有部分以外的共有部分享有共有和共同管理的权利。"

请分析：

（1）本条规定的是何种权利？该权利的主要特征有哪些？

（2）符合哪些条件可认定为本条中的"专有部分"？

［参考答案］

（1）本条所规定的是业主的建筑物区分所有权。该权利的主要特征：

①复合性。建筑物区分所有权由专有部分所有权、共有权及管理权三要素构成，且区分所有人的身份也具有多重性，既是专有权人，又是共有所有人，还是管理建筑物的管理权人，此有别于单一的不动产所有权。

②整体性。专有权、共有权及管理权三者共为一体不可分离。在转让、继承、抵押时应将三者一起转让、继承、抵押。

③专有权的主导性。在构成建筑物区分所有权的三要素中，专有权具有主导性。

④客体的多元性。建筑物区分所有权的客体包括专有部分与共有部分，而不是仅局限于其中的一部分。

（2）建筑区划内符合下列条件的房屋，以及车位、摊位等特定空间，应当认定为民法典所称的专有部分：

①具有构造上的独立性，能够明确区分；

②具有利用上的独立性，可以排他使用；

③能够登记成为特定业主所有权的客体。

规划上专属于特定房屋，且建设单位销售时

已经根据规划列入该特定房屋买卖合同中的露台等，应当认定为专有部分的组成部分。

三、 2023年度重点预测

建筑物区分所有权由专有权、共有权和管理权三要素构成。须特别掌握管理权，民法典有新的修改。

第五节 相邻关系

一、 客观题

甲、乙约定，甲租住乙的别墅15年。租赁期间，甲将房屋加高，使邻居丙的房屋采光受到严重影响。对此，丙〔 〕。(2015-非法学-48-多)

A. 可以侵害相邻权为由要求甲排除妨碍

B. 可以侵害相邻权为由要求乙排除妨碍

C. 无权要求乙排除妨碍，因为将房屋加高是甲所为

D. 可以侵害建筑物区分所有权为由要求乙排除妨碍

［答案］AB

［考点］**排除妨害请求权、相邻关系**

［解析］《民法典》第293条规定："建造建筑物，不得违反国家有关工程建设标准，不得妨碍相邻建筑物的通风、采光和日照。"《民法典》第236条规定："妨害物权或者可能妨害物权的，权利人可以请求排除妨害或者消除危险。"丙可以请求行为妨害人甲、状态妨害人乙排除妨害，故A、B选项正确，C选项错误。本案并无侵害建筑物区分所有权，D选项错误。

二、 2023年度重点预测

理解相邻关系的类型、相邻关系和地役权的区别。

PART 04

第四章　用益物权

第一节　用益物权概述

一、客观题

下列选项中，属于法定物权的是〔　　〕。(2014-非法学-39-单)

A. 留置权　　B. 地役权

C. 权利质权　　D. 宅基地使用权

［答案］A

［考点］**法定物权**

［解析］根据物权产生原因的不同，可以将物权分为意定物权和法定物权。(1) 意定物权。意定物权是指基于当事人的意思和行为而产生的物权。(2) 法定物权。法定物权是指基于法律的规定而直接产生的物权，典型如留置权。A 选项正确，其他选项错误。

二、2023 年度重点预测

用益物权的特征注意简答题，用益物权的类型注意客观题。

第二节　土地承包经营权

一、客观题

1. 根据我国物权法的规定，土地承包经营权的取得时间是〔　　〕。(2013-非法学-34-单)

A. 承包合同生效时

B. 承包合同登记时

C. 承包合同公证时

D. 主管机关批准时

［答案］A

［考点］**土地承包经营权设立**

［解析］《民法典》第 333 条规定："土地承包经营权自土地承包经营权合同生效时设立。" A 选项正确，其他选项错误。

2. 根据物权法的规定，土地承包经营权的设立时间是〔　　〕。(2012-非法学-27-单)

A. 土地承包经营权合同成立时

B. 土地承包经营权合同生效时

C. 土地承包经营权登记时

D. 取得土地承包经营权证时

［答案］B

［考点］**土地承包经营权的设立**

［解析］《民法典》第 333 条规定："土地承包经营权自土地承包经营权合同生效时设立。" B 选项正确，其谈选项错误。

二、主观题

(2020-法学-38-案例) 1998 年 4 月 1 日，栗园村村委会与本村农户刘家签订土地承包合同，约定：村集体的耕地 A 地块交由刘家承包经营；承包期为 1998 年 5 月 1 日至 2028 年 4 月 30 日。

2012 年 5 月 1 日，刘家与相邻 B 地块的承包户张家签订合同，约定：刘家有权在 B 地块取水浇田，每年支付 2000 元。刘家未对该权利申请登记。6 月 1 日，刘家到 B 地块取水时，张家以刘家取水的权利未登记为由，不允许其取水。

2019 年 4 月 1 日，刘家将 A 地块的土地经营权流转给本村农户李家，双方约定：李家有权于 2019 年 4 月 10 日至 2030 年 3 月 31 日使用 A 地块，每年支付 500 元/亩；刘家应于 4 月 10 日前交付 A 地块。4 月 5 日，本村农户赵家得知刘家将土地经营权流转给李家，于是找到刘家，请求刘家将 A 地块的土地经营权流转给自己，并表示愿意每年支付 700 元/亩，刘家遂与赵家签订合同，并在当天交付了 A 地块。次日，李家发现赵家在使用 A 地块，要求赵家返还。

根据上述材料，回答以下问题并说明理由：

(1) 张家不允许刘家取水的理由是否成立？

(2) 刘家与李家之间关于李家使用 A 地块期限的约定是否有效？

(3) 李家是否有权要求赵家返还 A 地块？

[参考答案]

(1) 张家拒绝刘家取水的理由不成立。1998 年，刘家取得土地承包经营权。刘家和张家签订地役权合同，合同生效，刘家享有取水地役权。登记是对抗要件，故张家拒绝刘家取水的理由不成立。

【法律依据】《民法典》第 374 条规定：“地役权自地役权合同生效时设立。当事人要求登记的，可以向登记机构申请地役权登记；未经登记，不得对抗善意第三人。”

(2) 刘家与李家之间关于李家使用 A 地块期限的约定，部分有效部分无效。2019 年 4 月 1 日，刘家与李家约定使用 A 地块的期限为 2019 年至 2030 年。刘家的土地承包经营权的承包期是 1998 年至 2028 年，故超出的两年无效。

【法律依据】《土地承包法》第 38 条规定：“土地经营权流转应当遵循以下原则：（一）依法、自愿、有偿，任何组织和个人不得强迫或者阻碍土地经营权流转；（二）不得改变土地所有权的性质和土地的农业用途，不得破坏农业综合生产能力和农业生态环境；（三）流转期限不得超过承包期的剩余期限；（四）受让方须有农业经营能力或者资质；（五）在同等条件下，本集体经济组织成员享有优先权。”

(3) 有权。根据《民法典》的规定，流转期限为 5 年以上的土地经营权，自流转合同生效时设立。当事人可以向登记机构申请土地经营权登记；未经登记，不得对抗善意第三人。刘家与李家的土地经营权流转合同未登记，不能对抗善意第三人。但赵家知道此事，故赵家是恶意。可见，李家有权请求赵家返还 A 地块。

【法律依据】《民法典》第 341 条规定：“流转期限为五年以上的土地经营权，自流转合同生效时设立。当事人可以向登记机构申请土地经营权登记；未经登记，不得对抗善意第三人。”

三、2023 年度重点预测

土地承包经营权的特征、土地承包经营权人的权利，特别注意简答题或者论述题。土地经营权的流转，注意客观题。

第三节 建设用地使用权

一、客观题

1. 根据我国物权法，建设用地使用权的设立时间为〔　　〕。(2016-法学-18-单)

A. 建设用地使用权出让合同生效时

B. 建设用地使用权登记时

C. 建设用地使用权出让合同公证时

D. 行政主管部门批准时

[答案] B

[考点] **建设用地使用权**

[解析]《民法典》第 349 条规定：“设立建设用地使用权的，应当向登记机构申请建设用地使用权登记。建设用地使用权自登记时设立。登记机构应当向建设用地使用权人发放权属证书。”建设用地使用权自登记时设立，B 选项正确，其他选项错误。

2. 根据物权法的规定，自登记时设立的用益物权是〔　　〕。(2012-法学-17-单)

A. 地役权

B. 宅基地使用权

C. 建设用地使用权

D. 土地承包经营权

[答案] C

[考点] **建设用地使用权的设立**

[解析]《民法典》第 349 条规定：“设立建设用地使用权的，应当向登记机构申请建设用地使用权登记。建设用地使用权自登记时设立。登记机构应当向建设用地使用权人发放权属证书。”C 选项正确。地役权、土地承包经营权在合同生效时设立，A、D 选项错误。《民法典》第 363 条规定：“宅基地使用权的取得、行使和转让，适用土地管理的法律和国家有关规定。”无须登记，故 B 选项错误。

二、2023 年度重点预测

建设用地使用权的特征、国有土地使用权的取得方式及其区别，注意简答题或者论述题。

第四节　宅基地使用权

一、主观题

简述宅基地使用权的特征。（2021-非法学-53-简答）（2021-法学-33-简答）

［参考答案］宅基地使用权是指农村集体经济组织成员因建造自有房屋而依法对集体所有的土地享有的占有、使用的权利，是我国特有的一种用益物权。宅基地使用权的特征：

（1）宅基地使用权的主体限于农村集体经济组织成员。

（2）宅基地使用权的内容限于建造、保有住宅及其附属设施。

（3）宅基地使用权的客体限于集体所有的土地，换言之，宅基地的所有权归集体。

（4）宅基地使用权的取得是无偿的且没有期限限制，故该权利具有福利性。

二、2023 年度重点预测

宅基地使用权的内容，注意客观题。

第五节　居住权

一、主观题

［2022-非法学-案例（回忆版）］甲、乙是好朋友。甲死亡前手写一份遗嘱，将车赠与乙并以自有房屋为乙设立居住权，已经签字并注明日期。后甲觉得字迹潦草遂让两位同事做见证打印了遗嘱共三页：第一页写明房屋归丙；第二页写明给乙设立居住权；第三页写明车赠与乙。丙是甲唯一的继承人。

甲于5月15日死亡，5月30日丙在不知道遗嘱的情况下办理了过户登记手续。6月，乙知道甲死亡，拿出遗嘱找丙办理居住权，丙以甲未在打印遗嘱第二页签字而主张居住权无效。

请分析：

（1）打印遗嘱是否有效？

（2）丙何时取得房屋的所有权？

（3）乙能否请求办理居住权登记？

［参考答案］

（1）打印遗嘱部分有效，部分无效。打印遗嘱应当有两个以上见证人在场见证。遗嘱人和见证人应当在遗嘱每一页签名，注明年、月、日。因该打印遗嘱中，甲未在打印遗嘱第二页签字，故第二页部分无效，其他部分有效。

【法律依据】《民法典》第1136条规定：“打印遗嘱应当有两个以上见证人在场见证。遗嘱人和见证人应当在遗嘱每一页签名，注明年、月、日。”

【注】打印遗嘱要求两个以上见证人在场见证，遗嘱人和见证人应当在遗嘱每一页签名，注明年、月、日。如果有部分页面没有签名，效力如何？①没有遗嘱人、见证人签名并注明年月日的遗嘱部分无效；②如果有签名的部分和没有签名的部分是一个不可分割的整体，认定没有签名的部分无效后，无法确定有签名部分的具体内容时，认定全部无效。

（2）丙自5月15日取得房屋所有权。因继承取得物权的，自继承开始时发生效力。甲于5月15日死亡，丙取得房屋所有权的时间是5月15日。

【法律依据】《民法典》第230条规定：“因继承取得物权的，自继承开始时发生效力。”

（3）乙可以请求办理居住权登记。自书遗嘱由遗嘱人亲笔书写，签名，注明年、月、日。本案中甲的自书遗嘱已经签字并注明日期，有效。以遗嘱方式设立居住权的，参照适用以合同方式设立居住权的有关规定。打印遗嘱中关于居住权设立的内容无效，但自书遗嘱中关于设立居住权的内容有效，乙有权请求办理居住权登记。

【注】本题其实是“邱某光与董某军居住权执行案”的改写。邱某光与董某峰于2006年登记结婚，双方均系再婚，婚后未生育子女，董某军系董某峰之弟。董某峰于2016年3月去世，生前写下遗嘱，其内容为：“我名下位于洪山区珞狮路某房遗赠给我弟弟董某军，在我丈夫邱某光没再婚前拥有居住权，此房是我毕生心血，不许分割、不许转让、不许卖出……”

董某峰离世后，董某军等人与邱某光发生遗

嘱继承纠纷并诉至法院。法院判决被继承人董某峰名下位于武汉市洪山区珞狮路某房所有权归董某军享有，邱某光在其再婚前享有该房屋的居住使用权。判决生效后，邱某光一直居住在该房屋内。2021年初，邱某光发现所住房屋被董某军挂在某房产中介出售，其担心房屋出售后自己被赶出家门，遂向法院申请居住权强制执行。

生效裁判认为，案涉房屋虽为董某军所有，但是董某峰通过遗嘱方式使得邱某光享有案涉房屋的居住使用权。执行法院遂依照《民法典》第368条等关于居住权的规定，裁定将董某军所有的案涉房屋的居住权登记在邱某光名下。

二、2023年度重点预测

居住权的特征、内容，注意简答题和客观题。

第六节 地役权

一、客观题

1. 根据以下案情，回答第（1）、（2）题。（2017-非法学-39、40-单）（2017-法学-19、20-单）

甲村为了灌溉A地，与乙村签订书面合同，约定：甲村每年支付乙村4000元，在乙村的水库取水10000立方米；期限为20年。合同签订后，双方办理了权利登记。一年后，甲村将A地发包给丙。后丙将部分承包地转包给丁。

（1）甲村与乙村设定的有关取水的权利属于〔　　〕。

A. 地役权

B. 相邻权

C. 租赁权

D. 土地承包经营权

［答案］A

［考点］**地役权**

［解析］《民法典》第372条第1款规定："地役权人有权按照合同约定，利用他人的不动产，以提高自己的不动产的效益。"甲村与乙村设定的有关取水的权利属于地役权，A选项正确，其他选项错误。

（2）在丙将部分承包地转包给丁后，关于取水的权利表述正确的是〔　　〕。

A. 只有丙有权取水

B. 只有丁有权取水

C. 丙、丁均有权取水

D. 丙、丁均无权取水

［答案］C

［考点］**地役权的从属性**

［解析］丙将部分承包地转包给丁，丙和丁均是土地承包经营权人。《民法典》第380条规定："地役权不得单独转让。土地承包经营权、建设用地使用权等转让的，地役权一并转让，但是合同另有约定的除外。"根据地役权的从属性和不可分性，丙、丁均有地役权，丙、丁均有权取水，C选项正确，其他选项错误。

2. 甲为自己房屋使用的便利与乙签订地役权合同，约定五年内乙不得加盖楼房，甲支付5万元。合同签订后，双方办理了登记手续。3年后甲去世，房屋由丙继承。同年，乙将楼房卖给丁，随后丁加盖楼房，遭丙阻止。在本案中〔　　〕。（2013-非法学-47-多）

A. 丙无权制止丁加盖楼房

B. 地役权由丙享有

C. 地役权不因甲死亡而消灭

D. 丁有权要求乙承担违约责任

［答案］BC

［考点］**地役权**

［解析］【考点1：地役权设立】《民法典》第374条规定："地役权自地役权合同生效时设立。当事人要求登记的，可以向登记机构申请地役权登记；未经登记，不得对抗善意第三人。"甲为自己房屋使用的便利与乙签订地役权合同，地役权设立，且已经登记，产生对抗效力。

【考点2：地役权从属性】《民法典》第383条规定："供役地以及供役地上的土地承包经营权、建设用地使用权等部分转让时，转让部分涉及地役权的，地役权对受让人具有法律约束力。"3年后甲去世，房屋由丙继承。基于地役权的从属性，丙享有地役权，B选项正确。乙将楼房卖给丁，因为地役权已经登记，可以对抗丁，故地役权不因甲死亡而消灭，丙有权制止丁加盖楼房，C选项正确，A选项错误。

【考点 3：权利瑕疵担保责任】《民法典》第612条规定："出卖人就交付的标的物，负有保证第三人对该标的物不享有任何权利的义务，但是法律另有规定的除外。"《民法典》第613条规定："买受人订立合同时知道或者应当知道第三人对买卖的标的物享有权利的，出卖人不承担前条规定的义务。"因为本案地役权已经登记，丁作为买受人知道或者应当知道该土地上负担地役权，因此，出卖人乙不承担权利瑕疵担保责任，D选项错误。

二、主观题

1. 简述地役权的特征。（2019-非法学-53-简答）（2019-法学-33-简答）

［参考答案］地役权是指不动产的权利人如所有权或使用权人，为自己使用不动产的便利或提高自己不动产的效益而利用他人不动产的权利。地役权的特征包括：

（1）地役权的主体包括不动产的所有权人和使用权人。

（2）地役权的内容是利用他人不动产，并对他人的权利加以限制。

（3）地役权的客体是他人不动产。

（4）地役权的设立目的是为供自己使用不动产之便利或效益之提高。

（5）地役权是否有偿及存续期限依当事人约定。

（6）地役权具有从属性。地役权的从属性意味着地役权不得脱离需役地而存在，不得单独处分，必须与需役地的所有权或使用权一同转移。

2. 简述地役权与相邻关系的区别。（2011-法学-34-简答）

［参考答案］（1）性质不同。地役权是一项独立的用益物权，相邻关系体现的则是所有权的延伸与限制。

（2）产生依据不同。地役权基于当事人之间的合同而产生，相邻关系基于法律的规定而产生。

（3）内容不同。地役权是当事人超出相邻关系限度而设定的权利，可以有偿，也可以无偿；相邻关系则是对相邻各方权利义务的最小限度的调节，通常是无偿的。

（4）前提条件不同。地役权不以不动产相邻为条件，相邻关系则以此为条件。

三、2023年度重点预测

地役权的从属性，客观题经常考查。

PART 05
第五章　担保物权

第一节　担保物权概述

一、客观题

抵押期间，抵押财产毁损、灭失或者被征收等，抵押权人可以就获得的保险金、赔偿金或者补偿金等优先受偿。这体现了担保物权的〔　　〕。（2011-法学-16-单）

A. 物上代位性　　B. 追及性

C. 排他性　　D. 不可分性

［答案］A

［考点］**担保物权的物上代位性**

［解析］《民法典》第 390 条规定："担保期间，担保财产毁损、灭失或者被征收等，担保物权人可以就获得的保险金、赔偿金或者补偿金等优先受偿。被担保债权的履行期限未届满的，也可以提存该保险金、赔偿金或者补偿金等。"该条体现的是担保物权的物上代位性，A 选项正确，其他选项错误。

二、主观题

简述用益物权与担保物权的区别。（2012-法学 34-简答）

［参考答案］用益物权是指权利人对他人所有的不动产或者动产依法享有的占有、使用和收益的权利。担保物权是指以确保债务清偿为目的，而在债务人或者第三人的特定物或者权利上设定的定限物权。用益物权与担保物权的区别有：

（1）目的不同。用益物权以使用收益为目的；担保物权以担保债的实现为目的。

（2）客体不同。用益物权的客体为有体物；担保物权的客体除有体物外，还包括权利。

（3）利用价值不同。用益物权利用客体的使用价值；担保物权利用客体的交换价值。

（4）是否独立不同。用益物权为独立性权利；担保物权为从属性权利。

（5）权利实现不同。用益物权人取得用益物权时即可实现其权利；担保物权人取得担保物权后，只有在所担保的债权未获得清偿时才可行使变价受偿权。

（6）是否占有不同。用益物权的设立以占有标的物为条件；担保物权的设立，质权和留置权须占有标的物，抵押权不以占有标的物为条件。

（7）物上代位性不同。用益物权不具有物上代位性；担保物权具有物上代位性。

三、2023 年度重点预测

主观题重点：担保物权的特征、担保物权的消灭。

第二节　抵押权

一、客观题

1. 甲公司分期支付乙公司货款，可用于甲公司向乙公司提供担保的财产有〔　　〕。（2019-非法学-49-多）（2019-法学-29-多）

A. 甲公司的职工班车

B. 甲公司持有的丙公司股权

C. 甲公司效益最好的分公司的厂房

D. 甲公司与相邻丁公司存在争议的货场使用权

［答案］ABCD

［考点］**担保财产**

［解析］《民法典》第 399 条规定："下列财产不得抵押：（一）土地所有权；（二）宅基地、自留地、自留山等集体所有土地的使用权，但是法律规定可以抵押的除外；（三）学校、幼儿园、

医疗机构等为公益目的成立的非营利法人的教育设施、医疗卫生设施和其他公益设施；（四）所有权、使用权不明或者有争议的财产；（五）依法被查封、扣押、监管的财产；（六）法律、行政法规规定不得抵押的其他财产。”班车是动产，可以作为抵押权或者质权的客体；股权可以设立质权；厂房作为不动产，可以作为抵押权的客体，A、B、C 选项正确。

《担保制度解释》第 37 条第 1 款规定：“当事人以所有权、使用权不明或者有争议的财产抵押，经审查构成无权处分的，人民法院应当依照民法典第三百一十一条的规定处理。”第 2 款规定：“当事人以依法被查封或者扣押的财产抵押，抵押权人请求行使抵押权，经审查查封或者扣押措施已经解除的，人民法院应予支持。抵押人以抵押权设立时财产被查封或者扣押为由主张抵押合同无效的，人民法院不予支持。”第 3 款规定：“以依法被监管的财产抵押的，适用前款规定。”甲公司与相邻丁公司存在争议的货场使用权，根据《民法典》第 399 条的规定，所有权、使用权不明或者有争议的财产不得抵押，但是《担保制度解释》第 37 条第 1 款规定抵押合同有效，可以按照善意取得处理，因此 D 选项也应当正确。本题原公布的答案是 ABC，但因理论发展和《担保制度解释》的颁布，答案应该为 ABCD。

2. 甲向乙借款 5 万元，以自己的汽车作抵押并办理了抵押登记。抵押期间，丙向甲表示愿意购买该车。根据我国物权法（《民法典》），下列选项正确的是〔　　〕。（2016－非法学－32－单）

A. 甲通知乙后即有权转让该车

B. 甲告知丙后即有权转让该车

C. 甲征得乙同意后有权转让该车

D. 甲在任何情况下均无权转让该车

［答案］无

［考点］**抵押财产转让**

［解析］《民法典》第 406 条第 1 款规定：“抵押期间，抵押人可以转让抵押财产。当事人另有约定的，按照其约定。抵押财产转让的，抵押权不受影响。”第 2 款规定：“抵押人转让抵押财产的，应当及时通知抵押权人。抵押权人能够证明抵押财产转让可能损害抵押权的，可以请求抵押人将转让所得的价款向抵押权人提前清偿债务或者提存。转让的价款超过债权数额的部分归抵押人所有，不足部分由债务人清偿。”抵押人有权转让抵押财产，无须抵押权人同意，《民法典》改变了原《物权法》的规则。抵押人转让抵押财产的，应当及时通知抵押权人。抵押人有通知义务，但不是通知后才有权转让抵押财产，故 A、B、C、D 全错误。本题公布的答案是 C，因法律修改，没有符合条件的答案。

3. 甲公司以自己的一栋房屋作抵押，向乙银行借款 200 万元，约定 2011 年 12 月 3 日一次性还本付息。甲公司到期未清偿债务，乙银行多次催收未果，最后一次催收时间是 2013 年 3 月 9 日。乙银行的抵押权能够得到法院保护的最后日期是〔　　〕。（2016－法学－20－单）

A. 2012 年 12 月 3 日

B. 2013 年 12 月 3 日

C. 2014 年 3 月 9 日

D. 2015 年 3 月 9 日

［答案］无

［考点］**抵押权与诉讼时效**

［解析］《民法典》第 419 条规定：“抵押权人应当在主债权诉讼时效期间行使抵押权；未行使的，人民法院不予保护。”《担保制度解释》第 44 条第 1 款规定：“主债权诉讼时效期间届满后，抵押权人主张行使抵押权的，人民法院不予支持；抵押人以主债权诉讼时效期间届满为由，主张不承担担保责任的，人民法院应予支持。主债权诉讼时效期间届满前，债权人仅对债务人提起诉讼，经人民法院判决或者调解后未在民事诉讼法规定的申请执行时效期间内对债务人申请强制执行，其向抵押人主张行使抵押权的，人民法院不予支持。”借款之债的诉讼时效期间是普通诉讼时效期间，3 年，乙银行的抵押权能够得到法院保护的最后日期应该是 2016 年 3 月 9 日，故本题无答案。原答案是 D，是按照 2 年的诉讼时效期间计算所得出的结果。

4. 甲向乙银行贷款，以其别墅设定抵押。之后，甲在别墅院内建造了独立车库。贷款到期，甲无力偿还。乙银行享有优先受偿权的财产〔　　〕。（2015－非法学－39－单）（2015－法学－19－单）

A. 仅限于别墅

B. 包括别墅、车库

C. 包括别墅、建设用地使用权

D. 包括别墅、车库及建设用地使用权

[答案] C

[考点] **房地一体主义**

[解析]《民法典》第 397 条第 1 款规定："以建筑物抵押的，该建筑物占用范围内的建设用地使用权一并抵押。以建设用地使用权抵押的，该土地上的建筑物一并抵押。"第 2 款规定："抵押人未依据前款规定一并抵押的，未抵押的财产视为一并抵押。"本案以别墅设定抵押，建设用地使用权一并抵押。车库是独立车库，不是抵押权的客体，C 选项正确，其他选项错误。

5. 甲以房屋作抵押向乙借款，并办理了抵押登记。后甲未按期归还借款，且未与乙就如何实现抵押权达成协议。根据我国物权法规定[　　]。(2013-非法学-29-单)

A. 乙有权直接取得房屋的所有权

B. 乙有权直接变卖房屋以实现抵押权

C. 乙只能委托拍卖公司拍卖房屋以实现抵押权

D. 乙可以请求人民法院拍卖、变卖房屋以实现抵押权

[答案] D

[考点] **抵押权实现**

[解析]《民法典》第 410 条第 1 款规定："债务人不履行到期债务或者发生当事人约定的实现抵押权的情形，抵押权人可以与抵押人协议以抵押财产折价或者以拍卖、变卖该抵押财产所得的价款优先受偿。协议损害其他债权人利益的，其他债权人可以请求人民法院撤销该协议。"第 2 款规定："抵押权人与抵押人未就抵押权实现方式达成协议的，抵押权人可以请求人民法院拍卖、变卖抵押财产。"甲未按期归还借款，且未与乙就如何实现抵押权达成协议，所以乙可以请求人民法院拍卖、变卖房屋以实现抵押权，D 选项正确，其他选项错误。

6. 甲因借款与乙签订房屋抵押合同，未办理抵押登记。其后甲又因借款将该房屋抵押给丙并办理了抵押登记。现甲不能偿还对乙、丙的欠款。根据我国民法相关规定[　　]。(2013-非法学-48-多)

A. 甲、乙之间的抵押合同成立

B. 甲、丙之间的抵押合同成立

C. 乙享有抵押权

D. 丙享有抵押权

[答案] ABD

[考点] **抵押权设立**

[解析] 抵押合同在签订时当事人意思表示一致，成立。甲、乙之间的抵押合同，甲、丙之间的抵押合同均已成立，A、B 选项正确。《民法典》第 402 条规定："以本法第三百九十五条第一款第一项至第三项规定的财产或者第五项规定的正在建造的建筑物抵押的，应当办理抵押登记。抵押权自登记时设立。"不动产抵押权在登记时设立，故 D 选项正确，C 选项错误。

7. 根据物权法的规定，以下列财产设定抵押，抵押权自登记时成立的是[　　]。(2011-法学-12-单)

A. 正在建造的船舶

B. 正在制造的设备

C. 正在建造的建筑物

D. 正在建造的航空器

[答案] C

[考点] **抵押权设立**

[解析]《民法典》第 402 条规定："以本法第三百九十五条第一款第一项至第三项规定的财产或者第五项规定的正在建造的建筑物抵押的，应当办理抵押登记。抵押权自登记时设立。"不动产抵押权在登记时设立，C 选项正确。动产抵押权在抵押合同生效时设立，A、B、D 选项错误。

8. 依据物权法的规定，下列财产中，可以抵押的是[　　]。(2011-非法学-26-单)

A. 正在建造的船舶

B. 宅基地使用权

C. 被查封的财产

D. 集体土地所有权

[答案] A

[考点] **抵押权的客体**

[解析]【考点 1：不得抵押的财产】《民法典》第 399 条规定："下列财产不得抵押：（一）土地所有权；（二）宅基地、自留地、自留山等集体所有

土地的使用权，但是法律规定可以抵押的除外；（三）学校、幼儿园、医疗机构等为公益目的成立的非营利法人的教育设施、医疗卫生设施和其他公益设施；（四）所有权、使用权不明或者有争议的财产；（五）依法被查封、扣押、监管的财产；（六）法律、行政法规规定不得抵押的其他财产。”宅基地使用权、集体土地所有权不能自由流通，不得抵押，故 B、D 选项错误。《担保制度解释》第 37 条第 1 款规定：“当事人以所有权、使用权不明或者有争议的财产抵押，经审查构成无权处分的，人民法院应当依照民法典第三百一十一条的规定处理。”第 2 款规定：“当事人以依法被查封或者扣押的财产抵押，抵押权人请求行使抵押权，经审查查封或者扣押措施已经解除的，人民法院应予支持。抵押人以抵押权设立时财产被查封或者扣押为由主张抵押合同无效的，人民法院不予支持。”第 3 款规定：“以依法被监管的财产抵押的，适用前款规定。”以被查封的财产抵押，抵押合同仍然有效，故 C 选项有瑕疵。

【考点 2：抵押权的客体】《民法典》第 395 条第 1 款规定：“债务人或者第三人有权处分的下列财产可以抵押：（一）建筑物和其他土地附着物；（二）建设用地使用权；（三）海域使用权；（四）生产设备、原材料、半成品、产品；（五）正在建造的建筑物、船舶、航空器；（六）交通运输工具；（七）法律、行政法规未禁止抵押的其他财产。”第 2 款规定：“抵押人可以将前款所列财产一并抵押。”A 选项正确。

二、主观题

1.（2021-非法学-56-法条分析）《中华人民共和国民法典》第 396 条规定：

企业、个体工商户、农业生产经营者可以将现有的以及将有的生产设备、原材料、半成品、产品抵押，债务人不履行到期债务或者发生当事人约定的实现抵押权的情形，债权人有权就抵押财产确定时的动产优先受偿。

请分析：

（1）该条规定的是何种类型的抵押？其特征有哪些？

（2）该种抵押权设立的公示方法及公示效力如何？

［参考答案］

（1）动产浮动抵押。特征有：抵押人限于企业、个体工商户、农业生产经营者；抵押财产包括抵押人现有的和将来所有的动产；抵押期间抵押财产处于变动之中，待法定或者约定事由发生，抵押财产才得以确定。

［解析］要件特征题。考查动产浮动抵押权的特征，建议考生掌握各大担保物权的特征。

（2）登记。未经登记，不得对抗善意第三人；即使登记也不得对抗正常经营活动中已经支付合理价款并取得抵押财产的买受人。

［解析］制度理解题。动产浮动抵押权属于动产抵押权，公示方法亦是登记。比较：质权的公示方法是交付。

2.（2019-法学-案例分析-38）2017 年 3 月 1 日，甲公司与乙银行书面约定：甲公司向乙银行借款，以在建写字楼作抵押，抵押担保的债权为 2017 年 3 月 1 日至 12 月 31 日期间签订的所有借款合同项下的借款本息之和，但担保债权总额不超过 1 亿元。签约后双方办理了抵押登记。

2017 年 4 月 1 日，甲公司法定代表人汪某以甲公司名义与乙银行签订 2000 万元借款合同。10 月 1 日甲公司股东会决议：汪某代表公司所签借款合同，单笔限额为 3000 万元。12 月 31 日汪某以甲公司名义与乙银行签订 4000 万元借款合同。乙银行对甲公司股东会决议并不知情。

上述借款均在 2018 年 12 月 1 日到期，本息共计 6500 万元。同日，乙银行将上述债权转让给丙公司，并书面通知了甲公司。

请根据上述材料，回答下列问题并说明理由：

（1）乙银行享有何种特殊抵押权？

（2）汪某以甲公司名义与乙银行签订的借款合同是否有效？

（3）丙公司对在建写字楼是否享有抵押权？

（4）本案中的抵押权在什么期间行使才能得到人民法院保护？

［参考答案］

（1）最高额抵押权。乙银行享有的是对一定期间内将要连续发生的债权设定的抵押权，属于最高额抵押权。

［解析］本题为权利归属判断题，须掌握最高抵押权的特征及设立。

（2）有效。汪某是甲公司的法定代表人，以甲公司名义与乙银行签订，构成代表行为，对甲公司发生效力；4000万元借款合同，虽然超出甲公司股东会决议单笔限额3000万元的授权范围，但不得对抗善意的相对人乙银行。

［解析］本题是民事法律行为效力判断题，掌握越权代表行为的效力。

（3）享有抵押权。最高额抵押的债权已经确定，不再具有独立性。乙银行将债权转让给丙公司，并书面通知了甲公司，债权转让对债务人甲公司发生效力。债权转让，担保随之移转，故丙公司享有对在建写字楼的抵押权。

［解析］本题为权利归属判断题，掌握最高额抵押权的债权确定前具有独立性，债权确定后具有从属性。债权转让，抵押权随之转让。

（4）诉讼时效期间（2018年12月2日至2021年12月1日）。抵押权人丙公司应当在主债权诉讼时效期间行使抵押权。

［解析］本题是权利行使判断题。理解抵押权的行使期间。

三、2023年度重点预测

本节是考试重点。主观题重点把握：抵押权的特征、抵押权的实现、最高额抵押权。客观题须注意：抵押财产、房地一体主义、动产抵押权、抵押权的效力及抵押财产转让和出租。

第三节　质权

一、客观题

1. Y公司向X银行贷款，并将存放在港口仓库的一批钢材质押给X银行。X银行委托Z公司进行监管，则X银行的质权〔　　〕。（2022-单-回忆版）

A. 三方协议生效时

B. 自质押合同生效时设立

C. 自Z公司实际控制货物之日起设立

D. 不能设立

［答案］C

［考点］**质权设立**

［解析］《民法典》第429条规定："质权自出质人交付质押财产时设立。"《担保制度解释》第55条第1款规定："债权人、出质人与监管人订立三方协议，出质人以通过一定数量、品种等概括描述能够确定范围的货物为债务的履行提供担保，当事人有证据证明监管人系受债权人的委托监管并实际控制该货物的，人民法院应当认定质权于监管人实际控制货物之日起设立。监管人违反约定向出质人或者其他人放货、因保管不善导致货物毁损灭失，债权人请求监管人承担违约责任的，人民法院依法予以支持。"第2款规定："在前款规定情形下，当事人有证据证明监管人系受出质人委托监管该货物，或者虽然受债权人委托但是未实际履行监管职责，导致货物仍由出质人实际控制的，人民法院应当认定质权未设立。债权人可以基于质押合同的约定请求出质人承担违约责任，但是不得超过质权有效设立时出质人应当承担的责任范围。监管人未履行监管职责，债权人请求监管人承担责任的，人民法院依法予以支持。"可见，C选项正确，其他选项错误。

2. 甲为担保对乙的债务，于2015年3月1日与乙签订质押合同，承诺将自己的越野车质押给乙。同年4月1日甲交付越野车，但未将随车工具箱交付给乙。对此，下列说法正确的是〔　　〕。（2017-非法学-28-单）（2017-法学-14-单）

A. 乙于3月1日取得质权

B. 乙对随车工具箱享有质权

C. 质押合同于3月1日生效

D. 质押合同于4月1日成立

［答案］C

［考点］**质权设立**

［解析］《民法典》第427条规定："设立质权，当事人应当采用书面形式订立质押合同。"质押合同在成立时生效，故质押合同于3月1日生效，C选项正确，D选项错误。《民法典》第429条规定："质权自出质人交付质押财产时设立。"故质权在4月1日设立，A选项错误。甲交付越野车，但未将随车工具箱交付给乙，故质权的客体不及于从物工具箱，B选项错误。

3. 甲借钱给乙，乙为此将其电动车出质于甲。后甲向丙借款，未经乙同意将电动车出质于丙，在丙占有期间该车因不可抗力灭失。根

据物权法规定，乙的损失应由〔　　〕。（2014-法学-19-单）

A. 甲承担全部赔偿责任

B. 乙自己承担

C. 丙承担全部赔偿责任

D. 甲和丙承担连带赔偿责任

［答案］A

［考点］**转质**

［解析］《民法典》第 434 条规定："质权人在质权存续期间，未经出质人同意转质，造成质押财产毁损、灭失的，应当承担赔偿责任。"未经出质人同意转质，风险由转质人承担。甲向丙借款，未经乙同意将电动车出质于丙，在丙占有期间该车灭失，即使是不可抗力，甲仍须承担全部责任，A 选项正确，其他选项错误。

4. 债务人或者第三人有权处分的下列权利中，不能出质的是〔　　〕。（2013-法学-14-单）

A. 建设用地使用权

B. 债券、存款单

C. 仓单、提单

D. 汇票、支票、本票

［答案］A

［考点］**质权的客体**

［解析］《民法典》第 440 条规定："债务人或者第三人有权处分的下列权利可以出质：（一）汇票、本票、支票；（二）债券、存款单；（三）仓单、提单；（四）可以转让的基金份额、股权；（五）可以转让的注册商标专用权、专利权、著作权等知识产权中的财产权；（六）现有的以及将有的应收账款；（七）法律、行政法规规定可以出质的其他财产权利。"建设用地使用权是不动产权利，可以设立抵押权，但不能设立质权，A 选项正确，其他选项错误。

5. 甲出国前将古琴、油画及电脑交乙保管。后乙将古琴出借给丙，将油画赠送给丁，将电脑出质给戊。甲回国后发现以上事实。甲有权〔　　〕。（2013-非法学-46-多）

A. 要求丙返还古琴

B. 要求丁返还油画

C. 要求戊返还电脑

D. 要求乙承担违约责任

［答案］ABD

［考点］**善意取得质权**

［解析］【考点 1：返还原物请求权】《民法典》第 235 条规定："无权占有不动产或者动产的，权利人可以请求返还原物。"返还原物请求权有两个构成要件：一是请求权人是物权人；二是被请求人是现在的无权占有人。

【考点 2：善意取得】《民法典》第 311 条第 1 款规定："无处分权人将不动产或者动产转让给受让人的，所有权人有权追回；除法律另有规定外，符合下列情形的，受让人取得该不动产或者动产的所有权：（一）受让人受让该不动产或者动产时是善意；（二）以合理的价格转让；（三）转让的不动产或者动产依照法律规定应当登记的已经登记，不需要登记的已经交付给受让人。"甲出国前将古琴、油画及电脑交乙保管，成立保管合同关系。乙无权处分，将古琴出借给丙，丙不能善意取得古琴的所有权。丙和乙之间有借用合同关系，丙相对于乙是有权占有，相对于甲是无权占有。可见，甲有权对丙主张返还原物请求权，要求丙返还古琴，A 选项正确。乙无权处分，将油画赠送给丁，没有合理的价格，丁不能善意取得该画。丁相对于乙而言是有权占有，相对于所有权人甲而言是无权占有，故甲有权对丁主张返还原物请求权，请求丁返还油画，B 选项正确。

【考点 3：善意取得质权】《民法典》第 311 条第 3 款规定："当事人善意取得其他物权的，参照适用前两款规定。"乙无权处分，将电脑出质给戊。因为质押合同本身是无偿的，因此善意取得质权无须合理对价，戊善意取得质权。因为质权是物权，具有排他性，优先于所有权，故戊的占有是有权占有。甲虽然仍然是所有权人，但是戊是有权占有，不符合返还原物请求权的第二个构成要件，甲不能请求戊返还电脑，C 选项错误。

【考点 4：违约责任】甲出国前将古琴、油画及电脑交乙保管，成立保管合同关系。乙违反合同约定，当然须承担违约责任，D 选项正确。

二、2023 年度重点预测

动产质权和权利质权，客观题经常考查，权利质权的法律后果及实现，须理解。主观题掌握质权的特征。理解流质条款、流押条款的法律后果。

第四节 留置权

一、客观题

冯某将其所有的大卡车送至通达汽车修理厂修理。因冯某未依约定支付修理费，修理厂遂依法将该车留置，但未与冯某约定留置汽车后支付修理费的期间。根据物权法的规定，修理厂在实现其留置权前应当给冯某支付修理费的期间为〔　　〕。(2012-非法学-28-单)

A. 1 个月以上

B. 2 个月以上

C. 3 个月以上

D. 6 个月以上

[答案] B

[考点] **留置权的实现**

[解析]《民法典》第 453 条规定："留置权人与债务人应当约定留置财产后的债务履行期限；没有约定或者约定不明确的，留置权人应当给债务人六十日以上履行债务的期限，但是鲜活易腐等不易保管的动产除外。债务人逾期未履行的，留置权人可以与债务人协议以留置财产折价，也可以就拍卖、变卖留置财产所得的价款优先受偿。"修理厂在实现其留置权前应当给冯某支付修理费的期间为 60 日。《民法典》将原《物权法》2 个月的规定修改为 60 日，请考生注意。故 B 选项应该改为 60 日，其他选项错误。

二、主观题

简述留置权的含义及成立要件。(2012-非法学-54-简答)

[参考答案] 留置权是指合法占有债务人动产的债权人，于债务人不履行债务时，得留置该动产并以其价值优先受偿的权利。留置权之成立要件：

(1) 债权人已合法占有属于债务人所有的动产；债务人不履行到期债务，债权人因同一法律关系可以留置合法占有的第三人的动产。

(2) 债权人对该动产的占有与其债权的发生出自同一个法律关系，但企业间留置的除外。

(3) 债务已届清偿期而债务人未履行债务。

(4) 符合法律规定和当事人的约定并且不违背公序良俗，同时与留置人承担的义务不相抵触。法律规定或者当事人约定不得留置的动产，不得留置。

三、2023 年度重点预测

留置权的成立要件、留置权的效力和实现，注意客观题。主观题掌握：留置权的特征、留置权的实现和消灭。

第五节 担保物权的优先效力

一、客观题

1. 甲向乙借款，将自己的汽车抵押给乙，办理了抵押登记。后甲又向丙借款，将该车质押给丙。丙在占有该车期间，发现汽车有故障，送到丁厂修理。丁厂因未收到修理费将该车留置。本案的担保物权受偿顺序是〔　　〕。(2020-非法学-35-单)

A. 抵押权；质权；留置权

B. 质权；留置权；抵押权

C. 留置权；抵押权；质权

D. 留置权；质权；抵押权

[答案] C

[考点] **担保物权之间的优先效力**

[解析]《民法典》第 456 条规定："同一动产上已经设立抵押权或者质权，该动产又被留置的，留置权人优先受偿。"《民法典》第 415 条规定："同一财产既设立抵押权又设立质权的，拍卖、变卖该财产所得的价款按照登记、交付的时间先后确定清偿顺序。"同一个动产上有留置权、质权、抵押权，留置权优先；抵押权和质权按照公示先后确定清偿顺序。本案中丁的留置权最优先，乙的抵押权先公示（登记）优先于后公示（交付）的丙的质权，C 选项正确，其他选项错误。

2. 2010 年 8 月，邹某向甲借款 5 万元，以自己的汽车做抵押，但未办理登记手续。同年 9 月，邹某又以该车做抵押向乙借款 5 万元，并办理了登记手续。同年 11 月，邹某向丙借款 3 万元，将该车质押给丙。丙在占有该车期间，将车交给丁修理，因拖欠修理费该车被丁留置。本案中，对

该车享有第一顺位优先受偿权的是〔　　〕。(2012-法学-18-单)

A. 甲　　B. 乙

C. 丙　　D. 丁

[答案] D

[考点] **担保物权之间的优先效力**

[解析]【考点 1：留置权的优先效力】《民法典》第 456 条规定："同一动产上已经设立抵押权或者质权，该动产又被留置的，留置权人优先受偿。"留置权最优先，D 选项正确，其他选项错误。

【考点 2：抵押权和质权的优先顺位】注：如果本题设问是优先顺位的排序，考生须掌握。《民法典》第 415 条规定："同一财产既设立抵押权又设立质权的，拍卖、变卖该财产所得的价款按照登记、交付的时间先后确定清偿顺序。"可见，丁的留置权最优先。乙的抵押权先登记（抵押权变动公示方式是登记），丙的质权后交付（质权变动公示方式是交付），乙的抵押权优先于丙的质权。甲的抵押权没有公示，处于最后的位置。故本案中的优先顺位是丁的留置权、乙的抵押权、丙的质权、甲的抵押权。

二、2023 年度重点预测

客观题须理解抵押权的顺位、不同担保物权的优先顺位。民法典新增的制度购买价款抵押权（超级优先权）尚未考查，重点。

PART 06

第六章　占　有

第一节　占有概述

一、客观题

1. 甲将拾得的手表赠与不知情的乙，乙对该手表的占有属于〔　　〕。（2018-非法学-50-多）（2018-法学-30-多）

A. 有权占有　　B. 善意占有

C. 直接占有　　D. 自主占有

［答案］BCD

［考点］**占有的分类**

［解析］甲将拾得的手表赠与不知情的乙，甲是无权处分，没有合理对价，不符合《民法典》第311条善意取得的构成要件，故乙不能取得手表的所有权，是无权占有，A选项错误。善意占有是指占有人不知道且不应当知道自己的占有没有合法根据而占有，乙不知情，故属于善意占有，B选项正确。直接占有即直接对物加以管领之占有，乙对该手表的占有属于直接占有，C选项正确。自主占有指以物属于自己所有的意思的占有，乙认为手机就是自己的，属于自主占有，D选项正确。

2. 甲下班时误将同事的同款电脑当成自己的电脑带回家。甲对该电脑的占有属于〔　　〕。（2015-非法学-30-单）

A. 有权占有　　B. 间接占有

C. 善意占有　　D. 他主占有

［答案］C

［考点］**占有的分类**

［解析］甲误将同事的电脑当成自己的电脑带回家，属于无权占有、直接占有，A、B选项错误；甲并不知道电脑是同事的，属于善意占有，C选项正确；甲以为电脑是自己的，属于自主占有，不是他主占有，D选项错误。

3. 甲将自己的摄像机交给乙保管，丙从乙处盗走该摄像机并卖给了不知情的丁。下列主体中，对该摄像机的占有属于他主占有的是〔　　〕。（2014-非法学-40-单）

A. 甲　　B. 乙

C. 丙　　D. 丁

［答案］B

［考点］**占有的分类**

［解析］自主占有和他主占有是以占有人是否有所有的意思为标准所作的分类。自主占有指以物属于自主所有的意思的占有，如盗贼对盗赃物的占有；无所有的意思，仅于某种特定关系支配物的意思的占有是他主占有，如质权人对质物的占有。甲对自己的摄像机的占有是以所有的意思占有，属于自己占有，A选项错误。乙作为保管人，无所有的意思，属于他主占有，B选项正确。丙从乙处盗走该摄像机，以所有的意思占有，属于自主占有；丁认为自己是所有权人，也是自主占有，C、D选项错误。

二、2023年度重点预测

占有是事实，不是权利。占有的分类，是理解物权编很多制度的基础，如返还原物请求权。

第二节　占有的效力和保护

一、客观题

1. 甲将一批货物存放在乙的仓库，之后丙因甲拖欠其15万元货款，强行将该批货物拉走抵债。对此，下列说法正确的是〔　　〕。（2017-非法学-26-单）

A. 丙的行为属于自助行为

B. 丙的行为属于行使留置权

C. 乙请求丙返还货物的权利存续期间为 1 年

D. 甲请求丙返还货物的权利存续期间为 2 年

[答案] C

[考点] **占有返还请求权**

[解析]【考点 1：占有返还请求权】《民法典》第 462 条第 1 款规定："占有的不动产或者动产被侵占的，占有人有权请求返还原物；对妨害占有的行为，占有人有权请求排除妨害或者消除危险；因侵占或者妨害造成损害的，占有人有权依法请求损害赔偿。"第 2 款规定："占有人返还原物的请求权，自侵占发生之日起一年内未行使的，该请求权消灭。"乙的直接占有被侵占，乙请求丙返还货物的权利存续期间为 1 年，C 选项正确。甲对货物是间接占有，后被丙侵占，主张占有返还请求权的权利存续期间是 1 年，当然，甲是物权人，主张返还原物请求权的诉讼时效期间是 3 年，D 选项错误。

【考点 2：自助行为与留置权】自助行为是指权利人为保护自己的权利，在来不及请求公力救济的情况下，对义务人的财产予以扣留等行为，要求情况紧迫且不能及时获得国家机关保护，本案并无"情况紧迫"。留置权要求合法占有动产，本案丙并非合法占有货物，不能主张留置，A、B 选项错误。

2. 甲公司为乙公司运输一批羊，途中有三只羊逃跑，被丙、丁拾得。丙将其中两只羊赶回家，丁带着剩下的一只羊在路边等候失主。戊驾车经过此地，因车速过快将羊撞死。下列选项中，正确的有〔　　〕。(2015-法学-28-多)

A. 甲公司有权要求丙返还两只羊

B. 乙公司有权要求丙返还两只羊

C. 甲公司有权要求戊赔偿

D. 丁有权要求戊赔偿

[答案] ABCD

[考点] **占有的保护效力**

[解析]【考点 1：返还遗失物】《民法典》第 314 条规定："拾得遗失物，应当返还权利人。拾得人应当及时通知权利人领取，或者送交公安等有关部门。"本条所规定的权利人包括具有占有权能的物权人和占有人。甲公司是占有人，乙公司是所有人，均可以请求丙返还两只羊，A、B 选项正确。

【考点 2：合同相对性】《民法典》第 593 条规定："当事人一方因第三人的原因造成违约的，应当依法向对方承担违约责任。当事人一方和第三人之间的纠纷，依照法律规定或者按照约定处理。"因戊的原因造成甲违约，乙有权请求甲承担违约责任。甲承担违约责任后，有权根据《民法典》第 593 条的规定向戊追偿，C 选项正确。

【考点 3：占有损害赔偿】《民法典》第 462 条第 1 款规定："占有的不动产或者动产被侵占的，占有人有权请求返还原物；对妨害占有的行为，占有人有权请求排除妨害或者消除危险；因侵占或者妨害造成损害的，占有人有权依法请求损害赔偿。"丁的占有被戊侵害，丁有权要求戊赔偿，主张占有损害赔偿请求权，D 选项正确。

3. 甲将自行车交乙保管，不久乙去世。乙之子丙误将该自行车当成遗产继承，后在使用过程中致自行车损坏。根据有关规定〔　　〕。(2013-非法学-30-单)

A. 丙系恶意占有人

B. 丙应当返还自行车给甲

C. 丙应当向甲承担违约责任

D. 丙应当赔偿甲的损失

[答案] B

[考点] **占有返还请求权**

[解析]【考点 1：善意占有的返还范围】《民法典》第 460 条规定："不动产或者动产被占有人占有的，权利人可以请求返还原物及其孳息；但是，应当支付善意占有人因维护该不动产或者动产支出的必要费用。"乙之子丙误将该自行车当成遗产继承，属于善意占有，须返还原物，A 选项错误，B 选项正确。丙、甲并无合同关系，无须承担违约责任，C 选项错误。

【考点 2：恶意占有人的赔偿责任】《民法典》第 461 条规定："占有的不动产或者动产毁损、灭失，该不动产或者动产的权利人请求赔偿的，占有人应当将因毁损、灭失取得的保险金、赔偿金或者补偿金等返还给权利人；权利人的损害未得到足够弥补的，恶意占有人还应当赔偿损失。"恶意占有人应当赔偿损失，丙是善意占有人，无须承担赔偿责任，D 选项错误。

4. 根据物权法的规定，占有人返还原物的请求权，自侵占发生之日起法定期间内未行使的，该请求权消灭。该法定期间为〔　　〕。（2012-法学-19-单）

A. 6个月　　B. 1年

C. 2年　　D. 4年

［答案］B

［考点］**占有返还请求权**

［解析］《民法典》第462条第1款规定："占有的不动产或者动产被侵占的，占有人有权请求返还原物；对妨害占有的行为，占有人有权请求排除妨害或者消除危险；因侵占或者妨害造成损害的，占有人有权依法请求损害赔偿。"第2款规定："占有人返还原物的请求权，自侵占发生之日起一年内未行使的，该请求权消灭。"故答案是B选项，其他选项错误。

二、主观题

试论民法典物权编对我国物权立法的完善与发展。（2021-法学-36-论述）

［参考答案］（1）关于通则。规定了物权制度基础性规范，包括平等保护等物权基本原则、物权变动的具体规则以及物权保护制度。将有关基本经济制度的规定修改为："国家坚持和完善公有制为主体、多种所有制经济共同发展，按劳分配为主体、多种分配方式并存，社会主义市场经济体制等社会主义基本经济制度。"

（2）关于所有权。针对近年来群众普遍反映业主大会成立难、公共维修资金使用难等问题，并结合新冠肺炎疫情防控工作，在原《物权法》规定的基础上，进一步完善了业主的建筑物区分所有权制度。

（3）关于用益物权。一是落实党中央关于完善产权保护制度、依法保护产权的要求，明确住宅建设用地使用权期限届满的，自动续期；续期费用的缴纳或者减免，依照法律、行政法规的规定办理。二是完善农村集体产权相关制度，落实农村承包地"三权分置"改革的要求，对土地承包经营权的相关规定作了完善，增加土地经营权的规定，并删除耕地使用权不得抵押的规定，以适应"三权分置"后土地经营权入市的需要。三是为贯彻党的十九大提出的加快建立多主体供给、多渠道保障住房制度的要求，增加规定"居住权"这一新型用益物权，明确居住权原则上无偿设立，居住权人有权按照合同约定或者遗嘱，经登记占有、使用他人的住宅，以满足其稳定的生活居住需要。

（4）关于担保物权。一是扩大担保合同的范围，明确融资租赁、保理、所有权保留等非典型担保合同的担保功能，增加规定担保合同包括抵押合同、质押合同和其他具有担保功能的合同。二是删除有关担保物权具体登记机构的规定，为建立统一的动产抵押和权利质押登记制度留下空间。三是简化抵押合同和质押合同的一般条款。四是明确实现担保物权的统一受偿规则。

［解析］立法热点题。考查物权立法的完善和发展，建议考生掌握合同编、人格权编、侵权责任编等的发展。

三、2023年度重点预测

主观题掌握占有的效力和占有的保护。客观题必须理解占有返还请求权，理解返还原物请求权和占有返还请求权的区别。

PART III

第三编

合　同

PART 01
第一章　债与合同概述

第一节　债的概述

一、客观题

1. 甲、乙、丙、丁对张某承担400万元连带债务，内部约定各承担100万元债务，下列说法正确的是〔　　〕。(2022-单-回忆版)

A. 若张某免除甲的债务，则乙、丙、丁的债务均消灭

B. 若乙和张某债权债务混同，则甲、丙、丁的债务均消灭

C. 若丙偿还张某400万元债务，则丙可以向甲、乙、丁各追偿100万元

D. 若丁偿还张某400万元债务，则丁可以向甲、乙、丙主张400万元债权

[答案] C

[考点] **连带之债**

[解析] 【考点1：连带之债的内部效力】《民法典》第519条第2款规定："实际承担债务超过自己份额的连带债务人，有权就超出部分在其他连带债务人未履行的份额范围内向其追偿，并相应地享有债权人的权利，但是不得损害债权人的利益。其他连带债务人对债权人的抗辩，可以向该债务人主张。"若丙偿还张某400万元债务，则丙可以向甲、乙、丁各追偿100万元，C选项正确，D选项错误。

【考点2：连带之债的外部效力】《民法典》第520条第2款规定："部分连带债务人的债务被债权人免除的，在该连带债务人应当承担的份额范围内，其他债务人对债权人的债务消灭。"第3款规定："部分连带债务人的债务与债权人的债权同归于一人的，在扣除该债务人应当承担的份额后，债权人对其他债务人的债权继续存在。"若张某免除甲的债务，则在甲应当承担的份额100万元的范围内，其他债务人对债权人的债务消灭，A选项错误。若乙和张某债权债务混同，则在扣除乙应当承担的份额后，债权人对其他债务人的债权继续存在，B选项错误。

2. 甲与某房产公司签订一购房合同，双方约定：如交房时房价下跌，买方可要求退房或要求卖方退还差价。该约定产生的债属于〔　　〕。(2016-法学-19-单)

A. 可分之债　　B. 简单之债

C. 选择之债　　D. 种类之债

[答案] C

[考点] **债的分类**

[解析] 【考点1：简单之债与选择之债】简单之债，是仅有一个标的的债。选择之债，是指债的履行标的有数种，当事人可以选择其中之一予以履行的债。双方约定：如交房时房价下跌，买方可要求退房或要求卖方退还差价，属于选择之债，C选项正确，B选项错误。

【考点2：种类之债与特定之债】特定之债是指在债成立时，给付标的物就已经确定的债。种类之债是指在债成立时，以未加以特定的种类物为给付标的物的债。本案购买的是特定的一套房屋，属于特定之债而不是种类之债，D选项错误。本案之债不可分，A选项错误。

3. 下列选项中，不属于债权特征的是〔　　〕。(2014-非法学-29-单)

A. 平等性　　B. 相容性

C. 任意性　　D. 永久性

[答案] D

[考点] **债权的特征**

[解析] 债权是指债权人享有的以请求债务人

为一定给付为内容的权利。债权的特征：(1) 债权为请求权；(2) 债权为相对权；(3) 债权具有任意性；(4) 债权具有非排他性（相容性）；(5) 债权具有平等性。可见，D选项不属于债权的特征，正确，其他选项错误。

4. 甲、乙签订一份设备买卖合同。甲的下列行为中，属于履行附随义务的是〔　　〕。(2014-非法学-34-单)

A. 甲应乙的请求送货上门

B. 甲告知乙使用设备的注意事项

C. 甲将设备维修工具附赠给乙

D. 甲将设备检验合格证交付给乙

[答案] B

[考点] **附随义务**

[解析] 债务有给付义务与附随义务之分，其中给付义务又分为主给付义务与从给付义务。(1) 主给付义务，是指债之关系中固有的、必备的可以决定债的类型的基本义务。在双务合同中，主给付义务构成对待给付义务。(2) 从给付义务，是指辅助主给付义务的功能实现的义务。从给付义务尽管不决定债的类型，但能够确保债权人的利益获得最大的满足。(3) 所谓附随义务，是指给付义务之外的，以诚实信用原则为依据而产生的协助、保护、照顾、保密等义务。送货上门是主给付义务，将设备维修工具附赠给乙、将设备检验合格证交付给乙属于从给付义务。甲告知乙使用设备的注意事项，以诚实信用原则为依据而产生的义务，属于附随义务，B选项正确，其他选项错误。

5. 下列协议中，应由我国民法典合同编调整的是〔　　〕。(2013-非法学-31-多)

A. 甲与乙签订的收养协议

B. 甲与乙离婚时签订的子女抚养协议

C. 甲行政机关与公务员签订的廉政协议

D. 甲村委会与本村村民签订的土地承包经营权协议

[答案] ABD

[考点] **合同编适用范围**

[解析]【考点1：财产合同的法律适用】《民法典》第463条规定："本编调整因合同产生的民事关系。"《民法典》第464条第1款规定："合同是民事主体之间设立、变更、终止民事法律关系的协议。"甲村委会与本村村民签订的土地承包经营权协议由民法典合同编调整，D选项正确。甲行政机关与公务员签订的廉政协议不是平等主体之间的关系，不是民法的调整范围，C选项错误。

【考点2：身份协议的法律适用】《民法典》第464条第2款规定："婚姻、收养、监护等有关身份关系的协议，适用有关该身份关系的法律规定；没有规定的，可以根据其性质参照适用本编规定。"改变了原《合同法》所规定的身份协议不适用合同法的规则。甲与乙签订的收养协议、甲与乙离婚时签订的子女抚养协议，可以根据其性质参照适用合同编规定，A、B选项正确。

二、2023年度重点预测

主观题须掌握：债权的特征、权能。客观题须理解：债的分类（特别是按份之债和连带之债；简单之债和选择之债）、债的法律适用是民法典新增法条。

第二节　无因管理

一、客观题

1. 甲借用乙的平房居住。后平房漏雨，甲联系不到乙，遂委托丙维修并依承诺向丙支付维修费。甲请求乙偿还维修费的依据是〔　　〕。(2021-非法学-22-单)(2021-法学-12-单)

A. 代理行为

B. 委托合同

C. 无因管理

D. 单方允诺

[答案] C

[考点] **无因管理**

[解析]【考点1：代理】《民法典》第161条第1款规定："民事主体可以通过代理人实施民事法律行为。"第2款规定："依照法律规定、当事人约定或者民事法律行为的性质，应当由本人亲自实施的民事法律行为，不得代理。"代理主要实施的是民事法律行为，本案中的维修房屋是事实行为，不构成代理，A选项错误。

【考点2：委托合同】《民法典》第979条规

定："委托合同是委托人和受托人约定，由受托人处理委托人事务的合同。"甲、乙之间并无约定，不成立委托合同，B 选项错误。

【考点 3：无因管理】《民法典》第 121 条规定："没有法定的或者约定的义务，为避免他人利益受损失而进行管理的人，有权请求受益人偿还由此支出的必要费用。"《民法典》第 979 条第 1 款规定："管理人没有法定的或者约定的义务，为避免他人利益受损失而管理他人事务的，可以请求受益人偿还因管理事务而支出的必要费用；管理人因管理事务受到损失的，可以请求受益人给予适当补偿。"平房漏雨，甲联系不到乙，为避免乙的利益受损失而维修房屋，构成无因管理，有权根据《民法典》第 121 条和第 979 条第 1 款的规定请求乙支付必要费用（维修费），所以 C 选项正确。

【考点 4：单方允诺】单方允诺，也称单独行为或单务约束行为，是指表意人向相对人作出的为自己设定某种义务，使对方取得某种权利的意思表示。如设立幸运奖、遗赠。本案并无单方允诺的意思表示，D 选项错误。

2. 甲闻到邻居乙的房间有刺鼻煤气味，便破门而入关闭煤气管道阀门，此时煤气爆炸，甲、乙均被炸伤。对此，下列选项正确的是〔　　〕。（2019-非法学-40-单）

A. 乙应当对甲给予适当补偿

B. 乙应当赔偿甲的全部损失

C. 甲、乙各自承担自己的损失

D. 甲应当赔偿乙的房门损失

［答案］A

［解析］【考点 1：因保护他人民事权益使自己受到损害】《民法典》第 183 条规定："因保护他人民事权益使自己受到损害的，由侵权人承担民事责任，受益人可以给予适当补偿。没有侵权人、侵权人逃逸或者无力承担民事责任，受害人请求补偿的，受益人应当给予适当补偿。"甲因保护乙的民事权益，自己受到损失，没有侵权人，故受益人乙应当对甲给予适当补偿，A 选项正确，C 选项错误。因乙没有过错，无须承担赔偿责任，B 选项错误。

【考点 2：无因管理阻却违法】《民法典》第 979 条第 1 款规定："管理人没有法定的或者约定的义务，为避免他人利益受损失而管理他人事务的，可以请求受益人偿还因管理事务而支出的必要费用；管理人因管理事务受到损失的，可以请求受益人给予适当补偿。"甲的行为构成无因管理，无须承担赔偿责任，故 D 选项错误。

3. 下列选项中，甲的行为构成无因管理的是〔　　〕。（2018-非法学-25-单）（2018-法学-15-单）

A. 甲主动将摔倒在人行道上的老人扶起

B. 甲儿时被收养，成年后赡养亲生父母

C. 甲为了出行便利，出钱修复邻居家被台风刮倒的院墙

D. 甲的狗将他人咬伤，甲误以为是好友乙的狗咬伤人而赔偿伤者

［答案］C

［考点］无因管理

［解析］【考点 1：无因管理】《民法典》第 121 条规定："没有法定的或者约定的义务，为避免他人利益受损失而进行管理的人，有权请求受益人偿还由此支出的必要费用。"甲为了出行便利，出钱修复邻居家被台风刮倒的院墙，构成无因管理，C 选项正确。

【考点 2：不属于无因管理的情形】并非对所有事务的管理均会构成无因管理。管理下列事务的，一般不构成无因管理：（1）违法或者违背社会公德的行为；（2）纯粹道义上、宗教上或一般生活事务，如招待客人；（3）依法须由本人亲自实施或须经本人授权才能实施的行为，如放弃继承权。本案中，甲主动将摔倒在人行道上的老人扶起，纯粹道义上的事务，不构成无因管理；如果老人受伤严重晕倒，将其送往医院救助，则构成无因管理，故 A 选项错误。甲儿时被收养，成年后赡养亲生父母，属于纯粹道义上的事务，不构成无因管理，故 B 选项错误。甲的狗将他人咬伤，甲误以为是好友乙的狗咬伤人而赔偿伤者，管理的是自己事务，不构成无因管理，D 选项错误。

4. 甲的母牛走失，被乙拾得。在乙饲养期间，母牛生下一头小牛。乙为饲养这两头牛共支付草料费 200 元，并造成误工损失 300 元。根据我国民法的相关规定〔　　〕。（2014-法学-15-单）

A. 小牛归甲，乙有权要求甲支付 200 元

B. 小牛归乙，乙有权要求甲支付 200 元

C. 小牛归甲，乙有权要求甲支付 500 元

D. 小牛归乙，乙有权要求甲支付 500 元

［答案］ C

［考点］ **无因管理**

［解析］【考点 1：孳息归属】《民法典》第 321 条第 1 款规定："天然孳息，由所有权人取得；既有所有权人又有用益物权人的，由用益物权人取得。当事人另有约定的，按照其约定。"甲的母牛走失，被乙拾得，甲仍为母牛的所有权人，孳息小牛归甲，B、D 选项错误。

【考点 2：无因管理】《民法典》第 979 条第 1 款规定："管理人没有法定的或者约定的义务，为避免他人利益受损失而管理他人事务的，可以请求受益人偿还因管理事务而支出的必要费用；管理人因管理事务受到损失的，可以请求受益人给予适当补偿。"草料费 200 元属于必要费用，误工损失 300 元可以请求适当补偿，C 选项正确。

5. 下列行为中，构成无因管理的是（　　）。（2011－非法学－27－单）

A. 未受委托替朋友招待客人

B. 未成年人抢救落水儿童

C. 主动代同事值夜班

D. 代替配偶放弃继承权

［答案］ B

［考点］ **无因管理**

［解析］《民法典》第 121 条规定："没有法定的或者约定的义务，为避免他人利益受损失而进行管理的人，有权请求受益人偿还由此支出的必要费用。"未受委托替朋友招待客人、主动代同事值夜班是好意施惠，不是民事法律事实，A、C 选项错误。继承权只有继承人本人才能放弃，且并非避免他人利益受损失，不属于无因管理，D 选项错误。未成年人抢救落水儿童，符合无因管理的构成要件，B 选项正确。

二、 主观题

1.（2017－非法学－58－法条分析）原《中华人民共和国民法通则》第 93 条（《民法典》第 121 条）规定："没有法定的或者约定的义务，为避免他人利益受损失而进行管理的人，有权请求受益人偿还由此支出的必要费用。"

请分析：

（1）本条规定的是因何种原因产生的债？

（2）本条规定的债的发生原因有哪些构成要件？

（3）本条中的"必要费用"包括哪些？

［参考答案］

（1）本条规定的是无因管理产生的债。

（2）无因管理之债的构成要件：①管理他人（本人）事务；②有为他人谋利益的意思；③没有法定的和约定的义务。

（3）"必要费用"主要包括：因管理事务而支出的必要费用以及管理人因管理事务受到的损失。

2.（2014－法学－38－案例）2012 年春节过后，甲外出打工，将一祖传瓷瓶交由邻居乙保管。乙因结婚用钱，谎称瓷瓶为自己所有，将其按照市价卖给了丙，得款 1 万元。2012 年 7 月，乙见甲的房屋有倒塌危险，可能危及自己的房屋，遂以自己的名义请施工队加固甲的房屋。施工结束后，经结算需要支付工程款 2 万元。2012 年底甲回村，因瓷瓶处分和工程款支付问题与乙发生纠纷。

结合上述材料，请回答下列问题：

（1）丙能否取得瓷瓶的所有权？为什么？

（2）乙出售瓷瓶是否属于侵权行为？为什么？

（3）施工队应向谁请求支付工程款？为什么？

（4）乙聘请施工队为甲加固房屋的行为是否构成无因管理？为什么？

［参考答案］

（1）丙能够取得瓷瓶的所有权。乙谎称瓷瓶为自己所有，属于无权处分，将其按照市价卖给了丙，符合善意取得的构成要件，丙善意取得该瓷瓶的所有权。

【法律依据】《民法典》第 311 条第 1 款规定："无处分权人将不动产或者动产转让给受让人的，所有权人有权追回；除法律另有规定外，符合下列情形的，受让人取得该不动产或者动产的所有权：（一）受让人受让该不动产或者动产时是善意；（二）以合理的价格转让；（三）转让的不动产或者动产依照法律规定应当登记的已经登记，不需要登记的已经交付给受让人。"

（2）是。乙故意出售瓷瓶，丙善意取得瓷瓶的所有权，原所有权人甲丧失所有权，故乙侵犯甲的所有权。

【法律依据】《民法典》第 1165 条第 1 款规定："行为人因过错侵害他人民事权益造成损害的，应当承担侵权责任。"

（3）施工队应向乙请求支付工程款。乙以自己的名义请施工队加固甲的房屋，在乙和施工队之间形成合同关系，根据合同相对性，施工队应向乙请求支付工程款。

（4）构成无因管理。乙没有法定和约定的义务，为避免甲的利益受损失而聘请施工队为甲加固房屋，符合无因管理的构成要件。

三、2023 年度重点预测

无因管理的构成要件及法律后果，民法典有新增内容，客观题须理解。不构成无因管理的法律效果，也须注意。

第三节　不当得利

一、客观题

1. 甲拾得乙丢失的手机，向乙索要 2000 元报酬，乙表示面谈。见面后乙称只给 500 元，甲因此拒绝返还手机。乙要求甲返还手机的请求权有〔　　〕。(2020-非法学-46-多)（2020-法学-26-多）

A. 侵权请求权

B. 物权请求权

C. 不当得利请求权

D. 无因管理请求权

［答案］ABC

［考点］**请求权**

［解析］【考点 1：侵权请求权】《民法典》第 314 条规定："拾得遗失物，应当返还权利人。拾得人应当及时通知权利人领取，或者送交公安等有关部门。"乙仍然是手机的所有权人，甲因此拒绝返还手机，侵犯乙的所有权，故乙要求甲返还手机的请求权有侵权请求权，A 选项正确。

【考点 2：物权请求权】《民法典》第 235 条规定："无权占有不动产或者动产的，权利人可以请求返还原物。"乙是手机的所有权人，甲是现在的无权占有人，乙有权主张《民法典》第 235 条的返还原物请求权，属于物权请求权的一种，故 B 选项正确。

【考点 3：不当得利请求权】《民法典》第 122 条规定："因他人没有法律根据，取得不当利益，受损失的人有权请求其返还不当利益。"甲占有乙的手机属于不当得利，乙有权主张不当得利请求权，C 选项正确。

【考点 4：无因管理请求权】《民法典》第 121 条规定："没有法定的或者约定的义务，为避免他人利益受损失而进行管理的人，有权请求受益人偿还由此支出的必要费用。"甲并非为避免乙的利益受损失而进行管理，不符合无因管理的构成要件，故 D 选项错误。

2. 下列行为中，可引起不当得利之债的是〔　　〕。(2016-非法学-38-单)

A. 甲偿还 5 万元赌债

B. 乙清偿明知超过诉讼时效期间的债务

C. 丙被他人收养，成年后给付生父母生活费

D. 丁误将邻居的装修材料用于自己房屋的装修

［答案］D

［考点］**不当得利**

［解析］【考点 1：不当得利】《民法典》第 122 条规定："因他人没有法律根据，取得不当利益，受损失的人有权请求其返还不当利益。"丁误将邻居的装修材料用于自己房屋的装修，符合不当得利的构成要件，D 选项正确。

【考点 2：不当得利的例外情形】《民法典》第 985 条规定："得利人没有法律根据取得不当利益的，受损失的人可以请求得利人返还取得的利益，但是有下列情形之一的除外：（一）为履行道德义务进行的给付；（二）债务到期之前的清偿；（三）明知无给付义务而进行的债务清偿。"丙被他人收养，成年后给付生父母生活费，属于为履行道德义务进行的给付，不构成不当得利，C 选项错误。甲偿还 5 万元赌债，属于不法原因给付财产，双方均不法，民法理论通说认为不构成不当得利，A 选项错误。超过诉讼时效的债仍然存在，债权人受领有法律上的根据，乙清偿明知超过诉讼时效期间的债务，不构成不当得利，B 选项错误。

3. 下列选项中，能够引起不当得利之债发生的有〔　　〕。(2015-法学-29-多)

A. 向债权人提前偿还借款

B. 匿名资助贫困地区学生读书

C. 向黑社会性质组织成员交“保护费”

D. 在网站订购的商品被快递员误投给他人

［答案］CD

［考点］**不当得利**

［解析］《民法典》第985条规定：“得利人没有法律根据取得不当利益的，受损失的人可以请求得利人返还取得的利益，但是有下列情形之一的除外：（一）为履行道德义务进行的给付；（二）债务到期之前的清偿；（三）明知无给付义务而进行的债务清偿。”向债权人提前偿还借款，属于“债务到期之前的清偿”，不构成不当得利，A选项错误；匿名资助贫困地区学生读书属于“为履行道德义务进行的给付”，不属于不当得利，B选项错误；向黑社会性质组织成员交“保护费”是不法原因给付财产，只在受领一方不法，构成不当得利，C选项正确；在网站订购的商品被快递员误投给他人也构成不当得利，D选项正确。

4. 下列选项中，构成不当得利之债的有〔　　〕。(2014-法学-26-多)

A. 甲在自动取款机上取款，机器因故障多吐出500元

B. 甲所订报纸被送报员放入邻居乙的报箱，乙取而弃之

C. 甲订购乙公司商品并已付款，在乙公司送货上门时甲妻不知情再次付款

D. 甲被乙撞伤，乙支付甲医疗费，同时甲获得了保险公司给付的意外伤害保险金

［答案］ABC

［考点］**不当得利**

［解析］《民法典》第985条规定：“得利人没有法律根据取得不当利益的，受损失的人可以请求得利人返还取得的利益，但是有下列情形之一的除外：（一）为履行道德义务进行的给付；（二）债务到期之前的清偿；（三）明知无给付义务而进行的债务清偿。”A、B、C选项构成不当得利，正确。甲可以同时获得医疗费赔偿和保险金，D选项错误。

5. 下列选项中，属于不当得利构成要件的有〔　　〕。(2013-非法学-49-多)

A. 一方获得利益，他方受有损失

B. 受损方不存在过错

C. 获益与受损之间有因果关系

D. 获益方获得利益没有合法根据

［答案］ACD

［考点］**不当得利**

［解析］《民法典》第122条规定：“因他人没有法律根据，取得不当利益，受损失的人有权请求其返还不当利益。”不当得利的构成要件：（1）一方获得利益；（2）他方受有损失；（3）一方获益和另一方受损之间有因果关系；（4）获得利益没有法律根据。可见，A、C、D选项正确，B选项错误。

6. 下列事实中，能够形成不当得利之债的是〔　　〕。(2011-法学-20-单)

A. 提前偿还所欠他人债务

B. 养子女给付生父母赡养费

C. 明知不欠他人钱款而为给付

D. 依合同支付货款后合同被撤销

［答案］D

［考点］**不当得利**

［解析］《民法典》第985条规定：“得利人没有法律根据取得不当利益的，受损失的人可以请求得利人返还取得的利益，但是有下列情形之一的除外：（一）为履行道德义务进行的给付；（二）债务到期之前的清偿；（三）明知无给付义务而进行的债务清偿。”依合同支付货款后合同被撤销，得利没有合法根据，构成不当得利，故D选项正确。提前偿还所欠他人债务属于“债务到期之前的清偿”；养子女给付生父母赡养费属于“为履行道德义务进行的给付”；明知不欠他人钱款而为给付属于“明知无给付义务而进行的债务清偿”，均不构成不当得利。

二、2023年度重点预测

不当得利的构成要件及类型，客观题须注意。不当得利的法律后果是民法典新增，特别掌握。

第四节　合同的分类及相对性

一、客观题

甲与乙签订预订书，约定一年内订立房屋买卖合同。后乙拒绝订立买卖合同。对于乙违反预订书的行为，甲可以〔　　〕。(2021-非法学-47-多)（2021-法学-27-多）

A. 请求乙赔偿精神损害

B. 请求乙承担侵权责任

C. 请求乙承担违约责任

D. 解除预订书

［答案］CD

［考点］**预约合同**

［解析］【考点 1：预约合同】《民法典》第 495 条第 1 款规定："当事人约定在将来一定期限内订立合同的认购书、订购书、预订书等，构成预约合同。"第 2 款规定："当事人一方不履行预约合同约定的订立合同义务的，对方可以请求其承担预约合同的违约责任。"当事人一方不履行预约合同约定的订立合同义务的，对方不能要求违约方继续履行合同签订本约，但可以请求违约方承担赔偿损失等违约责任，C 选项正确。因不能请求违约方继续履行合同，故预约合同目的不能实现，因此甲有权解除预订书，D 选项正确。

【考点 2：违约与精神损害赔偿】《民法典》第 996 条规定："因当事人一方的违约行为，损害对方人格权并造成严重精神损害，受损害方选择请求其承担违约责任的，不影响受损害方请求精神损害赔偿。"可见，因违约主张精神损害赔偿的前提是损害对方人格权并造成严重精神损害，本案中并未损害对方人格权，故不能主张精神损害赔偿，A 选项错误。

【考点 3：侵权责任】《民法典》第 1165 条第 1 款规定："行为人因过错侵害他人民事权益造成损害的，应当承担侵权责任。"此处的民事权益，包括权利和法律保护的利益。理论上这里的权利是绝对权，不包括相对权。合同债权属于相对权，侵犯债权一般情况下不能主张侵权责任，故甲不能请求乙承担侵权责任，B 选项错误。

二、主观题

试论合同的相对性。(2012-法学-36-论述)

［参考答案］合同的相对性，是指合同关系只存在于特定的当事人之间，合同对第三人没有约束力。

（1）合同的相对性的体现

①合同主体的相对性。依法成立的合同，受法律保护。依法成立的合同，仅对当事人具有法律约束力，但是法律另有规定的除外。合同关系只存在于特定的主体之间，只有合同当事人才能享有合同权利，也只有合同当事人才需承担合同义务。

②合同内容的相对性。除法律另有规定或当事人另有约定外，合同的权利义务只能由当事人享有和承担，第三人不享有合同权利，也不承担合同义务。根据合同相对性，只有当事人方能变更合同。

③违约责任的相对性。当事人一方因第三人原因造成违约的，应当依法向对方承担违约责任。当事人一方和第三人之间的纠纷，依照法律规定或者按照约定处理。

（2）合同相对性的例外

①利益第三人合同。法律规定或者当事人约定第三人可以直接请求债务人向其履行债务，第三人未在合理期限内明确拒绝，债务人未向第三人履行债务或者履行债务不符合约定的，第三人可以请求债务人承担违约责任；债务人对债权人的抗辩，可以向第三人主张。

②债权人代位权。

③债权人撤销权。

④间接代理。

⑤买卖不破租赁等。

三、2023 年度重点预测

预约是民法典新增考点，须理解。合同的相对性及例外，掌握客观题。主观题掌握：合同解释的规则。

PART 02

第二章　合同订立

第一节　合同订立的程序

一、客观题

1. 某网店打折促销A型号扫地机器人，甲提交订单购买10台并付款。该网店以库存不足为由拒绝发货。对此，该网店〔　　〕。（2022-单-回忆版）

A. 不承担民事责任

B. 应当承担缔约过失责任

C. 应当承担违约责任

D. 应当承担违反预约合同的违约责任

［答案］C

［考点］**电子合同成立**

［解析］《民法典》第491条第1款规定："当事人采用信件、数据电文等形式订立合同要求签订确认书的，签订确认书时合同成立。"第2款规定："当事人一方通过互联网等信息网络发布的商品或者服务信息符合要约条件的，对方选择该商品或者服务并提交订单成功时合同成立，但是当事人另有约定的除外。"本案属于电子合同，甲提交订单成功，电子合同成立生效，该网店须承担违约责任，C选项正确，其他选项错误。

2. 甲网店为回馈老客户，以100元的优惠价格寄给乙一盒面膜并附说明：如不同意购买，请于10日内寄回，运费到付，否则视为同意购买。乙收到后将面膜放在桌子上。12天后，甲请求乙付款，乙拒绝。甲乙之间的合同〔　　〕。（2022-单-回忆版）

A. 可撤销　　B. 有效

C. 无效　　D. 未成立

［答案］D

［考点］**合同成立**

［解析］《民法典》第140条第1款规定："行为人可以明示或者默示作出意思表示。"第2款规定："沉默只有在有法律规定、当事人约定或者符合当事人之间的交易习惯时，才可以视为意思表示。"《民法典》第480条规定："承诺应当以通知的方式作出；但是，根据交易习惯或者要约表明可以通过行为作出承诺的除外。"本案的"说明"100元一盒构成要约，但是乙并未承诺。当事人并未约定，也无法律规定或者符合当事人之间的交易习惯，沉默不构成承诺，合同未成立。

3. 甲在某餐厅用餐，根据菜单点了一道标价为98元的菜。结账时，餐厅要求甲支付298元，甲则坚持以菜单为准付款，这时餐厅才发现菜单被调包。经查，菜单调包系刚刚来此就餐的某顾客所为。甲与餐厅之间债的发生原因是〔　　〕。（2021-非法学-35-单）

A. 侵权行为　　B. 不当得利

C. 合同　　D. 缔约过失

［答案］C

［考点］**合同成立**

［解析］【考点1：合同成立的必备要素】合同成立的必备要素：（1）当事人姓名或名称；（2）标的；（3）数量。菜单属于要约邀请，甲点餐构成要约，餐厅同意构成承诺。对于价款有争议，按照《民法典》合同漏洞填补的方法来填补合同漏洞。可见本案合同已经成立，C选项正确，其他选项错误。

【考点2：意思表示瑕疵】意思表示有瑕疵应当如何确定效力，有三种学说：①（1）意思说：

① 王泽鉴著：《民法总则》，北京大学出版社2009年11月第1版，第333页。

以表意人的内心意思为准，强调意思表示的成立，必须有内心的效果意思的存在为基础，外部表示仅是内心的公开手段或证明方法。若无内心的效果意思，则外部的表示实无依据，应不发生法律上的效力，以保护表意人。按照该种学说，甲的要约是98元，餐厅的意思表示是298元，作出实质性变更，属于新要约，不构成承诺，合同未成立。故甲与餐厅之间债的发生原因是不当得利。（2）表示说：以外部的表示为准，且表意人的内心意思如何，实在难以查知，故应就其表示所创设的外部状态以及由此可推知表意人的表示意思及效果意思的存在，赋予法律上的效力，以保护相对人的信赖及交易安全。按照该种学说，因菜单被调换，为了保护相对人的信赖及交易安全，按照98元成立合同关系，C选项正确。（3）折中说：意思说及表示说走了两大极端，须折中两者之间。有主张以意思说为原则，表示说为例外；也有主张以表示说为原则，意思说为例外，兼顾交易安全。

《民法典》第142条第1款规定："有相对人的意思表示的解释，应当按照所使用的词句，结合相关条款、行为的性质和目的、习惯以及诚信原则，确定意思表示的含义。"第2款规定："无相对人的意思表示的解释，不能完全拘泥于所使用的词句，而应当结合相关条款、行为的性质和目的、习惯以及诚信原则，确定行为人的真实意思。"针对有相对人的意思表示，我国《民法典》更偏向于采取表示说，无相对人的意思表示，偏向于采取意思说。本案属于有相对人的意思表示，采取表示说，合同成立。

4. 甲收到乙通讯公司短信，内容为：本公司为您提供实时天气预报服务，每月收费5元，如不接受此服务，请回复N。甲看后未予理睬。后甲发现乙公司向自己收取了该费用，遂要求返还。甲与乙公司之间的天气预报服务合同〔　　〕。（2020-非法学-26-单）（2020-法学-16-单）

A. 不成立　　B. 无效

C. 可撤销　　D. 有效

［答案］A

［考点］**承诺**

［解析］《民法典》第140条第1款规定："行为人可以明示或者默示作出意思表示。"第2款规定："沉默只有在有法律规定、当事人约定或者符合当事人之间的交易习惯时，才可以视为意思表示。"乙通讯公司的短信是要约，甲看后沉默，没有承诺。通过沉默的方式作出意思表示，须有法律规定、当事人约定或者符合当事人之间的交易习惯，才可以视为意思表示。本案中，短信内容"如不接受此服务，请回复N"，如果不回复，并不能视为同意，因为这并非当事人的约定，而仅仅是乙通讯公司的单方意思表示，也没有法律规定或者当事人之间的交易习惯，故甲并未承诺，合同不成立，A选项正确，其他选项错误。

5. 甲听说乙有一祖传玉石，遂前往询价，甲问：你多少钱卖？乙说：你出多少钱？甲问：15万元卖不卖？乙说：20万元可以马上拿走。甲未置可否。三天后，甲携款20万元前来购买，乙说：25万元才能卖。对此，下列选项正确的是〔　　〕。（2019-非法学-28-单）（2019-法学-18-单）

A. 乙说"你出多少钱"属于要约

B. 乙说"20万元可以马上拿走"属于要约邀请

C. 甲携款20万元前来购买时合同成立

D. 乙说"25万元才能卖"属于要约

［答案］D

［考点］**要约邀请、要约**

［解析］【考点1：要约邀请】《民法典》第473条第1款规定："要约邀请是希望他人向自己发出要约的表示。拍卖公告、招标公告、招股说明书、债券募集办法、基金招募说明书、商业广告和宣传、寄送的价目表等为要约邀请。"第2款规定："商业广告和宣传的内容符合要约条件的，构成要约。"甲问：你多少钱卖？乙说：你出多少钱？都是希望对方向自己发出要约，属于要约邀请，A选项错误。

【考点2：要约】《民法典》第472条规定："要约是希望与他人订立合同的意思表示，该意思表示应当符合下列条件：（一）内容具体确定；（二）表明经受要约人承诺，要约人即受该意思表示约束。"甲问：15万元卖不卖？内容具体确定，属于要约。《民法典》第488条第1款规定："承诺的内容应当与要约的内容一致。受要约人对要约的内容作出实质性变更的，为新要约。有关合同标的、数量、质量、价款或者报酬、履行期限、履行地点和方式、违约责任和解决争议方法等的变更，是对要约内容的实质性变更。”乙说：20万元可以马上拿走。作出了实质性变更，属于新要约，B 选项错误。

《民法典》第 481 条第 1 款规定：“承诺应当在要约确定的期限内到达要约人。”第 2 款规定：“要约没有确定承诺期限的，承诺应当依照下列规定到达：（一）要约以对话方式作出的，应当即时作出承诺；（二）要约以非对话方式作出的，承诺应当在合理期限内到达。”本案中，乙 20 万元的要约是以对话方式作出的，甲应当即时作出承诺，但是甲未置可否，没有当场即时作出承诺，故乙 20 万元的要约失效。三天后，甲携款 20 万元前来购买，不是承诺，而是新的要约，故 C 选项错误。

乙说：25 万元才能卖，对甲 20 万元的要约作出了实质性变更，属于新要约，故 D 选项正确。

6. 甲公司于 4 月 24 日通知乙公司急需货物 10 吨，乙公司遂于 4 月 25 日按双方之间的交易惯例发货。4 月 26 日甲公司又通知乙公司不需要该批货物。对此，下列说法正确的是〔　　〕。（2017-非法学-32-单）

A. 乙公司的发货行为构成要约

B. 甲公司 4 月 24 日的通知构成要约邀请

C. 甲公司 4 月 26 日的通知构成要约的撤销

D. 甲公司、乙公司之间的合同于 4 月 25 日成立

［答案］D

［考点］**履约承诺**

［解析］【考点 1：要约和要约邀请】《民法典》第 473 条第 1 款规定：“要约邀请是希望他人向自己发出要约的表示。拍卖公告、招标公告、招股说明书、债券募集办法、基金招募说明书、商业广告和宣传、寄送的价目表等为要约邀请。”甲公司于 4 月 24 日通知乙公司急需货物 10 吨，构成要约，不是要约邀请，B 选项错误。

【考点 2：履约承诺】《民法典》第 484 条第 2 款规定：“承诺不需要通知的，根据交易习惯或者要约的要求作出承诺的行为时生效。”甲公司于 4 月 24 日通知乙公司急需货物 10 吨，构成要约；乙公司遂于 4 月 25 日按双方之间的交易惯例发货，根据《民法典》第 484 条第 2 款的规定，属于承诺。因此，甲公司、乙公司之间的合同于 4 月 25 日成立。D 选项正确，A 选项错误。合同已经成立，不可能再撤销要约，C 选项错误。

7. 甲上晚自习时拾得一个单反相机，后相机被乙借走。乙看到悬赏 200 元的寻物启事，未经甲同意将相机还给了失主。下列选项中，正确的是〔　　〕。（2015-非法学-31-单）

A. 甲、乙均有权要求失主支付报酬

B. 仅甲有权要求失主支付报酬

C. 仅乙有权要求失主支付报酬

D. 甲、乙均无权要求失主支付报酬

［答案］C

［考点］**悬赏广告**

［解析］《民法典》第 499 条规定：“悬赏人以公开方式声明对完成特定行为的人支付报酬的，完成该行为的人可以请求其支付。”完成特定行为的人是返还相机的人，而不是拾得相机的人，故乙有权要求失主支付报酬。再者，甲拾得相机，却借给乙使用，属于侵占行为。《民法典》第 317 条第 3 款规定：“拾得人侵占遗失物的，无权请求保管遗失物等支出的费用，也无权请求权利人按照承诺履行义务。”甲侵占遗失物，无权请求按照承诺履行义务，故 B 选项错误，A、D 选项自然也是错误。本题公布的答案是 B，应该改为 C。

8. 根据《合同法》规定，当事人对合同是否成立存在争议，除法律另有规定或者当事人另有约定外，人民法院能够确定必备条款的，一般应当认定合同成立。这些必备条款包括〔　　〕。（2014-法学-28-单）

A. 标的

B. 质量

C. 数量

D. 当事人名称或姓名

［答案］ACD

［考点］**合同的必备条款**

［解析］除法律另有规定或者当事人另有约定外，当事人对合同是否成立存在争议，能够确定下列必备要件的，一般应当认定合同成立：（1）当事人名称或者姓名；（2）标的；（3）数量。A、C、D 选项正确，B 选项错误。

9. 根据我国合同法的规定，以书面形式作出承诺的，承诺的生效时间是〔　　〕。（2013－非法学－33－单）

A. 承诺人作出承诺时

B. 承诺通知发出时

C. 承诺通知到达要约人时

D. 要约人了解承诺时

［答案］C

［考点］**承诺**

［解析］《民法典》第484条规定："以通知方式作出的承诺，生效的时间适用本法第一百三十七条的规定。"《民法典》第137条第1款规定："以对话方式作出的意思表示，相对人知道其内容时生效。"第2款规定："以非对话方式作出的意思表示，到达相对人时生效。以非对话方式作出的采用数据电文形式的意思表示，相对人指定特定系统接收数据电文的，该数据电文进入该特定系统时生效；未指定特定系统的，相对人知道或者应当知道该数据电文进入其系统时生效。当事人对采用数据电文形式的意思表示的生效时间另有约定的，按照其约定。"以书面形式作出承诺的，属于非对话方式，采取到达主义，C选项正确，其他选项错误。

10. 2009年8月5日，甲公司向乙公司发出订购图书的订单，订单中详细列明了订购数量、交货日期等，并要求乙公司在接到该订单之日起3日内向甲公司发出确认函。乙公司8月6日接到订单，于8月10日向甲公司发出确认函，同时寄出该批图书。甲公司收到图书后，拒绝接受。关于本案的以下表述，正确的是〔　　〕。（2012－非法学－30－单）

A. 甲公司向乙公司发出订单的行为属于要约邀请

B. 乙公司向甲公司发出确认函的行为属于承诺

C. 乙公司向甲公司发出确认函的行为属于要约

D. 乙公司向甲公司寄出图书的行为属于履行合同

［答案］C

［考点］**要约**

［解析］甲公司向乙公司发出订购图书的订单，具体确定，属于要约，A选项错误。《民法典》第478条规定："有下列情形之一的，要约失效：（一）要约被拒绝；（二）要约被依法撤销；（三）承诺期限届满，受要约人未作出承诺；（四）受要约人对要约的内容作出实质性变更。"乙公司8月6日接到订单，于8月10日向甲公司发出确认函，因超出承诺的期限（3日），故甲公司的要约失效。因此，乙公司向甲公司发出确认函属于新要约，B选项错误，C选项正确。因合同尚未成立，故乙公司向甲公司寄出图书的行为不属于履行合同，D选项错误。

11. 甲不慎丢失贵重首饰后，在媒体上发布悬赏广告，称"若有归还者，给付酬金1000元"。乙拾得首饰并归还给甲。几天后，乙看到甲此前发布的悬赏广告，遂要求甲支付酬金1000元，甲拒绝。根据法律规定〔　　〕。（2011－法学－17－单）

A. 甲没有义务支付承诺的酬金，因为归还遗失物是乙的法定义务

B. 甲没有义务支付承诺的酬金，因为乙归还首饰时未提出此项要求

C. 甲有义务支付乙的保管费用，但没有义务支付承诺的酬金

D. 甲有义务支付承诺的酬金，因为悬赏广告对甲具有法律约束力

［答案］D

［考点］**悬赏广告**

［解析］《民法典》第499条规定："悬赏人以公开方式声明对完成特定行为的人支付报酬的，完成该行为的人可以请求其支付。"乙拾得首饰并归还给甲，故有权要求甲按照悬赏广告支付报酬，D选项正确，其他选项错误。

二、主观题

（2011－非法学－60－案例）2007年11月4日，甲不慎将皮包遗失，包内装有刚购买的附有发票的相机一部和已经使用半年的笔记本电脑一台。乙拾得该皮包后，将相机卖给了旧货商店；电脑在不久后丢失，被丙拾得。2007年12月2日，丁从旧货商店以市价购得此相机。甲于2007年12月20日得知相机下落。

甲丢包后，曾于2007年11月8日在当地报纸

上刊登寻物启事，称：若有人将自己遗失的物品归还，酬金1000元。2007年12月1日，丙依寻物启事找到甲。

根据上述案情，请回答：

（1）甲是否有义务向丙支付寻物启事中许诺的酬金？请说明理由。

（2）如果甲未在寻物启事中许诺酬金，丙是否有权要求甲支付报酬？请说明理由。

（3）甲是否有权要求丁返还相机？如果有，则要求返还的条件是什么？请说明理由。

［参考答案］

（1）有义务。根据《民法典》的规定，权利人悬赏寻找遗失物的，领取遗失物时应当按照承诺履行义务。丙是拾得人，有权请求甲支付寻物启事中许诺的酬金。

【法律依据】《民法典》第317条第1款规定："权利人领取遗失物时，应当向拾得人或者有关部门支付保管遗失物等支出的必要费用。"第2款规定："权利人悬赏寻找遗失物的，领取遗失物时应当按照承诺履行义务。"

《民法典》第499条规定："悬赏人以公开方式声明对完成特定行为的人支付报酬的，完成该行为的人可以请求其支付。"

（2）无权。根据我国《民法典》规定，权利人领取遗失物时，应当向拾得人或者有关部门支付保管遗失物等支出的必要费用，但无报酬请求权，除非权利人悬赏寻找遗失物承诺支付报酬。

（3）有权。甲须在2009年12月20日前，请求丁返还相机，且须支付丁的购买价款。根据《民法典》的规定，该相机是遗失物，丁不能善意取得。权利人甲有权在知道或者应当知道受让人之日起2年内请求返还遗失物，但是受让人通过拍卖或者向有经营资格的经营者购得遗失物的，应当向其支付所付费用。

【法律依据】《民法典》第312条规定："所有权人或者其他权利人有权追回遗失物。该遗失物通过转让被他人占有的，权利人有权向无处分权人请求损害赔偿，或者自知道或者应当知道受让人之日起二年内向受让人请求返还原物；但是，受让人通过拍卖或者向具有经营资格的经营者购得该遗失物的，权利人请求返还原物时应当支付受让人所付的费用。权利人向受让人支付所付费用后，有权向无处分权人追偿。"

三、2023年度重点预测

要约、承诺的构成要件；要约的法律效力；要约和要约邀请的区别；悬赏广告；承诺的效力；合同成立的时间和地点等，这些都是基础考点。2022年大纲对强制缔约有文字修改，须理解。

第二节　格式条款与缔约过失责任

一、客观题

1. 甲倒车将甲母撞伤，保险公司称保险合同中有条款约定"对于被保险车辆造成被保险人或者经允许的驾驶人及其亲属伤亡的，保险公司不承担保险责任"。保险公司未就该条款作特别提示，甲可以主张该条款〔　　〕。（2022-单-回忆版）

A. 无效

B. 效力未定

C. 可撤销

D. 不成为合同内容

［答案］D

［考点］**格式条款**

［解析］《民法典》第496条第2款规定："采用格式条款订立合同的，提供格式条款的一方应当遵循公平原则确定当事人之间的权利和义务，并采取合理的方式提示对方注意免除或者减轻其责任等与对方有重大利害关系的条款，按照对方的要求，对该条款予以说明。提供格式条款的一方未履行提示或者说明义务，致使对方没有注意或者理解与其有重大利害关系的条款的，对方可以主张该条款不成为合同的内容。"保险公司未就该条款作特别提示，致使甲没有注意或者理解与其有重大利害关系的条款，甲可以主张该条款不成为合同的内容，D选项正确，其他选项错误。

2. 某旅游者与旅行社签订一份由旅行社提供的旅游合同。在该合同履行过程中，旅行社和旅游者对合同中"名胜古迹"含义的理解发生分歧。旅游者认为某建筑属于名胜古迹，旅行社应当安排游览，而旅行社持相反观点。根据《合同法》规定，对此条款的解释应按照〔　　〕。（2009-41-单）

A. 通常理解进行解释

B. 公平原则进行解释

C. 旅游习惯进行解释

D. 对旅行社不利原则进行解释

[答案] 无

[考点] **格式条款的解释**

[解析]《民法典》第498条规定："对格式条款的理解发生争议的，应当按照通常理解予以解释。对格式条款有两种以上解释的，应当作出不利于提供格式条款一方的解释。格式条款和非格式条款不一致的，应当采用非格式条款。"第一步：按照通常理解予以解释；第二步：有两种以上解释的，作出不利于提供格式条款一方的解释；第三步：采用非格式条款。

在该合同履行过程中，旅行社和旅游者对合同中"名胜古迹"含义的理解发生分歧，按照通常理解解释。本案是否有通常理解？根据本案所提供的素材，无法判断。考生须注意，对于意思表示的解释，不能单纯看意思表示的文字，须结合案件具体情形理解。本案并未交代"某建筑"是何种建筑，导致题目无法判断。若是去西安旅游，对于大雁塔是否属于"名胜古迹"发生争议，按照通常理解予以解释，大雁塔是名胜古迹。但是，如果是对于一个很受旅客欢迎的现代建筑物，旅行社认为不是名胜古迹（不是古迹），旅游者认为是名胜古迹（名胜），则出现两种以上解释，应当作出不利于格式条款提供方旅行社的解释，属于名胜古迹。故本题没有答案。

二、主观题

1.（2016－非法学－58－法条分析）我国原《合同法》第39条第1款（《民法典》第496条第2款）规定："采用格式条款订立合同的，提供格式条款的一方应当遵循公平原则确定当事人之间的权利和义务，并采取合理的方式提示对方注意免除或者减轻其责任等与对方有重大利害关系的条款，按照对方的要求，对该条款予以说明。提供格式条款的一方未履行提示或者说明义务，致使对方没有注意或者理解与其有重大利害关系的条款的，对方可以主张该条款不成为合同的内容。"

请分析：

（1）何谓格式条款？

（2）提供格式条款的一方负有哪些法定义务？

（3）"采取合理的方式"应如何认定？

[参考答案]

（1）格式条款是当事人为了重复使用而预先拟定，并在订立合同时未与对方协商的条款。

（2）提供格式条款一方有以下三大义务：一是公平拟约义务，即应当遵循公平原则确定当事人之间的权利和义务；二是提示义务，即采取合理的方式提示对方注意免除或者减轻其责任等与对方有重大利害关系的条款；三是说明义务，即按照对方的要求，对该条款予以说明。

（3）提供格式条款的一方对格式条款中免除或者限制其责任的内容，在合同订立时采用足以引起对方注意的文字、符号、字体等特别标识，并按照对方的要求对该格式条款予以说明的，应当认定为"采取合理的方式"。

2.（2021－非法学－58－案例分析）2020年7月10日，甲、乙签订书面合同，约定：甲在8月12日前向乙交付70台设备，货到付款；合同自双方盖章时成立。后乙欲将购买的设备转售，遂在7月15日询问甲能否按时发货，甲答复称："没问题，盖章后就发货。"乙于是与丙签订了70台设备的买卖合同，约定乙在8月16日向丙交货。

7月20日，甲发现设备库存不足，故未在合同书上盖章，并通知乙只能交付60台设备，乙无奈同意。7月31日，甲将60台设备交付给乙。8月8日，因价格上涨，甲以合同不成立为由要求乙返还已交付的设备，被乙拒绝。

为按时向丙交货，乙在8月10日以市价购买了10台同型号设备，连同甲交付的60台设备一并交给丙。事后，乙请求甲赔偿未交付10台设备给自己造成的损失。

请根据上述材料，回答下列问题并说明理由：

（1）甲、乙在7月10日签订的买卖合同是否成立？

（2）甲是否有权请求乙返还60台设备？

（3）乙是否有权请求甲赔偿未交付10台设备所造成的损失？

[参考答案]

（1）不成立。甲、乙之间约定合同自双方盖章时成立，但是甲并未盖章，故合同不成立。

[解析] 本题属于民事法律行为效力判断题，

须掌握要约、承诺等合同订立的一般程序。

（2）无权。甲通知乙只能交付 60 台设备的意思表示构成要约，乙的同意构成承诺，双方之间成立 60 台设备的买卖合同。现设备已经交付，甲丧失所有权，故甲无权请求乙返还 60 台设备。

［解析］本题属于权利归属判断题及权利行使判断题的结合。因买卖合同成立生效且完成交付，发生物权变动，故甲丧失所有权，不能主张返还原物请求权。

（3）有权。甲的答复使乙产生合理信赖，乙基于此信赖与丙签订合同，后甲未按答复出售该 10 台设备，致乙信赖利益损失，甲应承担缔约过失责任。

［解析］本题属于责任承担判断题，须掌握缔约过失责任的构成要件。

三、2023 年度重点预测

缔约过失责任的构成要件和类型，是考试重点。无效的格式条款，须掌握简答题。

PART 03

第三章　合同的效力

一、客观题

甲开车上班，在停车入库时剐蹭到乙的汽车。为赶时间，甲留下电话号码后离开。后乙联系到甲，双方协商约定甲赔偿800元。后来乙修车花费1000元。甲、乙之间的约定〔　　〕。(2022-单-回忆版)

A. 成立并有效

B. 因重大误解效力未定

C. 因显示公平可撤销

D. 因是口头约定而无效

[答案] A

[考点] 合同订立

[解析]《民法典》第143条规定："具备下列条件的民事法律行为有效：(一) 行为人具有相应的民事行为能力；(二) 意思表示真实；(三) 不违反法律、行政法规的强制性规定，不违背公序良俗。"可见，该约定有效，A选项正确，其他选项错误。

二、2023年度重点预测

合同的效力，按照民事法律行为的效力进行复习，动产多重买卖为超纲考点，须理解。

PART 04

第四章　合同的履行

第一节　合同履行的规则

一、客观题

1. 情势变更主要体现了以下哪些原则〔　　〕。(2022-多-回忆版)

A. 自愿原则

B. 公序良俗原则

C. 平等原则

D. 公平原则

[答案] AD

[考点] **情势变更**

[解析]《民法典》第533条第1款规定："合同成立后，合同的基础条件发生了当事人在订立合同时无法预见的、不属于商业风险的重大变化，继续履行合同对于当事人一方明显不公平的，受不利影响的当事人可以与对方重新协商；在合理期限内协商不成的，当事人可以请求人民法院或者仲裁机构变更或者解除合同。"重新协商，体现自愿原则，A选项正确。《民法典》第533条第2款规定："人民法院或者仲裁机构应当结合案件的实际情况，根据公平原则变更或者解除合同。"根据公平原则变更或者解除合同，体现公平原则，D选项正确。

2. 甲公司与乙公司签订一份货物买卖合同，但未约定货物价格。在乙公司交货时，双方就货物价格发生争议，且未能达成补充协议，也无法按照合同条款或者交易习惯加以确定。根据《合同法》规定，货物的价格应〔　　〕。(2014-非法学-33-单)

A. 依订立合同时甲公司营业地的市场价格确定

B. 依订立合同时履行地的市场价格确定

C. 依履行合同时乙公司营业地的市场价格确定

D. 依履行合同时履行地的市场价格确定

[答案] B

[考点] **合同漏洞填补**

[解析]《民法典》第511条规定："当事人就有关合同内容约定不明确，依据前条规定仍不能确定的，适用下列规定：……（二）价款或者报酬不明确的，按照订立合同时履行地的市场价格履行；依法应当执行政府定价或者政府指导价的，依照规定履行……"货物的价格应依订立合同时履行地的市场价格确定，B选项正确，其他选项错误。

二、主观题

试论情事变更原则。(2011-法学-36-论述)

[参考答案] 情势变更，是指合同依法成立以后，非归因于当事人双方的原因，作为合同赖以成立的基础或环境的客观事实发生变更，使得继续维持合同的效力显失公平或者不能实现合同目的，遭受不利影响的一方当事人可以请求法院或仲裁机关予以变更或解除的规则。

（1）适用条件：

合同成立后，合同的基础条件发生了当事人在订立合同时无法预见的、不属于商业风险的重大变化：

①物价异常上涨；

②汇率大幅度变化；

③国家政策出现重大调整。

（2）情势变更发生在合同成立后，履行完毕前。

（3）情势变更不属于正常商业风险。我国民法典并未将不可抗力排斥于情势变更范畴之外，不可抗力也属于情势变更的一种情形。

（4）当事人在订立合同时无法预见。

（5）情势变更使继续履行原合同对一方当事人明显不公平。

法律效果：

（1）受不利影响的当事人可以与对方重新协商；

（2）在合理期限内协商不成的，当事人可以请求人民法院或者仲裁机构变更或者解除合同；

（3）人民法院或者仲裁机构应当结合案件的实际情况，根据公平原则变更或者解除合同。

三、2023年度重点预测

合同履行的一般规则：遵循诚信规则、保护生态环境规则、全面履行规则。合同漏洞填补是客观题的考点。电子合同在提交订单成功时成立，其交付时间是民法典新增，掌握。

第二节 双务合同履行中的抗辩权

一、客观题

1. 甲、乙签订买卖合同，约定：甲于9月30日交货，乙于10月5日付款。9月30日甲得知乙经营状况严重恶化，遂通知乙暂不交货。甲行使的是〔　　〕。（2019-非法学-39-单）

A. 先诉抗辩权

B. 不安抗辩权

C. 先履行抗辩权

D. 同时履行抗辩权

［答案］B

［考点］**不安抗辩权**

［解析］《民法典》第527条第1款规定："应当先履行债务的当事人，有确切证据证明对方有下列情形之一的，可以中止履行：（一）经营状况严重恶化；（二）转移财产、抽逃资金，以逃避债务；（三）丧失商业信誉；（四）有丧失或者可能丧失履行债务能力的其他情形。"第2款规定："当事人没有确切证据中止履行的，应当承担违约责任。"甲得知乙经营状况严重恶化，遂通知乙暂不交货，行使的是不安抗辩权，B选项正确，其他选项错误。

2. 依据合同法的规定，双务合同履行中的抗辩权包括〔　　〕。（2011-非法学-31-单）

A. 同时履行抗辩权、先履行抗辩权和不安抗辩权

B. 同时履行抗辩权、先履行抗辩权和先诉抗辩权

C. 后履行抗辩权、合同无效抗辩权和不安抗辩权

D. 后履行抗辩权、合同消灭抗辩权和先诉抗辩权

［答案］A

［考点］**履行抗辩权**

［解析］双务合同中的履行抗辩权包括同时履行抗辩权、先履行抗辩权和不安抗辩权，A选项正确，其他选项错误。先诉抗辩权是一般保证人的权利。

二、主观题

简述不安抗辩权的构成要件。（2014-非法学-简答）

［参考答案］不安抗辩权是指先履行一方在有确切证据证明后履行一方有丧失或者可能丧失履行债务能力的情况下，可暂时中止履行的权利。构成要件：

（1）当事人基于同一双务合同互负债务。

（2）主张不安抗辩权的一方应当先履行债务且其债务已届清偿期。

（3）应当先履行一方有确切证据证明对方具有届时不能或不会作出对待给付的情形，包括：

①经营状况严重恶化；

②转移财产、抽逃资金，以逃避债务的；

③丧失商业信誉；

④有丧失或者可能丧失履行债务能力的其他情形。

三、2023年度重点预测

双务合同履行中的抗辩权：同时履行抗辩权、先履行抗辩权、不安抗辩权，其构成要件和法律效果，经常考查客观题，也须注意主观题。

PART 05

第五章　合同的保全

一、客观题

1. 甲欠乙5万元逾期不还。乙要求甲马上偿还，否则起诉。甲遂将自己仅有的财产一辆市价5万的车以4万卖给知情的丙。后被乙得知，对于甲丙之间的买卖合同，正确的是〔　　〕。(2019-非法学-34-单)

A. 乙有权以书面通知方式撤销

B. 乙得知一年后不再享有撤销权

C. 乙有权请求确认无效

D. 乙无权撤销

[答案] D

[考点] **债权人撤销权**

[解析]《民法典》第539条规定："债务人以明显不合理的低价转让财产、以明显不合理的高价受让他人财产或者为他人的债务提供担保，影响债权人的债权实现，债务人的相对人知道或者应当知道该情形的，债权人可以请求人民法院撤销债务人的行为。"转让价格达不到交易时交易地的指导价或者市场交易价70%的，一般可以视为明显不合理的低价；对收购价格高于当地指导价或者市场交易价30%的，一般可以视为明显不合理的高价。甲将自己仅有的财产市价5万元的车以4万元卖给知情的丙，并非"明显不合理的低价"，因此乙无权撤销，A、B、C选项错误，D选项正确。

2. 对债务人实施的下列行为，债权人可以行使撤销权的是〔　　〕。(2014-法学-16-单)

A. 收养子女导致其偿还债务困难

B. 放弃继承权导致其财产未增加

C. 以市场交易价72%的价格转让财产对债权人造成损害，且受让人知道该情形

D. 以市场交易价135%的价格购入财产对债权人造成损害，且出让人知道该情形

[答案] D

[考点] **债权人撤销权**

[解析]《民法典》第538条规定："债务人以放弃其债权、放弃债权担保、无偿转让财产等方式无偿处分财产权益，或者恶意延长其到期债权的履行期限，影响债权人的债权实现的，债权人可以请求人民法院撤销债务人的行为。"《民法典》第539条规定："债务人以明显不合理的低价转让财产、以明显不合理的高价受让他人财产或者为他人的债务提供担保，影响债权人的债权实现，债务人的相对人知道或者应当知道该情形的，债权人可以请求人民法院撤销债务人的行为。"债权人可以行使撤销权的行为须为财产行为，身份行为不能撤销，故A选项错误。债权人撤销权的规范目的是防止债务人的财产不正当减少，放弃继承权并非债务人财产的不正当减少，故B选项错误。转让价格达不到交易时交易地的指导价或者市场交易价70%的，一般可以视为明显不合理的低价；对收购价格高于当地指导价或者市场交易价30%的，一般可以视为明显不合理的高价。可见，C选项错误，D选项正确。

3. 甲对乙享有债权，乙对丙享有债权。因乙未清偿到期债务，甲欲行使代位权。甲提起代位权诉讼应具备的条件包括〔　　〕。(2014-非法学-49-多)

A. 乙对丙的债权合法

B. 乙对丙的债权已经到期

C. 乙对丙的债权不属于专属性债权

D. 乙对丙未提起诉讼或者申请仲裁

[答案] ABCD

[考点] **债权人代位权**

[解析]《民法典》第535条第1款规定："因债务人怠于行使其债权或者与该债权有关的从

权利，影响债权人的到期债权实现的，债权人可以向人民法院请求以自己的名义代位行使债务人对相对人的权利，但是该权利专属于债务人自身的除外。”债权人代位权的构成要件：（1）债权人对债务人的债权合法；（2）债务人对第三人（相对人）享有到期债权；（3）债务人怠于行使其债权或者与该债权有关的从权利而影响债权人的到期债权实现（债务人对相对人未起诉或者未申请仲裁，构成“怠于”）；（4）债务人对相对人的债权为非专属性权利和可以强制执行的权利。可见，本题答案是ABCD。

二、2023年度重点预测

债权人代位权和撤销权，民法典均有新内容，掌握其构成要件及法律效果。

PART 06

第六章　合同的变更和转让

一、客观题

1. 甲与某影视公司签订合同，约定甲两年内完成一部电视剧剧本，影视公司支付稿酬 50 万元。后甲将请求支付稿酬的权利转让给乙。甲请求支付稿酬的权利〔　　〕。（2021－非法学－25－单）（2021－法学－15－单）

A. 经影视公司同意才可以转让

B. 依合同性质不得转让

C. 在转让通知到达影视公司时发生转让

D. 在转让合同生效时发生转让

［答案］ D

［考点］ **债权让与**

［解析］【考点 1：债权让与的对内效力】《民法典》第 545 条第 1 款规定："债权人可以将债权的全部或者部分转让给第三人，但是有下列情形之一的除外：（一）根据债权性质不得转让；（二）按照当事人约定不得转让；（三）依照法律规定不得转让。"第 2 款规定："当事人约定非金钱债权不得转让的，不得对抗善意第三人。当事人约定金钱债权不得转让的，不得对抗第三人。"甲将请求支付稿酬的权利转让给乙，不属于不能转让的情形。债权让与合同生效，产生债权转让的后果，故 B 选项错误，D 选项正确。债权让与无须债务人同意，故 A 选项错误。

【考点 2：债权让与的对外效力】《民法典》第 546 条第 1 款规定："债权人转让债权，未通知债务人的，该转让对债务人不发生效力。"第 2 款规定："债权转让的通知不得撤销，但是经受让人同意的除外。"通知债务人，债权转让对债务人发生效力，故 C 选项错误。

2. 甲公司与乙幼儿园签订空气净化器买卖合同，约定：净化器的 PM2.5 去除率应达到 95%，验收合格后付款。后乙幼儿园经甲公司同意将合同转让给丙幼儿园，丙幼儿园验收时，发现 PM2.5 去除率远未达到合同约定的标准。对此，下列说法正确的是〔　　〕。（2018－非法学－49－多）（2018－法学－29－多）

A. 丙幼儿园有权解除买卖合同

B. 丙幼儿园可以对甲公司行使先履行抗辩权

C. 丙幼儿园可以请求乙幼儿园承担违约责任

D. 乙幼儿园与丙幼儿园之间的转让合同有效

［答案］ ABD

［考点］ **债权债务的概括移转**

［解析］【考点 1：债权债务的概括移转】《民法典》第 555 条规定："当事人一方经对方同意，可以将自己在合同中的权利和义务一并转让给第三人。"《民法典》第 556 条规定："合同的权利和义务一并转让的，适用债权转让、债务转移的有关规定。"乙幼儿园经甲公司同意将合同转让给丙幼儿园，丙幼儿园成为合同当事人，D 选项正确。

【考点 2：合同解除】《民法典》第 563 条第 1 款规定："有下列情形之一的，当事人可以解除合同：（一）因不可抗力致使不能实现合同目的；（二）在履行期限届满前，当事人一方明确表示或者以自己的行为表明不履行主要债务；（三）当事人一方迟延履行主要债务，经催告后在合理期限内仍未履行；（四）当事人一方迟延履行债务或者有其他违约行为致使不能实现合同目的；（五）法律规定的其他情形。"PM2.5 去除率远未达到合同约定的标准，不能实现合同目的，故丙幼儿园有权解除买卖合同，A 选项正确。

【考点 3：先履行抗辩权】《民法典》第 526 条规定："当事人互负债务，有先后履行顺序，应当先履行债务一方未履行的，后履行一方有权拒绝其履行请求。先履行一方履行债务不符合约定的，后履行一方有权拒绝其相应的履行请求。"甲公司应当先履行，丙公司后付款。甲公司的履行不符合约定，丙公司有权主张先履行抗辩权，故B选项正确。

【考点4：合同相对性】《民法典》第577条规定："当事人一方不履行合同义务或者履行合同义务不符合约定的，应当承担继续履行、采取补救措施或者赔偿损失等违约责任。"违约责任有相对性，丙幼儿园可以请求甲公司承担违约责任，故C选项错误。

3. 下列权利中，可以转让的是〔 〕。(2012-非法学-29-单)

A. 劳动报酬请求权

B. 人身损害赔偿请求权

C. 支付租金请求权

D. 近亲属间的扶养请求权

[答案] C

[考点] **债权让与**

[解析]《民法典》第545条第1款规定："债权人可以将债权的全部或者部分转让给第三人，但是有下列情形之一的除外：(一) 根据债权性质不得转让；(二) 按照当事人约定不得转让；(三) 依照法律规定不得转让。"劳动报酬请求权、人身损害赔偿请求权、近亲属间的扶养请求权，具有人身专属性，不可以转让，C选项正确，其他选项错误。

二、主观题

试论债权让与。(2020-法学-36-论述)

[参考答案] 债权让与，是指在不改变债的内容的前提下，债权人与第三人订立合同将其债权移转给第三人享有。其中债权人称为让与人，第三人称为受让人。

(1) 构成要件：存在有效的债权；让与人即原债权人与第三人达成合意且不违反法律规定；债权具有可让与性。

(2) 对内效力：债权让与的对内效力即债权让与发生于让与人及受让人之间的效力主要有：转让协议一经生效，受让人取得让与人转让的债权；受让人取得与债权有关的从权利，但该从权利专属于债权人自身的除外；转让协议生效后，让与人应将所有证明债权的文件交给受让人，并将有关行使债权的必要情况告知受让人，以便其能够完全行使债权；让与人对让与的债权负权利瑕疵担保责任。

(3) 对外效力：债权让与的对外效力即转让协议对于债务人的效力。在让与通知到达债务人后，债权让与对债务人的效力主要有：向受让人履行债务；向受让人主张抗辩；向受让人主张抵销权；因债权转让增加的履行费用，由让与人负担。

[解析] 立法热点题。民法典立法中对债权让与的运用特别多，如连带之债、代为清偿、保理、应收账款质押等，都运用着债权让与的规则，所以2020年考查债权让与。

三、2023年度重点预测

合同变更是内容的变更，须当事人协商一致；合同转让是主体的转让，包括：债权让与、债务承担、债权债务的概括移转。三大合同转让制度的构成要件及法律效果须理解，特别是债权让与、债务承担与担保责任的关系。

PART 07

第七章　合同权利义务的终止

第一节　合同解除

一、客观题

甲将住房出租给乙。签订合同前乙来看房，发现室内有很浓的装修气味。甲告诉乙，开开窗，过几天味道就没了。乙住了两个月后，气味依然很浓。经检测，该房屋有害气体严重超标。对此，乙〔　　〕。(2015-非法学-33-单)

A. 无权主张任何权利

B. 有权解除合同

C. 有权请求确认合同无效

D. 有权要求甲承担侵权责任

[答案] B

[考点] **合同解除**

[解析] 《民法典》第563条第1款规定："有下列情形之一的，当事人可以解除合同：(一) 因不可抗力致使不能实现合同目的；(二) 在履行期限届满前，当事人一方明确表示或者以自己的行为表明不履行主要债务；(三) 当事人一方迟延履行主要债务，经催告后在合理期限内仍未履行；(四) 当事人一方迟延履行债务或者有其他违约行为致使不能实现合同目的；(五) 法律规定的其他情形。"经检测，该房屋有害气体严重超标，不能实现合同目的，乙有权解除合同，B选项正确，A选项错误。本案没有合同无效的事由，C选项错误。本案并未侵犯人身权或者财产权，故D选项错误。

二、主观题

(2013-非法学-60-案例分析) 2010年3月15日，甲与乙达成买卖协议，约定甲向乙出售孤本线装古书一套（该套书分为上中下三卷），价款15万元，双方应于同年8月9日同时履行。2010年5月30日，甲在搬家过程中不慎将该套书的中卷本丢失。

甲第二天在报纸上刊登寻物启事，称归还此书者可得酬金5000元。丙拾得此书后看到该寻物启事，于6月6日找到甲欲归还此书，同时要求甲给付酬金。因甲不愿支付酬金，二人产生争执，丙遂将书带回家。2010年8月9日，甲向乙提出，因自己与丙之间的纠纷未解决，无法交付整套书籍，故主张解除合同。乙不同意。

根据上述案情，请回答以下问题并分别说明理由：

(1) 甲是否有权单方解除合同？

(2) 丙是否有权拒绝归还此书？

(3) 丙在何种情况下有权要求甲支付悬赏广告中的酬金？

(4) 乙是否有权请求丙交付该套书的中卷本？

[参考答案]

(1) 无权。甲作为中卷本古书的所有权人，有权请求丙返还古书再交付给乙，合同目的仍可实现，不符合单方解除合同的条件，故甲无权单方解除合同。

【法律依据】《民法典》第563条第1款规定："有下列情形之一的，当事人可以解除合同：(一) 因不可抗力致使不能实现合同目的；(二) 在履行期限届满前，当事人一方明确表示或者以自己的行为表明不履行主要债务；(三) 当事人一方迟延履行主要债务，经催告后在合理期限内仍未履行；(四) 当事人一方迟延履行债务或者有其他违约行为致使不能实现合同目的；(五) 法律规定的其他情形。"

(2) 无权。根据《民法典》的规定，丙拾得遗失物，应当返还原物，故丙无权拒绝归还此书。

【法律依据】《民法典》第314条规定："拾得遗失物，应当返还权利人。拾得人应当及时通知权利人领取，或者送交公安等有关部门。"

（3）丙归还该书后有权请求甲支付酬金。根据《民法典》规定，悬赏人以公开方式声明对完成特定行为的人支付报酬的，完成该行为的人可以请求其支付。因此，行为人丙只有在特定行为完成时，才有权要求悬赏人支付报酬。

【法律依据】《民法典》第317条第2款规定："权利人悬赏寻找遗失物的，领取遗失物时应当按照承诺履行义务。"《民法典》第499条规定："悬赏人以公开方式声明对完成特定行为的人支付报酬的，完成该行为的人可以请求其支付。"

（4）无权。甲、乙有合同关系，丙并非买卖合同当事人。根据合同相对性，乙只对甲享有债权，请求甲交付，而不能向合同之外的第三人丙请求交付该套书的中卷本。

三、2023年度重点预测

民法典对合同解除有新规则。法定解除的具体情形是全题型的考点，理解记忆。合同解除的时间点，民法典新增，客观题须注意。合同解除的法律效果须掌握简答题和案例分析题。

第二节　清偿、抵销、提存、免除与混同

一、客观题

1. 甲请同事吃饭，结账时发现没带钱，遂请好友乙帮忙买单，乙碍于情面付款。后乙要求甲偿还，甲拒绝。乙的付款行为属于〔　　〕。（2019-非法学-27-单）（2019-法学-17-单）

A. 赠与　　B. 代为清偿

C. 无因管理　　D. 情谊行为

［答案］B

［考点］**代为清偿**

［解析］《民法典》第524条第1款规定："债务人不履行债务，第三人对履行该债务具有合法利益的，第三人有权向债权人代为履行；但是，根据债务性质、按照当事人约定或者依照法律规定只能由债务人履行的除外。"第2款规定："债权人接受第三人履行后，其对债务人的债权转让给第三人，但是债务人和第三人另有约定的除外。"甲请好友乙帮忙买单，乙代为清偿债务，属于《民法典》第524条所规定的代为清偿，B选项正确，其他选项错误。

2. 甲公司欠乙公司货款50万元，乙公司欠甲公司租金50万元，后甲公司被乙公司兼并，甲公司与乙公司之间的债的消灭的原因是〔　　〕。（2018-非法学-26-单）（2018-法学-16-单）

A. 混同　　B. 免除

C. 抵销　　D. 清偿

［答案］A

［考点］**混同**

［解析］《民法典》第576条规定："债权和债务同归于一人的，债权债务终止，但是损害第三人利益的除外。"混同，是同一债权之债权、债务同归一人，从而导致债权债务消灭的事实。混同无须以任何人的意思表示为成立要件，故属于法律事实中的事件。乙公司把甲公司兼并，债权和债务同归于一个主体，属于混同，甲公司与乙公司之间的债消灭，A选项正确，其他选项错误。

3. 下列情形中，当事人可以提存的有〔　　〕。（2013-法学-28-多）

A. 货运合同中，收货人无正当理由拒绝受领货物

B. 仓储合同中，经催告存货人逾期仍不提取仓储物

C. 承揽合同中，定作人因定作物质量不合格逾期拒不受领

D. 行纪合同中，委托物不能卖出，经催告委托人仍不取回该物

［答案］ABD

［考点］**提存**

［解析］《民法典》第570条规定："有下列情形之一，难以履行债务的，债务人可以将标的物提存：（一）债权人无正当理由拒绝受领；（二）债权人下落不明；（三）债权人死亡未确定继承人、遗产管理人，或者丧失民事行为能力未确定监护人；（四）法律规定的其他情形。"A、B、D选项正确。承揽合同中，定作人因定作物质量不合格逾期拒不受领，定作人作为债权人有正当理由不受领，故C选项错误。

4. 下列关于债的提存的说法中，符合我国民法典规定的是〔　　〕。(2013-非法学-32-单)

A. 债权人无正当理由拒绝受领标的物是提存的条件之一

B. 提存物在提存期间产生的孳息归提存人所有

C. 债权人超过法定期限不领取提存物，提存物归债务人所有

D. 提存期间，提存物毁损灭失的风险由提存机关承担

［答案］A

［考点］**提存**

［解析］【考点 1：提存的要件】《民法典》第 570 条第 1 款规定："有下列情形之一，难以履行债务的，债务人可以将标的物提存：(一) 债权人无正当理由拒绝受领；(二) 债权人下落不明；(三) 债权人死亡未确定继承人、遗产管理人，或者丧失民事行为能力未确定监护人；(四) 法律规定的其他情形。"债权人无正当理由拒绝受领标的物是提存的条件之一，A 选项正确。

【考点 2：提存物孳息归属及风险负担】《民法典》第 573 条规定："标的物提存后，毁损、灭失的风险由债权人承担。提存期间，标的物的孳息归债权人所有。提存费用由债权人负担。"提存物在提存期间产生的孳息归债权人所有，B 选项错误。提存期间，提存物毁损灭失的风险由债权人承担，D 选项错误。

【考点 3：提存物归属】《民法典》第 574 条第 2 款规定："债权人领取提存物的权利，自提存之日起五年内不行使而消灭，提存物扣除提存费用后归国家所有。但是，债权人未履行对债务人的到期债务，或者债权人向提存部门书面表示放弃领取提存物权利的，债务人负担提存费用后有权取回提存物。"债权人超过法定期限不领取提存物，提存物归国家所有，故 C 选项错误。

5. 甲、乙互负债务，根据民法典的规定，双方债务法定抵销的条件包括〔　　〕。(2012-非法学-49-单)

A. 双方协商一致

B. 双方所负债务数额相等

C. 双方的给付为同种类、同品质

D. 双方的债务均届清偿期

［答案］C

［考点］**法定抵销**

［解析］【考点 1：法定抵销】《民法典》第 568 条第 1 款规定："当事人互负债务，该债务的标的物种类、品质相同的，任何一方可以将自己的债务与对方的到期债务抵销；但是，根据债务性质、按照当事人约定或者依照法律规定不得抵销的除外。"双方的给付为同种类、同品质，属于法定抵销的条件，C 选项正确。"任何一方可以将自己的债务与对方的到期债务抵销"，主动债权到期即可抵销，无须双方的债务均届清偿期，故 D 选项错误。该选项当年是根据原《合同法》所给的答案，应当修改。双方所负债务数额无须相等，故 B 选项错误。

【考点 2：意定抵销】《民法典》第 569 条规定："当事人互负债务，标的物种类、品质不相同的，经协商一致，也可以抵销。"因此，双方协商一致是意定抵销的要件，A 选项错误。

三、2023 年度重点预测

掌握代物清偿、代为清偿、法定抵销、提存的构成要件及法律效果。免除和混同 2022 年大纲做了文字修改，理解。

PART 08
第八章　违约责任

一、客观题

1. 某网店打折促销某型号的扫地机器人，甲看见后购买了10台并付款，之后该网站以库存不足为由拒绝发货，该网站〔　　〕。（2022-单-回忆版）

A. 不承担民事责任

B. 应承担违约责任

C. 应承担缔约过失责任

D. 应承担违反预约合同责任

［答案］B

［考点］**违约责任**

［解析］《民法典》第491条第2款规定："当事人一方通过互联网等信息网络发布的商品或者服务信息符合要约条件的，对方选择该商品或者服务并提交订单成功时合同成立，但是当事人另有约定的除外。"《民法典》第577条规定："当事人一方不履行合同义务或者履行合同义务不符合约定的，应当承担继续履行、采取补救措施或者赔偿损失等违约责任。"违约责任的归责原则是无过错责任（严格责任）。扫地机器人买卖合同成立生效，网站以库存不足为由拒绝发货，仍须承担违约责任。

2. 在合同履行期限届满前，当事人一方以自己的行为表明不履行主要债务的，该行为〔　　〕。（2014-法学-14-单）

A. 构成预期违约

B. 构成实际违约

C. 不构成违约

D. 只在履行期限届满后才构成违约

［答案］A

［考点］**预期违约**

［解析］《民法典》第563条第1款规定："有下列情形之一的，当事人可以解除合同：（一）因不可抗力致使不能实现合同目的；（二）在履行期限届满前，当事人一方明确表示或者以自己的行为表明不履行主要债务；（三）当事人一方迟延履行主要债务，经催告后在合理期限内仍未履行；（四）当事人一方迟延履行债务或者有其他违约行为致使不能实现合同目的；（五）法律规定的其他情形。"在履行期限届满前，当事人一方明确表示或者以自己的行为表明不履行主要债务，属于预期违约，合同履行期限届满后违约，构成实际违约，A选项正确，其他选项错误。

3. 甲购买乙的房屋一套。签约当天，甲支付了全部房款，乙将房屋交付给甲。几天后甲开始装修房屋。在装修过程中，乙通知甲立即停止装修，因房屋已卖给丙并办理了过户登记手续。根据法律规定，乙向甲承担违约责任的方式包括〔　　〕。（2011-法学-27-多）

A. 返还房款

B. 继续履行

C. 赔偿装修费用

D. 赔偿因房价上涨造成的损失

［答案］ACD

［考点］**违约责任**

［解析］【考点1：合同解除】《民法典》第563条第1款规定："有下列情形之一的，当事人可以解除合同：（一）因不可抗力致使不能实现合同目的；（二）在履行期限届满前，当事人一方明确表示或者以自己的行为表明不履行主要债务；（三）当事人一方迟延履行主要债务，经催告后在合理期限内仍未履行；（四）当事人一方迟延履行债务或者有其他违约行为致使不能实现合同目的；（五）法律规定的其他情形。"第2款规定："以持续履行的债务为内容的不定期合同，当事人可以随时解除合同，但是应当在合理期限之前通知

对方。”房屋已卖给丙并办理了过户登记手续，合同目的不能实现，甲有权解除合同。

【考点 2：违约责任】《民法典》第 566 条第 1 款规定：“合同解除后，尚未履行的，终止履行；已经履行的，根据履行情况和合同性质，当事人可以请求恢复原状或者采取其他补救措施，并有权请求赔偿损失。”第 2 款规定：“合同因违约解除的，解除权人可以请求违约方承担违约责任，但是当事人另有约定的除外。”因此，合同解除后，甲有权请求乙返还房款，赔偿装修费用，不能再主张继续履行。A、C 选项正确，B 选项错误。《民法典》第 584 条规定：“当事人一方不履行合同义务或者履行合同义务不符合约定，造成对方损失的，损失赔偿额应当相当于因违约所造成的损失，包括合同履行后可以获得的利益；但是，不得超过违约一方订立合同时预见到或者应当预见到的因违约可能造成的损失。”故甲有权请求乙赔偿因房价上涨造成的损失，D 选项正确。

4. 根据法律规定，定金的种类包括（　　）。(2011-非法学-48-多)

A. 立约定金

B. 解约定金

C. 违约定金

D. 守约定金

[答案] ABC

[考点] **定金**

[解析]《民法典》第 587 条规定：“债务人履行债务的，定金应当抵作价款或者收回。给付定金的一方不履行债务或者履行债务不符合约定，致使不能实现合同目的的，无权请求返还定金；收受定金的一方不履行债务或者履行债务不符合约定，致使不能实现合同目的的，应当双倍返还定金。”定金有立约定金、解约定金、违约定金的分类，A、B、C 选项正确，D 选项错误。

二、主观题

(2021-法学-38-案例分析) 2018 年 8 月 25 日，A 公司给 B 公司发去电子邮件：求购 1000 个 V 型芯片，单价为 1000 元。8 月 30 日，A 公司与 C 公司签订买卖合同，约定 A 公司向 C 公司提供 1000 个 V 型芯片，价款 120 万元，交货日期为 9 月 30 日。合同签订后，C 公司依约向 A 公司交付定金 10 万元。

2018 年 9 月 5 日，B 公司给 A 公司发来 600 个芯片，同时说明只能供应 600 个，A 公司收货并支付了 600 个芯片的货款。后 A 公司要求 B 公司交付剩余的 400 个芯片，B 公司以无此义务为由拒绝。

2018 年 9 月 20 日，A 公司将 600 个芯片交付给 C 公司，表示剩余 400 个芯片无货可供，愿意为此承担违约责任，并请 C 公司自行寻找货源，但 C 公司仍坚持要求 A 公司供货。C 公司苦等几个月无望，不得已从市场购进 400 个芯片，此时芯片价格上涨，C 公司比合同价款多支出 15 万元。

请根据上述材料，回答下列问题并说明理由：

(1) A 公司与 B 公司之间的买卖合同何时成立？

(2) B 公司是否有权拒绝交付剩余的 400 个芯片？

(3) C 公司是否有权请求 A 公司对 10 万元定金双倍返还？

(4) C 公司是否有权请求 A 公司赔偿 15 万元的损失？

[参考答案]

(1) A 公司收货并支付了 600 个芯片的货款时买卖合同成立。A 公司给 B 公司发去电子邮件求购 1000 个 V 型芯片是要约，2018 年 9 月 5 日，B 公司给 A 公司发来 600 个芯片，同时说明只能供应 600 个，对要约作出了实质性变更，是新要约；A 公司收货并支付货款属于承诺，合同成立。

【法律依据】《民法典》第 488 条规定：“承诺的内容应当与要约的内容一致。受要约人对要约的内容作出实质性变更的，为新要约。有关合同标的、数量、质量、价款或者报酬、履行期限、履行地点和方式、违约责任和解决争议方法等的变更，是对要约内容的实质性变更。”

(2) 有权。因为 A 公司、B 公司之间成立的是 600 个芯片的买卖合同，B 公司已经完成交付义务，有权拒绝交付 400 个芯片。

(3) 无权。A 公司、C 公司签订 1000 个芯片的买卖合同。A 公司将 600 个芯片交付给 C 公司，剩下的 400 个芯片无法交货，应当按照比例适用定金罚则。

（4）无权。A公司构成违约，但表示剩余400个芯片无货可供，愿意为此承担违约责任，并请C公司自行寻找货源。C公司应当采取适当措施防止损失扩大。C公司几个月后才去采购芯片，没有采取适当措施防止损失扩大，对扩大部分不能请求赔偿。

【法律依据】《民法典》第591条第1款规定："当事人一方违约后，对方应当采取适当措施防止损失的扩大；没有采取适当措施致使损失扩大的，不得就扩大的损失请求赔偿。"第2款规定："当事人因防止损失扩大而支出的合理费用，由违约方负担。"

三、2023年度重点预测

违约责任的承担方式：继续履行、赔偿损失、违约金、采取补救措施、定金。违约责任的构成要件及免责事由。

PART 01
第一章　转移财产权的合同

第一节　买卖合同

一、客观题

1. 甲将自己的房屋赠与好友乙，已交付但未办理过户登记。一年后，甲因急需资金，将该房卖给丙并办理了过户登记，同时约定在丙付清全款前，甲保留房屋所有权。对此，下列选项正确的是〔　　〕。(2020-非法学-29-单)（2020-法学-19-单）

A. 甲仍享有房屋所有权

B. 乙继受取得房屋所有权

C. 丙善意取得房屋所有权

D. 丙继受取得房屋所有权

[答案] D

[考点] **保留所有权买卖、物权变动**

[解析]【考点1：赠与合同】甲将自己的房屋赠与好友乙，已交付但未办理过户登记。《民法典》第208条规定："不动产物权的设立、变更、转让和消灭，应当依照法律规定登记。动产物权的设立和转让，应当依照法律规定交付。"因未办理过户登记，乙尚未取得房屋的所有权，甲仍为房屋的所有权人，B选项错误。

【考点2：保留所有权买卖】《民法典》第641条第1款规定："当事人可以在买卖合同中约定买受人未履行支付价款或者其他义务的，标的物的所有权属于出卖人。"《买卖合同解释》第25条第1款规定："买卖合同当事人主张民法典第六百四十一条关于标的物所有权保留的规定适用于不动产的，人民法院不予支持。"所有权保留买卖不适用于不动产买卖，甲有权处分，将该房卖给丙并办理了过户登记，丙继受取得该房屋的所有权，D选项正确，A、C选项错误。

2. 甲委托乙公司将一批货物运往A地。后甲将运输途中的货物卖给丙，双方对风险的承担没有约定。甲、丙签订买卖合同后，该批货物毁损、灭失的风险〔　　〕。(2020-非法学-34-单)

A. 自买卖合同成立时起由丙承担

B. 自货物交付给乙公司时起由丙承担

C. 自货物运抵A地时起由丙承担

D. 自货款付清时起由丙承担

[答案] A

[考点] **风险负担**

[解析]《民法典》第606条规定："出卖人出卖交由承运人运输的在途标的物，除当事人另有约定外，毁损、灭失的风险自合同成立时起由买受人承担。"甲将运输途中的货物卖给丙，属于在途货物买卖，合同成立时风险移转，A选项正确，其他选项错误。

3. 甲公司与乙公司签订一设备买卖合同，约定甲公司保留设备所有权直至乙公司付清货款为止。乙公司未付清货款便将该设备转卖给丙公司，但未交货。后乙公司又将该设备以市价转让并交付给不知情的丁公司。本案中的设备所有权应属于〔　　〕。(2014-非法学-30-单)

A. 甲公司　　B. 乙公司

C. 丙公司　　D. 丁公司

[答案] D

[考点] **保留所有权买卖**

[解析]【考点1：保留所有权买卖】《民法典》第641条第1款规定："当事人可以在买卖合同中约定买受人未履行支付价款或者其他义务的，标的物的所有权属于出卖人。"第2款规定："出卖人对标的物保留的所有权，未经登记，不得对抗善意第三人。"甲公司与乙公司签订一设备买卖

合同，约定甲公司保留设备所有权直至乙公司付清货款为止，乙公司未付清货款，尚未取得所有权。

【考点 2：善意取得】乙公司未付清货款便将该设备转卖给丙公司，属于无权处分，但未完成交付，不符合《民法典》第 311 条善意取得的构成要件，丙不能取得所有权。乙公司又将该设备以市价转让并交付给不知情的丁公司，符合《民法典》第 311 条善意取得的构成要件，丁善意取得所有权。故 D 选项正确，其他选项错误。

二、主观题

1.（2018-非法学-案例分析-58）2014 年 5 月 15 日，甲公司与乙公司签订买卖合同，约定：甲公司从乙公司购进 5 台空调、2 个冰柜。货款总计 60000 元，从 2014 年 10 月起分四期按月支付，每期支付 15000 元。

2014 年 5 月 20 日，乙公司将合同约定的货物全部交给甲公司。5 月 27 日，赵某为甲公司安装空调，期间，赵某不慎将工具掉到楼下，将行人钱某砸伤。经查，赵某系丙公司派遣到乙公司的安装工人，且丙公司在派遣前对赵某进行了培训。

2014 年 10 月，甲公司支付了第一期货款 15000 元，后一直未支付第二期货款。

请根据以上材料，回答下列问题并说明理由：

（1）本案中的买卖合同是否属于分期付款买卖？

（2）乙公司是否有权解除与甲公司签订的买卖合同？

（3）钱某的损害应当由谁承担赔偿责任？

［参考答案］

（1）属于分期付款买卖合同。分期付款买卖合同是指双方当事人约定，买受人于一定期限内分批支付价款的买卖。在分期付款买卖中，买受人将应付的总价款在一定期间内至少分三次向出卖人支付。本题中，甲公司与乙公司签订买卖合同，甲公司分四次支付总价款，因此是分期付款买卖合同。

［解析］本题是合同类型判断题。分期付款买卖须分三期以上。再者提醒考生，分期付款买卖合同适用于动产、不动产买卖；保留所有权买卖合同仅适用于动产买卖。

（2）乙公司有权解除与甲公司签订的买卖合同。分期付款的买受人未支付到期价款的金额达到全部价款的五分之一的，经催告后的合理期限内仍未支付，出卖人可以要求买受人支付全部价款或者解除合同。甲公司在支付第一笔货款之后，未支付第二批货款，此时，甲公司未支付的货款已经达到了全部价款的五分之一，乙公司可以催告，合理期限内仍不支付，乙公司有权要求甲公司支付全部价款或者解除合同。

［解析］本题为权利行使判断题，理解分期付款买卖合同出卖人的解除权。

（3）钱某的损害赔偿应该由乙公司承担。劳务派遣期间，被派遣的工作人员因执行工作任务造成他人损害的，由接受劳务派遣的用工单位承担侵权责任；劳务派遣单位有过错的，承担相应的责任。本题中，乙公司是赵某的用工单位，丙公司是赵某的派遣单位，丙公司在派遣前对赵某进行了培训，因此不存在过错。钱某的损害赔偿应当由用工单位乙公司承担。

［解析］本题属于责任承担的判断题，理解劳务派遣致人损害责任。劳务派遣单位的责任承担由原来的补充责任修改为相应的责任（按份责任）。

2.（2017-非法学-60-案例）甲因出国工作，将自己的宠物犬寄养在朋友乙家。2015 年 5 月 2 日，乙擅自决定将该犬卖给同事丙，乙、丙二人约定：宠物犬价格为 5 万元，2015 年 8 月 30 日双方同时交付。

丙为按时向乙付款，于 2015 年 8 月 20 日向丁借款 3 万元，以自己的一辆汽车抵押，双方签订了书面抵押合同但未办理抵押登记。2015 年 8 月 23 日甲提前回国，从乙处取回宠物犬。2015 年 8 月 31 日丙以乙不能履行为由通知乙解除合同。

请根据上述材料，回答下列问题并说明理由：

（1）乙、丙之间的买卖合同效力如何？

（2）丁对丙的汽车是否享有抵押权？

（3）丙是否有权解除与乙之间的买卖合同？

［参考答案］

（1）有效。甲将宠物犬寄养在乙家，乙擅自处分出卖给丙，构成无权处分。乙、丙有相应民事行为能力、意思表示真实，不违反法律、行政法规的强制性规定，不违背公序良俗，故该合同有效。

【法律依据】《民法典》第 597 条第 1 款规定：“因出卖人未取得处分权致使标的物所有权不能转移的，买受人可以解除合同并请求出卖人承担违约责任。”

《民法典》第 143 条规定：“具备下列条件的民事法律行为有效：（一）行为人具有相应的民事行为能力；（二）意思表示真实；（三）不违反法律、行政法规的强制性规定，不违背公序良俗。”

（2）丁对丙的汽车享有抵押权。根据《民法典》的规定，动产抵押权在抵押合同生效时设立，登记产生对抗效力。双方签订了书面抵押合同，故抵押权设立，丁对丙的汽车享有抵押权。

【法律依据】《民法典》第 403 条规定：“以动产抵押的，抵押权自抵押合同生效时设立；未经登记，不得对抗善意第三人。”

（3）有权。2015 年 8 月 23 日，甲从乙处取回宠物犬，乙不能履行，合同目的不能实现，故丙有权解除与乙之间的买卖合同。

【法律依据】《民法典》第 563 条第 1 款规定：“有下列情形之一的，当事人可以解除合同：（一）因不可抗力致使不能实现合同目的；（二）在履行期限届满前，当事人一方明确表示或者以自己的行为表明不履行主要债务；（三）当事人一方迟延履行主要债务，经催告后在合理期限内仍未履行；（四）当事人一方迟延履行债务或者有其他违约行为致使不能实现合同目的；（五）法律规定的其他情形。”

3.（2014-非法学-60-案例）2013 年 5 月 10 日，某家具行与某贸易公司达成买卖 10 套仿古红木家具的协议，约定双方在合同书上盖章后合同成立，但未约定家具的质量标准。家具行盖章后，将合同书寄给贸易公司盖章。贸易公司未盖章，即将 10 套仿古红木家具发运给家具行。家具行收到家具的当天，将家具卖给某宾馆。一周后，宾馆因购得的家具多处开裂而退货。经有关部门鉴定，该批家具质量未达国家标准。

2013 年 7 月 10 日，家具行以家具质量不合格为由向贸易公司提出退货，贸易公司要求就此事进行协商，双方协商未果。家具行要求贸易公司承担违约责任，遭拒绝。贸易公司的理由为：第一，本公司至今未在合同书上盖章，合同尚未成立，故不构成违约；第二，双方未约定家具质量标准，也未达成补充协议，不能认定家具质量不合格。

在家具行要求退货的第三天，家具行的仓库因雷电起火，存放在那里的 10 套仿古红木家具全部被烧毁。

根据上述案情，请回答：

（1）贸易公司的第一个理由是否成立？为什么？

（2）贸易公司的第二个理由是否成立？为什么？

（3）家具被烧毁的损失应由谁承担？为什么？

［参考答案］

（1）不成立。根据《民法典》第 490 条的规定，当事人采用合同书形式订立合同的，自当事人均签名、盖章或者按指印时合同成立。在签名、盖章或者按指印之前，当事人一方已经履行主要义务，对方接受时，该合同成立。家具行盖章后，将合同书寄给贸易公司盖章。贸易公司未盖章，即将 10 套仿古红木家具发运给家具行，已经履行主要义务，对方接受，故合同成立。

【法律依据】《民法典》第 490 条规定：“当事人采用合同书形式订立合同的，自当事人均签名、盖章或者按指印时合同成立。在签名、盖章或者按指印之前，当事人一方已经履行主要义务，对方接受时，该合同成立。”

（2）不成立。根据《民法典》第 511 条的规定：“当事人就有关合同内容约定不明确，依据前条规定仍不能确定的，适用下列规定：（一）质量要求不明确的，按照强制性国家标准履行；没有强制性国家标准的，按照推荐性国家标准履行；没有推荐性国家标准的，按照行业标准履行；没有国家标准、行业标准的，按照通常标准或者符合合同目的的特定标准履行……”经有关部门鉴定，该批家具质量未达国家标准。

（3）家具被烧毁的损失应由贸易公司承担。根据《民法典》第 610 条的规定，因标的物不符合质量要求，致使不能实现合同目的的，买受人可以拒绝接受标的物或者解除合同。买受人拒绝接受标的物或者解除合同的，标的物毁损、灭失的风险由出卖人承担。本案中家具行以家具质量不合格为由向贸易公司提出退货，即解除合同，故家具被烧毁的损失应由出卖人贸易公司承担。

【法律依据】《民法典》第 610 条规定："因标的物不符合质量要求，致使不能实现合同目的的，买受人可以拒绝接受标的物或者解除合同。买受人拒绝接受标的物或者解除合同的，标的物毁损、灭失的风险由出卖人承担。"

三、2023 年度重点预测

买卖合同恒为重点。理解并记忆买卖合同的风险负担规则、买卖合同的解除。民法典新增保留所有权买卖，修改分期付款买卖。试用买卖和凭样品买卖考查比较少，近几年须注意。

第二节　赠与合同

一、客观题

1. 在受赠人请求履行时，赠与人可以不再履行赠与义务的情形是〔　　〕。（2021－非法学－23－单）（2021－法学－13－单）

A. 受赠人严重侵害赠与人近亲属的合法权益

B. 赠与人的经济状况显著恶化，严重影响其生产经营

C. 赠与某贫困山区小学电脑，但尚未交付

D. 受赠人不履行赠与合同约定的义务

［答案］B

［考点］**赠与人的穷困抗辩权**

［解析］【考点 1：赠与人的穷困抗辩权】《民法典》第 666 条规定："赠与人的经济状况显著恶化，严重影响其生产经营或者家庭生活的，可以不再履行赠与义务。"赠与人的经济状况显著恶化，严重影响其生产经营，可以主张穷困抗辩权，不再履行赠与义务，所以 B 选项正确。

【考点 2：赠与人的法定撤销权】《民法典》第 663 条第 1 款规定："受赠人有下列情形之一的，赠与人可以撤销赠与：（一）严重侵害赠与人或者赠与人近亲属的合法权益；（二）对赠与人有扶养义务而不履行；（三）不履行赠与合同约定的义务。"第 2 款规定："赠与人的撤销权，自知道或者应当知道撤销事由之日起一年内行使。"受赠人严重侵害赠与人近亲属的合法权益，受赠人不履行赠与合同约定的义务，赠与人可以主张法定撤销权，请求返还财产，而不是不再履行赠与义务，A 选项、D 选项错误。

【考点 3：赠与人任意撤销权的例外规则】《民法典》第 658 条第 1 款规定："赠与人在赠与财产的权利转移之前可以撤销赠与。"第 2 款规定："经过公证的赠与合同或者依法不得撤销的具有救灾、扶贫、助残等公益、道德义务性质的赠与合同，不适用前款规定。"赠与某贫困山区小学电脑，但尚未交付，属于公益、道德义务性质，赠与人没有任意撤销权，仍须继续履行，C 选项错误。注：《民法典》对赠与人的任意撤销权作了细微变化，增加了"依法不得撤销"，意味着并非所有的救灾、扶贫、助残等公益、道德义务性质的赠与合同都不得任意撤销，须法律规定不得任意撤销。根据《慈善法》的规定主要包括：第一，捐赠人通过广播、电视、报刊、互联网等媒体公开承诺捐赠的；第二，捐赠财产用于扶贫、济困；扶老、救孤、恤病、助残、优抚；救助自然灾害、事故灾难和公共卫生事件等突发事件造成的损害的慈善活动，并签订书面捐赠协议的。故 C 选项若明确签订书面捐赠协议则更严谨。

2. 甲恋爱期间送给女友乙一枚钻戒，后二人因性格不合分手，2 年后甲欲要回钻戒。甲〔　　〕。（2015－法学－11－单）

A. 有权要求乙返还，因为赠与合同可撤销

B. 无权要求乙返还，因为赠与物已经交付

C. 无权要求乙返还，因为已超过诉讼时效

D. 有权要求乙返还，因为赠与钻戒属于情谊行为

［答案］B

［考点］**赠与合同**

［解析］【考点 1：情谊行为】甲送给女友乙一枚钻戒，属于赠与合同，不是情谊行为，D 选项错误。

【考点 2：法定撤销权】《民法典》第 663 条第 1 款规定："受赠人有下列情形之一的，赠与人可以撤销赠与：（一）严重侵害赠与人或者赠与人近亲属的合法权益；（二）对赠与人有扶养义务而不履行；（三）不履行赠与合同约定的义务。"钻戒已经交付，甲丧失任意撤销权，也没有符合《民法典》第 663 条第 1 款规定的法定撤销的情形，故甲无权要求乙返还，B 选项正确，A、C 选项错误。

3. 甲向某电脑公司购买一批电脑送给母校。甲指示电脑公司将电脑交给学校，并将订货情况通知了学校。后电脑公司委托某快递公司将电脑运至学校，运输过程中两台电脑毁坏。下列选项中，正确的是〔　　〕。（2015-非法学-32-单）

A. 甲有权要求电脑公司承担违约责任

B. 甲有权要求快递公司承担违约责任

C. 学校有权要求电脑公司承担侵权责任

D. 学校有权要求快递公司承担侵权责任

[答案] A

[考点] **赠与合同、物权变动**

[解析]【考点 1：物权变动】甲、电脑公司签订电脑买卖合同；甲、母校签订电脑赠与合同。甲、电脑公司约定在学校完成交付，交付完成后才发生物权变动。电脑公司委托某快递公司送货，运输过程中将电脑毁坏，尚未完成交付，物权并未移转，该批电脑的所有权人仍为电脑公司。学校不是电脑的所有权人，故无权请求电脑公司或者快递公司承担侵权责任，C、D 选项错误。

【考点 2：合同相对性】《民法典》第 593 条规定："当事人一方因第三人的原因造成违约的，应当依法向对方承担违约责任。当事人一方和第三人之间的纠纷，依照法律规定或者按照约定处理。"电脑公司交付的电脑有两台毁坏，须对买受人甲承担违约责任，A 选项正确。甲与快递公司之间没有合同关系，无权请求快递公司承担违约责任，B 选项错误。

二、主观题

简述赠与人可以行使法定撤销权的事由。（2019-非法学-54-简答）（2019-法学-34-简答）

[参考答案] 赠与财产的权利移转之后，赠与人即丧失了任意撤销合同的权利；即使是不得任意撤销的赠与合同，只要符合法定撤销的条件，也可法定撤销。法定撤销事由：

（1）严重侵害赠与人或者赠与人近亲属的合法权益；

（2）对赠与人有扶养义务而不履行；

（3）不履行赠与合同约定的义务。

三、2023 年度重点预测

赠与合同是双方行为、单务行为。掌握赠与人的任意撤销权、法定撤销权和穷困抗辩权。

第三节　借款合同

一、客观题

1. 银行与自然人之间的借款合同属于〔　　〕。（2020-非法学-33-单）

A. 实践性合同

B. 有偿合同

C. 从合同

D. 单务合同

[答案] B

[考点] **金融借款合同**

[解析]《民法典》第 679 条规定："自然人之间的借款合同，自贷款人提供借款时成立。"自然人之间借款除当事人另有约定或法律另有规定外，借款合同一般为要式合同、有偿合同、诺成合同，B 选项正确。金融借款合同是诺成合同，A 选项错误。金融借款合同是主合同、双务合同，C、D 选项错误。

2. 下列选项中，属于实践性合同的是〔　　〕。（2014-法学-17-单）

A. 融资租赁合同

B. 建设工程合同

C. 自然人之间的借款合同

D. 技术开发合同

[答案] C

[考点] **实践合同**

[解析]《民法典》第 679 条规定："自然人之间的借款合同，自贷款人提供借款时成立。"属于实践合同，C 选项正确，其他选项错误。

3. 金鑫公司与某银行签订一借款合同，双方约定：银行为金鑫公司提供 150 万元贷款，分两笔发放；金鑫公司应按照约定的用途使用贷款。第一笔贷款发放后，金鑫公司未按照约定使用贷款。银行有权〔　　〕。（2012-法学-28-多）

A. 解除借款合同

B. 提高贷款利率

C. 提前收回贷款

D. 停止发放第二笔贷款

［答案］ ACD

［考点］ **借款合同**

［解析］《民法典》第 673 条规定："借款人未按照约定的借款用途使用借款的，贷款人可以停止发放借款、提前收回借款或者解除合同。" 可见，A、C、D 选项正确，B 选项错误。

三、 2023 年度重点预测

借款合同一般结合担保合同进行考查。民间借贷合同虽然有部分考点超纲，也须理解。

第四节　租赁合同

一、 客观题

甲将房屋出租给乙，租期 5 年。半年后，甲通知乙欲出售该房屋，20 天内乙未表态，甲遂将该房屋卖给丙，并办理了过户登记。乙有权〔　　〕。(2017-非法学-33-单)（2017-法学-17-单）

A. 主张甲、丙之间的买卖合同无效

B. 要求甲承担违约责任

C. 主张租赁合同对丙继续有效

D. 主张优先购买权

［答案］ C

［考点］ **买卖不破租赁**

［解析］【考点 1：承租人的优先购买权】《民法典》第 726 条第 1 款规定："出租人出卖租赁房屋的，应当在出卖之前的合理期限内通知承租人，承租人享有以同等条件优先购买的权利；但是，房屋按份共有人行使优先购买权或者出租人将房屋出卖给近亲属的除外。" 第 2 款规定："出租人履行通知义务后，承租人在十五日内未明确表示购买的，视为承租人放弃优先购买权。" 甲通知承租人乙欲出售该房屋，20 天内乙未表态，乙丧失优先购买权，故 D 选项错误。

【考点 2：侵犯承租人优先购买权的买卖合同效力】《民法典》第 728 条规定："出租人未通知承租人或者有其他妨害承租人行使优先购买权情形的，承租人可以请求出租人承担赔偿责任。但是，出租人与第三人订立的房屋买卖合同的效力不受影响。" 可见，A 选项错误。

【考点 3：买卖不破租赁】《民法典》第 725 条规定："租赁物在承租人按照租赁合同占有期限内发生所有权变动的，不影响租赁合同的效力。" 因此，乙有权主张租赁合同对丙继续有效，不能要求甲承担违约责任，C 选项正确，B 选项错误。

二、 主观题

（2020-非法学-58-案例分析）甲、乙合伙开办健身中心，二人在 2014 年 12 月 1 日约定：甲以健身场地出资，乙以现金 80 万元出资，合伙期限为 2015 年 1 月 1 日至 2019 年 12 月 31 日，利润双方平分。协议签订后，甲为提供健身场地，以个人名义租赁了丙的经营性用房，租期为 2015 年 1 月 1 日起五年，每年年底支付当年租金 15 万元。租赁期间，甲在该房屋的入口处安装了两个摄像头，但未告知丙。

2018 年 1 月初，甲因病去世。乙向丙请求按照原租赁合同租赁该房屋，丙拒绝。甲去世时，2017 年的房租尚未支付。

请根据上述材料，回答下列问题并说明理由：

（1）丙发现甲安装摄像头后，有权向甲提出何种请求？

（2）甲死亡后，乙是否有权请求按照原租赁合同租赁该房屋？

（3）乙是否有义务支付甲欠付的租金？

［参考答案］

（1）丙有权请求甲恢复原状或者赔偿损失。根据《民法典》的规定，承租人未经出租人同意，对租赁物进行改善或者增设他物的，出租人可以请求承租人恢复原状或者赔偿损失。

【法律依据】《民法典》第 715 条第 1 款规定："承租人经出租人同意，可以对租赁物进行改善或者增设他物。" 第 2 款规定："承租人未经出租人同意，对租赁物进行改善或者增设他物的，出租人可以请求承租人恢复原状或者赔偿损失。"

（2）有权。根据《民法典》第 732 条的规定，承租人在房屋租赁期限内死亡的，与其生前共同居住的人或者共同经营人可以按照原租赁合同租赁该房屋。乙是共同经营人，有权请求按照原租赁合同租赁该房屋。

（3）无义务。甲以个人名义租赁了丙的经营性用房，根据合同相对性，乙只能请求甲支付租金。甲以所租赁的房屋出资，欠付的租金属于甲的个人债务，不是合伙债务。

三、2023 年度重点预测

理解租赁权的物权化、合法转租和非法转租、房屋承租人的优先购买权。

第五节　融资租赁合同

一、客观题

1. A 公司急需机床，因资金不足与 B 公司签订合同，约定：B 公司按照 A 公司的要求向 C 厂购买 10 台机床出租给 A 公司，由 C 厂向 A 公司交付机床；租金 800 万元，每年年末 A 公司向 B 公司支付 80 万元；租赁期届满时，机床的所有权归 A 公司。该合同为〔　　〕。（2021－非法学－38－单）

A. 融资租赁合同

B. 借款合同

C. 租赁合同

D. 所有权保留的买卖合同

［答案］A

［考点］**融资租赁合同**

［解析］【考点 1：融资租赁合同的认定】《民法典》第 735 条规定："融资租赁合同是出租人根据承租人对出卖人、租赁物的选择，向出卖人购买租赁物，提供给承租人使用，承租人支付租金的合同。"《融资租赁合同纠纷解释》第 1 条规定："人民法院应当根据民法典第七百三十五条的规定，结合标的物的性质、价值、租金的构成以及当事人的合同权利和义务，对是否构成融资租赁法律关系作出认定。"第 2 款规定："对名为融资租赁合同，但实际不构成融资租赁法律关系的，人民法院应按照其实际构成的法律关系处理。"本案属于融资租赁合同关系，故 A 选项正确，其他选项错误。

【考点 2：融资租赁合同标的物所有权归属】《民法典》第 757 条规定："出租人和承租人可以约定租赁期限届满租赁物的归属；对租赁物的归属没有约定或者约定不明确，依据本法第五百一十条的规定仍不能确定的，租赁物的所有权归出租人。"租赁期限届满租赁物的归属，可以由当事人约定，本案约定归承租人 A 公司所有，有效。

2. 下列有关租赁合同与融资租赁合同异同的表述，不正确的是〔　　〕。(2011－非法学－40－单)

A. 租赁合同与融资租赁合同的标的物均属于非消耗物

B. 租赁合同与融资租赁合同均属于双务、有偿、诺成、要式合同

C. 租赁合同对出租人资格没有限制，融资租赁合同中的出租人须具备法定资格

D. 租赁合同的租金为使用租赁物的代价，融资租赁合同中的租金为融资的代价

［答案］B

［考点］**融资租赁合同**

［解析］租赁合同与融资租赁合同的标的物均属于非消耗物，A 选项说法正确，不选。租赁合同是不要式合同，融资租赁合同是要式合同，B 选项说法错误，当选。租赁合同对出租人资格没有限制，融资租赁合同中的出租人须具备法定资格，C 选项说法正确，不选。租赁合同的租金为使用租赁物的代价，融资租赁合同中的租金为融资的代价，D 选项说法正确，不选。

三、2023 年度重点预测

融资租赁合同当事人的权利义务，注意。租赁物的归属民法典有新增，大纲也相应新增，注意。

PART 02

第二章 完成工作成果的合同

第一节 承揽合同

一、主观题

(2017-法学-案例分析-38) 2014 年 6 月 27 日，甲公司与乙公司签订《模具加工合同》，约定：甲公司委托乙公司加工 3 个模具，编号分别为模具 1 号、模具 2 号、模具 3 号，总价款 100 万元；乙公司应于 2014 年 8 月 20 日前交付模具；甲公司应在合同签订之日交付定金 30 万元，于模具交付之日起 3 个月内付清全部价款。合同签订当日，甲公司依约交付定金 30 万元。

乙公司将 3 个模具加工完毕后，按照甲公司的通知，于 2014 年 8 月 17 日将 1 号模具、2 号模具分别交付给甲公司下属的 A 公司、B 公司。因甲公司在另一笔业务中尚欠乙公司 30 万元货款，乙公司留置了价值 20 万元的 3 号模具。

2014 年 9 月 17 日，甲公司以乙公司未交付 3 个模具构成严重违约为由，通知乙公司解除合同。

请根据上述材料，回答下列问题：

(1) 甲公司与乙公司签订的是何种有名合同？

(2) 定金条款效力如何？为什么？

(3) 乙公司是否可以行使留置权？为什么？

(4) 甲公司是否有权解除合同？为什么？

[参考答案]

(1) 承揽合同。承揽合同是承揽人按照定作人的要求完成工作，交付工作成果，定作人给付报酬的合同。承揽包括加工、定作、修理、复制、测试、检验等工作。本案是加工承揽合同。

[解析] 本题是合同类型判断题。建议写出合同名称，并把合同概念道出。

(2) 部分有效，部分无效。定金的数额不得超过主合同标的额的 20%，故 30 万元定金中 20 万元的部分有效，10 万元的部分无效。

[解析] 本题为民事法律行为效力判断题，掌握定金的效力。

(3) 可以。虽然乙公司留置 3 号模具并非基于承揽合同，而是基于另一笔债权，但乙公司留置该模具属于企业之间的留置，企业之间的留置不限于同一法律关系，故乙公司可行使留置权。

[解析] 本题属于权利行使判断题，理解商事留置权不需要属于同一法律关系。

(4) 无权。乙公司已按照甲公司的要求交付 1 号模具、2 号模具，未交付 3 号模具有合法理由，乙公司未违约，故甲公司无权解除合同。且模具加工完毕，定作人并无任意解除权。

[解析] 本题是权利行使判断题，考查承揽合同的解除权。定作人的任意解除权的行使须在完成工作前，民法典修改，请注意。

二、2023 年度重点预测

理解定作人和承揽人的解除权、承揽人的留置权和抗辩权。

第二节 建设工程合同

一、客观题

某建筑队借用 A 建筑公司的资质，以 A 建筑公司的名义与 B 公司签订了建设工程施工合同。该施工合同的效力为〔 〕。(2021-非法学-37-单)

A. 有效　　B. 可撤销

C. 无效　　D. 效力待定

[答案] C

[考点] 无效的建设工程合同

[解析]《建设工程施工合同解释（一）》第 1 条第 1 款规定：“建设工程施工合同具有下列情形之一的，应当依据民法典第一百五十三条第一

款的规定，认定无效：(一）承包人未取得建筑业企业资质或者超越资质等级的；(二）没有资质的实际施工人借用有资质的建筑施工企业名义的；(三）建设工程必须进行招标而未招标或者中标无效的。”第 2 款规定：“承包人因转包、违法分包建设工程与他人签订的建设工程施工合同，应当依据民法典第一百五十三条第一款及第七百九十一条第二款、第三款的规定，认定无效。”本案中，某建筑队借用 A 建筑公司的资质，以 A 建筑公司的名义与 B 公司签订了建设工程施工合同，属于挂靠，故建设工程施工合同无效，C 选项正确，其他选项错误。

无效的建设工程合同总结：(1）转包合同。(2）违法分包合同。①将主体工程分包；②将工程支解后分包；③分包人再度分包；④分包给无相应资质的承包人。(3）承包人无资质。承包人超越资质等级许可的业务范围签订建设工程施工合同，在建设工程竣工前取得相应资质等级，合同有效。(4）挂靠。没有资质的实际施工人借用有资质的建筑施工企业名义的。缺乏资质的单位或者个人借用有资质的建筑施工企业名义签订建设工程施工合同，发包人有权请求出借方与借用方对建设工程质量不合格等因出借资质造成的损失承担连带赔偿责任。(5）强制招标。建设工程必须进行招标而未招标或者中标无效。(6）未取得建设工程规划许可证。①发包人未取得建设工程规划许可证等规划审批手续，建设工程施工合同无效，但发包人在起诉前取得建设工程规划许可证等规划审批手续的除外。②发包人能够办理审批手续而未办理，并以未办理审批手续为由请求确认建设工程施工合同无效的，人民法院不予支持。

二、主观题

(2019-非法学-法条分析-56)《中华人民共和国合同法》第 286 条规定：

发包人未按照约定支付价款的，承包人可以催告发包人在合理期限内支付价款。发包人逾期不支付的，除按照建设工程的性质不宜折价、拍卖的以外，承包人可以与发包人协议将该工程折价，也可以申请人民法院将该工程依法拍卖。建设工程的价款就该工程折价或者拍卖的价款优先受偿。

请分析：

(1）该条所规定的“建设工程的价款”的范围是什么？

(2）该条所规定的承包人行使优先受偿权的期限是多长？从何时起算？

(3）如建设工程抵押给银行，银行与承包人均主张优先受偿，如何处理？

[参考答案]

(1）建设工程价款包括承包人为建设工程应当支付的工作人员报酬、材料款等实际支出的费用，不包括承包人就逾期支付建设工程价款的利息、违约金、损害赔偿金等。

[解析] 名词解释题。掌握建设工程价款的范围。

(2）承包人应当在合理期限内行使建设工程价款优先受偿权，但最长不得超过 18 个月，自发包人应当给付建设工程价款之日起算。

[解析] 制度理解题。建设工程价款优先受偿权的行使期限。

(3）建设工程的承包人的优先受偿权优于抵押权和其他债权。

[解析] 制度理解题。建设工程价款优先受偿权属于优先权，优先于抵押权和其他债权。

三、2023 年度重点预测

客观题注意建设工程合同无效的事由及法律后果、建设工程承包人的优先受偿权。

PART 03

第三章　提供劳务的合同

第一节　运输合同

一、客观题

1. 甲、乙、丙、丁一家四口乘坐某客运公司的客车去旅游。甲购买了全票，乙购买了优待票，丙购买了半票，丁免票。因司机疲劳驾驶发生交通事故，全车旅客受伤。下列人员中，有权请求客运公司赔偿的有〔　　〕。（2020-非法学-48-多）（2020-法学-28-多）

A. 甲　　B. 乙

C. 丙　　D. 丁

[答案] ABCD

[考点] **客运合同**

[解析]《民法典》第 823 条第 1 款规定："承运人应当对运输过程中旅客的伤亡承担赔偿责任；但是，伤亡是旅客自身健康原因造成的或者承运人证明伤亡是旅客故意、重大过失造成的除外。"第 2 款规定："前款规定适用于按照规定免票、持优待票或者经承运人许可搭乘的无票旅客。"客运合同中，对于旅客的人身伤害，承运人承担责任的归责原则是无过错责任，故 A、B、C、D 选项正确。

2. 甲公交公司的司机乙为避让闯红灯的行人丙而急刹车，致乘客丁摔倒受重伤。丁的损害应由〔　　〕。（2018-非法学-30-单）（2018-法学-20-单）

A. 甲公司赔偿

B. 甲公司和乙连带赔偿

C. 乙赔偿

D. 甲公司和丙连带赔偿

[答案] A

[考点] **运输合同**

[解析]【考点 1：客运合同】《民法典》第 823 条第 1 款规定："承运人应当对运输过程中旅客的伤亡承担赔偿责任；但是，伤亡是旅客自身健康原因造成的或者承运人证明伤亡是旅客故意、重大过失造成的除外。"第 2 款规定："前款规定适用于按照规定免票、持优待票或者经承运人许可搭乘的无票旅客。"客运合同给旅客造成损害，由承运人承担无过错责任，不管何种原因导致，均由甲公司赔偿，A 选项正确，D 选项错误。

【考点 2：一般侵权责任】《民法典》第 1165 条第 1 款规定："行为人因过错侵害他人民事权益造成损害的，应当承担侵权责任。"本案属于车内人损害，归责原则是过错责任，应由甲公司赔偿，司机乙执行工作任务，不是对外承担责任的主体，故 B、C 选项错误。

【注】涉及客运合同车内人损害，命题者的命题思路有两种：一是合同责任，一是侵权责任。对人身损害，合同责任的归责原则是无过错责任；侵权责任的归责原则是过错责任，请考生注意。

二、主观题

1.（2016-法学-38-案例）2012 年 9 月 5 日，陈某到野狼快递服务部寄一部价值 5000 元的手机，该服务部业务员宋某承接了此笔业务。宋某收取陈某的快递费后，在陈某填写的"飞狐速递运单"上签字确认。3 天后，陈某得知其包裹被宋某卷走，遂要求野狼快递服务部承担违约责任。

经查：该快递运单背面写有客户须知，载明"未保价的寄递包裹丢失或毁损的，不予赔偿"，陈某未办理保价；野狼快递服务部系飞狐速递公司所设的营业网点，对外以飞狐速递公司名义开展快递业务。

请依据上述材料，回答以下问题：

（1）本案中当事人所签运单属于何种有名合同？

（2）“未保价的寄递包裹丢失或毁损的，不予赔偿”的条款效力如何？为什么？

（3）野狼快递服务部是否应当向陈某承担违约责任？为什么？

（4）假设陈某于 2014 年 12 月向人民法院起诉，请求宋某返还手机，宋某以超过诉讼时效期间为由拒绝返还。请问宋某的抗辩理由能否成立？为什么？

[参考答案]

（1）货运合同。货运合同指承运人将货物从起运地点运输到约定地点，托运人或者收货人支付票款或者运输费用的合同。

（2）无效。该条款属格式条款，且其内容是不合理地免除格式条款提供方快递公司的责任，故无效。

【法律依据】《民法典》第 497 条规定：“有下列情形之一的，该格式条款无效：(一) 具有本法第一编第六章第三节和本法第五百零六条规定的无效情形；(二) 提供格式条款一方不合理地免除或者减轻其责任、加重对方责任、限制对方主要权利；（三）提供格式条款一方排除对方主要权利。”

（3）不应当。与陈某签订合同的主体是飞狐速递公司，野狼快递服务部只是其营业网点，故野狼快递服务部不应当承担违约责任。

（4）不成立。因为手机不属于登记的动产，陈某向宋某请求返还手机的请求权，适用 3 年的诉讼时效，诉讼时效期间尚未届满。

2.（2015-法学-38-案例）2013 年 10 月 18 日，甲公司与乙公司签订货物运输合同，双方约定：乙公司以公路运输方式运输甲公司的货物，合同有效期为 1 年。同年 12 月 1 日，甲公司与丙公司签订货物买卖合同，约定在 12 月 10 日前甲公司将货物运交丙公司。12 月 3 日，甲公司将丙公司订购的货物交由乙公司运输，乙公司出具的货物托运单载明：托运人为甲公司，收货人为丙公司。

乙公司收到货物后，委托丁公司将货物运交给丙公司。丁公司将货物运到丙公司所在地后，以乙公司拖欠运费为由扣留货物。经查，乙公司拖欠丁公司运费一事属实。

请根据上述案情，回答下列问题并说明理由：

（1）丙公司是否有权要求丁公司交付货物？

（2）丁公司是否有权对货物行使留置权？

（3）甲公司是否有权要求丁公司承担赔偿责任？

（4）甲公司是否有权解除与乙公司之间的货物运输合同？

[参考答案]

（1）无权。丙公司、丁公司之间并无合同关系，且尚未完成交付，丙公司不是货物的所有权人，根据合同相对性，丙公司无权请求丁公司交付货物，也无权主张返还原物请求权。

（2）有权。甲公司与丙公司签订货物买卖合同，约定在 12 月 10 日前甲公司将货物运交丙公司，尚未完成交付，丙公司并未取得该货物的所有权，甲公司仍为所有权人。丁公司将货物运到丙公司所在地后，乙公司拖欠运费。该货物并非债务人乙所有。根据我国法律规定，留置第三人的财产，不再要求留置权人善意，丁公司基于合法有效的运输合同占有，属于合法占有，有权对货物行使留置权。

【法律依据】《担保制度解释》第 62 条第 1 款规定：“债务人不履行到期债务，债权人因同一法律关系留置合法占有的第三人的动产，并主张就该留置财产优先受偿的，人民法院应予支持。第三人以该留置财产并非债务人的财产为由请求返还的，人民法院不予支持。”本条规定留置第三人动产，不再要求留置权人善意。

（3）无权。因为丁公司有留置权，故甲公司无权要求丁公司承担赔偿责任。

（4）有权。因乙公司的行为导致甲公司不能实现合同目的，故甲公司有权解除货物运输合同。

三、2023 年度重点预测

客运合同中，针对人身损害，承运人的归责原则是无过错责任；如果是随身携带的行李损害，承运人的归责原则是过错责任，如果是托运的行李，归责原则是无过错责任。货运合同中，托运人有任意变更、任意解除权。多式联运合同是 2021 年大纲新增考点。

第二节　保管合同、仓储合同

保管合同是实践合同，仓储合同是诺成合同。寄存人到保管人处从事购物、就餐、住宿等活动，将物品存放在指定场所的，视为保管，但是当事人另有约定或者另有交易习惯的除外。

第三节　委托、行纪、中介及物业服务合同

一、客观题

1. 导游甲带团赴国外旅游，朋友乙委托其代购三块名表，回国时甲代购的名表被海关发现，被罚款。下列选项正确的是〔　　〕。（2019-非法学-30-单）（2019-法学-20-单）

A. 乙应当承担海关罚款

B. 甲有权要求乙分担一半的国际机票费

C. 如手表有质量问题，乙有权向甲退货

D. 甲有权要求乙支付使用甲的信用卡所享受的折扣优惠价

［答案］A

［考点］**委托合同**

［解析］【考点1：委托合同】《民法典》第930条规定："受托人处理委托事务时，因不可归责于自己的事由受到损失的，可以向委托人请求赔偿损失。"甲、乙成立委托合同关系，甲是受托人。回国时甲代购的名表被海关发现，被罚款，因不可归责于甲自己的事由受到损失的，可以向委托人乙请求赔偿损失，乙应当承担海关罚款，故A选项正确。

《民法典》第921条规定："委托人应当预付处理委托事务的费用。受托人为处理委托事务垫付的必要费用，委托人应当偿还该费用并支付利息。"本案中，导游甲赴国外是带团旅游，并非专门处理委托事务购买机票，故B选项错误。

【考点2：合同相对性】《民法典》第162条规定："代理人在代理权限内，以被代理人名义实施的民事法律行为，对被代理人发生效力。"导游甲是乙的代理人，法律效果由乙承担，乙是手表买卖合同的当事人，根据合同相对性，如手表有质量问题，乙应当向出卖方主张权利，故C、D选项错误。

2. 根据以下案情，回答第39、40小题。（2018-非法学-39、40-单）

甲与金科公司约定，甲委托金科公司为自己提供出借人的相关信息，甲在与出借人订立借款合同后向金科公司支付报酬。后根据金科公司提供的信息，甲从创富公司借款36万元并以其房产设定抵押，但一直未办理抵押登记手续。

（1）甲与金科公司之间的约定属于合同法中的〔　　〕。

A. 委托合同

B. 行纪合同

C. 居间合同

D. 技术咨询合同

［答案］C

［考点］**中介合同**

［解析］《民法典》第961条规定："中介合同是中介人向委托人报告订立合同的机会或者提供订立合同的媒介服务，委托人支付报酬的合同。"甲与金科公司约定，甲委托金科公司为自己提供出借人的相关信息，甲在与出借人订立借款合同后向金科公司支付报酬，属于中介合同。《民法典》将原《合同法》的居间合同修改为中介合同，故C选项正确，其他选项错误。

（2）甲与创富公司之间签订的房产抵押合同〔　　〕。

A. 有效　　B. 可撤销

C. 效力待定　　D. 无效

［答案］A

［考点］**区分原则**

［解析］《民法典》第215条规定："当事人之间订立有关设立、变更、转让和消灭不动产物权的合同，除法律另有规定或者当事人另有约定外，自合同成立时生效；未办理物权登记的，不影响合同效力。"甲从创富公司借款36万元并以其房产设定抵押，但一直未办理抵押登记手续。不动产抵押权在登记时设立，但是没有办理抵押登记，不影响抵押合同的效力，故抵押合同仍有效，A选项正确，其他选项错误。

3. 根据我国合同法，下列当事人中，有权随时解除合同的是〔　　〕。（2017-非法学-24-单）

A. 委托人

B. 承揽人

C. 出租人

D. 赠与人

[答案] A

[考点] **任意解除权**

[解析] 【考点 1：委托合同的任意解除权】《民法典》第 933 条规定："委托人或者受托人可以随时解除委托合同。因解除合同造成对方损失的，除不可归责于该当事人的事由外，无偿委托合同的解除方应当赔偿因解除时间不当造成的直接损失，有偿委托合同的解除方应当赔偿对方的直接损失和合同履行后可以获得的利益。"委托合同基于信任产生，双方有任意解除权，故 A 选项正确。

【考点 2：定作人的任意解除权】《民法典》第 787 条规定："定作人在承揽人完成工作前可以随时解除合同，造成承揽人损失的，应当赔偿损失。"定作人有任意解除权，而不是承揽人，故 B 选项错误。

【考点 3：不定期租赁合同的任意解除权】不定期租赁合同，双方有任意解除权，并不是任何情况下出租人都有任意解除权，故 C 选项错误。

【考点 4：赠与人有任意撤销权】《民法典》第 658 条第 1 款规定："赠与人在赠与财产的权利转移之前可以撤销赠与。"赠与人有任意撤销权，不是任意解除权，故 D 选项错误。

4. 戴某委托某置业公司将其一套公寓出售，为此双方签订了合同。置业公司将戴某委托的内容登记在本公司房屋买卖的信息网上。王某看到该信息后，通过置业公司与戴某签订了买卖合同。根据合同法规定，戴某与置业公司签订的合同为（　　）。(2012-法学-16-单)

A. 居间合同

B. 委托合同

C. 行纪合同

D. 无名合同

[答案] A

[考点] **中介合同**

[解析]《民法典》第 961 条规定："中介合同是中介人向委托人报告订立合同的机会或者提供订立合同的媒介服务，委托人支付报酬的合同。"本案属于中介合同。《民法典》将原《合同法》规定的居间合同修改为中介合同，故 A 选项正确，其他选项错误。

二、主观题

简述物业服务合同中物业服务人的义务。(2022-非法学/法学-简答-回忆版)

[参考答案]

（1）亲自提供物业服务的义务。物业服务人将物业服务区域内的部分专项服务事项委托给专业性服务组织或者其他第三人的，应当就该部分专项服务事项向业主负责。不得将全部委托事务转委托。

（2）妥善提供物业服务的义务。

（3）对物业服务区域内的违法行为采取合理措施的义务。

（4）报告义务。定期向业主公开并向业主大会、业主委员会报告。

（5）后合同义务。物业服务合同终止，原物业服务人应当在约定期限或者合理期限内退出物业服务区域，将物业服务用房、相关设施、物业服务所必需的相关资料等交还给业主委员会、决定自行管理的业主或者其指定的人，配合新物业服务人做好交接工作，并如实告知物业的使用和管理状况。

三、2023 年度重点预测

行纪合同、中介合同、物业服务合同均属于委托合同的一种。行纪合同属于典型的间接代理，中介合同的跳单责任，物业服务合同的内容需注意客观题。委托合同双方有任意解除权。

第四节　保理合同

一、客观题

Y 公司常年为 Z 公司供货，货款按月计算，每年 6 月底支付。2021 年 1 月 10 日，Y 公司和银行订立有追索权的保理合同，将其对 Z 公司 2021 年度第一季度的 1000 万元货款债权转让给银行，向银行融资 800 万元，保理期限 6 个月。Y 公司到期未能向银行偿还保理融资贷款，银行有权

〔 〕。(2022-多-回忆版)

A. 请求Y公司返还800万元融资款本息

B. 请求Y公司回购1000万元货款债权

C. 请求Z公司偿还1000万元货款债务

D. 保留Z公司偿还的1000万元货款扣除800万元本息和相关费用后的剩余部分

[答案] ABC

[考点] **有追索权的保理**

[解析]《民法典》第766条规定："当事人约定有追索权保理的，保理人可以向应收账款债权人主张返还保理融资款本息或者回购应收账款债权，也可以向应收账款债务人主张应收账款债权。保理人向应收账款债务人主张应收账款债权，在扣除保理融资款本息和相关费用后有剩余的，剩余部分应当返还给应收账款债权人。"可见，选项A、B、C正确。D选项根据回忆内容，如果是保留剩余部分，则D选项错误；如果是保留800万元本金及利息，则D选项正确。

二、2023年度重点预测

保理合同是民法典新增，2022年考查了客观题。理解保理合同的特征、有追索权的保理和无追索权的保理、保理合同的基础关系。

PART 04
第四章　担保合同

第一节　合同担保概述

一、客观题

甲与乙约定，甲将自己的汽车卖给乙并转移所有权，乙支付价款60万元，该汽车由甲继续占有使用，甲每月支付租金15000元。合同有效期为5年，期满支付完毕租金后，汽车无偿归甲所有。对此，下列选项正确的有〔　　〕。（2022-多-回忆版）

A. 该合同是有名合同

B. 该合同名为买卖，实为借款

C. 该合同约定转移汽车所有权的内容无效

D. 该合同生效乙取得汽车所有权

［答案］BC

［考点］**担保合同**

［解析］【考点1：有名合同与无名合同】《民法典》第467条规定："本法或者其他法律没有明文规定的合同，适用本编通则的规定，并可以参照适用本编或者其他法律最相类似合同的规定。"让与担保合同或者后让与担保合同，并非《民法典》或者其他法律明文规定的合同，属于无名合同，A选项错误。

【考点2：让与担保合同的效力】《担保制度解释》第68条第1款规定："债务人或者第三人与债权人约定将财产形式上转移至债权人名下，债务人不履行到期债务，债权人有权对财产折价或者以拍卖、变卖该财产所得价款偿还债务的，人民法院应当认定该约定有效。当事人已经完成财产权利变动的公示，债务人不履行到期债务，债权人请求参照民法典关于担保物权的有关规定就该财产优先受偿的，人民法院应予支持。"第2款规定："债务人或者第三人与债权人约定将财产形式上转移至债权人名下，债务人不履行到期债务，财产归债权人所有的，人民法院应当认定该约定无效，但是不影响当事人有关提供担保的意思表示的效力。当事人已经完成财产权利变动的公示，债务人不履行到期债务，债权人请求对该财产享有所有权的，人民法院不予支持；债权人请求参照民法典关于担保物权的规定对财产折价或者以拍卖、变卖该财产所得的价款优先受偿的，人民法院应予支持；债务人履行债务后请求返还财产，或者请求对财产折价或者以拍卖、变卖所得的价款清偿债务的，人民法院应予支持。"该合同名为买卖，实为借款，通过买卖来担保借款之债的实现，故B选项正确。该合同中约定汽车归债权人乙所有的内容无效，但是不影响当事人有关提供担保的意思表示的效力，C选项正确，乙不能取得所有权，D选项错误。

二、主观题

（2013-法学-38-案例）甲公司向A银行借款1000万元。乙公司受甲公司委托，与该银行签订保证合同，约定为甲公司的借款提供连带责任保证。为保障乙公司的追偿权，甲公司以自己的一处房产为乙公司提供抵押担保，双方签订抵押合同并办理了抵押登记。同时，丙公司受甲公司委托，与乙公司签订保证合同，约定"保证方式为连带责任保证，丙公司按照我国《担保法》第17条第1款规定承担保证责任"。借款到期后，甲公司只偿还了部分借款，剩余部分由乙公司承担了保证责任。

（附：原《担保法》第17条第1款（《民法典》第687条）规定："当事人在保证合同中约定，债务人不能履行债务时，由保证人承担保证责任的，为一般保证。"）

根据上述案情，请回答：

（1）本案涉及的相对法律关系有哪些？

（2）丙公司应按照何种保证方式承担保证责任？为什么？

（3）本案中有哪些反担保合同？

（4）乙公司承担保证责任后，为实现自己的追偿权，应先行使对甲公司房产的抵押权还是先要求丙公司承担保证责任？为什么？

［参考答案］

（1）本案涉及的相对法律关系主要有：①A银行和甲公司之间的借款合同关系；②甲公司与乙公司之间的委托合同关系；③乙公司与A银行之间的保证合同关系；④甲公司与乙公司之间的抵押合同关系；⑤甲公司与丙公司之间的委托合同关系；⑥乙公司与丙公司之间的保证合同关系；⑦乙公司与甲公司之间因乙公司履行保证责任而产生的追偿关系。

（2）一般保证。根据《民法典》的规定，当事人在保证合同中对保证方式没有约定或者约定不明确的，按照一般保证承担保证责任。本案当事人对保证方式约定不明确，推定为一般保证。

【法律依据】《民法典》第686条第1款规定："保证的方式包括一般保证和连带责任保证。"第2款规定："当事人在保证合同中对保证方式没有约定或者约定不明确的，按照一般保证承担保证责任。"

（3）本案的反担保合同有：甲公司和乙公司的抵押合同；丙公司与乙公司的保证合同。

（4）乙公司应先行使对甲公司房产的抵押权。根据《民法典》的规定，被担保的债权既有物的担保又有人的担保的，没有约定或者约定不明确，债务人自己提供物的担保的，债权人应当先就该物的担保实现债权。本案有债务人甲公司提供物的担保，故乙公司应先行使对甲公司房产的抵押权。

【法律依据】《民法典》第392条规定："被担保的债权既有物的担保又有人的担保的，债务人不履行到期债务或者发生当事人约定的实现担保物权的情形，债权人应当按照约定实现债权；没有约定或者约定不明确，债务人自己提供物的担保的，债权人应当先就该物的担保实现债权；第三人提供物的担保的，债权人可以就物的担保实现债权，也可以请求保证人承担保证责任。提供担保的第三人承担担保责任后，有权向债务人追偿。"

三、2023年度重点预测

理解担保的一般规则，包括：本担保和反担保、担保合同无效的法律效果、追偿权和代位权、债务承担与担保责任。

第二节 保证合同

一、客观题

1. 连带责任保证人享有的抗辩权包括［　　］。（2021-非法学-48-多）（2021-法学-28-多）

A. 主债务人的同时履行抗辩权

B. 主债务人的不安抗辩权

C. 先诉抗辩权

D. 主债务诉讼时效期间届满的抗辩权

［答案］ABD

［考点］**连带责任保证人的抗辩权**

［解析］【考点1：保证人可以主张主债务人对债权人的抗辩】《民法典》第701条规定："保证人可以主张债务人对债权人的抗辩。债务人放弃抗辩的，保证人仍有权向债权人主张抗辩。"可见，保证人可以主张债务人对债权人的抗辩，如同时履行抗辩权、先履行抗辩权、不安抗辩权、诉讼时效期间届满的抗辩权等，A选项、B选项、D选项正确。

【考点2：一般保证人的先诉抗辩权】《民法典》第687条第1款规定："当事人在保证合同中约定，债务人不能履行债务时，由保证人承担保证责任的，为一般保证。"第2款规定："一般保证的保证人在主合同纠纷未经审判或者仲裁，并就债务人财产依法强制执行仍不能履行债务前，有权拒绝向债权人承担保证责任，但是有下列情形之一的除外：（一）债务人下落不明，且无财产可供执行；（二）人民法院已经受理债务人破产案件；（三）债权人有证据证明债务人的财产不足以履行全部债务或者丧失履行债务能力；（四）保证人书面表示放弃本款规定的权利。"可见，只有一般保证人才享有先诉抗辩权，连带责任保证人并无先诉抗辩权，C选项错误。

2. 下列可以作为保证人的是［　　］。（2019-非法学-31-单）

A. 个体工商户

B. 教育部直属高校

C. 企业法人的职能部门

D. 街道办事处

［答案］A

［考点］**保证人的资格**

［解析］【考点 1：机关法人不得为保证人】《民法典》第 683 条第 1 款规定："机关法人不得为保证人，但是经国务院批准为使用外国政府或者国际经济组织贷款进行转贷的除外。"街道办事处是市辖区和不设区的市人民政府的派出机关，不得作为保证人，D 选项错误。

【考点 2：以公益为目的的非营利法人、非法人组织不得为保证人】《民法典》第 683 条第 2 款规定："以公益为目的的非营利法人、非法人组织不得为保证人。"教育部直属高校属于事业单位，是以公益为目的的非营利法人，故 B 选项错误。

【考点 3：一般民事主体可以担任保证人】法律没有禁止的一般民事主体，可以作为保证人，如个体工商户，A 选项正确。企业法人的职能部门不具有主体资格，不能担任保证人，C 选项错误。

3. 甲向乙借款 10 万元，由丙作保证人。在保证期间，甲将债务移转给丁，当事人对丙是否继续承担保证责任未作约定。根据担保法规定〔　　〕。(2014-非法学-31-单)

A. 丙应无条件地继续承担保证责任

B. 丙在任何情况下均不再承担保证责任

C. 如果债务移转后书面通知了丙，则丙应继续承担保证责任

D. 如果债务移转得到了丙的书面同意，则丙应继续承担保证责任

［答案］D

［考点］**债务承担与保证责任**

［解析］《民法典》第 697 条第 1 款规定："债权人未经保证人书面同意，允许债务人转移全部或者部分债务，保证人对未经其同意转移的债务不再承担保证责任，但是债权人和保证人另有约定的除外。"第 2 款规定："第三人加入债务的，保证人的保证责任不受影响。"可见，免责的债务承担，须保证人丙书面同意，丙才继续承担保证责任，D 选项正确，其他选项错误。

4. 根据我国民法典的规定，保证合同未约定保证期间的，保证期间为主债务履行期届满之日起〔　　〕。(2012-非法学-31-单)

A. 6 个月　　B. 1 年

C. 2 年　　D. 4 年

［答案］A

［考点］**保证期间**

［解析］《民法典》第 692 条第 1 款规定："保证期间是确定保证人承担保证责任的期间，不发生中止、中断和延长。"第 2 款规定："债权人与保证人可以约定保证期间，但是约定的保证期间早于主债务履行期限或者与主债务履行期限同时届满的，视为没有约定；没有约定或者约定不明确的，保证期间为主债务履行期限届满之日起六个月。"故 A 选项正确，其他选项错误。

5. 根据法律规定，保证人不承担保证责任的情形是〔　　〕。(2011-法学-19-单)

A. 主债权未经保证人书面同意而转让

B. 主债务未经保证人书面同意而转让

C. 债权人与债务人协议变更主合同的履行期

D. 债权人与债务人协议变更主合同的标的额

［答案］B

［考点］**债务承担与保证**

［解析］【考点 1：保证的从属性】《民法典》第 696 条第 1 款规定："债权人转让全部或者部分债权，未通知保证人的，该转让对保证人不发生效力。"第 2 款规定："保证人与债权人约定禁止债权转让，债权人未经保证人书面同意转让债权的，保证人对受让人不再承担保证责任。"主债权转让，保证随之转让，但须通知保证人，故 A 选项错误。

【考点 2：债务承担与保证】《民法典》第 697 条第 1 款规定："债权人未经保证人书面同意，允许债务人转移全部或者部分债务，保证人对未经其同意转移的债务不再承担保证责任，但是债权人和保证人另有约定的除外。"第 2 款规定："第三人加入债务的，保证人的保证责任不受影响。"主债务未经保证人书面同意而转让，保证人不承担保证责任，B 选项正确。

【考点 3：主债变更与保证】《民法典》第 695 条第 1 款规定："债权人和债务人未经保证人书面同意，协商变更主债权债务合同内容，减轻债务的，保证人仍对变更后的债务承担保证责任；加

重债务的，保证人对加重的部分不承担保证责任。”第 2 款规定：“债权人和债务人变更主债权债务合同的履行期限，未经保证人书面同意的，保证期间不受影响。”C、D 选项错误。

二、主观题

（2015-非法学-60-案例）2012 年 4 月初，甲与乙、丙签订借款合同，约定：甲借给乙 120 万元，期限 2 年，乙每月偿还 5 万元；丙承担保证责任，如乙到期无力还款，由丙向甲偿还全部借款。

合同签订后，乙请求甲再多借给自己 20 万元，甲表示同意，并于 2012 年 4 月 28 日将 140 万元借款交给乙。乙出具借据，载明收到 140 万元，还款期限顺延。丙对此不知情。

2012 年 5 月至 2012 年 12 月底，乙共计还款 40 万元。2013 年 1 月，甲与丁签订债权转让合同，将甲对乙的债权转让给丁。合同签订后，甲向乙、丙发出债权转让通知书，乙收到后明确表示不同意，丙则未置可否。

请根据上述案情，回答下列问题并说明理由：

（1）甲与乙之间的借款合同何时生效？

（2）丙的担保属于何种保证方式？对甲多借给乙的 20 万元，丙是否应承担保证责任？

（3）甲与丁之间的债权转让合同是否因乙不同意而无效？

[参考答案]

（1）2012 年 4 月 28 日，借款合同成立生效。根据《民法典》第 679 条的规定，自然人之间的借款合同，自贷款人提供借款时成立。合同一般在成立时生效。

（2）丙的担保属于一般保证。根据《民法典》第 687 条的规定，当事人在保证合同中约定，债务人不能履行债务时，由保证人承担保证责任的，为一般保证。丙承担保证责任，如乙到期无力还款，由丙向甲偿还全部借款，属于一般保证。

【法律依据】《民法典》第 687 条规定：“当事人在保证合同中约定，债务人不能履行债务时，由保证人承担保证责任的，为一般保证。”《担保制度解释》第 25 条第 1 款规定：“当事人在保证合同中约定了保证人在债务人不能履行债务或者无力偿还债务时才承担保证责任等类似内容，具有债务人应当先承担责任的意思表示的，人民法院应当将其认定为一般保证。”第 2 款规定：“当事人在保证合同中约定了保证人在债务人不履行债务或者未偿还债务时即承担保证责任、无条件承担保证责任等类似内容，不具有债务人应当先承担责任的意思表示的，人民法院应当将其认定为连带责任保证。”

对于甲多借给乙的 20 万元，丙无须承担保证责任。根据《民法典》规定，债权人和债务人未经保证人书面同意，协商变更主债权债务合同内容，减轻债务的，保证人仍对变更后的债务承担保证责任；加重债务的，保证人对加重的部分不承担保证责任。本案对加重的 20 万元，丙无须承担保证责任。

【法律依据】《民法典》第 695 条第 1 款规定：“债权人和债务人未经保证人书面同意，协商变更主债权债务合同内容，减轻债务的，保证人仍对变更后的债务承担保证责任；加重债务的，保证人对加重的部分不承担保证责任。”第 2 款规定：“债权人和债务人变更主债权债务合同的履行期限，未经保证人书面同意的，保证期间不受影响。”

（3）甲与丁之间的债权转让合同不因乙不同意而无效。根据《民法典》的规定，债权转让无须经过债务人同意，应当通知债务人。

【法律依据】《民法典》第 545 条第 1 款规定：“债权人可以将债权的全部或者部分转让给第三人，但是有下列情形之一的除外：（一）根据债权性质不得转让；（二）按照当事人约定不得转让；（三）依照法律规定不得转让。”第 2 款规定：“当事人约定非金钱债权不得转让的，不得对抗善意第三人。当事人约定金钱债权不得转让的，不得对抗第三人。”第 546 条第 1 款规定：“债权人转让债权，未通知债务人的，该转让对债务人不发生效力。”第 2 款规定：“债权转让的通知不得撤销，但是经受让人同意的除外。”

三、2023 年度重点预测

保证合同的特征、成立、保证方式、保证期间、保证的效力，是考试重点，也是难点。

第三节 共同担保

一、客观题

甲向乙借款 100 万元。为担保乙的债权，甲以一套价值50万元的房屋作抵押，丙以一套价值50万元的房屋作抵押，丁提供保证。现甲不能偿还到期债务。对此，下列说法正确的是〔　　〕。（2020-非法学-30-单）（2020-法学-20-单）

A. 乙应当先就甲的房屋实现抵押权

B. 乙应当先就丙的房屋实现抵押权

C. 乙应当先请求丁承担保证责任

D. 乙可以同时请求甲、丙、丁承担按份担保责任

［答案］A

［考点］**混合担保**

［解析］《民法典》第392条规定："被担保的债权既有物的担保又有人的担保的，债务人不履行到期债务或者发生当事人约定的实现担保物权的情形，债权人应当按照约定实现债权；没有约定或者约定不明确，债务人自己提供物的担保的，债权人应当先就该物的担保实现债权；第三人提供物的担保的，债权人可以就物的担保实现债权，也可以请求保证人承担保证责任。提供担保的第三人承担担保责任后，有权向债务人追偿。"同一个债，既有物保，也有人保，属于混合担保，须按照约定实现担保，没有约定或者约定不明确，应当先行使债务人提供的物保。本案中有债务人甲以房屋抵押，故乙应当先就甲的房屋实现抵押权，A选项正确，其他选项错误。

二、主观题

（2012-非法学-60-案例）2007年8月，甲企业通过转让取得一块土地的建设用地使用权，并在该土地上合法建造了一座厂房。2008年5月，甲企业向乙银行借款1500万元，同时以该厂房为抵押物为借款提供担保，双方签订了抵押合同并办理了抵押权登记手续。2008年7月，乙银行认为甲企业用作抵押物的厂房价值不足，于是要求甲企业另行提供担保。甲企业遂委托丙公司作保证人，丙公司与乙银行签订了保证合同。2009年1月，乙银行将1500万元的债权转让给丁银行。现1500万元借款已到期，甲企业因经营管理不善无力偿还。

根据上述案情，请回答：

（1）甲企业对其建造的厂房是否享有所有权？为什么？

（2）丙公司对丁银行的债权是否应承担保证责任？为什么？

（3）本案中丁银行应如何通过担保实现自己的债权？为什么？

［参考答案］

（1）甲企业有所有权。根据《民法典》的规定，因合法建造房屋等事实行为设立或者消灭物权的，自事实行为成就时发生效力。甲企业通过转让取得一块土地的建设用地使用权，并在该土地上合法建造了一座厂房，取得该房屋的所有权。

【法律依据】《民法典》第231条规定："因合法建造、拆除房屋等事实行为设立或者消灭物权的，自事实行为成就时发生效力。"

（2）丙公司对丁银行的债权须承担保证责任。根据《民法典》的规定，债权人转让全部或者部分债权，未通知保证人的，该转让对保证人不发生效力。乙银行将1500万元的债权转让给丁银行，通知保证人后，丙公司仍须对丁银行的债权承担保证责任。

【法律依据】《民法典》第696条第1款规定："债权人转让全部或者部分债权，未通知保证人的，该转让对保证人不发生效力。"

（3）丁银行应先行使对厂房的抵押权，行使抵押权后仍不能实现债权的，再请求保证人丙公司承担保证责任。

【法律依据】《民法典》第392条规定："被担保的债权既有物的担保又有人的担保的，债务人不履行到期债务或者发生当事人约定的实现担保物权的情形，债权人应当按照约定实现债权；没有约定或者约定不明确，债务人自己提供物的担保的，债权人应当先就该物的担保实现债权；第三人提供物的担保的，债权人可以就物的担保实现债权，也可以请求保证人承担保证责任。提供担保的第三人承担担保责任后，有权向债务人追偿。"

三、2023年度重点预测

共同担保包括：共同物权、共同人保、混合担保。须掌握混合担保的规则，特别是共同担保的追偿与分担，《担保制度解释》有新规则，虽然有点超纲，须为重点。

PART 04

第五章　合伙合同、技术合同

一、客观题

W公司（国有独资）与X研究所签订技术咨询合同。受托方X研究所利用W公司提供的技术资料和工作条件完成新的技术成果，双方对新技术成果的归属没有约定，则该技术成果归属于〔　　〕。(2022-单-回忆版)

A. W公司

B. X研究所

C. 双方共有

D. 国家

[答案] B

[考点] **技术成果的归属**

[解析]《民法典》第885条规定："技术咨询合同、技术服务合同履行过程中，受托人利用委托人提供的技术资料和工作条件完成的新的技术成果，属于受托人。委托人利用受托人的工作成果完成的新的技术成果，属于委托人。当事人另有约定的，按照其约定。"受托方X研究所利用W公司提供的技术资料和工作条件完成新的技术成果，双方对新技术成果的归属没有约定，则该技术成果归属于受托人X研究所，B选项正确。

二、2023年度重点预测

技术合同可能与专利法结合考查，掌握专利法的内容。合伙合同是民法典新增合同，特别须理解合伙合同的期限、当事人的权利义务。

PART IV

第四编

知识产权

PART 01

第一章 知识产权概述

一、客观题

1. 下列选项中，属于知识产权的客体的有〔　　〕。(2022-多-回忆版)

A. 集成电路布图设计

B. 商业秘密

C. 植物新品种

D. 地理标志

[答案] ABCD

[考点] **知识产权的客体**

[解析]《民法典》第123条第1款规定："民事主体依法享有知识产权。"第2款规定："知识产权是权利人依法就下列客体享有的专有的权利：(一)作品；(二)发明、实用新型、外观设计；(三)商标；(四)地理标志；(五)商业秘密；(六)集成电路布图设计；(七)植物新品种；(八)法律规定的其他客体。"可见，A、B、C、D选项全选。

2. 甲网购了一条乙销售的裙子，发现并非是乙宣传的真丝便给了差评，乙认为甲的差评影响了网店销量，遂要求甲删除差评，并表示愿双倍退款。甲拒绝，后乙了解到甲系一服装店店主，甲的行为〔　　〕。(2019-非法学-33-单)

A. 不构成侵权

B. 构成商业诽谤

C. 侵犯了乙的经营权

D. 构成不正当竞争

[答案] A

[考点] **不正当竞争**

[解析]【考点1：不正当竞争行为】知识产权与反不正当竞争法之间有着密切的关系，在推动技术创新和经济发展方面，两者是统一的。经营者之间的不正当竞争行为主要包括：混淆行为、商业贿赂、虚假宣传、侵犯商业秘密、非法有奖销售、诋毁商誉、网络不正当竞争等七种行为。本案乙销售的裙子，宣传是真丝，却不是真丝，甲给差评是正当行为，不是不正当竞争行为，也不是商业诽谤，并未侵犯乙的经营权，B、C、D选项错误。

【考点2：侵权行为】《民法典》第1165条第1款规定："行为人因过错侵害他人民事权益造成损害的，应当承担侵权责任。"此处的"民事权益"，是指被侵权人的人身权利、财产权利以及其他法律所保护的利益。侵权行为所侵害的对象包括两类：(1)绝对权，包括人身权、物权、知识产权；(2)受法律保护的非权利性质的利益，如侵害他人的占有，侵害死者人格利益，侵害个人信息权益等。本案并不构成侵权，A选项正确。

3. 下列知识产权中，对其法律保护没有时间限制的有〔　　〕。(2019-非法学-50-多)(2019-法学-30-多)

A. 甲公司的保密除虫剂配方

B. 乙制作的电影《问道昆仑》

C. 丙企业的驰名商标"云南白药及图"

D. 丁行业协会的"阳澄湖大闸蟹"地理标志

[答案] AD

[考点] **知识产权的时间性**

[解析] 时间性意味着依法产生的知识产权一般只在法律规定的期限内有效，超出知识产权的法定保护期后，该知识产权消灭，有关智力成果进入公有领域，人们可以自由使用。不同知识产权的时间性呈现的是不同的特色，如商标权的期限届满后可通过续展依法延长保护期；少数知识产权没有时间限制，只要符合有关条件，法律可长期予以保护，如商业秘密权、地理标志权、商号权等。可见，A、D选项正确。乙制作的电影《问道昆仑》，受著作权法保护，丙企业的驰名商

标“云南白药及图”受商标法保护，均有时间限制，B、C 选项错误。

二、主观题

1. 简述商业秘密的构成要件。（2016-法学-32-简答）

［参考答案］商业秘密即属于广义的知识产权范畴。商业秘密，是指不为公众所知悉、具有商业价值并经权利人采取相应保密措施的技术信息、经营信息等商业信息。

（1）非公知性，即不为公众所知悉。有关信息不为其所属领域的相关人员普遍知悉和容易获得，应当认定为“不为公众所知悉”。

（2）具有商业价值。这要求作为商业秘密的有关信息应当具有现实的或者潜在的商业价值，能为权利人带来竞争优势。

（3）保密性。这要求权利人为防止信息泄漏应当采取与其商业价值等具体情况相适应的合理保护措施。

2. 简述知识产权的法律特征。（2013-非法学-53-简答）

［参考答案］知识产权是指民事主体对创造性智力成果依法享有的权利的总称。

（1）专有性。专有性即独占性、排他性。知识产权属于绝对权、对世权和支配权。

（2）地域性。知识产权的地域性是指一项知识产权只在其产生的特定国家或地区的领域内有效，不具有域外效力，其他国家没有必须给予保护的义务。

（3）时间性。时间性意味着依法产生的知识产权一般只在法律规定的期限内有效，超出知识产权的法定保护期后，该知识产权消灭，有关智力成果进入公有领域，人们可以自由使用。

（4）客体的无形性。知识产权的客体是智力成果，而智力成果是不具有物质形态的，这是知识产权与其他民事权利的重大区别。

三、2023 年度重点预测

主观题须掌握：侵犯商业秘密的行为类型、混淆行为的具体类型。

PART 02

第二章　著作权

一、客观题

1. 著作权人以有线或者无线方式向公众提供作品，使公众可以在其选定的时间和地点获得作品的权利是〔　　〕。(2022-单-回忆版)

A. 展览权

B. 广播权

C. 发行权

D. 信息网络传播权

［答案］D

［考点］**信息网络传播权**

［解析］《著作权法》第10条规定："著作权包括下列人身权和财产权：……（十二）信息网络传播权，即以有线或者无线方式向公众提供，使公众可以在其选定的时间和地点获得作品的权利……"可见，本题选D，其他选项错误。

2. 甲受所在单位委托，创作了雕塑《峰》。乙在拍卖会上购得该雕塑后，捐赠给某高校。雕塑《峰》的著作权人是〔　　〕。(2021-非法学-33-单)

A. 甲的所在单位

B. 某高校

C. 甲

D. 乙

［答案］C

［考点］**委托作品的著作权归属**

［解析］【考点1：委托作品的著作权归属】《著作权法》第19条规定："受委托创作的作品，著作权的归属由委托人和受托人通过合同约定。合同未作明确约定或者没有订立合同的，著作权属于受托人。"甲受所在单位委托，创作了雕塑《峰》，没有约定著作权归属，故美术作品雕塑《峰》的著作权属于受托人甲，C选项正确，其他选项错误。

【考点2：作品原件所有权转移与著作权】《著作权法》第20条第1款规定："作品原件所有权的转移，不改变作品著作权的归属，但美术、摄影作品原件的展览权由原件所有人享有。"第2款规定："作者将未发表的美术、摄影作品的原件所有权转让给他人，受让人展览该原件不构成对作者发表权的侵犯。"乙在拍卖会上购得该雕塑后，捐赠给某高校。某高校取得该雕塑的所有权，但是著作权仍由甲享有。当然，原件的所有权人享有美术、摄影作品原件的展览权。

3. 作家甲的私人书信被乙收藏。对此，下列选项正确的是〔　　〕。(2019-非法学-36-单)

A. 书信著作权和书信原件所有权均归甲

B. 书信著作权和书信原件所有权均归乙

C. 书信著作权归甲，书信原件所有权归乙

D. 书信著作权归乙，书信原件所有权归甲

［答案］C

［考点］**著作权归属**

［解析］《著作权法》第20条第1款规定："作品原件所有权的转移，不改变作品著作权的归属，但美术、摄影作品原件的展览权由原件所有人享有。"第2款规定："作者将未发表的美术、摄影作品的原件所有权转让给他人，受让人展览该原件不构成对作者发表权的侵犯。"作家甲的私人书信如果具有独创性，甲是著作权人；乙收藏该书信，是原件所有权人，C选项正确，其他选项错误。

4. 甲汽车公司委托乙建筑设计公司设计4S店，合同未约定著作权条款。后丙汽车公司请人仿照甲公司的这家4S店建造了一家汽车美容店，并办理了著作权登记。丙公司侵犯了〔　　〕。(2019-非法学-38-单)

A. 甲公司的复制权

B. 乙公司的复制权

C. 甲公司的商誉权

D. 乙公司的版式设计权

[答案] B

[考点] **著作权归属、侵害著作权**

[解析] 【考点 1：委托作品的著作权归属】《著作权法》第 19 条规定："受委托创作的作品，著作权的归属由委托人和受托人通过合同约定。合同未作明确约定或者没有订立合同的，著作权属于受托人。"甲汽车公司委托乙建筑设计公司设计 4S 店，属于委托作品，合同未约定著作权条款，故著作权属于受托人乙建筑设计公司。

【考点 2：复制权】《著作权法》第 10 条第 1 款规定："著作权包括下列人身权和财产权：……（五）复制权，即以印刷、复印、拓印、录音、录像、翻录、翻拍、数字化等方式将作品制作一份或者多份的权利……"丙汽车公司仿照甲公司的 4S 店建造了一家汽车美容店，属于复制行为，落入了著作权人乙公司复制权的控制范围，侵犯乙公司的复制权，故 B 选项正确，其他选项错误。

【考点 3：商誉（名誉权）】《民法典》第 1024 条第 1 款规定："民事主体享有名誉权。任何组织或者个人不得以侮辱、诽谤等方式侵害他人的名誉权。"本案中，丙公司并无侮辱、诽谤行为，没有侵犯甲公司名誉权，故 C 选项错误。

【考点 4：版式设计】《著作权法》第 37 条第 1 款规定："出版者有权许可或者禁止他人使用其出版的图书、期刊的版式设计。"第 2 款规定："前款规定的权利的保护期为十年，截止于使用该版式设计的图书、期刊首次出版后第十年的 12 月 31 日。"版式设计针对的是图书、期刊，故本案并未侵犯版式设计，D 选项错误。

5. 甲在报纸上发表了一篇时事性文章，未声明不允许其他媒体刊登，乙杂志社未经甲同意予以转载且未支付报酬。乙杂志社的行为不构成侵权的法律依据是（　　）。（2018-非法学-23-单）（2018-法学-13-单）

A. 许可使用　　B. 法定许可

C. 强制许可　　D. 合理使用

[答案] D

[考点] **合理使用**

[解析]【考点 1：合理使用】《著作权法》第 24 条第 1 款规定："在下列情况下使用作品，可以不经著作权人许可，不向其支付报酬，但应当指明作者姓名或者名称、作品名称，并且不得影响该作品的正常使用，也不得不合理地损害著作权人的合法权益：……（四）报纸、期刊、广播电台、电视台等媒体刊登或者播放其他报纸、期刊、广播电台、电视台等媒体已经发表的关于政治、经济、宗教问题的时事性文章，但著作权人声明不许刊登、播放的除外……"本案"时事性文章"，无须著作权人同意，也无须支付报酬，属于合理使用，故 D 选项正确。

【考点 2：法定许可】《著作权法》第 35 条第 2 款规定："作品刊登后，除著作权人声明不得转载、摘编的外，其他报刊可以转载或者作为文摘、资料刊登，但应当按照规定向著作权人支付报酬。"如果是时事性文章以外的作品，属于法定许可，无须经过著作权人同意，但须支付报酬，故 B 选项错误。许可使用须双方意思表示一致，强制许可是针对专利的强制许可，A、C 选项均错误。

6. 甲购得某画家创作的一幅油画。根据我国著作权法，甲获得该作品的（　　）。（2016-非法学 30-单）

A. 著作权　　B. 复制权

C. 修改权　　D. 原件展览权

[答案] D

[考点] **展览权**

[解析]《著作权法》第 20 条第 1 款规定："作品原件所有权的转移，不改变作品著作权的归属，但美术、摄影作品原件的展览权由原件所有人享有。"第 2 款规定："作者将未发表的美术、摄影作品的原件所有权转让给他人，受让人展览该原件不构成对作者发表权的侵犯。"甲购得某画家创作的一幅油画，取得该画的所有权及原件的展览权，D 选项正确，其他选项错误。

7. 2010 年 9 月 9 日甲创作完成小说《坚硬的泡沫》，2012 年 5 月 4 日甲去世。该作品著作财产权保护期的截止日是（　　）。（2015-法学-12-单）

A. 2060 年 9 月 9 日

B. 2060 年 12 月 31 日

C. 2062 年 5 月 4 日

D. 2062 年 12 月 31 日

[答案] D

[考点] **著作权的保护期**

[解析]《著作权法》第 23 条第 1 款规定："自然人的作品，其发表权、本法第十条第一款第五项至第十七项规定的权利（著作财产权）的保护期为作者终生及其死亡后五十年，截止于作者死亡后第五十年的 12 月 31 日；如果是合作作品，截止于最后死亡的作者死亡后第五十年的 12 月 31 日。"死亡后五十年，截止于作者死亡后第五十年的 12 月 31 日，故 D 选项正确，其他选项错误。

8. 甲在《雾都》杂志发表了一部小说，未作版权声明。某读者阅读后十分喜欢，遂推荐给《传奇文摘》杂志社。《传奇文摘》杂志社若转载该小说，则〔　　〕。(2015-非法学-34-单)

A. 不必经甲同意，但应向甲支付稿酬

B. 必须经甲同意，但不必向甲支付稿酬

C. 不必经《雾都》杂志社同意，但应向其支付稿酬

D. 必须经《雾都》杂志社同意，但不必向其支付稿酬

[答案] A

[考点] **法定许可**

[解析]《著作权法》第 35 条第 2 款规定："作品刊登后，除著作权人声明不得转载、摘编的外，其他报刊可以转载或者作为文摘、资料刊登，但应当按照规定向著作权人支付报酬。"《传奇文摘》杂志社若转载该小说，不必经过著作权人甲同意，但须向甲支付稿酬，A 选项正确，其他选项错误。

9. 下列权利中，著作权人可以转让的是〔　　〕。(2014-法学-18-单)

A. 署名权

B. 发行权

C. 修改权

D. 保护作品完整权

[答案] B

[考点] **著作人身权不可转让**

[解析]《著作权法》第 10 条第 3 款规定："著作权人可以全部或者部分转让本条第一款第五项至第十七项规定的权利，并依照约定或者本法有关规定获得报酬。"可见，著作人身权不可转让，著作财产权可以转让，发行权是财产权，署名权、修改权、保护作品完整权是著作人身权，不可转让。B 选项正确，其他选项错误。

10. 王某的小说《漂在都市》发表后，甲公司经王某同意将该小说改编成剧本，并拍摄成同名电视剧，后该剧在乙电视台播出。丙剧团经王某授权后，将该小说改编成同名话剧，在投入资金排练后公开演出。根据《著作权法》规定〔　　〕。(2014-法学-27-多)

A. 王某对小说享有著作权

B. 甲公司对电视剧剧本享有著作权

C. 乙电视台作为播放者享有著作权

D. 丙剧团作为表演者享有邻接权

[答案] ABD

[考点] **著作权**

[解析] 王某是小说《漂在都市》的著作权人，A 选项正确。甲公司经王某同意将该小说改编成剧本，并拍摄成同名电视剧，甲公司是剧本作品、电视剧作品的著作权人，B 选项正确。乙电视台作为播放者享有邻接权，C 选项错误。丙剧团经王某授权后，将该小说改编成同名话剧，在投入资金排练后公开演出，丙剧团作为表演者享有邻接权，D 选项正确。

11. 甲未经乙许可，将乙的摄影作品《晚年》临摹成一幅相同主题的油画。甲在临摹时，对背景作了细微改动，以之参加比赛并获奖。甲以该油画参赛的行为〔　　〕。(2013-法学-19-单)

A. 属于合法行为，其油画具有独创性，受著作权法保护

B. 属于合法行为，但其油画与他人作品实质相似，不受著作权法保护

C. 构成侵权行为，但其油画具有独创性，受著作权法保护

D. 构成侵权行为，其油画不具有独创性，不受著作权法保护

[答案] C

[考点] **改编权**

[解析]【考点 1：改编权】《著作权法》第 10 条规定："著作权包括下列人身权和财产权：……（十四）改编权，即改变作品，创作出具有独创性的新作品的权利……"甲未经乙许可，将

乙的摄影作品《晚年》临摹成一幅相同主题的油画，侵犯乙的改编权，A、B 选项错误。

【考点 2：改编作品的著作权归属】《著作权法》第 13 条规定："改编、翻译、注释、整理已有作品而产生的作品，其著作权由改编、翻译、注释、整理人享有，但行使著作权时不得侵犯原作品的著作权。"改编、翻译、注释、整理的作品，统称演绎作品。理论通说认为，即使改编、翻译、注释、整理行为构成侵权，只要其作品具有独创性，仍受著作权法保护。乙的作品是摄影作品，甲改编成油画，且背景改动，具有独创性，享有著作权，C 选项正确，D 选项错误。

12. 甲创作了一首歌曲，乙经甲授权后演唱并将该首歌曲收录在由丙公司为其录制的唱片中。丁网站未经任何人许可，擅自将该唱片中的所有歌曲上传供网民免费下载。根据我国著作权法规定，丁网站〔　　〕。(2013-非法学-38-单)

A. 侵犯了甲、乙的发表权

B. 侵犯了乙、丙的播放权

C. 侵犯了甲、乙、丙的复制权

D. 侵犯了甲、乙、丙的信息网络传播权

［答案］D

［考点］**信息网络传播权**

［解析］《著作权法》第 10 条规定："著作权包括下列人身权和财产权：……（十二）信息网络传播权，即以有线或者无线方式向公众提供，使公众可以在其选定的时间和地点获得作品的权利……"甲创作了一首歌曲，是音乐作品的著作权人；乙经甲授权后演唱，是表演者；丙公司录制唱片，是录像制作者。著作权人、表演者、录像制作者均有信息网络传播权。丁网站未经任何人许可，擅自将该唱片中的所有歌曲上传供网民免费下载，侵犯了甲、乙、丙的信息网络传播权，D 选项正确，其他选项错误。

13. 下列情形中，构成侵犯著作权的是〔　　〕。(2012-法学-13-单)

A. 某博物馆为保存版本的需要，复制本馆收藏的作品

B. 某法院为办案需要，将某学者的论文复印供办案人员参考

C. 某公司已知待售的油画系假冒某名画家的作品，仍予以出售

D. 某研究员未经同事徐某同意，在其所著著作上将徐某署名为合作作者

［答案］C

［考点］**著作权侵权行为**

［解析］【考点 1：合理使用】《著作权法》第 24 条第 1 款规定："在下列情况下使用作品，可以不经著作权人许可，不向其支付报酬，但应当指明作者姓名或者名称、作品名称，并且不得影响该作品的正常使用，也不得不合理地损害著作权人的合法权益：……（七）国家机关为执行公务在合理范围内使用已经发表的作品；（八）图书馆、档案馆、纪念馆、博物馆、文化馆等为陈列或者保存版本的需要，复制本馆收藏的作品……"某博物馆为保存版本的需要，复制本馆收藏的作品，属于合理使用，不构成侵权；某法院为办案需要，将某学者的论文复印供办案人员参考，属于合理使用，不构成侵权，A、B 选项错误。

【考点 2：侵犯著作权的行为】《著作权法》第 53 条规定："有下列侵权行为的……（八）制作、出售假冒他人署名的作品的……"某公司已知待售的油画系假冒某名画家的作品，仍予以出售，侵犯著作权，故 C 选项正确。某研究员未经同事徐某同意，在其所著著作上将徐某署名为合作作者，侵犯徐某姓名权。因为徐某不是著作权人，不可能侵犯其著作权，D 选项错误。

某研究员未经同事徐某同意，在其所著著作上将徐某署名为合作作者，也可以认定为"制作假冒他人署名的作品"，是否侵犯著作权中的署名权？理论和实践均存在争议。我国司法实践也有认定为侵犯著作权的行为。《最高人民法院关于吴冠中诉上海朵云轩、香港永成古玩拍卖有限公司著作权纠纷案的函》认为，你院 1995 年 3 月 27 日关于吴冠中诉上海朵云轩、香港永成古玩拍卖有限公司著作权纠纷案的请示报告收悉。经研究，我们认为：上海朵云轩、香港永成古玩拍卖有限公司不听劝阻，执意拍卖假冒他人署名美术作品的行为，属于严重的侵权行为，应当按照《中华人民共和国著作权法》第 46 条第 7 项（现《著作权法》第 53 条第 8 项）及其他有关法律规定予以严肃处理。该案一度引起学术上的争论。制作假冒他人署名的作品，该"他人"并不是著作权人，无从侵犯其著作权。上述吴冠中案中，是假冒吴

冠中署名，吴冠中并不是该作品的著作权人，没有署名权，侵犯的应该是吴冠中的姓名权。某研究员未经同事徐某同意，在其所著著作上将徐某署名为合作作者，徐某并非著作权人，故侵犯徐某的姓名权而不是署名权。本题命题者也是采取多数学者的观点，认为侵犯姓名权而不是署名权，D 选项错误。

14. 甲创作的话剧剧本《秋日的私语》于 2009 年发表，乙话剧团经甲许可获得该剧本的表演权。2010 年丙话剧团也欲使用该剧本演出，丙话剧团〔　　〕。(2012-非法学-33-单)

A. 应经甲许可并支付报酬

B. 应经乙话剧团许可并支付报酬

C. 无须经甲或乙话剧团许可，但须向甲支付报酬

D. 应经甲与乙话剧团共同许可，并向甲、乙话剧团支付报酬

［答案］A

［考点］**著作权**

［解析］甲创作话剧剧本《秋日的私语》，甲是话剧作品的著作权人，乙是表演者。《著作权法》第 10 条第 1 款规定："著作权包括下列人身权和财产权：……（九）表演权，即公开表演作品，以及用各种手段公开播送作品的表演的权利……"第 2 款规定："著作权人可以许可他人行使前款第五项至第十七项规定的权利，并依照约定或者本法有关规定获得报酬。"2010 年丙话剧团也欲使用该剧本演出，须经过著作权人甲的许可并支付报酬，A 选项正确。乙是表演者，享有表演者权，而不是表演权。丙话剧团欲使用该剧本演出，须经剧本著作权人同意而不是表演者同意，其他选项错误。

15. 下列选项中，属于邻接权客体的是〔　　〕。(2012-非法学-34-单)

A. 计算机软件

B. 即兴演讲

C. 具有独特造型的建筑物

D. 瑜伽录像制品

［答案］D

［考点］**邻接权**

［解析］邻接权，是指作品传播者传播作品所享的权利，其与著作权紧密相连，故称著作权邻接权。邻接权主要包含表演者、录音录像制品制作者、广播电台及电视台的权利。瑜伽录像制品是录像制品制作者权的客体，属于邻接权的客体，D 选项正确。计算机软件、即兴演讲、具有独特造型的建筑物均属于著作权的客体，A、B、C 选项错误。

16. 甲受乙委托，为乙画了一幅肖像，双方未约定该画著作权的归属。乙去世后，其继承人丙将该画卖给丁，丁未经任何人同意将该画复制出售。丁的行为〔　　〕。(2011-法学-18-单)

A. 侵犯了甲的著作权

B. 侵犯了乙的著作权

C. 侵犯了丙的著作权

D. 属于合法行使权利

［答案］A

［考点］**委托作品的著作权归属**

［解析］《著作权法》第 19 条规定："受委托创作的作品，著作权的归属由委托人和受托人通过合同约定。合同未作明确约定或者没有订立合同的，著作权属于受托人。"甲受乙委托，为乙画了一幅肖像，双方未约定该画著作权的归属，甲是作者，是著作权人，乙是该画的所有权人。乙去世，其继承人丙取得该画的所有权。丙将该画出卖给丁，丁取得所有权，但甲仍为著作权人。丁未经任何人同意将该画复制出售，侵犯了甲的著作权中的复制权和发行权，A 选项正确，其他选项错误。

17. 工程师甲在本职工作范围内，利用单位的物质技术条件，创作完成了一项由单位承担责任的产品设计图。根据法律规定，下列表述正确的是〔　　〕。(2011-非法学-28-单)

A. 该设计图的著作权由甲与其所在的单位共同享有

B. 该设计图的著作权归属由甲与其所在单位协商决定

C. 该设计图的著作权由甲享有，甲的单位在业务范围内有两年优先使用权

D. 该设计图由甲享有署名权，由甲的单位享有著作权的其他权利

［答案］D

［考点］**著作权归属**

［解析］《著作权法》第 18 条第 1 款规定：

"自然人为完成法人或者非法人组织工作任务所创作的作品是职务作品，除本条第二款的规定以外，著作权由作者享有，但法人或者非法人组织有权在其业务范围内优先使用。作品完成两年内，未经单位同意，作者不得许可第三人以与单位使用的相同方式使用该作品。"第 2 款规定："有下列情形之一的职务作品，作者享有署名权，著作权的其他权利由法人或者非法人组织享有，法人或者非法人组织可以给予作者奖励：（一）主要是利用法人或者非法人组织的物质技术条件创作，并由法人或者非法人组织承担责任的工程设计图、产品设计图、地图、示意图、计算机软件等职务作品；（二）报社、期刊社、通讯社、广播电台、电视台的工作人员创作的职务作品；（三）法律、行政法规规定或者合同约定著作权由法人或者非法人组织享有的职务作品。"本案的作品是产品设计图，工程师甲在本职工作范围内，利用单位的物质技术条件创作完成，由单位承担责任，甲享有署名权，由甲的单位享有著作权的其他权利，D 选项正确，其他选项错误。

18. 甲为撰写毕业论文，复印了某杂志上的一篇文章作为参考。甲的这一行为属于〔　　〕。（2011-非法学-29-单）

A. 法定许可使用行为

B. 侵权行为

C. 合理使用行为

D. 强制许可使用行为

［答案］C

［考点］**合理使用**

［解析］《著作权法》第 24 条第 1 款规定："在下列情况下使用作品，可以不经著作权人许可，不向其支付报酬，但应当指明作者姓名或者名称、作品名称，并且不得影响该作品的正常使用，也不得不合理地损害著作权人的合法权益：（一）为个人学习、研究或者欣赏，使用他人已经发表的作品；（二）为介绍、评论某一作品或者说明某一问题，在作品中适当引用他人已经发表的作品……"本案中，甲为撰写毕业论文，复印了某杂志上的一篇文章作为参考，属于合理使用，C 选项正确，其他选项错误。

二、 主观题

1. 简述表演者的权利与表演权的区别。（2018-非法学-简答-54）（2018-法学-简答-34）

［参考答案］（1）表演者的权利是表演者对作品的表演活动所享有的权利，属于邻接权；表演权是著作权人享有的公开表演作品以及用各种手段公开播送作品的表演的权利，属于著作权。

（2）表演者的权利的客体是作品的表演活动；表演权的客体是作品。

（3）表演者的权利包括人身权与财产权；表演权属于著作权中的财产权。

（4）表演者的权利中的有些权利，如表明表演者身份的权利的保护期不受限制，表演权则有保护期的限制。

［解析］制度比较题。类似制度的比较，须专门把握。

2. 简述邻接权与著作权的主要区别。（2014-非法学-54-简答）

［参考答案］著作权，亦称版权，是指著作权人对文学、艺术和科学作品依法享有的各项专有权利。邻接权，是指作品传播者传播作品所享有的权利，其与著作权紧密相连，故称著作权邻接权。邻接权主要包含表演者、录音录像制品制作者、广播电台及电视台的权利。邻接权与著作权的主要区别是：

（1）主体不同。邻接权的主体多为法人或者非法人组织，著作权的主体多为自然人。

（2）客体不同。邻接权的客体是传播作品过程中产生的成果，著作权的客体是作品本身。

（3）内容不同。邻接权中除表演者权外一般不涉及人身权，著作权包括人身权和财产权。

三、 2023 年度重点预测

主观题掌握：著作权的特征、著作人身权的内容。客观题经常考查：作者的确定、著作权法不予保护的对象、著作财产权。特别是著作财产权，每个权利的具体内容须深度理解。合理使用和法定许可大纲已经删除，属于超纲考点。

PART 03

第三章　专利权

一、 客观题

1. 根据我国《专利法》规定，外观设计专利权的保护范围〔　　〕。(2021-非法学-32-单)

A. 以申请文件的内容为准

B. 以表示在图片或者照片中的该产品的外观设计为准

C. 以权利要求的内容为准

D. 以说明书记载的内容为准

[答案] B

[考点] **专利权的保护范围**

[解析]【考点1：外观设计专利权的保护范围】《专利法》第64条第2款规定："外观设计专利权的保护范围以表示在图片或者照片中的该产品的外观设计为准，简要说明可以用于解释图片或者照片所表示的该产品的外观设计。"可见，B选项正确，其他选项错误。

【考点2：发明或者实用新型专利权的保护范围】《专利法》第64条第1款规定："发明或者实用新型专利权的保护范围以其权利要求的内容为准，说明书及附图可以用于解释权利要求的内容。"发明或者实用新型专利权的保护范围以其权利要求的内容为准。

2. 我国专利法对发明和实用新型采用的新颖性标准是〔　　〕。(2020-非法学-37-单)

A. 绝对新颖性标准

B. 绝对新颖性为主，相对新颖性为补充

C. 相对新颖性标准

D. 相对新颖性为主，绝对新颖性为补充

[答案] A

[考点] **专利申请**

[解析]《专利法》第22条第2款规定："新颖性，是指该发明或者实用新型不属于现有技术；也没有任何单位或者个人就同样的发明或者实用新型在申请日以前向国务院专利行政部门提出过申请，并记载在申请日以后公布的专利申请文件或者公告的专利文件中。"第5款规定："本法所称现有技术，是指申请日以前在国内外为公众所知的技术。"故我国在新颖性标准上采用的是绝对新颖性标准，A选项正确，其他选项错误。

3. 申请专利的发明创造在申请日以前6个月内发生下列情形，其中导致新颖性丧失的是〔　　〕。(2015-法学-13-单)

A. 在国内试销产品

B. 在规定的学术会议上首次发表

C. 他人未经申请人同意而泄露其内容

D. 在中国政府主办的国际展览会上首次展出

[答案] A

[考点] **新颖性**

[解析]《专利法》第24条规定："申请专利的发明创造在申请日以前六个月内，有下列情形之一的，不丧失新颖性：(一) 在国家出现紧急状态或者非常情况时，为公共利益目的首次公开的；(二) 在中国政府主办或者承认的国际展览会上首次展出的；(三) 在规定的学术会议或者技术会议上首次发表的；(四) 他人未经申请人同意而泄露其内容的。"在国内试销产品，丧失新颖性，A选项正确，其他选项错误。

4. 根据专利法规定，专利权转让合同履行完毕后，专利权被宣告无效的，该专利权转让合同〔　　〕。(2013-法学-20-单)

A. 效力待定，由双方当事人重新协商确定效力

B. 无效，转让人应当向受让人返还专利权转让费

C. 有效，转让人一般无须向受让人返还专利权转让费

D. 可撤销，受让人享有撤销该转让合同的权利

［答案］C

［考点］**专利权转让合同**

［解析］《专利法》第47条第1款规定："宣告无效的专利权视为自始即不存在。"第2款规定："宣告专利权无效的决定，对在宣告专利权无效前人民法院作出并已执行的专利侵权的判决、调解书，已经履行或者强制执行的专利侵权纠纷处理决定，以及已经履行的专利实施许可合同和专利权转让合同，不具有追溯力。但是因专利权人的恶意给他人造成的损失，应当给予赔偿。"专利权转让合同履行完毕后，专利权被宣告无效的，该专利权转让合同有效，转让人一般无须向受让人返还专利权转让费，C选项正确，其他选项错误。

5. 下列选项中，专利权人有权请求停止侵害的有〔　　〕。（2012-法学-29-多）

A. 甲公司购入侵犯专利权的产品后在电视台做销售广告

B. 乙公司将自己生产的侵犯专利权的产品在展销会上展出

C. 丙公司购入不知是侵犯专利权的产品后将其作为福利发放给职工

D. 丁公司获得专利权人的排他许可后将该专利技术再许可给第三人使用

［答案］ABD

［考点］**侵犯专利权**

［解析］《专利法》第11条第1款规定："发明和实用新型专利权被授予后，除本法另有规定的以外，任何单位或者个人未经专利权人许可，都不得实施其专利，即不得为生产经营目的制造、使用、许诺销售、销售、进口其专利产品，或者使用其专利方法以及使用、许诺销售、销售、进口依照该专利方法直接获得的产品。"第2款规定："外观设计专利权被授予后，任何单位或者个人未经专利权人许可，都不得实施其专利，即不得为生产经营目的的制造、许诺销售、销售、进口其外观设计专利产品。"甲公司购入侵犯专利权的产品后在电视台做销售广告，甲公司未经专利权人许可以生产经营为目的许诺销售行为，侵犯专利权，A选项正确。乙公司将自己生产的侵犯专利权的产品在展销会上展出，也属于许诺销售行为，侵犯专利权，B选项正确。丙公司购入不知是侵犯专利权的产品后将其作为福利发放给职工，并非以生产经营为目的的行为，不构成侵权，C选项错误。《专利法》第12条规定："任何单位或者个人实施他人专利的，应当与专利权人订立实施许可合同，向专利权人支付专利使用费。被许可人无权允许合同规定以外的任何单位或者个人实施该专利。"丁公司获得专利权人的排他许可后将该专利技术再许可给第三人使用，专利权人有权请求停止侵害，D选项正确。

6. 在发明专利申请文件中，确定专利权保护范围的主要依据是〔　　〕。（2012-非法学-35-单）

A. 说明书

B. 说明书摘要

C. 请求书

D. 权利要求书

［答案］D

［考点］**专利权保护范围**

［解析］《专利法》第64条第1款规定："发明或者实用新型专利权的保护范围以其权利要求的内容为准，说明书及附图可以用于解释权利要求的内容。"发明或者实用新型专利权的保护范围以其权利要求的内容为准。D选项正确，其他选项错误。

7. 甲与乙均为丙研究所的工作人员，二人受丁公司委托利用业余时间合作研发了一种新型电池，各方未就专利申请权的归属作出约定。该发明的专利申请权应属于〔　　〕。（2012-非法学-36-单）

A. 甲与乙

B. 丙研究所

C. 甲、乙和丙研究所

D. 丁公司

［答案］A

［考点］**专利权和专利申请权归属**

［解析］【考点1：职务发明创造】《专利法》第6条第1款规定："执行本单位的任务或者主要是利用本单位的物质技术条件所完成的发明创造为职务发明创造。职务发明创造申请专利的权利

属于该单位，申请被批准后，该单位为专利权人。该单位可以依法处置其职务发明创造申请专利的权利和专利权，促进相关发明创造的实施和运用。”本案中，甲、乙利用业余时间合作研发了一种新型电池，不属于职务发明创造，B、C 选项错误。

【考点 2：委托、合作发明创造的专利申请权归属】《专利法》第 8 条规定：“两个以上单位或者个人合作完成的发明创造、一个单位或者个人接受其他单位或者个人委托所完成的发明创造，除另有协议的以外，申请专利的权利属于完成或者共同完成的单位或者个人；申请被批准后，申请的单位或者个人为专利权人。”甲与乙虽然为丙研究所的工作人员，二人受丁公司委托利用业余时间合作研发了一种新型电池，不属于职务发明创造，属于委托发明创造。本案没有约定，因此专利申请权属于完成的人，即甲、乙。甲、乙构成合作发明创造，没有约定，专利申请权归合作方共有，A 选项正确，D 选项错误。

8. 下列行为中，构成侵犯专利权的是〔　　〕。(2011-非法学-30-单)

A. 专为科学研究和实验而使用有关权利

B. 购买合法销售的专利产品后再转卖给他人

C. 临时过境的运输工具依互惠原则为自身需要在其设备中使用有关专利

D. 为生产经营目的使用不知道是未经专利人许可而制造并售出的专利产品

［答案］D

［考点］**专利侵权行为**

［解析］【考点 1：不视为侵犯专利权的情形】《专利法》第 75 条规定：“有下列情形之一的，不视为侵犯专利权：（一）专利产品或者依照专利方法直接获得的产品，由专利权人或者经其许可的单位、个人售出后，使用、许诺销售、销售、进口该产品的；（二）在专利申请日前已经制造相同产品、使用相同方法或者已经作好制造、使用的必要准备，并且仅在原有范围内继续制造、使用的；（三）临时通过中国领陆、领水、领空的外国运输工具，依照其所属国同中国签订的协议或者共同参加的国际条约，或者依照互惠原则，为运输工具自身需要而在其装置和设备中使用有关专利的；（四）专为科学研究和实验而使用有关专利的；（五）为提供行政审批所需要的信息，制造、使用、进口专利药品或者专利医疗器械的，以及专门为其制造、进口专利药品或者专利医疗器械的。”A 选项属于《专利法》第 75 条第 4 项，不构成侵权，不选。B 选项属于《专利法》第 75 条第 1 项的专利权用尽，不构成侵权，不选。C 选项属于《专利法》第 75 条第 3 项的临时过境，不构成侵权，不选。

【考点 2：侵犯专利权的行为】《专利法》第 11 条第 1 款规定：“发明和实用新型专利权被授予后，除本法另有规定的以外，任何单位或者个人未经专利权人许可，都不得实施其专利，即不得为生产经营目的制造、使用、许诺销售、销售、进口其专利产品，或者使用其专利方法以及使用、许诺销售、销售、进口依照该专利方法直接获得的产品。”第 2 款规定：“外观设计专利权被授予后，任何单位或者个人未经专利权人许可，都不得实施其专利，即不得为生产经营目的制造、许诺销售、销售、进口其外观设计专利产品。”为生产经营目的使用不知道是未经专利人许可而制造并售出的专利产品，仍构成侵犯专利权。《专利法》第 77 条规定：“为生产经营目的使用、许诺销售或者销售不知道是未经专利权人许可而制造并售出的专利侵权产品，能证明该产品合法来源的，不承担赔偿责任。”故 D 选项仍然构成侵权，须承担停止侵害等侵权责任，但无须承担赔偿责任，故 D 选项正确。

二、主观题

1. 简述我国专利权客体的具体类型。(2016-非法学-54-简答)

［参考答案］专利权的客体，是指符合专利条件的发明创造，具体包括发明、实用新型和外观设计。

(1) 发明，是指对产品、方法或者其改进所提出的新的技术方案。发明是正确利用自然规律的结果，必须是一种技术方案。

(2) 实用新型，又称“小发明”或“小专利”，是指对产品的形状、构造或者其结合所提出的适于实用的新的技术方案。

(3) 外观设计，是指对产品的整体或者局部的形状、图案或者其结合以及色彩与形状、图案的结合所作出的富有美感并适于工业应用的新设计。

2. 简述职务发明创造的具体类型。（2015-非法学-53-简答）

［参考答案］所谓职务发明创造是指执行本单位的任务或者主要是利用本单位的物质技术条件所完成的发明创造。

（1）第一类职务发明创造：执行本单位任务所完成的发明创造。

①本职工作中作出的发明创造；

②履行本单位交付的本职工作之外的任务作出的发明创造；

③退休、调离原单位后或劳动、人事关系终止后 1 年内作出的，与其在原单位承担的本职工作或原单位分配的任务有关的发明创造；

（2）第二类职务发明创造：主要利用本单位的物质技术条件所完成的发明创造。

三、2023 年度重点预测

主观题注意：专利权的特征、不授予专利权的对象、专利权的内容。客观题须理解：专利权的客体、专利权的主体。

PART 04

第四章 商标权

一、客观题

1. 下列选项中，可以作为台灯注册商标的有〔　　〕。(2021-非法学-50-多) (2021-法学-30-多)

A. “照明”牌

B. “轻风”牌

C. “金榜”牌

D. “护眼”牌

[答案] BC

[考点] **商标注册**

[解析]《商标法》第 11 条第 1 款规定：“下列标志不得作为商标注册：(一) 仅有本商品的通用名称、图形、型号的；(二) 仅直接表示商品的质量、主要原料、功能、用途、重量、数量及其他特点的；(三) 其他缺乏显著特征的。”第 2 款规定：“前款所列标志经过使用取得显著特征，并便于识别的，可以作为商标注册。”申请注册的商标，应当有显著特征，便于识别。显著性又称“区别性”或者“识别性”，指用于特定商品或服务的标志具有识别该商品或服务的来源，从而能够将该商品或服务的提供者与其他同种或类似商品或服务的提供者加以区分的特性。标志的显著性首先取决于与相关商品或服务之间的关系：一个标志与它所指代的商品或者服务之间联系越密切，显著性越弱；反之，显著性越强。根据《商标法》第 11 条第 1 款规定，“照明”“护眼”等属于台灯的功能，不具有显著性，不能作为台灯的注册商标，A、D 选项错误。“轻风”“金榜”与台灯没有关联，具有显著性，可以作为台灯的注册商标，因此 B、C 选项正确。

2. 下列行为中，构成侵犯商标权的有〔　　〕。(2016-非法学-47-多)

A. 甲销售伪造的注册商标标识

B. 乙擅自制造他人注册商标标识

C. 丙未经商标注册人同意，更换其注册商标并将该更换商标的商品又投入市场

D. 丁在类似商品上，将与他人注册商标近似的标志作为商品装潢使用，误导公众

[答案] ABCD

[考点] **商标侵权行为**

[解析]《商标法》第 57 条规定：“有下列行为之一的，均属侵犯注册商标专用权：(一) 未经商标注册人的许可，在同一种商品上使用与其注册商标相同的商标的；(二) 未经商标注册人的许可，在同一种商品上使用与其注册商标近似的商标，或者在类似商品上使用与其注册商标相同或者近似的商标，容易导致混淆的；(三) 销售侵犯注册商标专用权的商品的；(四) 伪造、擅自制造他人注册商标标识或者销售伪造、擅自制造的注册商标标识的；(五) 未经商标注册人同意，更换其注册商标并将该更换商标的商品又投入市场的；(六) 故意为侵犯他人商标专用权行为提供便利条件，帮助他人实施侵犯商标专用权行为的；(七) 给他人的注册商标专用权造成其他损害的。”可见，A、B、C、D 选项正确。

3. 根据我国商标法，下列要素及其组合中，可以作为商标申请注册的有〔　　〕。(2015-法学-27-多)

A. 图形

B. 颜色组合

C. 三维标志

D. 声音

[答案] ABCD

[考点] **商标注册**

[解析]《商标法》第 8 条规定：“任何能够将自然人、法人或者其他组织的商品与他人的商

品区别开的标志，包括文字、图形、字母、数字、三维标志、颜色组合和声音等，以及上述要素的组合，均可以作为商标申请注册。”可见，A、B、C、D 选项均正确。

4. 法律规定，认定驰名商标应当考虑的因素有〔　　〕。(2013-法学-30-多)

A. 商标使用的持续时间

B. 商标使用人的生产、经营规模

C. 商标宣传的持续时间

D. 商标在相关公众中的知晓程度

［答案］ACD

［考点］**驰名商标**

［解析］《商标法》第 14 条第 1 款规定：“驰名商标应当根据当事人的请求，作为处理涉及商标案件需要认定的事实进行认定。认定驰名商标应当考虑下列因素：（一）相关公众对该商标的知晓程度；（二）该商标使用的持续时间；（三）该商标的任何宣传工作的持续时间、程度和地理范围；（四）该商标作为驰名商标受保护的记录；（五）该商标驰名的其他因素。”A、C、D 选项正确，B 选项错误。

5. 下列申请注册的商标，不符合我国商标法规定的是〔　　〕。(2013-非法学-37-单)

A. “仙山”牌药品商标

B. “奔月”牌电脑商标

C. “耐用”牌家具商标

D. “暖阳”牌毛巾商标

［答案］C

［考点］**显著性**

［解析］《商标法》第 11 条第 1 款规定：“下列标志不得作为商标注册：（一）仅有本商品的通用名称、图形、型号的；（二）仅直接表示商品的质量、主要原料、功能、用途、重量、数量及其他特点的；（三）其他缺乏显著特征的。”第 2 款规定：“前款所列标志经过使用取得显著特征，并便于识别的，可以作为商标注册。”“耐用”是家具的功能，不得作为商标注册，C 选项正确，其他选项错误。

6. 根据我国商标法的规定，注册商标的有效期为 10 年，其起算点为〔　　〕。(2012-非法学-37-单)

A. 商标公告之日

B. 商标核准注册之日

C. 申请人提出商标注册申请之日

D. 商标局收到商标注册申请之日

［答案］B

［考点］**商标保护期**

［解析］《商标法》第 39 条规定：“注册商标的有效期为十年，自核准注册之日起计算。”可见 B 选项正确，其他选项错误。

7. 甲公司为床单、被罩等床上用品注册了“栀子花”商标。下列未经许可的行为中，构成侵权的有〔　　〕。(2011-法学-28-多)

A. 某企业将“栀子花”注册为童装的商标并予以使用

B. 某公司将“栀子花”商标用在其生产的床单的外包装上

C. 某商场将假冒“栀子花”商标的枕套作为促销活动的赠品

D. 某公司购买甲公司的“栀子花”牌床罩后，将“栀子花”改为“玉兰花”并重新包装销售

［答案］BCD

［考点］**商标侵权行为**

［解析］《商标法》第 57 条规定：“有下列行为之一的，均属侵犯注册商标专用权：（一）未经商标注册人的许可，在同一种商品上使用与其注册商标相同的商标的；（二）未经商标注册人的许可，在同一种商品上使用与其注册商标近似的商标，或者在类似商品上使用与其注册商标相同或者近似的商标，容易导致混淆的；（三）销售侵犯注册商标专用权的商品的；（四）伪造、擅自制造他人注册商标标识或者销售伪造、擅自制造的注册商标标识的；（五）未经商标注册人同意，更换其注册商标并将该更换商标的商品又投入市场的；（六）故意为侵犯他人商标专用权行为提供便利条件，帮助他人实施侵犯商标专用权行为的；（七）给他人的注册商标专用权造成其他损害的。”某企业将“栀子花”注册为童装的商标并予以使用，“床上用品”和“童装”并非相同商品或者类似商品，不构成侵权，A 选项错误。某公司将“栀子花”商标用在其生产的床单的外包装上，属于

“未经商标注册人的许可，在同一种商品上使用与其注册商标相同的商标”的假冒行为，构成侵犯商标专用权，B 选项正确。某商场将假冒“栀子花”商标的枕套作为促销活动的赠品，仍然属于销售行为，属于“销售侵犯注册商标专用权的商品的”，构成侵权，C 选项正确。某公司购买甲公司的“栀子花”牌床罩后，将“栀子花”改为“玉兰花”并重新包装销售是反向假冒行为，构成侵权，D 选项正确。

8. 下列选项中，可以作为商标注册的是〔　〕。(2011-非法学-32-单)

A. “锐利”牌剪刀

B. “耐穿”牌皮鞋

C. “蝴蝶”牌缝纫机

D. “精粉”牌馒头

[答案] C

[考点] **商标注册**

[解析]《商标法》第 11 条第 1 款规定：“下列标志不得作为商标注册：(一) 仅有本商品的通用名称、图形、型号的；(二) 仅直接表示商品的质量、主要原料、功能、用途、重量、数量及其他特点的；(三) 其他缺乏显著特征的。”第 2 款规定：“前款所列标志经过使用取得显著特征，并便于识别的，可以作为商标注册。”锐利是剪刀的功能，耐穿是皮鞋的功能，精粉是馒头的主要原料，均不具有显著性，不得作为商标注册，A、B、D 选项错误。蝴蝶和缝纫机没有关联，有显著性，可以注册，C 选项正确。

二、简答题

1. 简述侵犯商标权的主要情形。(2020-非法学-54-多)(2020-法学-34-多)

[参考答案] 侵犯商标权的主要情形：

(1) 未经商标注册人的许可，在同一种商品上使用与其注册商标相同的商标；

(2) 未经商标注册人的许可，在同一种商品上使用与其注册商标近似的商标，或者在类似商品上使用与其注册商标相同或者近似的商标，容易导致混淆的；

(3) 销售侵犯注册商标专用权的商品；

(4) 伪造、擅自制造他人注册商标标识或者销售伪造、擅自制造的注册商标标识；

(5) 未经商标注册人同意，更换其注册商标并将该更换商标的商品又投入市场；

(6) 故意为侵犯他人商标专用权行为提供便利条件，帮助他人实施侵犯商标专用权行为。

[解析] 类型总结题。侵犯商标权的类型、侵犯商业秘密的类型等，侵权类型的总结。

2. 简述商标权的内容。(2017-法学-32-简答)

[参考答案] 商标权的内容，即商标权的主要权利，具体包括：

(1) 独占使用权。商标一经注册，商标权人即对注册商标在法定范围内享有专有使用的权利，他人未经许可不得使用，否则构成侵权。

(2) 许可使用权。商标权人有权通过签订商标使用许可合同，许可他人使用自己的注册商标。商标权人可以保留自己的使用权，也可以放弃使用权，但无论哪种情况，商标权并未发生转移，仍属于许可人。

(3) 转让权。商标权人有权依照法律规定，将商标权转让给他人。商标转让后，原商标权人的权利丧失，受让人取得商标权。

三、2023 年度重点预测

主观题注意：商标权的特征。客观题须理解：商标权的内容，特别注意商标注册的条件；商标侵权行为已经考查主观题，接下来是客观题考查。

PART V

第五编 人格权

PART 01

第一章　人格权

第一节　人格权的一般规则

一、客观题

1. 下列权利中，属于身份权的是〔　　〕。(2016-非法学-25-单)

A. 名誉权

B. 名称权

C. 隐私权

D. 配偶权

[答案] D

[考点] **身份权**

[解析]《民法典》第990条第1款规定："人格权是民事主体享有的生命权、身体权、健康权、姓名权、名称权、肖像权、名誉权、荣誉权、隐私权等权利。"名誉权、名称权、隐私权是人格权，故A、B、C选项错误。《民法典》第112条规定："自然人因婚姻家庭关系等产生的人身权利受法律保护。"第1001条规定："对自然人因婚姻家庭关系等产生的身份权利的保护，适用本法第一编、第五编和其他法律的相关规定；没有规定的，可以根据其性质参照适用本编人格权保护的有关规定。"可见，配偶权是身份权，D选项正确。

2. 下列行为中，属于侵害人身权的有〔　　〕。(2016-法学-29-多)

A. 王某将金某口中种植的假牙打落

B. 李某干涉其已成年的儿子小李变更姓名

C. 陆某离婚后屡次阻拦前妻齐某探望孩子

D. 记者赵某将游客张某的不文明行为拍成照片

[答案] ABC

[考点] **人身权**

[解析]【考点1：身体权】《民法典》第1003条规定："自然人享有身体权。自然人的身体完整和行动自由受法律保护。任何组织或者个人不得侵害他人的身体权。"金某口中种植的假牙和人体相结合，成为人体的一部分，不再是物，故王某侵犯金某的身体权，属于人身权的一种，A选项正确。

【考点2：姓名权】《民法典》第1014条规定："任何组织或者个人不得以干涉、盗用、假冒等方式侵害他人的姓名权或者名称权。"李某干涉其已成年的儿子小李变更姓名，侵犯其姓名权，属于人身权的一种，B选项正确。

【考点3：探望权】《民法典》第1086条第1款规定："离婚后，不直接抚养子女的父或者母，有探望子女的权利，另一方有协助的义务。"陆某离婚后屡次阻拦前妻齐某探望孩子，侵犯其探望权，属于人身权的一种，C选项正确。

【考点4：肖像权】《民法典》第999条规定："为公共利益实施新闻报道、舆论监督等行为的，可以合理使用民事主体的姓名、名称、肖像、个人信息等；使用不合理侵害民事主体人格权的，应当依法承担民事责任。"记者赵某将游客张某的不文明行为拍成照片，属于"为公共利益实施新闻报道、舆论监督等行为"，不构成侵权，D选项错误。

3. 下列有关自然人人格权与身份权异同的表述，不正确的是〔　　〕。(2012-非法学-32-单)

A. 人格权与身份权均没有直接财产内容

B. 人格权与身份权均属于支配权和绝对权

C. 人格权受到侵害后权利人可以请求精神损害赔偿，身份权则不可以

D. 人格权始于出生，身份权则以取得一定身份为前提

[答案] C

［考点］**人格权和身份权**

［解析］【考点1：人格权与身份权的异同】人格权与身份权均没有直接财产内容、人格权与身份权均属于支配权和绝对权、人格权始于出生，身份权则以取得一定身份为前提，所以，A、B、D 选项的表述均正确，不选。

【考点2：精神损害赔偿】《民法典》第1183条规定："侵害自然人人身权益造成严重精神损害的，被侵权人有权请求精神损害赔偿。"侵害自然人人格权和身份权，造成严重精神损害，被侵权人均有权请求精神损害赔偿，C 选项表述不正确，当选。

二、2023 年度重点预测

主观题：人格权的特征、一般人格权的特征。客观题注意人格权的一般规则。

第二节　具体人格权

一、生命权、身体权、健康权

1. 甲医院误将患者乙的左肾切除。甲医院有义务赔偿乙的〔　　〕。（2015-非法学-49-多）

A. 精神损害

B. 后续治疗费用

C. 护理费和交通费

D. 因误工减少的收入

［答案］ABCD

［考点］**身体权**

［解析］【考点1：侵犯身体权】《民法典》第1003条规定："自然人享有身体权。自然人的身体完整和行动自由受法律保护。任何组织或者个人不得侵害他人的身体权。"甲医院误将患者乙的左肾切除，侵犯身体权。

【考点2：损害赔偿】《民法典》第1183条规定："侵害自然人人身权益造成严重精神损害的，被侵权人有权请求精神损害赔偿。"甲医院误将患者乙的左肾切除，侵犯乙的身体权，造成严重精神损害，可以主张精神损害赔偿，A 选项正确。《民法典》第1179条规定："侵害他人造成人身损害的，应当赔偿医疗费、护理费、交通费、营养费、住院伙食补助费等为治疗和康复支出的合理费用，以及因误工减少的收入。造成残疾的，还应当赔偿辅助器具费和残疾赔偿金；造成死亡的，还应当赔偿丧葬费和死亡赔偿金。"故 B、C、D 选项正确。

2. 甲向乙求婚，遭拒绝，甲恼羞成怒剪掉了乙飘逸的长发，乙因此忧郁成疾。甲侵害了乙的〔　　〕。（2014-法学-20-单）

A. 名誉权　　B. 健康权

C. 身体权　　D. 肖像权

［答案］C

［考点］**身体权**

［解析］【考点1：侵犯身体权】《民法典》第1003条规定："自然人享有身体权。自然人的身体完整和行动自由受法律保护。任何组织或者个人不得侵害他人的身体权。"甲恼羞成怒剪掉了乙飘逸的长发，侵犯乙的身体权，C 选项正确。

【考点2：相当因果关系】确定加害行为与损害结果之间有无因果关系，要依行为时的一般社会智识经验作为判断标准，认为该加害行为有引起该损害结果发生的可能性，而在实际上该加害行为确实引起了该损害结果，则该加害行为与该结果之间有因果关系。按照一般社会智识经验，剪头发不会导致忧郁成疾，不存在因果关系，并未侵犯健康权，B 选项错误。本案不涉及名誉和肖像，A、D 选项错误。

二、姓名权及名称权

1. 甲谎称是乙公司的代理人，以乙公司的名义与丙公司签订合同。甲侵犯了乙公司的〔　　〕。（2017-非法学-34-单）

A. 姓名权　　B. 商标权

C. 名誉权　　D. 名称权

［答案］D

［考点］**名称权**

［解析］《民法典》第1014条规定："任何组织或者个人不得以干涉、盗用、假冒等方式侵害他人的姓名权或者名称权。"甲谎称是乙公司的代理人，以乙公司的名义与丙公司签订合同，属于盗用乙公司的名称，侵犯乙公司的名称权，D 选项正确，A 选项错误。本案不涉及商标权和名誉权，故 B、C 选项错误。

2. 甲公司买通乙公司员工，获得乙公司的产品制造方法及客户名单等保密信息。其后甲公司以乙公司的名义与乙公司客户进行交易。甲公司的行为侵害了乙公司的〔　　〕。(2016-非法学-50-多)

A. 专利权　　B. 商业秘密

C. 名称权　　D. 隐私权

[答案] BC

[考点] **名称权、商业秘密**

[解析] 【考点1：名称权】《民法典》第1014条规定："任何组织或者个人不得以干涉、盗用、假冒等方式侵害他人的姓名权或者名称权。"甲公司以乙公司的名义与乙公司客户进行交易，侵犯乙公司的名称权，C选项正确。

【考点2：商业秘密】《反不正当竞争法》第9条第1款规定："经营者不得实施下列侵犯商业秘密的行为：(一) 以盗窃、贿赂、欺诈、胁迫或者其他不正当手段获取权利人的商业秘密；(二) 披露、使用或者允许他人使用以前项手段获取的权利人的商业秘密；(三) 违反约定或者违反权利人有关保守商业秘密的要求，披露、使用或者允许他人使用其所掌握的商业秘密……"第2款规定："第三人明知或者应知商业秘密权利人的员工、前员工或者其他单位、个人实施前款所列违法行为，仍获取、披露、使用或者允许他人使用该商业秘密的，视为侵犯商业秘密。"第3款规定："本法所称的商业秘密，是指不为公众所知悉、具有商业价值并经权利人采取相应保密措施的技术信息和经营信息。"甲公司买通乙公司员工，获得乙公司的产品制造方法及客户名单等保密信息，侵犯乙公司的商业秘密，B选项正确。本案不涉及专利权、隐私权，A、D选项错误。

3. 甲、乙系父子关系。乙在注册公司时，将其父甲登记为股东之一，后被甲发现。因甲不同意，双方发生争执并诉至法院。乙的行为〔　　〕。(2013-非法学-36-单)

A. 合法，属于法定代理

B. 合法，属于无因管理

C. 非法，侵犯了甲的姓名权

D. 非法，侵犯了甲的隐私权

[答案] C

[考点] **姓名权**

[解析]《民法典》第1014条规定："任何组织或者个人不得以干涉、盗用、假冒等方式侵害他人的姓名权或者名称权。"乙未经其父甲同意，在注册公司时，将其父甲登记为股东之一，属于盗用行为，侵犯甲的姓名权，C选项正确，其他选项错误。

三、肖像权

1. 甲为乙拍摄照片后将照片发到朋友圈，丙看到后觉得很有趣，遂将该照片做成搞笑表情包出售。丙侵犯了〔　　〕。(2021-非法学-31-单)

A. 乙的肖像权

B. 乙的荣誉权

C. 甲的发表权

D. 甲的隐私权

[答案] A

[考点] **肖像权**

[解析] 【考点1：委托作品的著作权归属】《著作权法》第19条规定："受委托创作的作品，著作权的归属由委托人和受托人通过合同约定。合同未作明确约定或者没有订立合同的，著作权属于受托人。"甲为乙拍摄照片，乙是委托人，甲是受托人。该摄影作品如果符合独创性要求，因为没有约定，著作权归受托人甲。发表权，即决定作品是否公之于众的权利。发表权只能行使一次。如果作者自己或者委托他人已将作品公之于众，则第三人再次将作品公之于众的行为，并未侵犯发表权。甲已经将照片发到朋友圈公之于众，已经发表，丙并未侵犯甲的发表权，C选项错误。

【考点2：肖像权】《民法典》第1019条第1款规定："任何组织或者个人不得以丑化、污损，或者利用信息技术手段伪造等方式侵害他人的肖像权。未经肖像权人同意，不得制作、使用、公开肖像权人的肖像，但是法律另有规定的除外。"丙将该照片做成搞笑表情包出售，属于未经肖像权人同意制作、使用肖像权人肖像，构成侵权，A选项正确。

【考点3：荣誉权和隐私权】《民法典》第1024条第1款规定："民事主体享有名誉权。任何组织或者个人不得以侮辱、诽谤等方式侵害他人的名誉权。"第2款规定："名誉是对民事主体的品德、声望、才能、信用等的社会评价。"本案并未涉及荣誉权侵权行为，故B选项错误。《民法典》第 1032 条第 1 款规定：“自然人享有隐私权。任何组织或者个人不得以刺探、侵扰、泄露、公开等方式侵害他人的隐私权。”第 2 款规定：“隐私是自然人的私人生活安宁和不愿为他人知晓的私密空间、私密活动、私密信息。”自然人的照片若存在隐私内容，方有可能侵犯隐私权。本案中的照片并未涉及隐私内容，没有侵犯隐私权，D 选项错误。

2. 微信名为“温柔的小蜜蜂”的用户在朋友圈中发图配文称：张某是一位糖尿病患者，服用“小蜜蜂”牌保健品后病情得到控制。李某发现该图用的是自己的生活照，且文字内容与自己毫不相干。该用户侵犯了李某的〔　　〕。（2020-非法学-25-单）（2020-法学-15-单）

A. 名誉权

B. 肖像权

C. 个人信息权益

D. 姓名权

［答案］B

［考点］**肖像权**

［解析］【考点 1：肖像权】《民法典》第 1019 条第 1 款规定：“任何组织或者个人不得以丑化、污损，或者利用信息技术手段伪造等方式侵害他人的肖像权。未经肖像权人同意，不得制作、使用、公开肖像权人的肖像，但是法律另有规定的除外。”该用户擅自使用他人肖像，侵犯李某的肖像权，故 B 选项正确。

【考点 2：名誉权、个人信息及姓名权】《民法典》第 1024 条规定：“民事主体享有名誉权。任何组织或者个人不得以侮辱、诽谤等方式侵害他人的名誉权。”该用户并无侮辱或者诽谤行为，并未侵犯李某的名誉权，A 选项错误。本案中的糖尿病并非李某的个人信息，并未侵犯李某的个人信息权益，C 选项错误。《民法典》第 1014 条规定：“任何组织或者个人不得以干涉、盗用、假冒等方式侵害他人的姓名权或者名称权。”本案中该用户并无干涉、盗用、假冒行为，并未侵犯李某的姓名权，D 选项错误。

3. 摄影师甲以乙为模特拍摄了数百张艺术照。甲将这些照片编辑成画册，未经乙同意交出版社出版发行。甲的行为侵害了乙的〔　　〕。（2018-非法学-28-单）（2018-法学-18-单）

A. 著作权　　B. 发表权

C. 肖像权　　D. 署名权

［答案］C

［考点］**肖像权**

［解析］【考点 1：著作权】摄影师甲以乙为模特拍摄了数百张艺术照，甲是作者，属于著作权人。甲对自己作品交出版社出版发行，并未侵犯乙的著作权（署名权、发表权等），因为乙没有著作权，A、B、D 选项错误。

【考点 2：肖像权】《民法典》第 1019 条第 2 款规定：“未经肖像权人同意，肖像作品权利人不得以发表、复制、发行、出租、展览等方式使用或者公开肖像权人的肖像。”故甲的行为侵害了乙的肖像权，C 选项正确。

4. 某电影厂以纪实手法拍摄影片，拍摄街头实景时将报刊摊主汪某摄入镜头，并有 3 秒钟形象定格。影片公映后，汪某因此屡遭他人调侃，心生不悦。电影厂的行为〔　　〕。（2016-法学-14-单）

A. 不构成侵权

B. 侵犯了汪某的肖像权

C. 侵犯了汪某的名誉权

D. 侵犯了汪某的隐私权

［答案］A

［考点］**肖像合理使用**

［解析］《民法典》第 1020 条规定：“合理实施下列行为的，可以不经肖像权人同意：（一）为个人学习、艺术欣赏、课堂教学或者科学研究，在必要范围内使用肖像权人已经公开的肖像；（二）为实施新闻报道，不可避免地制作、使用、公开肖像权人的肖像；（三）为依法履行职责，国家机关在必要范围内制作、使用、公开肖像权人的肖像；（四）为展示特定公共环境，不可避免地制作、使用、公开肖像权人的肖像；（五）为维护公共利益或者肖像权人合法权益，制作、使用、公开肖像权人的肖像的其他行为。”某电影厂以纪实手法拍摄影片，属于合理使用，不构成侵权，A 选项正确，其他选项错误。

5. 甲公司擅自使用电视剧《华妃传》中华妃扮演者的剧照为某化妆品做广告，甲公司的行为侵害了〔　　〕。（2015-非法学-35-单）

A. 华妃扮演者的肖像权

B. 华妃扮演者的名誉权

C.《华妃传》著作权人的著作权

D.《华妃传》著作权人的邻接权

[答案] A

[考点] **肖像权**

[解析]《民法典》第1019条第1款规定："任何组织或者个人不得以丑化、污损，或者利用信息技术手段伪造等方式侵害他人的肖像权。未经肖像权人同意，不得制作、使用、公开肖像权人的肖像，但是法律另有规定的除外。"甲公司擅自使用电视剧《华妃传》中华妃扮演者的剧照为某化妆品做广告，擅自使用他人肖像，侵犯其肖像权，A选项正确，其他选项错误。

6. 摄影师甲为刘某拍照后，私自将照片卖给乙制作挂历销售。后来乙又将照片送给丙作橱窗广告，被刘某发现诉至法院。在本案中，侵害刘某肖像权的是〔　　〕。(2013-非法学-35-单)

A. 甲和乙　　B. 乙和丙

C. 甲和丙　　D. 甲、乙、丙

[答案] D

[考点] **肖像权**

[解析]《民法典》第1019条第2款规定："未经肖像权人同意，肖像作品权利人不得以发表、复制、发行、出租、展览等方式使用或者公开肖像权人的肖像。"摄影师甲为刘某拍照，如果该摄影作品具有独创性，甲是著作权人。甲私自将照片卖给乙制作挂历销售，侵犯刘某的肖像权。《民法典》第1019条第1款规定："任何组织或者个人不得以丑化、污损，或者利用信息技术手段伪造等方式侵害他人的肖像权。未经肖像权人同意，不得制作、使用、公开肖像权人的肖像，但是法律另有规定的除外。"乙制作挂历销售是擅自使用和公开行为，侵犯刘某的肖像权。丙作橱窗广告是擅自使用行为，侵害刘某的肖像权，故D选项正确，其他选项错误。

7. 下列选项中，属于侵害肖像权的是〔　　〕。(2012-法学-20-单)

A. 甲殴打耿某致其面部受伤

B. 乙以营利为目的擅自使用已故著名运动员蒋某的相片

C. 丙整容成知名歌星商某的外形参加营利性模仿秀表演

D. 丁将偶然在辛某博客上看到的辛某自画像用于某杂志封面

[答案] D

[考点] **肖像权**

[解析]《民法典》第1018条第1款规定："自然人享有肖像权，有权依法制作、使用、公开或者许可他人使用自己的肖像。"《民法典》第1019条第1款规定："任何组织或者个人不得以丑化、污损，或者利用信息技术手段伪造等方式侵害他人的肖像权。未经肖像权人同意，不得制作、使用、公开肖像权人的肖像，但是法律另有规定的除外。"第2款规定："未经肖像权人同意，肖像作品权利人不得以发表、复制、发行、出租、展览等方式使用或者公开肖像权人的肖像。"甲殴打耿某致其面部受伤并不涉及肖像，没有侵犯肖像权，A选项错误。乙以营利为目的擅自使用已故著名运动员蒋某的相片，因为蒋某已经死亡，不能享有肖像权，侵犯的是死者的人格利益，B选项错误。丙整容成知名歌星商某的外形参加营利性模仿秀表演，也没有使用他人肖像，C选项错误。丁将偶然在辛某博客上看到的辛某自画像用于某杂志封面，属于擅自使用他人肖像的行为，侵犯辛某的肖像权，D选项正确。

8. 甲与某影楼约定，影楼免费为甲拍摄艺术照，同时有权选择其中的一套照片用于制作影楼的宣传画册。后甲发现自己的照片出现在某整容医院的广告中。经查，该照片系整容医院从影楼购得。根据法律规定〔　　〕。(2011-法学-30-多)

A. 影楼的行为构成违约

B. 影楼的行为侵犯了甲的肖像权

C. 整容医院的行为侵犯了甲的隐私权

D. 整容医院的行为侵犯了甲的肖像权

[答案] ABD

[考点] **肖像权**

[解析]【考点1：违约责任】甲与某影楼约定，影楼免费为甲拍摄艺术照，同时有权选择其中的一套照片用于制作影楼的宣传画册。但是影楼违反约定将照片卖给医院使用，须承担违约责任，A选项正确。

【考点2：肖像权】《民法典》第1019条第1

款规定："任何组织或者个人不得以丑化、污损，或者利用信息技术手段伪造等方式侵害他人的肖像权。未经肖像权人同意，不得制作、使用、公开肖像权人的肖像，但是法律另有规定的除外。"第 2 款规定："未经肖像权人同意，肖像作品权利人不得以发表、复制、发行、出租、展览等方式使用或者公开肖像权人的肖像。"影楼的行为超出了合同约定的范围使用甲的肖像、医院未经甲的同意使用甲的肖像，均侵犯肖像权，B、D 选项正确。本案的肖像并未涉及隐私，没有侵犯隐私权，C 选项错误。

9. 下列人身权中，属于自然人专有的是〔　　〕。(2011-非法学-39-单)

A. 名誉权　　B. 肖像权

C. 信用权　　D. 荣誉权

［答案］B

［考点］**肖像权**

［解析］《民法典》第 1018 条第 1 款规定："自然人享有肖像权，有权依法制作、使用、公开或者许可他人使用自己的肖像。"可见，只有自然人才有肖像权，B 选项正确，其他选项错误。

四、名誉权、荣誉权

甲将乙的照片和联系方式发到自己的微信朋友圈，声称乙欠钱不还，是个骗子。经查，甲所言与事实完全不符。甲的行为侵害了乙的〔　　〕。(2018-非法学-29-多)(2018-法学-19-多)

A. 姓名权　　B. 名誉权

C. 肖像权　　D. 荣誉权

［答案］BC

［考点］**名誉权**

［解析］【考点 1：名誉权】《民法典》第 1024 条第 1 款规定："民事主体享有名誉权。任何组织或者个人不得以侮辱、诽谤等方式侵害他人的名誉权。"第 2 款规定："名誉是对民事主体的品德、声望、才能、信用等的社会评价。"甲声称乙是骗子，与事实不符，属于诽谤行为，造成乙的社会评价降低，侵犯名誉权，B 选项正确。

【考点 2：肖像权】《民法典》第 1019 条第 1 款规定："任何组织或者个人不得以丑化、污损，或者利用信息技术手段伪造等方式侵害他人的肖像权。未经肖像权人同意，不得制作、使用、公开肖像权人的肖像，但是法律另有规定的除外。"我国原《民法通则》要求侵犯肖像权须以营利为目的，《民法典》不再要求以营利为目的，故甲擅自使用乙的照片，侵犯肖像权，C 选项正确。本案并无干涉、盗用、假冒姓名的行为，也不涉及荣誉权，故 A、D 选项错误。本题公布的答案是 B，因法律修改，答案应该改为 BC。

五、隐私权和个人信息保护

1. 甲公司将售房过程中收集到的购房者的姓名、身份证号码、电话、家庭住址等信息打包出售。甲公司的行为侵害了购房者的〔　　〕。(2019-非法学-26-单)(2019-法学-16-单)

A. 个人信息权益

B. 身份权

C. 信用权

D. 姓名权

［答案］A

［考点］**个人信息保护**

［解析］【考点 1：个人信息保护】《民法典》第 1034 条第 1 款规定："自然人的个人信息受法律保护。"第 2 款规定："个人信息是以电子或者其他方式记录的能够单独或者与其他信息结合识别特定自然人的各种信息，包括自然人的姓名、出生日期、身份证件号码、生物识别信息、住址、电话号码、电子邮箱、健康信息、行踪信息等。"《民法典》第 111 条规定："自然人的个人信息受法律保护。任何组织或者个人需要获取他人个人信息的，应当依法取得并确保信息安全，不得非法收集、使用、加工、传输他人个人信息，不得非法买卖、提供或者公开他人个人信息。"购房者的姓名、身份证号码、电话、家庭住址等信息，属于个人信息，甲公司的行为侵害了购房者的个人信息权益，A 选项正确，其他选项错误。

【考点 2：信用保护】《民法典》第 1024 条第 1 款规定："民事主体享有名誉权。任何组织或者个人不得以侮辱、诽谤等方式侵害他人的名誉权。"第 2 款规定："名誉是对民事主体的品德、声望、才能、信用等的社会评价。"《民法典》第 1029 条规定："民事主体可以依法查询自己的信用评价；发现信用评价不当的，有权提出异议并请求采取更正、删除等必要措施。信用评价人应当及时核查，经核查属实的，应当及时采取必要措施。”我国《民法典》并未明文规定信用权，关于信用评价，是通过名誉权进行保护。本案也无涉及身份权和姓名权的侵犯问题，故B、C、D选项错误。

2. 某公安局官方微博公布了演员甲因容留他人吸毒被抓的消息，某知名记者在其博客上转载该消息，并上传了甲与艺人乙、丙一起赌博的照片。该记者的行为〔　　〕。(2015-非法学-40-单)(2015-法学-20-单)

A. 侵害了甲的隐私权

B. 侵害了乙、丙的肖像权

C. 侵害了乙、丙的隐私权

D. 不构成侵权

[答案] D

[考点] **肖像权**

[解析]《民法典》第999条规定：“为公共利益实施新闻报道、舆论监督等行为的，可以合理使用民事主体的姓名、名称、肖像、个人信息等；使用不合理侵害民事主体人格权的，应当依法承担民事责任。”《民法典》第1020条规定：“合理实施下列行为的，可以不经肖像权人同意：(一)为个人学习、艺术欣赏、课堂教学或者科学研究，在必要范围内使用肖像权人已经公开的肖像；(二)为实施新闻报道，不可避免地制作、使用、公开肖像权人的肖像；(三)为依法履行职责，国家机关在必要范围内制作、使用、公开肖像权人的肖像；(四)为展示特定公共环境，不可避免地制作、使用、公开肖像权人的肖像；(五)为维护公共利益或者肖像权人合法权益，制作、使用、公开肖像权人的肖像的其他行为。”记者的行为属于为公共利益舆论监督，没有侵害肖像权。隐私权保护的是合法信息，对于非法行为，不是隐私权的保护范围，故D选项正确，其他选项错误。

3. 下列选项中，属于人格权且只能由自然人享有的是〔　　〕。(2014-非法学-32-单)

A. 荣誉权　　B. 名誉权

C. 隐私权　　D. 亲属权

[答案] C

[考点] **人格权**

[解析] 法人、非法人组织享有的人格权有三大类：荣誉权、名誉权、名称权，A、B选项错误。《民法典》第1032条规定：“自然人享有隐私权。任何组织或者个人不得以刺探、侵扰、泄露、公开等方式侵害他人的隐私权。”隐私权属于人格权且只能由自然人享有，C选项正确。亲属权是身份权，D选项错误。

六、主观题

肖像合理使用的情形。(2022-非法学/法学-简答-回忆版)

[参考答案]

合理实施下列行为的，可以不经肖像权人同意：

(1) 为个人学习、艺术欣赏、课堂教学或者科学研究，在必要范围内使用肖像权人已经公开的肖像；

(2) 为实施新闻报道，不可避免地制作、使用、公开肖像权人的肖像；

(3) 为依法履行职责，国家机关在必要范围内制作、使用、公开肖像权人的肖像；

(4) 为展示特定公共环境，不可避免地制作、使用、公开肖像权人的肖像；

(5) 为维护公共利益或者肖像权人合法权益，制作、使用、公开肖像权人的肖像的其他行为。

七、2023年度重点预测

本节从2022年开始，考查了简答题，今后注意以下简答题：各类人格权的特征、荣誉和名誉的区别、侵犯隐私权的类型、自然人与个人信息处理者的关系。

客观题须掌握侵犯各类人格权的构成要件和类型。

PART 02

第二章　精神损害赔偿

一、客观题

1. 甲将祖父的遗像交给乙装裱，乙粗心大意，弄丢了该遗像，甲非常痛苦。甲有权要求乙〔　　〕。(2020-非法学-50-多)(2020-法学-30-多)

A. 返还原物

B. 恢复原状

C. 赔偿财产损失

D. 赔偿精神损害

[答案] CD

[考点] **精神损害赔偿**

[解析]《民法典》第 1183 条第 1 款规定："侵害自然人人身权益造成严重精神损害的，被侵权人有权请求精神损害赔偿。"第 2 款规定："因故意或者重大过失侵害自然人具有人身意义的特定物造成严重精神损害的，被侵权人有权请求精神损害赔偿。"侵害自然人具有人身意义的特定物主张精神损害赔偿的要件：(1) 须故意或者重大过失；(2) 须属于自然人具有人身意义的特定物；(3) 须造成严重精神损害。本案中乙粗心大意，具有重大过失；祖父的遗像属于具有人身意义的特定物；甲非常痛苦，造成严重精神损害，因此甲有权要求乙赔偿精神损害，D 选项正确。当然，因为侵犯财产权，且已经丢失，无法返还和恢复原状，但可以主张财产损害赔偿，C 选项正确，A、B 选项错误。

2. 根据我国侵权责任法的规定，下列情形可以适用精神损害赔偿的是〔　　〕。(2013-非法学-单)

A. 某公司连续一年未发工资，致职工甲忧心忡忡

B. 某学校违反合同提前解聘教师乙，致其痛苦不堪

C. 某行政机关公布对工作人员丙的处分决定，致其精神萎靡不振

D. 某医院因失误致产妇丁抱错孩子，其抚养 15 年后发现真相痛苦万分

[答案] D

[考点] **精神损害赔偿**

[解析]【考点 1：精神损害赔偿】《民法典》第 1183 条第 1 款规定："侵害自然人人身权益造成严重精神损害的，被侵权人有权请求精神损害赔偿。"第 2 款规定："因故意或者重大过失侵害自然人具有人身意义的特定物造成严重精神损害的，被侵权人有权请求精神损害赔偿。"某公司连续一年未发工资，某学校违反合同提前解聘教师乙，某行政机关公布对工作人员丙的处分决定，并未侵犯人身权益，不能主张精神损害赔偿，A、B、C 选项错误。

【考点 2：监护关系】《精神损害赔偿解释》第 2 条规定："非法使被监护人脱离监护，导致亲子关系或者近亲属间的亲属关系遭受严重损害，监护人向人民法院起诉请求赔偿精神损害的，人民法院应当依法予以受理。"某医院因失误致产妇丁抱错孩子，其抚养 15 年后发现真相痛苦万分，可以主张精神损害赔偿，D 选项正确。

二、2023 年度重点预测

精神损害赔偿的适用范围及主张路径，掌握客观题。

PART VI

第六编

婚姻家庭

PART 01

第一章　亲属制度

一、客观题

甲的外祖父与乙的父亲是亲兄弟。甲与乙属于〔　　〕。(2021-非法学-27-单)(2021-法学-17-单)

A. 四代旁系血亲

B. 五代旁系血亲

C. 二代旁系血亲

D. 三代旁系血亲

[答案] A

[考点] **亲等**

[解析] 【考点1：旁系血亲的计算】首先找出要计算的两个旁系血亲的同源直系血亲，然后按照直系血亲的计算方法，分别计算出每一方与同源直系血亲之间的代数。如果两边的代数相同，则用一边的代数定代数。如果两边的世代数不同，则取世代数大的一边定代数。甲的外祖父与乙的父亲是亲兄弟，甲、乙的同源直系血亲是乙的祖父母。乙和其祖父母是三代血亲，甲和乙的祖父母是四代血亲，故取世代数大的一边定代数，故甲与乙属于四代旁系血亲，A选项正确，其他选项错误。

【考点2：直系血亲的计算】计算自己与长辈直系血亲之间的亲属关系时，以己身作为计算起点，己身为一代，向上数至父母时为二代，再数至祖父母、外祖父母时为三代，依此类推。

计算自己与晚辈直系血亲之间的亲属关系时，仍以己身为一代，向下数至子女时为二代，再数至孙子女、外孙子女时为三代，依此类推。

二、2023年度重点预测

理解亲属的种类、亲等的计算。

PART 02
第二章　结　婚

一、客观题

1. 甲在2005年与乙结婚登记，2010年又与丙登记结婚，并生一子。2015年甲与乙离婚。现甲与丙的婚姻〔　　〕。(2019-非法学-35-单)

A. 有效

B. 无效

C. 可撤销

D. 不成立

[答案] A

[考点] **无效婚姻**

[解析]【考点1：无效婚姻】《民法典》第1051条规定："有下列情形之一的，婚姻无效：(一) 重婚；(二) 有禁止结婚的亲属关系；(三) 未到法定婚龄。"甲在2005年与乙结婚登记，2010年又与丙登记结婚，属于重婚，无效。

【考点2：婚姻效力的补正】《民法典婚姻家庭编解释（一）》第10条规定："当事人依据民法典第一千零五十一条规定向人民法院请求确认婚姻无效，法定的无效婚姻情形在提起诉讼时已经消失的，人民法院不予支持。"2015年甲与乙离婚，法定的无效婚姻情形已经消失，故现甲与丙的婚姻有效，A选项正确。

【注】① 王女士到法院申请宣告赵女士与李某某的婚姻无效。王女士称，其与李某某2003年9月结婚，并生育了子女，夫妻感情一直不错。后李某某去外地做生意，双方离多聚少，李某某对其越来越冷淡，并于2008年7月到法院起诉离婚，法院于2008年12月最终判决解除了双方的婚姻关系。离婚后，王女士偶然得知李某某竟然瞒着她于2006年2月在外地与赵女士登记结婚，王女士认为，李某某的行为构成重婚，其与赵女士的婚姻应当无效。

法院经审理后认为，王女士到法院申请宣告李某某与赵女士的婚姻无效时，其已经与李某某离婚，此时李某某只有一个婚姻，并非同时存在两个或两个以上的婚姻。根据原《最高人民法院关于适用〈中华人民共和国婚姻法〉若干问题的解释（一）》第8条规定："当事人依据婚姻法第十条规定向人民法院申请宣告婚姻无效的，申请时，法定的无效婚姻情形已经消失的，人民法院不予支持。"据此判决驳回王女士请求宣告李某某与赵女士婚姻无效的申请。

对于重婚而导致婚姻无效能否补正的观点，理论和实践中存在争议。有观点认为，重婚是绝对无效，不能补正；也有观点认为重婚仍属相对无效，可以补正。

2. 甲声称具有某海外名校学历，与乙登记结婚。半年后，乙发现甲的毕业证书系伪造。甲、乙之间的婚姻〔　　〕。(2018-非法学-33-单)

A. 无效

B. 有效

C. 因欺诈可撤销

D. 因重大误解可撤销

[答案] B

[考点] **婚姻效力**

[解析]【考点1：无效婚姻】《民法典》第1051条规定："有下列情形之一的，婚姻无效：(一) 重婚；(二) 有禁止结婚的亲属关系；(三) 未到法定婚龄。"本案属于欺诈，并没有无效婚姻的情形，故A选项错误。

【考点2：可撤销婚姻】《民法典》第1052条第1款规定："因胁迫结婚的，受胁迫的一方可以向人民法院请求撤销婚姻。"《民法典》第1053条第1款规定："一方患有重大疾病的，应当在结婚登记前如实告知另一方；不如实告知的，另一方

① 《民事审判指导与参考》总第69辑。

可以向人民法院请求撤销婚姻。”可撤销婚姻有两个原因：胁迫与隐瞒重大疾病，甲隐瞒自己学历，不是可撤销婚姻的事由，故该婚姻有效，B 选项正确，C、D 选项错误。

3. 甲（18 周岁）伪造身份信息与乙（23 周岁）登记结婚。有权以甲未达到法定婚龄为由申请宣告婚姻无效的利害关系人是〔　　〕。（2017-非法学-38-单）（2017-法学-18-单）

A. 甲的近亲属

B. 乙的近亲属

C. 甲住所地的基层组织

D. 乙住所地的基层组织

［答案］A

［考点］**宣告婚姻无效的利害关系人**

［解析］《民法典婚姻家庭编解释（一）》第 9 条规定：“有权依据民法典第一千零五十一条规定向人民法院就已办理结婚登记的婚姻请求确认婚姻无效的主体，包括婚姻当事人及利害关系人。其中，利害关系人包括：（一）以重婚为由的，为当事人的近亲属及基层组织；（二）以未到法定婚龄为由的，为未到法定婚龄者的近亲属；（三）以有禁止结婚的亲属关系为由的，为当事人的近亲属。”甲（18 周岁），未到法定婚龄，甲的近亲属有权申请宣告婚姻无效，A 选项正确，其他选项错误。

4. 2014 年 3 月 2 日，甲、乙离婚并分割了共同财产。2015 年 3 月 8 日，甲发现乙在离婚时将属于夫妻共有的 40 万元存款转移到了乙兄的银行账户中，遂向人民法院起诉，请求分割该 40 万元存款。本案的诉讼时效期间起算日为〔　　〕。（2016-非法学-21-单）

A. 2014 年 3 月 2 日

B. 2014 年 3 月 3 日

C. 2015 年 3 月 8 日

D. 2015 年 3 月 9 日

［答案］D

［考点］**诉讼时效的起算**

［解析］《民法典》第 1092 条规定：“夫妻一方隐藏、转移、变卖、毁损、挥霍夫妻共同财产，或者伪造夫妻共同债务企图侵占另一方财产的，在离婚分割夫妻共同财产时，对该方可以少分或者不分。离婚后，另一方发现有上述行为的，可以向人民法院提起诉讼，请求再次分割夫妻共同财产。”《民法典婚姻家庭编解释（一）》第 84 条规定：“当事人依据民法典第一千零九十二条的规定向人民法院提起诉讼，请求再次分割夫妻共同财产的诉讼时效期间为三年，从当事人发现之日起计算。”原来法律规定是“次日”，《民法典》修改为“之日”，在体系上统一了。《民法典》第 201 条第 1 款规定：“按照年、月、日计算期间的，开始的当日不计入，自下一日开始计算。”本案开始的当日是“2015 年 3 月 8 日”，故从下一日 2015 年 3 月 9 日开始计算，D 选项正确，其他选项错误。

5. 甲、乙婚后开了一家便利店，由乙经营。2013 年 6 月起二人分居，同年 9 月乙向丙借款用于便利店的经营，2014 年 12 月甲、乙离婚。不久，丙请求乙偿还到期欠款，乙拒绝。该债务应由〔　　〕。（2016-非法学-36-单）

A. 甲、乙承担按份责任

B. 甲、乙承担连带责任

C. 乙承担全部责任

D. 乙承担责任，甲承担补充责任

［答案］B

［考点］**夫妻共同债务**

［解析］【考点 1：离婚共同债务清偿】《民法典》第 1089 条规定：“离婚时，夫妻共同债务应当共同偿还。共同财产不足清偿或者财产归各自所有的，由双方协议清偿；协议不成的，由人民法院判决。”共同债务由夫妻双方承担连带责任。

【考点 2：共同债务的确定】《民法典》第 1064 条第 1 款规定：“夫妻双方共同签名或者夫妻一方事后追认等共同意思表示所负的债务，以及夫妻一方在婚姻关系存续期间以个人名义为家庭日常生活需要所负的债务，属于夫妻共同债务。”第 2 款规定：“夫妻一方在婚姻关系存续期间以个人名义超出家庭日常生活需要所负的债务，不属于夫妻共同债务；但是，债权人能够证明该债务用于夫妻共同生活、共同生产经营或者基于夫妻双方共同意思表示的除外。”甲、乙借款用于共同生产经营，属于夫妻共同债务，承担连带责任，B 选项正确，其他选项错误。

6. 甲婚后通过网聊结识乙，并与之发生婚外情，被甲妻发现。甲妻诉至法院，以甲违反忠实义务为由请求赔偿精神损害 10 万元，但未请求离婚。对于本案，人民法院〔　　〕。（2014-非法学-35-单）

A. 应当受理

B. 不予受理

C. 根据精神损害程度，决定是否受理

D. 根据违反忠实义务程度，决定是否受理

［答案］B

［考点］**离婚损害赔偿**

［解析］《民法典》第 1091 条规定："有下列情形之一，导致离婚的，无过错方有权请求损害赔偿：（一）重婚；（二）与他人同居；（三）实施家庭暴力；（四）虐待、遗弃家庭成员；（五）有其他重大过错。"主张离婚损害赔偿请求权，须以离婚为条件，故法院不予受理，B 选项正确，其他选项错误。

7. 顾某欲与闫某离婚。下列情形中，顾某既可以之作为起诉离婚的理由，同时可请求损害赔偿的有〔　　〕。（2014-非法学-50-多）

A. 闫某变卖夫妻共同财产

B. 闫某殴打顾某致其残疾

C. 闫某与婚外异性同居

D. 闫某经常赌博且屡教不改

［答案］BC

［考点］**离婚**

［解析］【考点 1：离婚的理由】《民法典》第 1079 条第 3 款规定："有下列情形之一，调解无效的，应当准予离婚：（一）重婚或者与他人同居；（二）实施家庭暴力或者虐待、遗弃家庭成员；（三）有赌博、吸毒等恶习屡教不改；（四）因感情不和分居满二年；（五）其他导致夫妻感情破裂的情形。"

【考点 2：离婚损害赔偿】《民法典》第 1091 条规定："有下列情形之一，导致离婚的，无过错方有权请求损害赔偿：（一）重婚；（二）与他人同居；（三）实施家庭暴力；（四）虐待、遗弃家庭成员；（五）有其他重大过错。"因此，顾某既可以之作为起诉离婚的理由，同时可请求损害赔偿的有实施家庭暴力、与他人同居，B、C 选项正确。变卖夫妻共同财产既不是离婚的理由，也不是离婚损害赔偿的理由，A 选项错误；经常赌博且屡教不改是离婚的理由，但不是离婚损害赔偿的理由，D 选项正确。

8. 甲、乙结婚多年。某日，甲外出后失踪，乙四处寻找仍无结果。五年后，乙欲与丙登记结婚。根据我国民法相关规定，下列选项中正确的是〔　　〕。（2013-非法学-24-单）

A. 乙、丙二人可以直接登记结婚

B. 乙只能申请宣告甲死亡，待法院宣告甲死亡后再与丙登记结婚

C. 丙可以申请宣告甲死亡，待法院宣告甲死亡后再与乙登记结婚

D. 乙可以起诉请求与甲解除婚姻关系，待法院作出离婚判决后再与丙登记结婚

［答案］D

［考点］**重婚**

［解析］甲外出后失踪，并未死亡，婚姻关系仍存续，如果乙、丙结婚，构成重婚，无效，A 选项错误。《民法典》第 1079 条第 4 款规定："一方被宣告失踪，另一方提起离婚诉讼的，应当准予离婚。"乙只能申请宣告甲死亡，表述不正确，乙也可以起诉离婚，而不是只能申请宣告甲死亡，B 选项错误。丙不是利害关系人，不能申请宣告甲死亡，C 选项错误。乙可以起诉请求与甲解除婚姻关系，待法院作出离婚判决后再与丙登记结婚，D 选项正确。

9. 在我国，有权宣告婚姻无效的机关是〔　　〕。（2011-非法学-36-单）

A. 公安机关

B. 人民法院

C. 婚姻登记机关

D. 基层组织

［答案］B

［考点］**宣告婚姻无效的机关**

［解析］《民法典婚姻家庭编解释（一）》第 9 条规定："有权依据民法典第一千零五十一规定向人民法院就已办理结婚登记的婚姻请求确认婚姻无效的主体，包括婚姻当事人及利害关系人……"只有人民法院才可以宣告婚姻无效，B 选项正确，其他选项错误。

二、主观题

(2015-非法学-58-法条分析)《民法典》第1052条第1款规定:"因胁迫结婚的,受胁迫的一方可以向人民法院请求撤销婚姻。"

第2款规定:"请求撤销婚姻的,应当自胁迫行为终止之日起一年内提出。"

第3款规定:"被非法限制人身自由的当事人请求撤销婚姻的,应当自恢复人身自由之日起一年内提出。"

请问:

(1)本条所称的"胁迫"应该如何解释?

(2)有权以胁迫为由请求撤销婚姻的主体是谁?

(3)本条中的"1年"是何种性质的期间?

[参考答案]

(1)以给自然人及其近亲属等的人身权利、财产权利以及其他合法权益造成损害或者以给法人、非法人组织的名誉、荣誉、财产权益等造成损害为要挟,迫使其基于恐惧心理作出意思表示的,可以认定为胁迫。

(2)有权以胁迫为由请求撤销婚姻的主体是受胁迫的婚姻关系当事人本人。

(3)该"1年"属于除斥期间,不能中断、中止或者延长。

三、2023年度重点预测

理解并记忆:无效婚姻、可撤销婚姻及其法律后果。事实婚姻2022年大纲有文字修改,注意。

PART 03
第三章　家庭关系

一、客观题

1. 我国婚姻法规定，“父母不履行抚养义务时，未成年的或不能独立生活的子女，有要求父母付给抚养费的权利。”其中，“不能独立生活的子女”包括〔　　〕。（2020-非法学-49-多）（2020-法学-29-多）

A. 在校接受高中学历教育的成年子女

B. 在校接受大学本科学历教育的成年子女

C. 丧失劳动能力无法维持正常生活的成年子女

D. 未完全丧失劳动能力无法维持正常生活的成年子女

［答案］ACD

［考点］**不能独立生活的子女**

［解析］《民法典》第1067条第1款规定：“父母不履行抚养义务的，未成年子女或者不能独立生活的成年子女，有要求父母给付抚养费的权利。”《民法典婚姻家庭编解释（一）》第41条规定：“尚在校接受高中及其以下学历教育，或者丧失、部分丧失劳动能力等非因主观原因而无法维持正常生活的成年子女，可以认定为民法典第一千零六十七条规定的‘不能独立生活的成年子女’。”所以，A、C、D选项正确，B选项错误。本题直接考查司法解释所解释的概念，请注意法条分析。

2. 甲、乙系夫妻。在不损害债权人利益的情况下，甲请求分割夫妻共同财产能得到法院支持的理由有〔　　〕。（2016-非法学-49-多）（2016-法学-30-多）

A. 乙伪造夫妻共同债务

B. 乙挥霍夫妻共同财产

C. 乙隐藏夫妻共同财产

D. 乙变卖夫妻共同财产

［答案］ABCD

［考点］**夫妻财产分割**

［解析］《民法典》第1066条规定：“婚姻关系存续期间，有下列情形之一的，夫妻一方可以向人民法院请求分割共同财产：（一）一方有隐藏、转移、变卖、毁损、挥霍夫妻共同财产或者伪造夫妻共同债务等严重损害夫妻共同财产利益的行为；（二）一方负有法定扶养义务的人患重大疾病需要医治，另一方不同意支付相关医疗费用。”可见，A、B、C、D选项正确。

3. 甲、乙系夫妻。在双方未作任何约定的情况下，属于夫妻共有的财产包括〔　　〕。（2016-法学-28-多）

A. 婚后甲依法定继承方式继承的一套房屋

B. 甲婚前继承、婚后登记在甲名下的一套房屋

C. 婚后双方父母出资购买并登记在乙名下的一套房屋

D. 婚后乙的父母出资为乙购买并登记在乙名下的一套房屋

［答案］AC

［考点］**夫妻财产关系**

［解析］《民法典》第1062条第1款规定：“夫妻在婚姻关系存续期间所得的下列财产，为夫妻的共同财产，归夫妻共同所有：（一）工资、奖金、劳务报酬；（二）生产、经营、投资的收益；（三）知识产权的收益；（四）继承或者受赠的财产，但是本法第一千零六十三条第三项规定的除外；（五）其他应当归共同所有的财产。”第2款规定：“夫妻对共同财产，有平等的处理权。”婚后甲依法定继承方式继承的一套房屋，属于夫妻共同财产，A选项正确。甲婚前继承的房屋，已经取得所有权，属于甲的个人财产，B选项错误。

婚后双方父母出资购买并登记在乙名下的一套房屋，属于夫妻共同财产，C 选项正确。《民法典》第 1063 条规定：“下列财产为夫妻一方的个人财产：……（三）遗嘱或者赠与合同中确定只归一方的财产……”婚后乙的父母出资为乙购买并登记在乙名下的一套房屋，属于个人财产，D 选项错误。

4. 甲与乙协议离婚时约定：女儿由乙抚养，甲给付抚养费，每周探望一次。离婚后，甲的父母非常想念孙女，也想探望，遭乙拒绝。下列选项中，正确的是〔　　〕。(2015-法学-15-单)

A. 仅甲有探望权

B. 甲、甲的父母均有探望权

C. 乙若拒绝甲探望女儿，则丧失抚养权

D. 甲若不给付抚养费，乙可以剥夺甲的探望权

[答案] A

[考点] **探望权**

[解析]《民法典》第 1086 条第 1 款规定：“离婚后，不直接抚养子女的父或者母，有探望子女的权利，另一方有协助的义务。”第 2 款规定：“行使探望权利的方式、时间由当事人协议；协议不成的，由人民法院判决。”第 3 款规定：“父或者母探望子女，不利于子女身心健康的，由人民法院依法中止探望；中止的事由消失后，应当恢复探望。”子女的父或母有探望权，祖父母没有探望权，故 A 选项正确，B 选项错误。探望权不能剥夺，也不会因此丧失抚养权，C、D 选项错误。

5. 在婚姻关系存续期间所得的下列财产，归夫或妻一方所有的是〔　　〕。(2013-非法学-27-单)(2013-法学-13-单)

A. 参加体育比赛所获奖金

B. 因身体受到伤害获得的医疗费

C. 通过法定继承分得的遗产

D. 以婚前个人存款炒股所得的收益

[答案] B

[考点] **夫妻财产关系**

[解析]【考点 1：夫妻一方个人财产】《民法典》第 1063 条规定：“下列财产为夫妻一方的个人财产：（一）一方的婚前财产；（二）一方因受到人身损害获得的赔偿或者补偿；（三）遗嘱或者赠与合同中确定只归一方的财产；（四）一方专用的生活用品；（五）其他应当归一方的财产。”因身体受到伤害获得的医疗费，属于个人财产，B 选项正确。

【考点 2：夫妻共同财产】《民法典》第 1062 条第 1 款规定：“夫妻在婚姻关系存续期间所得的下列财产，为夫妻的共同财产，归夫妻共同所有：（一）工资、奖金、劳务报酬；（二）生产、经营、投资的收益；（三）知识产权的收益；（四）继承或者受赠的财产，但是本法第一千零六十三条第三项规定的除外；（五）其他应当归共同所有的财产。”参加体育比赛所获奖金、通过法定继承分得的遗产、以婚前个人存款炒股所得的收益属于共同财产，A、C、D 选项错误。

二、2023 年度重点预测

法定夫妻共同财产、法定夫妻个人特有财产，考试重点，掌握。亲子关系确定，民法典变化，须理解。

PART 04

第四章 离 婚

一、客观题

1. 没有配偶且符合其他结婚条件的男女同居生活的，如果当事人向法院起诉请求解除同居关系，人民法院〔　　〕。（2012-非法学-38-单）

A. 按离婚处理

B. 不予受理

C. 按解除同居关系处理

D. 对有子女的按离婚处理

［答案］B

［考点］**同居关系解除**

［解析］《民法典婚姻家庭编解释（一）》第3条第1款规定："当事人提起诉讼仅请求解除同居关系的，人民法院不予受理；已经受理的，裁定驳回起诉。"第2款规定："当事人因同居期间财产分割或者子女抚养纠纷提起诉讼的，人民法院应当受理。"B选项正确，其他选项错误。

2. 根据婚姻法的规定，法院审理离婚案件，准予离婚的情形是〔　　〕。（2011-非法学-34-单）

A. 夫妻感情确已破裂

B. 婚姻关系确已破裂

C. 一方有过错

D. 双方已就子女抚养和财产分割协商一致

［答案］A

［考点］**离婚的理由**

［解析］《民法典》第1079条第1款规定："夫妻一方要求离婚的，可以由有关组织进行调解或者直接向人民法院提起离婚诉讼。"第2款规定："人民法院审理离婚案件，应当进行调解；如果感情确已破裂，调解无效的，应当准予离婚。"A选项正确，其他选项错误。

3. 根据婚姻法的规定，离婚时，原为夫妻共同生活所负的债务，应当共同偿还；共同财产不足清偿的，其处理办法是〔　　〕。（2011-非法学-35-单）

A. 双方不再负清偿责任

B. 由双方协议清偿；协议不成时，由人民法院判决

C. 由双方协议清偿；协议不成时，依法由双方各清偿一半

D. 由双方协议清偿；协议不成时，依法由经济条件较好的一方清偿

［答案］B

［考点］**离婚时债务清偿**

［解析］《民法典》第1089条规定："离婚时，夫妻共同债务应当共同偿还。共同财产不足清偿或者财产归各自所有的，由双方协议清偿；协议不成的，由人民法院判决。"B选项正确，其他选项错误。

二、主观题

1. 简述离婚与撤销婚姻的区别。（2014-法学-34-简答）

［参考答案］离婚，是婚姻关系当事人在生存期间依法解除婚姻关系的法律行为。可撤销婚姻，是指虽已办理结婚登记，但撤销权人可基于法定事由向人民法院请求撤销的婚姻。区别包括：

（1）对象与目的不同。离婚以合法婚姻为对象，目的是解除合法婚姻；撤销婚姻是以违法婚姻为对象，目的是否认婚姻的效力。

（2）法定事由不同。离婚的法定事由为夫妻感情确已破裂；撤销婚姻的法定事由是受胁迫或者隐瞒重大疾病。

（3）请求权人不同。离婚请求权人可以是婚姻当事人的任何一方；撤销婚姻的请求权人仅限于婚姻当事人中受胁迫的一方或者隐瞒重大疾病的被欺诈一方。

（4）请求权行使时间不同。在婚姻关系存续期间的任何时候均可请求离婚；请求撤销婚姻的，应当自胁迫行为终止之日起 1 年内提出，被非法限制人身自由的当事人请求撤销婚姻的，应当自恢复人身自由之日起 1 年内提出。隐瞒重大疾病请求撤销婚姻的，应当自知道或者应当知道撤销事由之日起 1 年内提出。

（5）溯及力不同。离婚没有溯及力；撤销婚姻具有溯及力。

2.（2012-法学-38-案例分析）孙某与江某于 2004 年 8 月 8 日登记结婚。婚后二人签订了一份夫妻忠诚协议，约定：婚后各方应以家庭为重，互相忠实；任何一方背叛对方，背叛方必须同意离婚，且夫妻共同财产全部归无过错方所有。随着女儿的降生，2006 年年初，二人又补充了忠诚协议的内容：如一方违反忠诚协议，离婚后女儿归无过错方抚养，过错方必须放弃对女儿的监护权。2009 年 9 月，江某得知孙某与其大学时期的恋人邹某重温旧情，气愤不已，但因孙某一再保证以后不再与邹某联系，故江某原谅了孙某。2010 年 4 月，江某发现孙某仍然与邹某保持着联系，且经常互发暧昧短信，接触频繁，孙、江二人感情因此出现危机。同年 7 月起，孙某与邹某在外租房同居。江某对孙某的出轨行为忍无可忍，提出离婚，并要求孙某履行夫妻忠诚协议。

请根据上述事实回答以下问题：

（1）孙某与江某的夫妻忠诚协议是否适用我国合同法？为什么？

（2）对本案中的夫妻忠诚协议，法官甲认为全部无效，而法官乙认为部分无效。请选择您较为认同的观点（只能选择一种观点），并阐释理由。

[参考答案]

（1）根据《民法典》的规定，婚姻、收养、监护等有关身份关系的协议，适用有关该身份关系的法律规定；没有规定的，可以根据其性质参照适用本编规定。忠诚协议是身份关系的协议，适用有关该身份关系的法律规定；没有规定的，可以根据其性质参照适用《民法典》合同编规定。

【法律依据】《民法典》第 464 条第 2 款规定："婚姻、收养、监护等有关身份关系的协议，适用有关该身份关系的法律规定；没有规定的，可以根据其性质参照适用本编规定。"

（2）同意法官乙的观点。忠诚协议有身份关系的约定，也有财产关系的约定。财产关系的约定，只要没有违反法律、行政法规的强制性效力性规定，不违背公序良俗，则应该有效。根据《民法典》第 165 条的规定，民事法律行为部分无效，不影响其他部分效力的，其他部分仍然有效。故有关身份关系的约定无效，不影响财产关系的约定。

3.（2011-法学-38-案例）王某与张某原系夫妻。2007 年 1 月 16 日，为给王某治病，张某以自己的名义向赵某借款 3 万元，约定于 2007 年 5 月 16 日偿还，并出具借条一张。孙某以保证人的身份在借条上签字，但未与赵某约定保证方式、保证期间和保证范围。债务到期后，张某未偿还借款。2007 年 7 月 5 日，王某与张某协议离婚，双方约定由张某负责偿还欠赵某的 3 万元借款。因张某一直未偿还欠款，赵某遂于 2007 年 12 月 19 日诉至法院，请求张某、王某和孙某共同偿还此笔欠款。

根据上述案情，请回答：

（1）张某以自己的名义向赵某所借款项是否属于夫妻共同债务？为什么？

（2）本案保证合同中的保证方式和保证范围应如何确定？请说明理由。

（3）王某与张某离婚协议中关于偿还欠款的约定的法律效力如何？

（4）孙某是否应当承担保证责任？为什么？

[参考答案]

（1）属于夫妻共同债务。2007 年 1 月 16 日，为给王某治病，张某以自己的名义向赵某借款 3 万元，是为家庭日常生活需要所负的债务，属于夫妻共同债务。

【法律依据】《民法典》第 1064 条第 1 款规定："夫妻双方共同签名或者夫妻一方事后追认等共同意思表示所负的债务，以及夫妻一方在婚姻关系存续期间以个人名义为家庭日常生活需要所负的债务，属于夫妻共同债务。"第 2 款规定："夫妻一方在婚姻关系存续期间以个人名义超出家庭日常生活需要所负的债务，不属于夫妻共同债务；但是，债权人能够证明该债务用于夫妻共同生活、共同生产经营或者基于夫妻双方共同意思表示的除外。”

（2）本案保证合同的保证方式是一般保证。根据《民法典》第 692 条规定，当事人在保证合同中对保证方式没有约定或者约定不明确的，按照一般保证承担保证责任。当事人没有约定保证范围的，保证的范围包括主债权及其利息、违约金、损害赔偿金和实现债权的费用。

【法律依据】《民法典》第 686 条第 1 款规定："保证的方式包括一般保证和连带责任保证。"第 2 款规定："当事人在保证合同中对保证方式没有约定或者约定不明确的，按照一般保证承担保证责任。"

《民法典》第 691 条规定："保证的范围包括主债权及其利息、违约金、损害赔偿金和实现债权的费用。当事人另有约定的，按照其约定。"

（3）有效。王某与张某协议离婚，双方约定由张某负责偿还欠赵某的 3 万元借款，该约定有效，但不能对抗债权人。

（4）孙某无须承担保证责任。孙某承担保证责任的期间没有约定，根据《民法典》的规定，保证期间是 6 个月。约定于 2007 年 5 月 16 日偿还，保证期间到 2007 年 11 月 16 日。赵某应当在保证期间内起诉债务人，但赵某于 2007 年 12 月 19 日才起诉，保证期间经过，孙某的保证责任消灭。

三、2023 年度重点预测

掌握登记离婚（离婚冷静期）、诉讼离婚的理由、离婚的财产分割和债务清偿。离婚的救济：离婚的经济补偿请求权、经济帮助请求权和离婚损害赔偿请求权。

PART 05
第五章　收养制度

一、 客观题

1. 甲丧偶后不久罹患癌症，无力抚养2周岁的儿子小明，依法将其送养。小明成年后见甲生活困难，按月给甲500元生活费。小明给付甲生活费的行为属于〔　　〕。(2022-单-回忆版)

A. 履行道德义务

B. 履行法定赡养义务

C. 公益捐赠

D. 紧急救助

［答案］A

［考点］**收养的效力**

［解析］《民法典》第1111条第1款规定："自收养关系成立之日起，养父母与养子女间的权利义务关系，适用本法关于父母子女关系的规定；养子女与养父母的近亲属间的权利义务关系，适用本法关于子女与父母的近亲属关系的规定。"第2款规定："养子女与生父母以及其他近亲属间的权利义务关系，因收养关系的成立而消除。"小明作为养子女，对生父母没有赡养义务，故A选项正确，B选项错误。本案也不符合公益捐赠和紧急救助的情形，C、D选项错误。

2. 下列选项中，属于继父或继母收养继子女的条件是〔　　〕。(2020-非法学-27-单)(2020-法学-17-单)

A. 继子女不满14周岁

B. 继父母无子女

C. 经生父母同意

D. 生父母有特殊困难无力抚养子女

［答案］C

［考点］**收养的条件**

［解析］《民法典》第1103条规定："继父或者继母经继子女的生父母同意，可以收养继子女，并可以不受本法第一千零九十三条第三项、第一千零九十四条第三项、第一千零九十八条和第一千一百条第一款规定的限制。"继父或者继母经继子女的生父母同意，可以收养继子女，C选项正确。未成年可以成为被收养人，不要求不满14周岁，A选项错误。即使继父母有子女，也可以收养继子女，而且不要求生父母有特殊困难无力抚养子女，故B、D选项错误。

3. 下列关于收养关系的解除的说法正确的是〔　　〕。(2019-非法学-32-单)

A. 养父母遗弃未成年养子女的，养子女有权要求解除收养关系

B. 养父母虐待未成年养子女的，送养人有权要求解除收养关系

C. 在被收养人成年以前，收养人经民政部门同意可以解除收养关系

D. 养父母与未成年养子女关系恶化，无法生活，可以协议解除收养关系

［答案］B

［考点］**收养关系解除**

［解析］《民法典》第1114条第1款规定："收养人在被收养人成年以前，不得解除收养关系，但是收养人、送养人双方协议解除的除外。养子女八周岁以上的，应当征得本人同意。"第2款规定："收养人不履行抚养义务，有虐待、遗弃等侵害未成年养子女合法权益行为的，送养人有权要求解除养父母与养子女间的收养关系。送养人、收养人不能达成解除收养关系协议的，可以向人民法院提起诉讼。"可见，A、C选项错误，B选项正确。《民法典》第1115条规定："养父母与成年养子女关系恶化、无法共同生活的，可以协议解除收养关系。不能达成协议的，可以向人民法院提起诉讼。"D选项表述是"养父母与未成年养子女关系恶化"，因此错误。

4. 根据我国收养法，下列情形中，收养关系可以成立的是〔　　〕。(2017-非法学-37-单)

A. 甲（男，28 周岁，未婚）收养 2 周岁的孤儿

B. 乙（女，50 周岁，离异）收养自己 15 周岁的亲侄子

C. 丙（女，60 周岁，丧偶）收养自己 19 周岁的继女

D. 丁（女，45 周岁，有配偶）单独收养自己 5 周岁的外甥

［答案］B

［考点］**收养**

［解析］《民法典》第 1098 条规定："收养人应当同时具备下列条件：（一）无子女或者只有一名子女；（二）有抚养、教育和保护被收养人的能力；（三）未患有在医学上认为不应当收养子女的疾病；（四）无不利于被收养人健康成长的违法犯罪记录；（五）年满三十周岁。"甲，28 周岁，未满 30 周岁，不能收养，A 选项错误。《民法典》第 1099 条规定："收养三代以内旁系同辈血亲的子女，可以不受本法第一千零九十三条第三项、第一千零九十四条第三项和第一千一百零二条规定的限制。"乙（女，50 周岁，离异）收养自己 15 周岁的亲侄子，不受年龄相差 40 周岁的限制，故 B 选项正确。《民法典》第 1093 条规定："下列未成年人，可以被收养：（一）丧失父母的孤儿；（二）查找不到生父母的未成年人；（三）生父母有特殊困难无力抚养的子女。"被收养人须为未成年人，19 周岁的继女已经成年，不能被收养，C 选项错误。《民法典》第 1101 条规定："有配偶者收养子女，应当夫妻共同收养。"丁有配偶，须夫妻共同收养，故 D 选项错误。

5. 甲系公司经理，有一子一女。甲弟乙（单身）38 周岁时与甲签订收养协议，收养甲 5 周岁的女儿丙，双方办理了登记手续。两年后乙结婚，要求解除收养关系，甲不同意。对此，下列选项中正确的是〔　　〕。(2015-法学-14-单)

A. 乙无权解除收养关系

B. 甲、乙之间的收养协议适用合同法

C. 甲不具备送养人条件，故收养无效

D. 乙不具备收养人条件，故收养无效

［答案］A（B 选项有瑕疵）

［考点］**收养**

［解析］【考点 1：收养关系解除】《民法典》第 1114 条第 1 款规定："收养人在被收养人成年以前，不得解除收养关系，但是收养人、送养人双方协议解除的除外。养子女八周岁以上的，应当征得本人同意。"第 2 款规定："收养人不履行抚养义务，有虐待、遗弃等侵害未成年养子女合法权益行为的，送养人有权要求解除养父母与养子女间的收养关系。送养人、收养人不能达成解除收养关系协议的，可以向人民法院提起诉讼。"两年后乙结婚，要求解除收养关系，甲不同意，乙无权解除收养关系，A 选项正确。

【考点 2：收养关系的法律适用】《民法典》第 464 条第 2 款规定："婚姻、收养、监护等有关身份关系的协议，适用有关该身份关系的法律规定；没有规定的，可以根据其性质参照适用本编规定。"原《合同法》排除了身份协议参照适用合同法的规则，《民法典》改变了原来规定，可以根据其性质参照适用合同编规定。法律修改后，B 选项有瑕疵。

【考点 3：收养的条件】《民法典》第 1099 条第 1 款规定："收养三代以内旁系同辈血亲的子女，可以不受本法第一千零九十三条第三项、第一千零九十四条第三项和第一千一百零二条规定的限制。"收养三代以内旁系同辈血亲，不要求相差 40 周岁，故 C、D 选项错误。

6. 无配偶的男性收养女性的，收养人与被收养人之间的年龄差应当为〔　　〕。(2012-非法学-39-单)

A. 30 周岁以上

B. 35 周岁以上

C. 40 周岁以上

D. 45 周岁以上

［答案］C

［考点］**收养**

［解析］《民法典》第 1102 条规定："无配偶者收养异性子女的，收养人与被收养人的年龄应当相差四十周岁以上。"可见，C 选项正确，其他选项错误。注：不管是无配偶的男性收养女性，还是无配偶的女性收养男性，均要求相差 40 周岁以上。如果是有配偶者收养，则无该要求。

7. 未成年养子女与养父母解除收养关系的，其与生父母之间的权利义务关系〔　　〕。(2012-非法学-40-单)

A. 自行恢复

B. 经人民法院判决后恢复

C. 经生父母同意后恢复

D. 经生父母与养父母协商同意后恢复

[答案] A

[考点] **解除收养关系**

[解析]《民法典》第 1117 条规定："收养关系解除后，养子女与养父母以及其他近亲属间的权利义务关系即行消除，与生父母以及其他近亲属间的权利义务关系自行恢复。但是，成年养子女与生父母以及其他近亲属间的权利义务关系是否恢复，可以协商确定。"故 A 选项正确，其他选项错误。

8. 下列情形中，收养关系有效的是〔　　〕。(2011-非法学-37-单)

A. 29 周岁的某单身女子收养 1 周岁的孤儿

B. 44 周岁的某单身男子收养 5 周岁的女孩

C. 46 周岁的某单身女子收养 12 周岁的男孩

D. 48 周岁的某男与妻子生育一女后共同收养父母尚健在的 2 周岁男孩

[答案] 无

[考点] **收养的成立要件**

[解析]《民法典》第 1098 条规定："收养人应当同时具备下列条件：(一) 无子女或者只有一名子女；(二) 有抚养、教育和保护被收养人的能力；(三) 未患有在医学上认为不应当收养子女的疾病；(四) 无不利于被收养人健康成长的违法犯罪记录；(五) 年满三十周岁。" A 选项收养人不满 30 周岁，错误。《民法典》第 1102 条规定："无配偶者收养异性子女的，收养人与被收养人的年龄应当相差四十周岁以上。" 44 周岁的某单身男子收养 5 周岁的女孩，46 周岁的某单身女子收养 12 周岁的男孩，相差不够 40 周岁，B、C 选项错误。《民法典》第 1093 条规定："下列未成年人，可以被收养：(一) 丧失父母的孤儿；(二) 查找不到生父母的未成年人；(三) 生父母有特殊困难无力抚养的子女。" 48 周岁的某男与妻子生育一女后共同收养父母尚健在的 2 周岁男孩，该男孩并未交代是该三种情形之一，不能成为被收养人，D 选项错误。本题公布的答案是 C，因法律修改，无答案。

9. 养子女与生父母之间的权利义务关系因收养关系的成立而〔　　〕。(2011-非法学-38-单)

A. 中止

B. 中断

C. 延缓

D. 解除

[答案] D

[考点] **收养的效力**

[解析]《民法典》第 1111 条第 1 款规定："自收养关系成立之日起，养父母与养子女间的权利义务关系，适用本法关于父母子女关系的规定；养子女与养父母的近亲属间的权利义务关系，适用本法关于子女与父母的近亲属关系的规定。" 第 2 款规定："养子女与生父母以及其他近亲属间的权利义务关系，因收养关系的成立而消除。" 因《民法典》改变了原《收养法》的表述，D 选项改为"消除"更准确，其他选项错误。

二、2023 年度重点预测

理解收养成立的实质要件和形式要件。收养的法律效力及收养的解除，客观题须注意。

PART Ⅶ

第七编

继 承

PART 01

第一章　继承概述

一、客观题

1. 志愿者甲经常照顾孤寡老人乙。2015 年 3 月 20 日，乙病故，遗嘱执行人丙告诉甲，乙遗赠给甲 3 万元和一套古籍。5 月 15 日，甲明确表示拒绝接受古籍。5 月 18 日，甲联系丙，表示撤销此前拒绝接受古籍的行为。5 月 28 日，甲请求丙执行遗嘱，丙〔　　〕。（2018－非法学－48－多）（2018－法学－28－多）

A. 应将 3 万元交付给甲

B. 应将古籍交付给甲

C. 无需向甲交付 3 万元

D. 无需向甲交付古籍

［答案］CD

［考点］**受遗赠权放弃**

［解析］《民法典》第 1124 条第 1 款规定："继承开始后，继承人放弃继承的，应当在遗产处理前，以书面形式作出放弃继承的表示；没有表示的，视为接受继承。"第 2 款规定："受遗赠人应当在知道受遗赠后六十日内，作出接受或者放弃受遗赠的表示；到期没有表示的，视为放弃受遗赠。"对于 3 万元：2015 年 3 月 20 日，乙病故，遗嘱执行人丙告诉甲，乙遗赠给甲 3 万元和一套古籍。5 月 28 日，甲请求丙执行遗嘱，已经过了 60 日，视为放弃受遗赠，故无需向甲交付 3 万元，C 选项正确，A 选项错误。对于古籍：5 月 15 日，甲明确表示拒绝接受古籍。放弃受遗赠权是形成权，单方意思表示使得法律关系变化，不能反悔。5 月 18 日，甲联系丙，表示撤销此前拒绝接受古籍的行为，不能发生撤销的效力，故 D 选项正确，B 选项错误。

2. 2013 年 3 月 28 日，毕某病逝。3 月 31 日，子女将其安葬。4 月 2 日，毕某的子女一起清理毕某的遗产并确定继承份额。4 月 5 日，遗产分割完毕。遗产继承开始的时间是〔　　〕。（2014－非法学－37－单）

A. 3 月 28 日

B. 3 月 31 日

C. 4 月 2 日

D. 4 月 5 日

［答案］A

［考点］**继承开始**

［解析］《民法典》第 1121 条第 1 款规定："继承从被继承人死亡时开始。"可见，A 选项正确，其他选项错误。

3. 下列选项中，属于我国继承法基本原则的有〔　　〕。（2012－非法学－50－多）

A. 养老育幼原则

B. 诚实信用原则

C. 继承权男女平等原则

D. 互谅互让、团结和睦原则

［答案］ACD

［考点］**继承的基本原则**

［解析］虽然《民法典》继承编从立法技术角度考虑，将原《继承法》的基本原则条文删除，但是民法理论认为，继承编的基本原则仍包括养老育幼原则、继承权男女平等原则、互谅互让、团结和睦原则。诚实信用原则不是继承编的基本原则，答案是 ACD。

二、2023 年度重点预测

继承权的特征；继承权、受遗赠权的放弃和丧失，2022 年大纲变化，理解。

PART 02

第二章 法定继承

一、客观题

1. 甲丧偶，唯一的亲属乙是甲的侄子。邻居丙主动照顾甲长达30年，并在甲去世后为其操办后事。甲的遗产〔　　〕。(2022-单-回忆版)

A. 应当由乙、丙各继承50%

B. 应当全部由丙继承

C. 应当首先用于支付丙照顾甲的报酬

D. 可以适当分给丙

［答案］D

［考点］**适当分配**

［解析］《民法典》第1131条规定："对继承人以外的依靠被继承人扶养的人，或者继承人以外的对被继承人扶养较多的人，可以分给适当的遗产。"邻居丙主动照顾甲长达30年，对被继承人扶养较多，可以分给适当的遗产，D选项正确，其他选项错误。

2. 甲、乙系夫妻，育有一子丙。甲的父亲去世后，甲的母亲李某与甲的弟弟丁一起生活。1990年起李某为照看丙，开始与甲一家共同生活。2010年甲因病去世，李某伤心过度而中风，乙一直照顾李某。2018年李某去世，留下存款6万元。该6万元〔　　〕。(2021-非法学-36-单)

A. 只能由丙、丁继承

B. 应当由乙、丙、丁继承

C. 全部由丁继承

D. 只能由乙、丙继承

［答案］B

［考点］**法定继承**

［解析］【考点1：法定继承】《民法典》第1127条第1款规定："遗产按照下列顺序继承：(一)第一顺序：配偶、子女、父母；(二)第二顺序：兄弟姐妹、祖父母、外祖父母。"2018年李某去世，丁是李某的儿子，属于第一顺位法定继承人，有继承权。《民法典》第1129条规定："丧偶儿媳对公婆，丧偶女婿对岳父母，尽了主要赡养义务的，作为第一顺序继承人。"甲因病去世后，乙一直照顾李某，尽了主要赡养义务的，作为第一顺序继承人。

【考点2：代位继承】《民法典》第1128条第1款规定："被继承人的子女先于被继承人死亡的，由被继承人的子女的直系晚辈血亲代位继承。"2010年，甲因病先于李某死亡，由甲的儿子丙代位继承，故丙有权继承该6万元存款，作为第一顺位法定继承人。综上所述，应当由乙、丙、丁继承该6万元遗产。

3. 画家甲丧偶后，独自抚养儿子乙。某日，甲将自己的一幅画作交给朋友丙保管，嘱托丙待自己去世后烧毁该画作。甲去世后，丙违背甲的嘱托，将画作交拍卖公司拍卖，得款50万元。该50万元应当〔　　〕。(2020-非法学-24-单)(2020-法学-14-单)

A. 归乙所有

B. 归丙所有

C. 由乙、丙平分

D. 归国家所有

［答案］A

［考点］**法定继承**

［解析］《民法典》第1123条规定："继承开始后，按照法定继承办理；有遗嘱的，按照遗嘱继承或者遗赠办理；有遗赠扶养协议的，按照协议办理。"甲将自己的一幅画作交给朋友丙保管，嘱托丙待自己去世后烧毁该画作。但是丙并未烧毁该画，该画仍为甲的遗产。《民法典》第1127条第1款规定："遗产按照下列顺序继承：(一)第一顺序：配偶、子女、父母；(二)第二顺序：兄弟姐妹、祖父母、外祖父母。"乙是甲的儿子，故该画

由乙继承，因此该50万元归乙所有，A选项正确，其他选项错误。

4. 甲、乙系夫妻，有一子丙。丙与丁结婚，生有一女戊。2008年丙去世，丁与庚再婚，二人一起照顾甲、乙的生活起居。2015年5月甲去世。对甲遗产的继承，第一顺序继承人有〔　　〕。(2017-非法学-48-多)(2017-法学-28-多)

A. 乙　　B. 丁

C. 戊　　D. 庚

[答案] ABC

[考点] **法定继承**

[解析]【考点1：法定继承人的顺位】《民法典》第1127条第1款规定："遗产按照下列顺序继承：(一)第一顺序：配偶、子女、父母；(二)第二顺序：兄弟姐妹、祖父母、外祖父母。"乙是甲的配偶，第一顺位继承人，A选项正确。《民法典》第1129条规定："丧偶儿媳对公婆，丧偶女婿对岳父母，尽了主要赡养义务的，作为第一顺序继承人。"丁与庚再婚，二人一起照顾甲、乙的生活起居，丁是尽了主要赡养义务的丧偶儿媳，第一顺位继承人，B选项正确，庚不是继承人，D选项错误。

【考点2：代位继承】《民法典》第1128条第1款规定："被继承人的子女先于被继承人死亡的，由被继承人的子女的直系晚辈血亲代位继承。"丙与丁结婚，生有一女戊。丙先于甲死亡。丙的直系晚辈血亲戊可以代位继承，是第一顺序继承人，C选项正确。

5. 甲与妻子乙协议离婚，约定8周岁儿子由乙抚养，甲支付抚养费。后甲与有一女儿的丙再婚，并在婚后继续给付儿子抚养费。十年后，丙因病去世。丙去世时，其近亲属还有姐姐丁。有权继承丙遗产的人有〔　　〕。(2015-非法学-50-多)(2015-法学-30-多)

A. 甲　　B. 甲的儿子

C. 丙的女儿　　D. 丁

[答案] AC

[考点] **法定继承**

[解析]《民法典》第1127条第1款规定："遗产按照下列顺序继承：(一)第一顺序：配偶、子女、父母；(二)第二顺序：兄弟姐妹、祖父母、外祖父母。"第2款规定："继承开始后，由第一顺序继承人继承，第二顺序继承人不继承；没有第一顺序继承人继承的，由第二顺序继承人继承。"甲是丙的配偶，第一顺序的继承人，A选项正确。甲的儿子由乙抚养，和丙没有形成扶养关系，不是法定继承人，B选项错误。丙的女儿是丙的第一顺序继承人，C选项正确。丁是丙的姐姐，第二顺序，因有第一顺序继承人，故丁不能继承，D选项错误。

6. 赵某死亡，遗产由其父甲、其母乙、其妻丙和其子丁继承，当时丙已怀孕。上述继承人在继承时为胎儿保留了必要的继承份额。丙分娩时，胎儿死于母体内。有权继承为该胎儿所保留份额的人包括〔　　〕。(2011-法学-29-多)

A. 甲　　B. 乙

C. 丙　　D. 丁

[答案] ABCD

[考点] **胎儿的继承权**

[解析]《民法典》第16条规定："涉及遗产继承、接受赠与等胎儿利益保护的，胎儿视为具有民事权利能力。但是，胎儿娩出时为死体的，其民事权利能力自始不存在。"《民法典》第1155条规定："遗产分割时，应当保留胎儿的继承份额。胎儿娩出时是死体的，保留的份额按照法定继承办理。"丙分娩时，胎儿死于母体内，因此保留的份额按照法定继承办理，A、B、C、D选项正确。

7. 甲与妻子乙育有一子一女，儿子与其妻丁生有一子戊，儿子于2005年遇车祸死亡。儿子去世后，甲、乙老无生活来源，女儿丙拒不赡养，甲、乙主要由再婚的丁供养。甲于2010年3月死亡，留下房屋3间。依照继承法的规定，可以参加第一顺序继承的人有〔　　〕。(2011-非法学-49-多)

A. 乙　　B. 丙

C. 丁　　D. 戊

[答案] ABCD

[考点] **法定继承人**

[解析]《民法典》第1127条第1款规定："遗产按照下列顺序继承：(一)第一顺序：配偶、子女、父母；(二)第二顺序：兄弟姐妹、祖

父母、外祖父母。”乙是配偶，第一顺位的法定继承人，A 选项正确。丙是女儿，第一顺位的法定继承人，B 选项正确。《民法典》第 1130 条第 4 款规定：“有扶养能力和有扶养条件的继承人，不尽扶养义务的，分配遗产时，应当不分或者少分。”女儿丙拒不赡养，分配遗产是应当不分或者少分，但是并未丧失继承权，仍为第一顺位的法定继承人。《民法典》第 1129 条规定：“丧偶儿媳对公婆，丧偶女婿对岳父母，尽了主要赡养义务的，作为第一顺序继承人。”甲、乙主要由再婚的丁供养，丁是尽了主要赡养义务的丧偶儿媳，第一顺位，C 选项正确。《民法典》第 1128 条第 1 款规定：“被继承人的子女先于被继承人死亡的，由被继承人的子女的直系晚辈血亲代位继承。”戊是代位继承人，第一顺位，D 选项正确。

二、主观题

［2022-法学-案例（回忆版）］1998 年 1 月甲、乙结婚，次年 11 月女儿丙出生，2007 年 3 月乙病故，甲将丙托付给自己的父母照顾，自己外出打工。甲在打工时认识了丁，两人合伙做生意并同居生活，在此期间共同出资购买房屋一套，登记在甲名下。

2021 年 9 月 6 日，甲、丁前往登记机关办理结婚登记，途中遭遇车祸，甲当场身亡，丁受轻伤。此时，丁已怀有身孕，丙在办理父亲的丧事期间，得知甲名下有一套房屋，遂办理了遗产继承公证，并根据公证将房屋过户到自己名下，后丙以市价将房屋卖给戊，并以房屋已出卖为由，要求丁搬离。丁遂前往登记机关办理了异议登记。丙和戊办理房屋过户时，因有异议登记而无法过户，戊主张自己已经善意取得了房屋所有权，要求丁注销异议登记。丁则主张自己是房屋共有人，要求分割该房屋，并主张丙与戊之间的房屋买卖合同因丙无权处分而无效。

结合上述材料回答下列问题，并说明理由。

（1）丙与戊签订的房屋买卖合同是否无效？

（2）戊是否已经取得了房屋所有权？

（3）丁是否有权请求分割房屋？

（4）丁腹中的胎儿是否有权继承甲的部分遗产？

［参考答案］

（1）有效。丙与戊有相应的民事行为能力，意思表示真实且不违反法律、行政法规的强制性规定，不违背公序良俗。即使丙构成无权处分，但是缺乏处分权不影响买卖合同的效力，故该买卖合同有效。

【法律依据】《民法典》第 143 条规定：“具备下列条件的民事法律行为有效：（一）行为人具有相应的民事行为能力；（二）意思表示真实；（三）不违反法律、行政法规的强制性规定，不违背公序良俗。”

（2）戊不能取得房屋的所有权。本案丙是无权处分，有异议登记存在，买受人戊不构成善意，且未完成过户登记，故戊不能善意取得房屋的所有权。

【法律依据】《物权编解释（一）》第 15 条第 1 款规定：“具有下列情形之一的，应当认定不动产受让人知道转让人无处分权：（一）登记簿上存在有效的异议登记；（二）预告登记有效期内，未经预告登记的权利人同意；（三）登记簿上已经记载司法机关或者行政机关依法裁定、决定查封或者以其他形式限制不动产权利的有关事项；（四）受让人知道登记簿上记载的权利主体错误；（五）受让人知道他人已经依法享有不动产物权。”第 2 款规定：“真实权利人有证据证明不动产受让人应当知道转让人无处分权的，应当认定受让人具有重大过失。”

（3）有权。甲、丁共同出资购买房屋一套，登记在甲名下。因双方并未办理结婚登记，不存在家庭关系，双方对该房屋构成按份共有关系。对共有物的分割，没有约定或者约定不明确的，按份共有人可以随时请求分割，故丁有权请求分割房屋。

【法律依据】《民法典》第 303 条规定：“共有人约定不得分割共有的不动产或者动产，以维持共有关系的，应当按照约定，但是共有人有重大理由需要分割的，可以请求分割；没有约定或者约定不明确的，按份共有人可以随时请求分割，共同共有人在共有的基础丧失或者有重大理由需要分割时可以请求分割。因分割造成其他共有人损害的，应当给予赔偿。”

（4）有权。《民法典》第 16 条规定，涉及遗产继承、接受赠与等胎儿利益保护的，胎儿视为具有民事权利能力。但是，胎儿娩出时为死体的，其民事权利能力自始不存在。遗产分割时，应当保留胎儿的继承份额。胎儿娩出时是死体的，保留的份额按照法定继承办理。故分割遗产时，应当为丁腹中的胎儿保留继承份额。

【法律依据】《民法典》第16条规定："涉及遗产继承、接受赠与等胎儿利益保护的，胎儿视为具有民事权利能力。但是，胎儿娩出时为死体的，其民事权利能力自始不存在。"《民法典》第1155条规定："遗产分割时，应当保留胎儿的继承份额。胎儿娩出时是死体的，保留的份额按照法定继承办理。"

三、2023年度重点预测

法定继承人的顺序，客观题重点。民法典对代位继承有了新的补充，须掌握两种情形的代位继承。

PART 03
第三章　遗嘱继承

一、客观题

1. 2010 年甲立自书遗嘱一份，表示自己的房屋由儿子乙继承，屋内的紫檀家具由孙子丙继承。2018 年甲将该房屋卖给任某，得款 120 万元，并办理了过户登记手续。后甲病故。对此，下列表述正确的是〔　　〕。（2021－非法学－29－单）（2021－法学－19－单）

A. 乙有权基于遗嘱继承取得卖房款 120 万元

B. 丙有权基于遗赠取得紫檀家具

C. 甲所立自书遗嘱的内容全部被撤回

D. 甲立遗嘱后不得出卖遗嘱处分的财产

［答案］B

［考点］**遗嘱的撤回**

［解析］【考点 1：遗嘱的撤回】《民法典》第 1142 条第 1 款规定："遗嘱人可以撤回、变更自己所立的遗嘱。"第 2 款规定："立遗嘱后，遗嘱人实施与遗嘱内容相反的民事法律行为的，视为对遗嘱相关内容的撤回。"第 3 款规定："立有数份遗嘱，内容相抵触的，以最后的遗嘱为准。"甲立自书遗嘱一份，表示自己的房屋由儿子乙继承。2018 年甲将该房屋卖给任某，得款 120 万元，并办理了过户登记手续。甲实施与遗嘱内容相反的民事法律行为的，视为对遗嘱中房屋由儿子乙继承的内容撤回，乙不能继承该房屋，但是可以基于法定继承继承该 120 万元房款，A 选项错误；甲所立自书遗嘱的内容部分被撤回，并非全部被撤回，紫檀家具由孙子丙继承的部分仍有效，B 选项正确，C 选项错误。

【考点 2：有权处分】遗嘱在继承人死亡时方能生效。遗嘱生效前，甲仍为房屋的所有权人，有权处分该房屋，故 D 选项错误。

2. 2005 年，甲立公证遗嘱，将自己的一套房屋留给儿子乙，后甲与丙结婚，生有一子丁。2008 年，甲立自书遗嘱，指定前述房屋由丙、丁二人共同继承。2017 年，甲去世，该房屋〔　　〕。（2018－非法学－36－单）

A. 应按照公证遗嘱由乙继承

B. 应按照自书遗嘱由丙、丁共同继承

C. 应由乙、丙、丁依照法定继承共同继承

D. 属于甲和丙的共同财产，应当先析产后继承

［答案］B

［考点］**遗嘱的效力**

［解析］《民法典》第 1142 条第 3 款规定："立有数份遗嘱，内容相抵触的，以最后的遗嘱为准。"关于房屋，2005 年，甲立公证遗嘱留给儿子乙；2008 年，甲立自书遗嘱，指定前述房屋由丙、丁二人共同继承，发生冲突，应当以最后的遗嘱为准，故应按照自书遗嘱由丙、丁共同继承，B 选项正确，A、C 选项错误。《民法典》废止了公证遗嘱的最优先效力，因此原来公布的答案是 A，自然须修改为 B。房屋是甲的婚前财产，属于个人财产，不是甲和丙的共同财产，D 选项错误。

3. 根据我国继承法，遗嘱人在遗嘱中应当为缺乏劳动能力又没有生活来源的继承人保留必要的遗产份额。继承人是否符合上述条件的确定时间为〔　　〕。（2016－法学－15－单）

A. 立遗嘱时

B. 遗嘱生效时

C. 执行遗嘱时

D. 分割遗产时

［答案］B

［考点］**必留份**

［解析］《民法典》第 1141 条规定："遗嘱应当为缺乏劳动能力又没有生活来源的继承人保留

必要的遗产份额。"《民法典继承编解释（一）》第 25 条第 1 款规定："遗嘱人未保留缺乏劳动能力又没有生活来源的继承人的遗产份额，遗产处理时，应当为该继承人留下必要的遗产，所剩余的部分，才可参照遗嘱确定的分配原则处理。"第 2 款规定："继承人是否缺乏劳动能力又没有生活来源，应当按遗嘱生效时该继承人的具体情况确定。"可见，B 选项正确，其他选项错误。

二、主观题

简述遗嘱的有效要件。（2013-非法学-54-简答）

［参考答案］只有具备有效条件的遗嘱，才能发生法律效力。遗嘱有效应具备下列条件：

（1）立遗嘱人须有遗嘱能力。遗嘱能力是指遗嘱人立遗嘱时必须具有完全民事行为能力。

（2）遗嘱人须意思表示真实。如不是遗嘱人的真实意思，则遗嘱无效。

（3）遗嘱内容必须合法。遗嘱的内容不得违反法律和公序良俗。

（4）遗嘱的形式必须符合法律的规定。遗嘱为要式民事法律行为，必须符合法律所要求的形式。

三、2023 年度重点预测

遗嘱的形式中，民法典新增了打印遗嘱和录像遗嘱。公证遗嘱的优先效力被民法典废止。

PART 04

第四章 遗赠和遗赠扶养协议

一、客观题

1. 张某在丈夫去世后，与其保姆李某签订了遗赠扶养协议，张某的子女得知后不认可该遗赠扶养协议的效力。该遗赠扶养协议的效力为〔 〕。(2021-非法学-39-单)

A. 可撤销　　B. 效力待定

C. 有效　　D. 无效

［答案］C

［考点］**遗赠扶养协议的效力**

［解析］《民法典》第1158条规定："自然人可以与继承人以外的组织或者个人签订遗赠扶养协议。按照协议，该组织或者个人承担该自然人生养死葬的义务，享有受遗赠的权利。"遗赠扶养协议的扶养人是继承人以外的组织或者个人。本案中，保姆李某属于张某的继承人以外的个人，可以签订遗赠扶养协议。《民法典》第143条规定："具备下列条件的民事法律行为有效：(一) 行为人具有相应的民事行为能力；(二) 意思表示真实；(三) 不违反法律、行政法规的强制性规定，不违背公序良俗。"张某、李某有相应的民事行为能力，意思表示真实，不违反法律、行政法规的强制性规定，不违背公序良俗，因此该遗赠扶养协议有效，C选项正确，其他选项错误。

2. 甲立有遗嘱，将其两幅字画留给好友乙。甲死后次日，乙表示接受遗赠。后乙在遗产分割前死亡。对此，下列表述正确的是〔 〕。(2016-非法学-37-单)

A. 该遗赠失效

B. 两幅字画由乙的继承人继承

C. 该遗赠不生效

D. 两幅字画由乙的晚辈直系血亲继承

［答案］B

［考点］**遗赠**

［解析］《民法典》第1133条第2款规定："自然人可以立遗嘱将个人财产赠与国家、集体或者法定继承人以外的组织、个人。"甲立有遗嘱，将其两幅字画留给好友乙，属于遗赠，有效，A、C选项错误。《民法典》第1124条第2款规定："受遗赠人应当在知道受遗赠后六十日内，作出接受或者放弃受遗赠的表示；到期没有表示的，视为放弃受遗赠。"甲死后次日，乙表示接受遗赠，故乙取得两幅字画的所有权。后乙在遗产分割前死亡，其财产由其继承人继承，B选项正确，D选项错误。

二、主观题

简述遗赠和遗赠扶养协议的区别。(2013-法学-34-简答)

［参考答案］(1) 行为的性质不同。遗赠扶养协议是双方、双务、有偿法律行为；遗赠是单方、单务、无偿法律行为

(2) 行为的形式不同。遗赠扶养协议采合同形式；遗赠采遗嘱形式。

(3) 主体的范围不同。遗赠扶养协议的扶养人限于法定继承人以外的个人或者组织，不包括国家；而遗赠中的受遗赠人除法定继承人以外的个人或者组织外，还包括国家。

(4) 主体资格不同。遗赠扶养协议的遗赠人与扶养人订立协议时须均为完全民事行为能力人；而遗赠人须为完全民事行为能力人，但不要求受遗赠人为完全民事行为能力人。

(5) 法律效力不同。遗赠扶养协议具有优先于遗嘱继承和遗赠的执行效力；遗嘱继承和遗赠的法律效力相同。

三、2023年度重点预测

附义务的遗嘱或遗赠，2021年大纲新增，尚未考查。遗赠扶养协议的解除，新考点，掌握。

PART 05

第五章　遗产的处理

一、客观题

1. 肖某育有二子一女，长子甲拒绝对肖某尽赡养义务，次子乙患脑瘫且无生活来源，女儿丙婚前、婚后均与肖某共同生活。2004 年肖某捡到一弃婴丁并予以抚养，但未办理收养手续。2012 年 7 月，肖某死亡。分配遗产时〔　　〕。（2014-法学-30-多）

A. 甲应当不分或少分

B. 对乙应当予以照顾

C. 丙可以多分

D. 可以分给丁适当的遗产

［答案］ ABCD

［考点］ **遗产的处理**

［解析］《民法典》第 1130 条第 4 款规定："有扶养能力和有扶养条件的继承人，不尽扶养义务的，分配遗产时，应当不分或者少分。"长子甲拒绝对肖某尽赡养义务，应当不分或少分，A 选项正确。《民法典》第 1130 条第 2 款规定："对生活有特殊困难又缺乏劳动能力的继承人，分配遗产时，应当予以照顾。"乙患脑瘫且无生活来源，应当予以照顾，B 选项正确。《民法典》第 1130 条第 3 款规定："对被继承人尽了主要扶养义务或者与被继承人共同生活的继承人，分配遗产时，可以多分。"女儿丙婚前、婚后均与肖某共同生活，可以多分，C 选项正确。《民法典》第 1131 条规定："对继承人以外的依靠被继承人扶养的人，或者继承人以外的对被继承人扶养较多的人，可以分给适当的遗产。"肖某捡到一弃婴丁并予以抚养，但未办理收养手续。丁不是继承人，但可以分给适当的遗产，D 选项正确。

2. 赵某死亡后，甲依遗嘱继承了一套房屋（价值 180 万元），乙依遗赠分得一幅字画（价值 40 万元），丙依法定继承分得现金 60 万元。遗产分割完毕后，赵某的债权人找到甲、乙、丙，要求偿还欠款 40 万元。该欠款应〔　　〕。（2014-非法学-36-单）

A. 全部由甲偿还

B. 全部由丙偿还

C. 由甲偿还 30 万元，丙偿还 10 万元

D. 由甲、乙、丙按照各自分得的遗产价值比例偿还

［答案］ B

［考点］ **被继承人债务清偿顺序**

［解析］《民法典》第 1163 条规定："既有法定继承又有遗嘱继承、遗赠的，由法定继承人清偿被继承人依法应当缴纳的税款和债务；超过法定继承遗产实际价值部分，由遗嘱继承人和受遗赠人按比例以所得遗产清偿。"丙依法定继承分得现金 60 万元，赵某负债 40 万元，由丙全部偿还，B 选项正确，其他选项错误。

二、2023 年度重点预测

遗产管理人，民法典新增考点。被继承人债务清偿办法，客观题重点。

PART VIII

第八编

侵权责任

PART 01

第一章　侵权责任的归责原则

一、客观题

1. 傍晚，甲驾驶拖拉机在乡村公路上行驶，乙招手搭车，甲让其上车，并告知车上有一口空棺材。不久下起大雨，乙钻进棺材避雨，过了一会儿睡着了。后又有丙请求搭车，甲也让她上了车。乙醒后手托棺材盖露出头来透气，丙吓得大喊“有鬼”，跳下车，致左腿骨折。

（1）甲让乙搭车的行为属于〔　　〕。（2020-非法学-39-单）

A. 事实行为

B. 无因管理

C. 情谊行为

D. 合同行为

[答案] C

[考点] **情谊行为**

[解析] 好意施惠关系指当事人之间无意设定法律上的权利义务关系，而由当事人一方基于良好的道德风尚实施的使另一方受恩惠的关系，其旨在增进情谊的行为。甲让乙搭车，并无订立合同的意思表示，属于情谊行为，好意施惠，C 选项正确，其他选项错误。

（2）丙的损害应由〔　　〕。（2020-非法学-40-单）

A. 甲承担责任

B. 乙承担责任

C. 甲和乙承担按份责任

D. 丙自己承担

[答案] D

[考点] **过错责任**

[解析] 【考点 1：过错责任】《民法典》第 1165 条第 1 款规定：“行为人因过错侵害他人民事权益造成损害的，应当承担侵权责任。”开车的甲对丙的损害并无过错，无须承担责任，A 选项错误。乙醒后手托棺材盖露出头来透气，也无过错，无须承担责任，B、C 选项错误。丙的损害是自己造成的，应当自己承担损失，D 选项正确。

【考点 2：好意同乘】《民法典》第 1217 条规定：“非营运机动车发生交通事故造成无偿搭乘人损害，属于该机动车一方责任的，应当减轻其赔偿责任，但是机动车使用人有故意或者重大过失的除外。”本案甲让丙搭车的行为，属于好意同乘，须甲有过错才需要承担责任。而甲并无过错，无须承担责任。

2. 甲、乙在街头因琐事斗殴，甲感到自己不是乙的对手，转身逃跑，乙紧追不舍。路人丙见状，跑上前想阻止乙追打甲。甲误认为丙是乙的同伙，挥棍打丙，致其重伤。根据我国民法的有关规定，丙的人身损害应由〔　　〕。（2014-法学-11-单）

A. 甲承担全部赔偿责任

B. 乙承担全部赔偿责任

C. 甲、乙承担按份赔偿责任

D. 甲、乙承担连带赔偿责任

[答案] A

[考点] **过错责任**

[解析] 【考点 1：过错责任】《民法典》第 1165 条规定：“行为人因过错侵害他人民事权益造成损害的，应当承担侵权责任。”甲误认为丙是乙的同伙，挥棍打丙，致其重伤，有过错，须承担责任。乙对丙并无侵权行为，无须承担责任，故 A 选项正确，其他选项错误。

【考点 2：正当防卫】《民法典总则编解释》第 30 条规定：“为了使国家利益、社会公共利益、本人或者他人的人身权利、财产权利以及其他合法权益免受正在进行的不法侵害，而针对实施侵害行为的人采取的制止不法侵害的行为，应当认定为民法典第一百八十一条规定的正当防卫。”丙不是不法侵害人，甲的行为不构成正当防卫。

二、主观题

1. （2012-非法学-58-法条分析）我国原《侵权责任法》第6条（《民法典》第1165条）规定：“行为人因过错侵害他人民事权益造成损害的，应当承担侵权责任。依照法律规定推定行为人有过错，其不能证明自己没有过错的，应当承担侵权责任。”请运用民法原理分析：

（1）本条第1款规定的是何种归责原则？其含义及适用范围是什么？

（2）本条第2款应当如何理解？其适用范围是什么？

[参考答案]

（1）过错责任原则。该原则是指以民事主体存在主观过错作为承担侵权责任根据的归责原则。过错责任原则适用于一般侵权行为，只有在法律有特别规定的情况下，才不适用过错责任原则。

（2）本条第2款是关于过错推定的规定。过错推定是指受害人证明其所受损害由侵权人造成，而侵权人不能证明自己没有过错，法律上推定侵权人有过错并使其承担侵权责任。过错推定是过错责任原则的一种表现形式。过错推定适用于法律有特别规定的情形：①无民事行为能力人在教育机构学习生活期间遭受人身损害；②动物园饲养的动物致人损害；③建筑物、构筑物及其搁置物、悬挂物脱落、坠落致人损害；④堆放物倒塌致人损害；⑤林木折断、果实坠落致人损害；⑥道路施工、地下设施致人损害；⑦非法占有的高度危险物品致人损害时，所有人、管理人与非法占有人之间的连带责任；⑧建筑物本身原因倒塌致人损害。

2. 简述我国侵权责任法中适用无过错责任原则的主要情形。（2011-非法学-54-简答）

[参考答案] 无过错责任原则，是指不论行为人有无过错，只要行为人造成他人民事权益损害，即须承担民事责任的原则。无过错责任原则适用于特殊侵权行为，法律对其有专门规定。

（1）监护人承担无过错替代责任。

（2）用人单位责任。

（3）产品责任，对外无过错责任；对内追偿，过错责任。

（4）机动车与行人、非机动车间发生道路交通事故。

（5）环境污染、生态破坏责任。

（6）高度危险责任。

（7）饲养动物损害责任。

（8）妨碍通行物致人损害。

（9）医疗产品责任。

（10）接受劳务者的责任。

三、2023年度重点预测

掌握法定分担损失的构成要件及具体情形。过错推定、无过错责任，理解，客观题中经常出现。

PART 02

第二章　一般侵权责任的构成要件

一、客观题

1. 下列民事权益中，受我国侵权责任法保护的有〔　　〕。(2017-非法学-50-多)（2017-法学-30-多）

A. 婚姻自主权

B. 担保物权

C. 股权

D. 商业秘密

［答案］ABCD

［考点］**侵权责任**

［解析］《民法典》第1164条规定："本编调整因侵害民事权益产生的民事关系。"此处的"民事权益"主要包括两类：(1) 绝对权，包括人身权、物权、知识产权；(2) 受法律保护的非权利性质的利益，如侵害他人的占有、侵害死者人格利益、侵害个人信息权益、侵害商业秘密等。故ABCD正确。

2. 下列权利中，受侵权责任法保护的有〔　　〕。(2014-非法学-47-多)

A. 股权

B. 监护权

C. 发现权

D. 继承权

［答案］ABCD

［考点］**侵权责任**

［解析］《民法典》第1164条规定："本编调整因侵害民事权益产生的民事关系。"此处的"民事权益"主要包括两类：(1) 绝对权，包括人身权、物权、知识产权；(2) 受法律保护的非权利性质的利益，如侵害他人的占有、侵害死者人格利益、侵害个人信息权益、侵害商业秘密等。股权、监护权、发现权、继承权均受《民法典》侵权责任编保护，A、B、C、D选项正确。

二、2023年度重点预测

因果关系在2021年大纲有新增考点，理解因果关系的判断标准。

PART 03

第三章 侵权责任的承担方式

一、客观题

根据我国侵权责任法，侵害他人财产的，如果财产损失按照市场价格计算，则市场价格的确定时间为〔　　〕。(2016-非法学-34-单)

A. 损失发生时

B. 被侵权人提起诉讼时

C. 侵权行为实施时

D. 被侵权人知道损失发生时

[答案] A

[考点] **损害赔偿**

[解析]《民法典》第1184条规定："侵害他人财产的，财产损失按照损失发生时的市场价格或者其他合理方式计算。"可见，A选项正确，其他选项错误。

二、2023年度重点预测

掌握损害赔偿的三种情形：财产损害赔偿、人身损害赔偿和精神损害赔偿。主观题注意惩罚性损害赔偿。

PART 04

第四章　侵权责任的抗辩事由

一、客观题

1. 甲（20 周岁）收入不高，但经常出入某高档酒吧。某日，甲以个人名义向该酒吧预订生日包厢。甲生日当晚，乙、丙、丁受甲的邀请来酒吧玩耍。甲结账时，账单显示消费金额为 2 万元，甲请求延期支付，被拒绝后欲离开。酒吧经理阻止甲离开并报警。（2022-单-回忆版）

（1）对于 2 万元的消费金额，酒吧有权要求：〔　　〕

A. 甲支付

B. 甲的父母和甲共同支付

C. 甲、乙、丙、丁承担按份责任

D. 甲、乙、丙、丁承担连带责任

［答案］A

［考点］**合同相对性**

［解析］酒吧和甲之间成立合同关系，根据合同相对性，由甲支付，A 选项正确。

（2）酒吧经理阻止甲离开的行为：〔　　〕

A. 侵犯了甲的身体权

B. 侵犯甲的人身自由

C. 侵犯甲的名誉权

D. 不构成侵权

［答案］D

［考点］**自助行为**

［解析］《民法典》第 1177 条第 1 款规定："合法权益受到侵害，情况紧迫且不能及时获得国家机关保护，不立即采取措施将使其合法权益受到难以弥补的损害的，受害人可以在保护自己合法权益的必要范围内采取扣留侵权人的财物等合理措施；但是，应当立即请求有关国家机关处理。"第 2 款规定："受害人采取的措施不当造成他人损害的，应当承担侵权责任。"酒吧经理阻止甲离开的行为是自助行为，不构成侵权，D 选项正确。

2. 甲骑乙公司运营的共享单车上班。途中，单车刹车失灵，甲躲闪不及，撞伤丙。丙的损害应当〔　　〕。（2019-非法学-22-单）（2019-法学-12-单）

A. 由甲承担全部赔偿责任

B. 由乙公司承担全部赔偿责任

C. 由甲和乙公司承担按份责任

D. 由甲和乙公司承担连带责任

［答案］B

［考点］**抗辩事由**

［解析］【考点 1：过错责任】《民法典》第 1165 条第 1 款规定："行为人因过错侵害他人民事权益造成损害的，应当承担侵权责任。"单车刹车失灵，甲躲闪不及，撞伤丙。单车是乙公司运营的共享单车，其有过错，须承担责任；甲躲闪不及，并无过错，无须承担责任，故 A、C、D 选项错误。

【考点 2：抗辩事由】《民法典》第 1175 条规定："损害是因第三人造成的，第三人应当承担侵权责任。"甲撞伤丙，是由于乙公司运营的共享单车刹车失灵所导致，所以应当由乙公司承担赔偿责任，B 项正确。

3. 甲驾车正常行驶，乙酒后驾车闯红灯，两车相撞，致甲的车撞伤正在执勤的交警丙。丙的损害应由〔　　〕。（2017-非法学-35-单）

A. 甲承担全部责任

B. 乙承担全部责任

C. 甲、乙承担连带责任

D. 甲承担次要责任，乙承担主要责任

［答案］B

［考点］**第三人原因**

［解析］《民法典》第 1175 条规定："损害是因第三人造成的，第三人应当承担侵权责任。"甲

的车撞伤正在执勤的交警丙，因甲驾车正常行驶，丙的损害系乙酒后驾车闯红灯所造成，由乙承担全部责任，B 选项正确，其他选项错误。

4. 某高校学生甲、乙在学校操场上打篮球时，乙投篮，球反弹将甲的头部砸伤。甲的损害应由〔　　〕。(2016-非法学-31-单)

A. 甲自己承担

B. 乙承担全部责任

C. 该高校承担全部责任

D. 该高校与乙共同承担责任

[答案] A

[考点] **自甘风险**

[解析]《民法典》第 1176 条第 1 款规定："自愿参加具有一定风险的文体活动，因其他参加者的行为受到损害的，受害人不得请求其他参加者承担侵权责任；但是，其他参加者对损害的发生有故意或者重大过失的除外。"甲、乙自愿参加具有一定风险的文体活动，乙投篮，球反弹将甲的头部砸伤，乙并无故意或者重大过失，属于自甘风险，由甲自己承担损失，A 选项正确，其他选项错误。

5. 一般侵权行为民事责任的抗辩事由包括〔　　〕。(2011-非法学-50-多)

A. 不可抗力

B. 受害人的故意

C. 意外事件

D. 受害人同意

[答案] ABCD

[考点] **抗辩事由**

[解析] 不可抗力、受害人故意均是民法典所规定的抗辩事由。意外事件、受害人同意，理论上也是侵权责任的抗辩事由，故本题答案是 ABCD。

二、主观题

1. 简述侵权责任的承担方式。(2017-非法学-53-简答)

[参考答案] 侵权责任的承担方式，是指侵权行为人就自己实施的侵权行为应当承担的具体的民事责任方式。侵权行为危及他人人身、财产安全的，被侵权人有权请求侵权人承担停止侵害、排除妨碍、消除危险等侵权责任。侵权责任的承担方式，可以单独适用，也可以合并适用。

(1) 赔偿损失是指侵权人因侵权行为造成他人损害的，应向被侵权人支付一定数额的金钱或给付同样的物来弥补被侵权人所遭受的损害。包括人身损害赔偿、财产损害赔偿和精神损害赔偿。

(2) 停止侵害是指被侵权人要求侵权人停止正在实施过程中的侵害行为。

(3) 排除妨碍是指侵权人的侵害行为已经使被侵权人无法行使或者难以正常行使其权利的，被侵权人可以要求侵权人将妨碍权利实施的有关障碍予以排除。

(4) 消除危险是指侵权行为虽然尚未对他人的权利造成实际损害，也没有产生现实的持续侵害或妨碍，但是却存在造成他人权利受损害或受妨害的现实危险，被侵权人有权要求侵权人消除此危险。

(5) 返还财产的前提是该财产还存在，如果原物已经灭失，则权利人只能要求赔偿损失。

(6) 消除影响是指侵权人在其给被侵权人的人格权利造成不良影响的范围之内，消除此不利后果。

(7) 恢复名誉是指侵权人使被侵权人的名誉权恢复到未曾遭受侵权人的侵权行为损害时的状态。

(8) 赔礼道歉是指侵权人以口头形式或书面形式向被侵权人公开认错、表达歉意。

2. 简述侵权责任的抗辩事由。(2017-法学-33-简答)

[参考答案] 抗辩事由也称为不承担责任或减轻责任的法定事由。侵权责任的抗辩事由可以分为正当理由的抗辩事由和外来原因的抗辩事由两大类。

(1) 正当理由

①正当防卫是指为了使公共利益、本人或他人的财产、人身或者其他合法利益免受正在进行的不法侵害，而对不法侵害人所实施的不超过必要限度的行为。

②紧急避险是指为了使公共利益、本人或他人的财产、人身或者其他合法权益免受正在发生的危险，而不得已采取的致他人较少损害的行为。

③自甘风险，指个人自愿参与有危险的活动，应自行承担所遭受的损害后果。

④自助行为是指权利人为保护自己的权利，在来不及请求公力救济的情况下，对义务人的财产予以扣留等行为。

（2）外来原因

①不可抗力是指不能预见、不能避免且不能克服的客观情况。因不可抗力不能履行民事义务的，不承担民事责任。法律另有规定的，依照其规定。

②损害是因受害人故意造成的，行为人不承担责任。

③被侵权人对同一损害的发生或者扩大有过错的，可以减轻侵权人的责任。

④损害是因第三人造成的，第三人应当承担侵权责任。

三、2023年度重点预测

正当防卫、紧急避险，《民法典总则编解释》有新内容，掌握。自甘风险、自助行为，民法典新内容，须理解。

PART 05

第五章　数人侵权

一、客观题

1. 甲酒店建立旅客信息数据库，明知存在漏洞未采取补救措施。乙罪犯利用该漏洞窃取旅客丙的数据资料并发布在网络上。对于丙的损失，应由〔　　〕。(2022-单-回忆版)

A. 甲乙承担连带责任

B. 甲乙承担不真正连带责任

C. 甲单独承担责任

D. 甲乙承担按份责任

[答案] D

[考点] **数人侵权**

[解析]【考点1：个人信息保护】《民法典》第1038条第2款规定："信息处理者应当采取技术措施和其他必要措施，确保其收集、存储的个人信息安全，防止信息泄露、篡改、丢失；发生或者可能发生个人信息泄露、篡改、丢失的，应当及时采取补救措施，按照规定告知自然人并向有关主管部门报告。"甲酒店建立旅客信息数据库，明知存在漏洞未采取补救措施，导致个人信息泄漏，有过错，须承担责任。《个人信息保护法》第69条第1款规定："处理个人信息侵害个人信息权益造成损害，个人信息处理者不能证明自己没有过错的，应当承担损害赔偿等侵权责任。"第2款规定："前款规定的损害赔偿责任按照个人因此受到的损失或者个人信息处理者因此获得的利益确定；个人因此受到的损失和个人信息处理者因此获得的利益难以确定的，根据实际情况确定赔偿数额。"可见，信息处理者的归责原则是过错推定责任。

【考点2：数人侵权】《民法典》第1172条规定："二人以上分别实施侵权行为造成同一损害，能够确定责任大小的，各自承担相应的责任；难以确定责任大小的，平均承担责任。"乙罪犯利用该漏洞窃取旅客丙的数据资料并发布在网络上，没有意思联络，不构成共同侵权，属于无意思联络的数人侵权，每个人的侵权行为都不足以造成全部损害，应当按照其过错程度和原因力大小承担按份责任，D选项正确，其他选项错误。

2. 甲（10周岁）、乙（11周岁）、丙（12周岁）翻越高速公路天桥旁水泥护栏后，趴在防护网上往高速公路抛掷石块击打过往车辆，其中一石块击中司机丁致其重伤，但无法确认该石块是谁投掷。丁的损害应由〔　　〕。(2018-非法学-31-单)

A. 甲、乙、丙连带赔偿

B. 高速公路管理机构赔偿

C. 甲、乙、丙的监护人连带赔偿

D. 甲、乙、丙的监护人和高速公路管理机构连带赔偿

[答案] C

[考点] **共同危险行为**

[解析]【考点1：共同危险行为】《民法典》第1170条规定："二人以上实施危及他人人身、财产安全的行为，其中一人或者数人的行为造成他人损害，能够确定具体侵权人的，由侵权人承担责任；不能确定具体侵权人的，行为人承担连带责任。"本案中无法确认该石块是谁投掷，属于共同危险行为，由行为人承担连带责任。

【考点2：监护人责任】《民法典》第1188条第1款规定："无民事行为能力人、限制民事行为能力人造成他人损害的，由监护人承担侵权责任。监护人尽到监护职责的，可以减轻其侵权责任。"甲（10周岁）、乙（11周岁）、丙（12周岁）三人均为限制民事行为能力人，故由其监护人承担连带责任，C选项正确，A选项错误。

【考点3：过错责任】《民法典》第1165条第1款规定："行为人因过错侵害他人民事权益造成

损害的，应当承担侵权责任。”高速公路管理机构没有过错，无须承担责任，故B、D选项错误。

3. 甲、乙分别在山上伐木，为图方便各自将伐下的原木从山上滚下，不料其中一根木头砸伤了山下的行人丙，且无法确定是谁推下的这根木头。丙的损害应由〔 〕。（2016-非法学-33-单）

A. 甲、乙承担按份责任

B. 甲、乙承担连带责任

C. 甲、乙、丙分担

D. 丙自己承担

［答案］B

［考点］**共同危险行为**

［解析］《民法典》第1170条规定：“二人以上实施危及他人人身、财产安全的行为，其中一人或者数人的行为造成他人损害，能够确定具体侵权人的，由侵权人承担责任；不能确定具体侵权人的，行为人承担连带责任。”本案无法确定是谁推下的这根木头，属于共同危险行为，由行为人承担连带责任，B选项正确，其他选项错误。

注：共同危险行为不承担责任的事由是行为人证明具体侵权人；高空抛物的补偿，证明自己不是侵权人，则无须补偿。（《民法典》第1254条规定：“禁止从建筑物中抛掷物品。从建筑物中抛掷物品或者从建筑物上坠落的物品造成他人损害的，由侵权人依法承担侵权责任；经调查难以确定具体侵权人的，除能够证明自己不是侵权人的外，由可能加害的建筑物使用人给予补偿。可能加害的建筑物使用人补偿后，有权向侵权人追偿。”）

4. 甲超速驾驶汽车，乙逆行骑摩托车。两车相撞，摩托车飞至人行道，将行人丙砸伤。丙的损害应由〔 〕。（2015-非法学-37-单）

A. 甲单独承担责任

B. 乙单独承担责任

C. 甲、乙承担连带责任

D. 甲、乙承担按份责任

［答案］D

［考点］**共同侵权、无意思联络的数人侵权**

［解析］【考点1：共同侵权】《民法典》第1168条规定：“二人以上共同实施侵权行为，造成他人损害的，应当承担连带责任。”“共同侵权行为”的构成，立法例和学理上有两种不同意见：（1）主观说。主观说又称意思说，认为共同侵权行为的构成需要有数个侵权人主观上共同的故意或者共同的过失的主观要件。（2）客观说。客观说也称行为关联说，认为共同侵权行为之构成不需要数个侵权人主观上共同的故意或者共同的过失，仅仅需要客观上其行为的相互联系，特别是在作为引起损害发生的原因上不可分割，作为一个整体发生作用，即构成共同侵权行为。

我国立法对共同侵权行为的理论选择，经历了一段过程。原《民法通则》第130条规定：“二人以上共同侵权造成他人损害的，应当承担连带责任。”原《最高人民法院关于审理人身损害赔偿案件适用法律若干问题的解释》第3条第1款规定：“二人以上共同故意或者共同过失致人损害，或者虽无共同故意、共同过失，但其侵害行为直接结合发生同一损害后果的，构成共同侵权，应当依照民法通则第一百三十条规定承担连带责任。”该司法解释采取了客观说。但是该司法解释修改后，将该条删除了。《民法典》第1168条的规定相对于原《民法通则》第130条的变化是将“共同侵权”修改为“共同实施侵权行为”，增加“实施”两字，属于积极行为，且最新的《最高人民法院关于审理人身损害赔偿案件适用法律若干问题的解释》将原来的第3条第1款的内容删除了，理论上认为我国《民法典》的共同侵权理论采取主观说。

本案中，按照主观说，甲、乙并无共同过失，不构成共同侵权，属于无意思联络的数人侵权。

【考点2：无意思联络的数人侵权】《民法典》第1172条规定：“二人以上分别实施侵权行为造成同一损害，能够确定责任大小的，各自承担相应的责任；难以确定责任大小的，平均承担责任。”本案属于分别侵权造成同一损害，承担按份责任，D选项正确，其他选项错误。本题原公布的答案是C，按照共同侵权理论的主观说，答案应该是D。

二、主观题

1. 简述民法典侵权责任编中连带责任的适用情形。（2021-非法学-54-简答）（2021-法学-34-简答）

[参考答案] 民法典侵权责任编中连带责任的适用情形：

（1）二人以上共同实施侵权行为，造成他人损害的，应当承担连带责任；

（2）教唆、帮助他人实施侵权行为的，应当与行为人承担连带责任；

（3）二人以上实施危及他人人身、财产安全的行为，其中一人或者数人的行为造成他人损害，不能确定具体侵权人的，行为人承担连带责任；

（4）二人以上分别实施侵权行为造成同一损害，每个人的侵权行为都足以造成全部损害的，行为人承担连带责任；

（5）网络服务提供者知道或者应当知道网络用户利用其网络服务侵害他人民事权益，未采取必要措施的，与该网络用户承担连带责任；

（6）买卖拼装、报废机动车交通事故责任，由出卖人和买受人承担连带责任。

2. 简述共同侵权行为的概念和构成要件。(2014-法学-33-简答)

[参考答案] 共同侵权行为是指二人以上共同故意或者共同过失侵害他人民事权益的行为。二人以上共同实施侵权行为，造成他人损害的，应承担连带责任。构成要件：

（1）主体的复数性。是指侵权人为二人或者二人以上。

（2）意思上的联络性。是指数个行为人对加害行为具有共同故意、共同过失或者故意和过失的混合。

（3）损害结果的单一性。是指共同侵权行为所导致的损害结果是一个不可分割的整体。

3. 简述共同危险行为的构成要件。(2013-法学-33-简答)

[参考答案] 共同危险行为，又称准共同侵权行为，是指二人或者二人以上共同实施危及他人人身或财产安全的行为并造成损害后果，但不能确定谁是实际侵权人的情形。构成要件：

（1）主体的复数性。是指危险行为人为二人或者二人以上。

（2）行为的同一性。数个危险行为人实施的侵权行为是相同的。

（3）时间上的同时性或相继性。如果数个危险行为人所实施的行为不是发生在同时或相继，则不会成立共同危险行为。

（4）行为的危险性。这种危险性表现为，每个人的行为都有可能侵害他人的民事权益，且这种可能性是现实存在的。

（5）行为的独立性。每个人都单独实施了危险行为，彼此之间无关联或者结合关系。

（6）实际侵权人的不确定性。

（7）损害结果的单一性。

三、2023 年度重点预测

共同侵权、共同危险行为虽然已经考查过，但是大纲在其考查后有新修改，仍须注意简答题。本章是客观题考查的常客。

PART 06

第六章　特殊侵权责任

一、特殊主体的侵权责任

1. 甲物业公司委托乙清洁公司清洁其管理的某住宅楼外墙，乙公司指派的员工丙因操作不当，致清洁工具从高处掉落，砸中业主丁的汽车。丁的损害应由〔　　〕。（2020-非法学-23-单）（2020-法学-13-单）

A. 甲公司承担责任

B. 乙公司承担责任

C. 甲公司和乙公司承担连带责任

D. 乙公司和丙承担连带责任

［答案］B

［考点］**用人单位责任、承揽人责任**

［解析］【考点1：用人单位责任】《民法典》第1191条第1款规定："用人单位的工作人员因执行工作任务造成他人损害的，由用人单位承担侵权责任。用人单位承担侵权责任后，可以向有故意或者重大过失的工作人员追偿。"乙公司的员工丙因操作不当，造成丁的损害，由用人单位乙公司承担责任，丙不是对外承担责任的主体，故B选项正确，D选项错误。

【考点2：承揽人责任】《民法典》第1193条规定："承揽人在完成工作过程中造成第三人损害或者自己损害的，定作人不承担侵权责任。但是，定作人对定作、指示或者选任有过错的，应当承担相应的责任。"甲物业公司委托乙清洁公司清洁其管理的某住宅楼外墙，要求的是工作成果，属于承揽合同。甲物业公司是定作人，乙清洁公司是承揽人，根据《民法典》第1193条的规定，应由承揽人乙公司承担责任。甲公司没有定作、指示或者选任过错，无须承担责任，故A、C选项错误。

2. 甲雇乙粉刷楼房外墙。乙工作时，丙驾驶的摩托车失控撞向脚手架，致乙从脚手架上跌落，摔成重伤。乙对自己的损害〔　　〕。（2019-非法学-37-单）

A. 只能要求甲承担赔偿责任

B. 只能要求丙承担赔偿责任

C. 可以要求甲、丙承担按份责任

D. 可以要求甲、丙承担连带责任

［答案］无

［考点］**个人劳务侵权**

［解析］《民法典》第1192条第1款规定："个人之间形成劳务关系，提供劳务一方因劳务造成他人损害的，由接受劳务一方承担侵权责任。接受劳务一方承担侵权责任后，可以向有故意或者重大过失的提供劳务一方追偿。提供劳务一方因劳务受到损害的，根据双方各自的过错承担相应的责任。"第2款规定："提供劳务期间，因第三人的行为造成提供劳务一方损害的，提供劳务一方有权请求第三人承担侵权责任，也有权请求接受劳务一方给予补偿。接受劳务一方补偿后，可以向第三人追偿。"甲雇乙粉刷楼房外墙，形成个人劳务关系。乙工作时，丙将乙撞伤，根据《民法典》第1192条第2款的规定，乙有权请求丙承担侵权责任，也有权请求甲补偿，甲补偿后可以向丙追偿。因法律发生变化，故本题没有答案。

3. 甲在某酒店公用洗手间滑倒，摔碎了眼镜。经查：甲滑倒系因酒店清洁工乙清洁不彻底，地面湿滑所致。甲的损失应由〔　　〕。（2018-非法学-24-单）（2018-法学-14-单）

A. 甲自己承担

B. 酒店承担全部责任

C. 酒店和乙承担按份责任

D. 酒店和乙承担连带责任

［答案］B

[考点] **违反安全保障义务的责任、用人单位责任**

[解析]【考点1：违反安全保障义务的责任】《民法典》第1198条第1款规定："宾馆、商场、银行、车站、机场、体育场馆、娱乐场所等经营场所、公共场所的经营者、管理者或者群众性活动的组织者，未尽到安全保障义务，造成他人损害的，应当承担侵权责任。"甲滑倒系因酒店清洁工乙清洁不彻底，地面湿滑所致，酒店没有尽到安全保障义务，须承担责任，B选项正确，A选项错误。

【考点2：用人单位责任】《民法典》第1191条第1款规定："用人单位的工作人员因执行工作任务造成他人损害的，由用人单位承担侵权责任。用人单位承担侵权责任后，可以向有故意或者重大过失的工作人员追偿。"清洁工乙执行职务造成他人损害，不是对外承担责任的主体，应由酒店承担责任，故C、D选项错误。

4. 小明在父母离异后跟随母亲生活。某日午休时，小明在幼儿园与小朋友小刚打闹，幼儿园老师余某因外出接电话而未能发现和制止，小明将小刚的头打伤。对于小刚的损害，不应承担责任的有〔　　〕。(2017-非法学-49-多)(2017-法学-29-多)

A. 小明的母亲

B. 幼儿园

C. 小明的父亲

D. 余某

[答案] D（公布答案为ACD）

[考点] **监护人责任、教育机构责任**

[解析]【考点1：监护人责任】《民法典》第27条第1款规定："父母是未成年子女的监护人。"《民法典》第1188条第1款规定："无民事行为能力人、限制民事行为能力人造成他人损害的，由监护人承担侵权责任。监护人尽到监护职责的，可以减轻其侵权责任。"即使离异，小明的父母仍为监护人，故仍须承担责任，A、C选项错误。

【考点2：教育机构责任】《民法典》第1199条规定："无民事行为能力人在幼儿园、学校或者其他教育机构学习、生活期间受到人身损害的，幼儿园、学校或者其他教育机构应当承担侵权责任；但是，能够证明尽到教育、管理职责的，不承担侵权责任。"《民法典》第1200条规定："限制民事行为能力人在学校或者其他教育机构学习、生活期间受到人身损害，学校或者其他教育机构未尽到教育、管理职责的，应当承担侵权责任。"教育机构责任的归责原则是过错责任（限制民事行为能力人）或者是过错推定责任（无民事行为能力人），幼儿园老师余某因外出接电话而未能发现和制止，有过错，幼儿园须承担责任，老师余某不是对外承担责任的主体，故B选项错误，D选项正确。本题公布的是ACD，应该改为D。

5. 孙某在商场购物时，被正在追小偷的商场保安王某撞伤。孙某的损害应由〔　　〕。(2016-法学-12-单)

A. 商场承担全部责任

B. 王某承担全部责任

C. 商场与王某承担连带责任

D. 商场与王某承担按份责任

[答案] A

[考点] **用人单位责任**

[解析]《民法典》第1191条第1款规定："用人单位的工作人员因执行工作任务造成他人损害的，由用人单位承担侵权责任。用人单位承担侵权责任后，可以向有故意或者重大过失的工作人员追偿。"商场保安王某是执行工作任务，由用人单位承担责任，王某不是对外承担责任的主体，A选项正确，其他选项错误。

6. 甲在网吧上网，邻座乙、丙因故发生争吵并互殴，但无人制止，致甲被误伤。甲的损害应由〔　　〕。(2015-法学-18-单)

A. 网吧单独承担责任

B. 网吧、乙、丙承担连带责任

C. 网吧承担责任，乙、丙承担相应的补充责任

D. 乙、丙承担责任，网吧承担相应的补充责任

[答案] D

[考点] **违反安全保障义务的责任**

[解析]《民法典》第1198条第1款规定："宾馆、商场、银行、车站、机场、体育场馆、娱乐场所等经营场所、公共场所的经营者、管理者

或者群众性活动的组织者，未尽到安全保障义务，造成他人损害的，应当承担侵权责任。”第2款规定：“因第三人的行为造成他人损害的，由第三人承担侵权责任；经营者、管理者或者组织者未尽到安全保障义务的，承担相应的补充责任。经营者、管理者或者组织者承担补充责任后，可以向第三人追偿。”乙、丙是侵权人，须承担责任。网吧有安全保障义务，没有制止，未尽到安全保障义务，承担相应的补充责任，D选项正确，其他选项错误。

7. 甲在某饭店醉酒闹事，饭店员工和就餐顾客纷纷躲闪，顾客乙躲闪不及被甲打伤。乙的损害应由〔　　〕。(2015-非法学-36-单)

A. 甲单独承担责任

B. 甲和饭店承担连带责任

C. 饭店承担责任，甲承担相应的补充责任

D. 甲承担责任，饭店承担相应的补充责任

[答案] D

[考点] **违反安全保障义务的责任**

[解析]《民法典》第1198条第1款规定：“宾馆、商场、银行、车站、机场、体育场馆、娱乐场所等经营场所、公共场所的经营者、管理者或者群众性活动的组织者，未尽到安全保障义务，造成他人损害的，应当承担侵权责任。”第2款规定：“因第三人的行为造成他人损害的，由第三人承担侵权责任；经营者、管理者或者组织者未尽到安全保障义务的，承担相应的补充责任。经营者、管理者或者组织者承担补充责任后，可以向第三人追偿。”乙躲闪不及被甲打伤，由甲承担责任；饭店员工纷纷躲闪，没有尽到保障义务，承担补充责任，D选项正确，其他选项错误。

8. 章某为曙光中学初一学生。某日，在放学回家路过育才幼儿园时，章某用弹弓射树上小鸟，不料误伤在园内玩耍的幼儿吕某。吕某的损害应由〔　　〕。(2014-非法学-27-单)

A. 曙光中学承担全部赔偿责任

B. 育才幼儿园承担全部赔偿责任

C. 章某的监护人承担全部赔偿责任

D. 育才幼儿园和章某的监护人承担连带赔偿责任

[答案] C

[考点] **监护人责任**

[解析]【考点1：监护人责任】《民法典》第1188条第1款规定：“无民事行为能力人、限制民事行为能力人造成他人损害的，由监护人承担侵权责任。监护人尽到监护职责的，可以减轻其侵权责任。”章某用弹弓射树上小鸟，不料误伤在园内玩耍的幼儿吕某，由章某的监护人承担全部赔偿责任，C选项正确。

【考点2：教育机构责任】《民法典》第1200条规定：“限制民事行为能力人在学校或者其他教育机构学习、生活期间受到人身损害，学校或者其他教育机构未尽到教育、管理职责的，应当承担侵权责任。”本案发生在放学回家路上，曙光中学没有过错，无须承担责任，A选项错误。《民法典》第1201条规定：“无民事行为能力人或者限制民事行为能力人在幼儿园、学校或者其他教育机构学习、生活期间，受到幼儿园、学校或者其他教育机构以外的第三人人身损害的，由第三人承担侵权责任；幼儿园、学校或者其他教育机构未尽到管理职责的，承担相应的补充责任。幼儿园、学校或者其他教育机构承担补充责任后，可以向第三人追偿。”育才幼儿园没有过错，无须承担责任，B、D选项错误。

9. 某小学课间休息期间，校外人员马某翻墙进入校内，将在操场上玩耍的8岁小学生高某打伤。高某的人身损害应当〔　　〕。(2012-法学-14-单)

A. 由学校承担赔偿责任

B. 由马某承担赔偿责任

C. 由学校和马某承担连带责任

D. 由学校和马某承担按份责任

[答案] B

[考点] **教育机构责任**

[解析]《民法典》第1201条规定：“无民事行为能力人或者限制民事行为能力人在幼儿园、学校或者其他教育机构学习、生活期间，受到幼儿园、学校或者其他教育机构以外的第三人人身损害的，由第三人承担侵权责任；幼儿园、学校或者其他教育机构未尽到管理职责的，承担相应的补充责任。幼儿园、学校或者其他教育机构承担补充责任后，可以向第三人追偿。”校外人员马某翻墙进入校内，将在操场上玩耍的8岁小学生

高某打伤，由马某承担赔偿责任，B 选项正确。学校没有过错，无须承担责任，故 A、C、D 选项错误。

10. 刘某对与其分手的前女友史某怀恨在心，便在某网站论坛上发帖公布了史某详细的个人信息，并附上了史某的若干张裸照。史某得知后，精神受到严重损害，立即要求网站删除该帖。但该网站因疏忽并未采取必要措施，致史某精神恍惚无法正常上班。根据侵权责任法的规定，史某损害的扩大部分应由〔　　〕。(2012-法学-15-单)

A. 刘某承担责任

B. 网站运营商承担责任

C. 刘某和网站运营商承担连带责任

D. 刘某和网站运营商承担按份责任

[答案] C

[考点] **信息网络侵权**

[解析]《民法典》第 1195 条第 1 款规定："网络用户利用网络服务实施侵权行为的，权利人有权通知网络服务提供者采取删除、屏蔽、断开链接等必要措施。通知应当包括构成侵权的初步证据及权利人的真实身份信息。"第 2 款规定："网络服务提供者接到通知后，应当及时将该通知转送相关网络用户，并根据构成侵权的初步证据和服务类型采取必要措施；未及时采取必要措施的，对损害的扩大部分与该网络用户承担连带责任。"网站因疏忽并未采取必要措施，应当对扩大部分承担连带责任，C 选项正确，其他选项错误。

二、 产品责任

1. 王某在甲汽车销售店购买了乙公司制造的汽车。某日，王某驾驶该车在高速公路上正常行驶，安全气囊突然弹开，导致车辆失控，王某受伤。王某〔　　〕。(2020-非法学-36-单)

A. 只能向甲请求赔偿

B. 只能向乙请求赔偿

C. 只能要求甲和乙按份赔偿

D. 可向甲请求赔偿，也可向乙请求赔偿

[答案] D

[考点] **产品责任**

[解析]《民法典》第 1203 条第 1 款规定："因产品存在缺陷造成他人损害的，被侵权人可以向产品的生产者请求赔偿，也可以向产品的销售者请求赔偿。"本案属于产品责任，王某可向甲请求赔偿，也可向乙请求赔偿，D 选项正确，A、B 选项错误。《民法典》第 1203 条第 2 款规定："产品缺陷由生产者造成的，销售者赔偿后，有权向生产者追偿。因销售者的过错使产品存在缺陷的，生产者赔偿后，有权向销售者追偿。"可见，产品责任，由生产者和销售者承担不真正的连带责任，而不是按份责任，C 选项错误。

2. 明知产品存在缺陷仍然实施某些行为，造成他人死亡或者健康严重损害的，被侵权人有权请求相应的惩罚性赔偿。这些行为包括〔　　〕。(2016-非法学-46-多)

A. 生产　　　　B. 销售

C. 运输　　　　D. 保管

[答案] AB

[考点] **产品责任**

[解析]《民法典》第 1207 条规定："明知产品存在缺陷仍然生产、销售，或者没有依据前条规定采取有效补救措施，造成他人死亡或者健康严重损害的，被侵权人有权请求相应的惩罚性赔偿。"被侵权人有权请求相应的惩罚性赔偿的行为包括生产和销售行为，A、B 选项正确。《民法典》第 1204 条规定："因运输者、仓储者等第三人的过错使产品存在缺陷，造成他人损害的，产品的生产者、销售者赔偿后，有权向第三人追偿。"运输者、仓储者并不是对外承担责任的主体，C、D 选项错误。

3. 甲从超市购买了两瓶白酒送给朋友乙，乙饮用后双目失明。经鉴定，该酒系工业酒精勾兑而成。根据侵权责任法理论，与乙失明存在因果关系的行为有〔　　〕。(2016-法学-27-多)

A. 甲送酒的行为

B. 乙饮用的行为

C. 生产者的勾兑行为

D. 超市的销售行为

[答案] CD

[考点] **产品责任、因果关系**

[解析]【考点 1：产品责任】《民法典》第 1203 条第 1 款规定："因产品存在缺陷造成他人损害的，被侵权人可以向产品的生产者请求赔偿，也可以向产品的销售者请求赔偿。"产品责任由生

产者、销售者承担不真正的连带责任。

【考点2：相当因果关系】确定加害行为与损害结果之间有无因果关系，要依行为时的一般社会智识经验作为判断标准，认为该加害行为有引起该损害结果发生的可能性，而在实际上该加害行为确实引起了该损害结果，则该加害行为与该结果之间有因果关系。根据一般社会智识经验，送酒行为、饮用行为和失明不存在因果关系。可见生产者的勾兑行为、超市的销售行为与乙失明存在因果关系，C、D选项正确，A、B选项错误。

三、机动车交通事故责任

1. 甲将自己的汽车借给乙使用。某日，乙酒后驾驶该车撞伤丙，丙的损失应该由〔 〕。(2018-非法学-27-单)(2018-法学-17-单)

A. 甲全部赔偿

B. 乙全部赔偿

C. 甲、乙连带赔偿

D. 甲、乙按份赔偿

[答案] B

[考点] **机动车交通事故责任**

[解析]《民法典》第1209条规定："因租赁、借用等情形机动车所有人、管理人与使用人不是同一人时，发生交通事故造成损害，属于该机动车一方责任的，由机动车使用人承担赔偿责任；机动车所有人、管理人对损害的发生有过错的，承担相应的赔偿责任。"本案中，所有人甲没有过错，由乙承担侵权责任，故B选项正确，其他选项错误。如果甲也有过错，则须承担相应的赔偿责任，即按份责任。

2. 甲乘坐公交车时，公交车与一私家车相撞，甲受伤致残。经认定，该起交通事故应由公交公司司机乙负全部责任。对此，下列选项中，不正确的有〔 〕。(2013-非法学-50-多)(2013-法学-26-多)

A. 甲的损失应由乙承担责任

B. 甲的损失应由公交公司承担责任

C. 甲的损失应由乙与公交公司承担按份责任

D. 甲的损失应由乙与公交公司承担连带责任

[答案] ACD

[考点] **机动车交通事故责任**

[解析]【考点1：机动车交通事故责任】机动车之间交通事故，归责原则是过错责任，该起交通事故应由公交公司负全部责任，司机不是对外承担责任的主体，B选项正确，其他选项错误，本题为选非题，答案是ACD。

【考点2：客运合同】《民法典》第823条规定："承运人应当对运输过程中旅客的伤亡承担赔偿责任；但是，伤亡是旅客自身健康原因造成的或者承运人证明伤亡是旅客故意、重大过失造成的除外。"客运合同，旅客的人身损害，归责原则是无过错责任，由公交公司承担责任。所以，不管是侵权责任还是违约责任，均由公交公司承担责任。

3. 甲将自有的已达到报废标准的小汽车卖给乙，乙在驾驶该车时不慎将丙撞伤。根据侵权责任法规定，丙的损失应当〔 〕。(2011-法学-13-单)

A. 由甲承担

B. 由乙承担

C. 由甲、乙承担连带责任

D. 由甲、乙承担按份责任

[答案] C

[考点] **机动车交通事故责任**

[解析]《民法典》第1214条规定："以买卖或者其他方式转让拼装或者已经达到报废标准的机动车，发生交通事故造成损害的，由转让人和受让人承担连带责任。"甲将自有的已达到报废标准的小汽车卖给乙，乙在驾驶该车时不慎将丙撞伤，由甲、乙承担连带责任，故C选项正确，其他选项错误。

四、医疗损害责任

1. 根据《侵权责任法》的规定，患者在诊疗活动中遭受损害，医疗机构不承担赔偿责任的情形有〔 〕。(2014-法学-29-多)

A. 限于当时的医疗水平难以诊疗

B. 医务人员在抢救生命垂危的患者时已尽到合理诊疗义务

C. 医务人员在诊疗活动中未尽到与当时的医疗水平相应的诊疗义务

D. 患者不配合医疗机构进行符合诊疗规范的诊疗，且医疗机构及其医务人员无过错

[答案] ABD

［考点］ **医疗损害责任**

［解析］《民法典》第 1224 条第 1 款规定："患者在诊疗活动中受到损害，有下列情形之一的，医疗机构不承担赔偿责任：（一）患者或者其近亲属不配合医疗机构进行符合诊疗规范的诊疗；（二）医务人员在抢救生命垂危的患者等紧急情况下已经尽到合理诊疗义务；（三）限于当时的医疗水平难以诊疗。"第 2 款规定："前款第一项情形中，医疗机构或者其医务人员也有过错的，应当承担相应的赔偿责任。"A、B、D 选项正确，医务人员在诊疗活动中未尽到与当时的医疗水平相应的诊疗义务，有过错，须承担责任，C 选项错误。

2. 某医院医生张某在为患者李某做手术时将一块纱布遗留在李某腹腔，李某因此所受的损害应由〔　　〕。(2014-非法学-28-单)

A. 医院承担全部赔偿责任

B. 张某承担全部赔偿责任

C. 医院和张某承担连带赔偿责任

D. 张某承担赔偿责任，医院承担补充责任

［答案］ A

［考点］ **医疗损害责任**

［解析］《民法典》第 1218 条规定："患者在诊疗活动中受到损害，医疗机构或者其医务人员有过错的，由医疗机构承担赔偿责任。"医疗损害责任的归责原则是过错责任，某医院医生张某在为患者李某做手术时将一块纱布遗留在李某腹腔，医生有过错，医院须承担全部赔偿责任，A 选项正确，其他选项错误。

3. 张某在人行道上被违章驾驶的李某撞伤，被送到某医院进行急救手术，因输血染上丙肝病毒。后查明所输血液是由某血站提供的。对因感染丙肝病毒所导致的损害，张某可请求〔　　〕。(2012-法学-27-多)

A. 李某承担赔偿责任

B. 医院承担赔偿责任

C. 血站承担赔偿责任

D. 医院和李某承担连带责任

［答案］ BC

［考点］ **医疗产品责任**

［解析］《民法典》第 1223 条规定："因药品、消毒产品、医疗器械的缺陷，或者输入不合格的血液造成患者损害的，患者可以向药品上市许可持有人、生产者、血液提供机构请求赔偿，也可以向医疗机构请求赔偿。患者向医疗机构请求赔偿的，医疗机构赔偿后，有权向负有责任的药品上市许可持有人、生产者、血液提供机构追偿。"医疗产品责任，由医疗产品的生产者和医疗机构承担不真正的连带责任。本案由医院和血站承担不真正的连带责任，B、C 选项正确。李某违章驾车撞伤张某，须承担责任，但本题所问的是对感染丙肝病毒所导致的损害，李某的行为和张某感染丙肝病毒没有相当因果关系，故 A 选项、D 选项错误。

4. 根据侵权责任法的规定，患者在诊疗活动中受到损害，推定医疗机构有过错的情形包括〔　　〕。(2011-法学-26-多)

A. 医疗机构销毁病历资料

B. 医疗机构伪造、篡改病历资料

C. 医疗机构隐匿与纠纷有关的病历资料

D. 医疗机构拒绝提供与纠纷有关的病历资料

［答案］ ABCD

［考点］ **医疗损害责任**

［解析］《民法典》第 1222 条规定："患者在诊疗活动中受到损害，有下列情形之一的，推定医疗机构有过错：（一）违反法律、行政法规、规章以及其他有关诊疗规范的规定；（二）隐匿或者拒绝提供与纠纷有关的病历资料；（三）遗失、伪造、篡改或者违法销毁病历资料。"可见，本题全选。

五、 环境污染和生态破坏责任

1. 两个以上污染者污染环境造成他人损害的，污染者承担〔　　〕。(2020-非法学-22-单)(2020-法学-12-单)

A. 按份责任　　B. 连带责任

C. 过错责任　　D. 公平责任

［答案］ 无（公布答案是 A）

［考点］ **环境污染责任**

［解析］【考点 1：共同侵权】《环境侵权解释》第 2 条规定："两个以上侵权人共同实施污染环境、破坏生态行为造成损害，被侵权人根据民法典第一千一百六十八条规定请求侵权人承担连

带责任的，人民法院应予支持。”两个以上污染者污染环境造成他人损害，构成共同侵权者，承担连带责任。

【考点 2：无意思联络数人侵权】其一，构成累积因果关系，承担连带责任。《环境侵权解释》第 3 条第 1 款规定：“两个以上侵权人分别实施污染环境、破坏生态行为造成同一损害，每一个侵权人的污染环境、破坏生态行为都足以造成全部损害，被侵权人根据民法典第一千一百七十一条规定请求侵权人承担连带责任的，人民法院应予支持。”

其二，构成共同因果关系，承担按份责任。《环境侵权解释》第 3 条第 2 款规定：“两个以上侵权人分别实施污染环境、破坏生态行为造成同一损害，每一个侵权人的污染环境、破坏生态行为都不足以造成全部损害，被侵权人根据民法典第一千一百七十二条规定请求侵权人承担责任的，人民法院应予支持。”

其三，部分连带责任。《环境侵权解释》第 3 条第 3 款规定：“两个以上侵权人分别实施污染环境、破坏生态行为造成同一损害，部分侵权人的污染环境、破坏生态行为足以造成全部损害，部分侵权人的污染环境、破坏生态行为只造成部分损害，被侵权人根据民法典第一千一百七十一条规定请求足以造成全部损害的侵权人与其他侵权人就共同造成的损害部分承担连带责任，并对全部损害承担责任的，人民法院应予支持。”

可见，两个以上污染者污染环境造成他人损害的，构成共同侵权的，污染者承担连带责任；构成无意思联络数人侵权中的累积因果关系的，污染者承担连带责任；构成无意思联络数人侵权中的共同因果关系的，污染者承担按份责任；部分侵权人的污染环境行为足以造成全部损害，部分侵权人的污染环境行为只造成部分损害，足以造成全部损害的侵权人与其他侵权人就共同造成的损害部分承担连带责任，并对全部损害承担责任。

【考点 3：污染环境、生态破坏责任的归责原则】《民法典》第 1229 条规定：“因污染环境、生态破坏造成他人损害的，侵权人应当承担侵权责任。”污染环境、生态破坏责任的归责原则是无过错责任，C、D 选项错误。

可见，本题没有答案。

2. 甲工厂、乙工厂分别位于某河流的上游和中游，两工厂单独排放的废水均不会造成损害，但废水汇集后导致下游丙的鱼塘的鱼大量死亡。对于丙的损失〔　　〕。(2017-非法学-36-单)

A. 甲、乙均不承担责任

B. 甲、乙承担按份责任

C. 甲、乙承担连带责任

D. 甲、乙、丙三方分担

[答案] B

[考点] **共同因果关系**

[解析]《民法典》第 1172 条规定：“二人以上分别实施侵权行为造成同一损害，能够确定责任大小的，各自承担相应的责任；难以确定责任大小的，平均承担责任。”《环境侵权解释》第 3 条第 2 款规定：“两个以上侵权人分别实施污染环境、破坏生态行为造成同一损害，每一个侵权人的污染环境、破坏生态行为都不足以造成全部损害，被侵权人根据民法典第一千一百七十二条规定请求侵权人承担责任的，人民法院应予支持。”两工厂单独排放的废水均不会造成损害，但废水汇集后导致下游丙的鱼塘的鱼大量死亡，属于共同因果关系，承担按份责任，B 选项正确，其他选项错误。

3. 根据《侵权责任法》的规定，污染环境造成损害的，污染者承担侵权责任的归责原则是〔　　〕。(2014-非法学-25-单)

A. 公平责任原则

B. 过错责任原则

C. 无过错责任原则

D. 过错推定责任原则

[答案] C

[考点] **归责原则**

[解析]《民法典》第 1229 条规定：“因污染环境、破坏生态造成他人损害的，侵权人应当承担侵权责任。”可见，污染环境、破坏生态责任的归责原则是无过错责任，C 选项正确，其他选项错误。

六、高度危险责任

1. 甲公司与乙公司签订运输合同，约定由乙公司将甲公司的氯气运至某市。甲公司在装运时未按规定使用专用容器。运输途中一罐氯气滚落到马路上，乙公司的司机甄某未察觉，氯气泄漏

致数人中毒。受害人的损害应由〔　　〕。（2016-法学-13-单）

A. 甲公司承担全部责任

B. 乙公司承担全部责任

C. 乙公司与甄某承担连带责任

D. 甲公司与乙公司承担连带责任

［答案］D

［考点］**高度危险责任**

［解析］《民法典》第 1241 条规定："遗失、抛弃高度危险物造成他人损害的，由所有人承担侵权责任。所有人将高度危险物交由他人管理的，由管理人承担侵权责任；所有人有过错的，与管理人承担连带责任。"甲公司是氯气的所有人，将该氯气交由乙公司管理（运输），甲公司在装运时未按规定使用专用容器，有过错，故由甲公司和乙公司承担连带责任，D 选项正确，其他选项错误。

2. 根据《侵权责任法》的规定，民用航空器造成他人损害的，民用航空器经营者的免责事由是〔　　〕。（2014-非法学-28-单）

A. 战争

B. 不可抗力

C. 受害人故意

D. 受害人重大过失

［答案］C

［考点］**民用航空器致人损害责任**

［解析］《民法典》第 1238 条规定："民用航空器造成他人损害的，民用航空器的经营者应当承担侵权责任；但是，能够证明损害是因受害人故意造成的，不承担责任。"可见，C 选项正确，其他选项错误。

七、饲养动物损害责任

动物园的动物造成他人损害，动物园不承担责任的情形是〔　　〕。（2021-非法学-34-单）

A. 动物园能够证明该致损动物并非危险动物

B. 动物园能够证明损害系第三人的过错造成

C. 动物园能够证明尽到管理职责

D. 动物园能够证明损害系被侵权人重大过失造成

［答案］C

［考点］**动物园的动物致人损害责任**

［解析］【考点 1：饲养动物致人损害责任】《民法典》第 1245 条规定："饲养的动物造成他人损害的，动物饲养人或者管理人应当承担侵权责任；但是，能够证明损害是因被侵权人故意或者重大过失造成的，可以不承担或者减轻责任。"饲养动物致人损害责任，无论该动物是否属于危险动物，饲养人仍须承担责任，A 选项错误。动物园能够证明损害系被侵权人重大过失造成的，可以减轻责任，而不是不承担责任，D 选项错误。

【考点 2：不真正连带责任】《民法典》第 1250 条规定："因第三人的过错致使动物造成他人损害的，被侵权人可以向动物饲养人或者管理人请求赔偿，也可以向第三人请求赔偿。动物饲养人或者管理人赔偿后，有权向第三人追偿。"即使是第三人的过错导致动物致人损害，饲养人仍不能免责，B 选项错误。

【考点 3：动物园的动物致人损害责任】《民法典》第 1248 条规定："动物园的动物造成他人损害的，动物园应当承担侵权责任；但是，能够证明尽到管理职责的，不承担侵权责任。"动物园的动物致人损害责任的归责原则是过错推定责任。动物园能够证明尽到管理职责，不承担侵权责任，故 C 选项正确。

八、建筑物和物件损害责任

1. 某地多日暴雪，甲在公交站等车时，站台顶棚因积雪过多塌落，将甲砸伤。该公交站站台系乙公司设计、丙公交公司管理。甲的损害应由〔　　〕。（2020-非法学-21-单）（2020-法学-11-单）

A. 本人承担

B. 乙公司赔偿

C. 丙公司赔偿

D. 乙公司和丙公司共同赔偿

［答案］C

［考点］**构筑物倒塌损害责任**

［解析］《民法典》第 1252 条第 1 款规定："建筑物、构筑物或者其他设施倒塌、塌陷造成他人损害的，由建设单位与施工单位承担连带责任，但是建设单位与施工单位能够证明不存在质量缺陷的除外。建设单位、施工单位赔偿后，有其他责任人的，有权向其他责任人追偿。"第 2 款规定："因所有人、管理人、使用人或者第三人的原

因，建筑物、构筑物或者其他设施倒塌、塌陷造成他人损害的，由所有人、管理人、使用人或者第三人承担侵权责任。”建筑物、构筑物或者其他设施倒塌、塌陷主要有两种原因：一是内因，即质量问题倒塌，根据《民法典》第1252条第1款的规定，由建设单位与施工单位承担连带责任；二是外因，由所有人、管理人、使用人或者第三人承担侵权责任。本案中的公交站台质量没有问题，设计也没有问题，故设计公司乙公司无须承担责任，B选项错误。站台顶棚因积雪过多塌落，是管理人丙公交公司的原因所导致，故由丙公交公司承担责任，C选项正确，A、D选项错误。

2. 某公司货车在途经竣工不久的高架桥时，大桥突然坍塌，货车倾覆，司机重伤，货物毁损。该损害应由〔　　〕。（2015－法学－17－单）

A. 施工单位单独承担责任

B. 建设单位单独承担责任

C. 建设单位和施工单位承担连带责任

D. 施工单位和监理单位承担连带责任

［答案］C

［考点］**构筑物倒塌损害责任**

［解析］《民法典》第1252条第1款规定：“建筑物、构筑物或者其他设施倒塌、塌陷造成他人损害的，由建设单位与施工单位承担连带责任，但是建设单位与施工单位能够证明不存在质量缺陷的除外。建设单位、施工单位赔偿后，有其他责任人的，有权向其他责任人追偿。”某公司货车在途经竣工不久的高架桥时，大桥突然坍塌，属于质量问题倒塌，由建设单位和施工单位承担连带责任，C选项正确，其他选项错误。

3. 甲承租乙的房屋。某日，甲在阳台上修剪花草，顺手将剪刀放在阳台边上，不料剪刀被大风吹落，扎伤行人丙。丙的损害应由〔　　〕。（2015－非法学－38－单）

A. 甲单独承担责任

B. 乙单独承担责任

C. 丙自行承担

D. 甲、乙共同承担责任

［答案］A

［考点］**物件损害责任**

［解析］《民法典》第1253条规定：“建筑物、构筑物或者其他设施及其搁置物、悬挂物发生脱落、坠落造成他人损害，所有人、管理人或者使用人不能证明自己没有过错的，应当承担侵权责任。所有人、管理人或者使用人赔偿后，有其他责任人的，有权向其他责任人追偿。”剪刀是搁置物，由管理人承担过错推定责任，故A选项正确，其他选项错误。

4. 市政公司在挖掘的坑道两侧设置了障碍物和夜间警示灯。某夜，甲酒后驾车，撞毁障碍物和夜间警示灯后逃逸。次日凌晨，乙骑自行车经过时摔入坑道受伤。乙的损失应当〔　　〕。（2013－非法学－39－单）

A. 由市政公司承担赔偿责任

B. 由甲承担赔偿责任

C. 由市政公司和甲承担连带责任

D. 由乙自己承担

［答案］A

［考点］**物件损害责任**

［解析］《民法典》第1258条第1款规定：“在公共场所或者道路上挖掘、修缮安装地下设施等造成他人损害，施工人不能证明已经设置明显标志和采取安全措施的，应当承担侵权责任。”第2款规定：“窨井等地下设施造成他人损害，管理人不能证明尽到管理职责的，应当承担侵权责任。”市政公司在挖掘的坑道两侧设置了障碍物和夜间警示灯，但是障碍物和夜间警示灯被撞毁，一直到凌晨也没有恢复，有过错，乙骑自行车经过时摔入坑道受伤，故应由市政公司承担赔偿责任，A选项正确。甲酒后驾车，撞毁障碍物和夜间警示灯后逃逸，和乙的损害之间没有因果关系，甲无须对乙承担责任，B、C、D选项错误。

九、主观题

简述产品责任的构成要件及其责任形式。（2015－法学－33－简答）

［参考答案］产品责任，是指产品因存在缺陷而致人损害，生产者、销售者等应当承担的侵权责任。

（1）构成要件

①产品有缺陷；

②被侵权人的人身、财产遭受损害；

③产品缺陷与被侵权人遭受的损害之间具有

因果关系。

（2）责任形式

①因产品缺陷危及他人人身、财产安全的，被侵权人有权请求生产者、销售者承担停止侵害、排除妨碍、消除危险等侵权责任。

②产品投入流通后发现存在缺陷的，生产者、销售者应当及时采取停止销售、警示、召回等补救措施；未及时采取补救措施或者补救措施不力造成损害扩大的，对扩大的损害也应当承担侵权责任。依照法律规定采取召回措施的，生产者、销售者应当负担被侵权人因此支出的必要费用。

③明知产品存在缺陷仍然生产、销售，或者没有采取补救措施，造成他人死亡或者健康严重损害的，被侵权人有权请求相应的惩罚性赔偿。

十、2023 年度重点预测

特殊的侵权责任，每年必考，且结合社会热点考查，重点。考生须掌握每一种特殊侵权责任的具体内容。

图书在版编目（CIP）数据

2023法律硕士联考一本全：真题全解析．民法学／华图考研组编．—北京：中国法制出版社，2022.5

ISBN 978-7-5216-2375-8

Ⅰ．①2… Ⅱ．①华… Ⅲ．①民法-法的理论-中国-硕士生入学考试-自学参考资料 Ⅳ．①D9

中国版本图书馆CIP数据核字（2021）第273560号

策划编辑：李连宇

责任编辑：李连宇　　封面设计：拓　朴

2023法律硕士联考一本全：真题全解析．民法学

2023 FALÜ SHUOSHI LIANKAO YIBENQUAN：ZHENTI QUANJIEXI. MINFAXUE

组编／华图考研

经销／新华书店

印刷／三河市华润印刷有限公司

开本／787毫米×1092毫米　16开　　印张／13.5　字数／340千

版次／2022年5月第1版　　2022年5月第1次印刷

中国法制出版社出版

书号 ISBN 978-7-5216-2375-8　　定价：52.00元

北京市西城区西便门西里甲16号西便门办公区

邮政编码：100053　　传真：010-63141600

网址：http：//www.zgfzs.com　　**编辑部电话：010-63141811**

市场营销部电话：010-63141612　　**印务部电话：010-63141606**

（如有印装质量问题，请与本社印务部联系。）

封底二维码内容由华图教育提供，用于服务广大考生，有效期截至2023年3月1日。

刷题版

2023

法律硕士联考

真题全解析

➢ 民法学

华图考研 / 组编　华研法硕 / 出品

中国法制出版社
CHINA LEGAL PUBLISHING HOUSE

目 录

PART 01
第一编　总　则

第一章　绪　论

第一节　民法概述

主观题

试论民法的性质。（2014-法学-36-论述）

第二节　民法的调整对象

客观题

下列行为中，由民法调整的是（　　）。（2019-非法学-21-单）（2019-法学-11-单）①

A. 甲与网友相约一起参加电子竞技

B. 乙大学拒绝授予郑某硕士学位

C. 丙在相亲活动中与王某成功“牵手”

D. 丁公安局发布公告：“提供破案线索者，奖励3000元”

第三节　民法的基本原则

主观题

1. 试论绿水青山就是金山银山体现的规则体系。（2022-法学-论述-回忆版）

2. 试论我国民法中的绿色原则的功能。（2018-法学-36-论述）

3. 试论民法基本原则的含义和功能。（2017-法学-36-论述）

4. 简述诚实信用原则的含义和功能。（2011-非法学-53-简答）

① D

第二章　民事法律关系

第一节　民事法律事实

客观题

1. 下列事实中，能引起甲、乙之间民事法律关系发生的是〔　　〕。(2017-非法学-21-单)（2017-法学-11-单）①

A. 甲向乙问路，乙因疏忽指错方向

B. 甲赌博输给乙 2 万元并当场给付

C. 甲、乙约定某日商谈"互联网+创意"合作合同

D. 甲开车撞断乙公司的输电线，造成损失3000 元

2. 下列民事法律关系中，需要两个法律事实才能产生的是〔　　〕。(2016-非法学-22-单)②

A. 抵押关系

B. 遗嘱继承关系

C. 侵权赔偿关系

D. 婚姻关系

3. 甲、乙违反计划生育政策生下丙。丙的出生属于民事法律事实中的〔　　〕。(2016-法学-16-单)③

A. 事实行为　　B. 违法行为

C. 状态　　D. 事件

4. 下列选项中，属于民事法律事实的是〔　　〕。(2014-非法学-21-单)④

A. 王某报考公务员

B. 孙某在宅基地上建造房屋

C. 崔某请李某吃饭

D. 林某代孪生妹妹举行结婚仪式

5. 下列行为中，属于事实行为的是〔　　〕。(2011-法学-11-单)⑤

A. 立遗嘱

B. 修缮邻居的房屋

C. 喂养自家耕牛

D. 招待朋友的客人

第二节　民事法律关系的概念及分类

客观题

下列选项中，属于民事法律关系的是〔　　〕。(2013-非法学-21-单)⑥

A. 甲男与乙女之间的恋人关系

B. 甲公司与乙公司之间的技术转让关系

C. 甲公司与其分支机构之间的业务指导关系

D. 甲教育局与乙中学之间的管理关系

第三节　民事法律关系的要素

客观题

1. 下列选项中，构成原物与孳息关系的是〔　　〕。(2021-非法学-40-单)⑦

A. 名画原件与其复制品

B. 母牛与其产下的牛犊

C. 水库与水库里的鱼

D. 果树与果树上的果实

2. 在当事人没有约定时，能够取得原物的天然孳息所有权的有〔　　〕。(2014-非法学-48-多)⑧

A. 所有权人

B. 留置权人

C. 土地承包经营权人

D. 动产抵押权人

3. 下列各组财产中，构成主物与从物关系的是〔　　〕。(2012-非法学-21-单)⑨

A. 赵某的房屋和房门

B. 李某的手表和孙某的表带

C. 钱某的电视机和遥控器

D. 周某的汽车和车轮

4. 下列选项中，不属于民法上的物的是〔　　〕。(2011-非法学-21-单)⑩

A. 金银制品　　B. 空气

C. 货币　　D. 枪支

第四节　民事权利、民事义务

一、客观题

1. 除斥期间的适用对象通常是〔　　〕。(2018-非法学-38-单)⑪

A. 形成权　　B. 请求权

C. 支配权　　D. 抗辩权

2. 下列民事权利中，属于支配权的是〔　　〕。(2015-非法学-21-单)⑫

A. 甲对无权代理的追认权

B. 乙对自身肖像的使用权

C. 丙因受欺诈享有的撤销合同的权利

---

①　D　②　B　③　D　④　B　⑤　B　⑥　B
⑦　B　⑧　AC　⑨　C　⑩　B　⑪　A　⑫　B

D. 丁被他人打伤享有的请求赔偿的权利

3. 甲、乙签订了一份买卖合同，双方未约定先后履行顺序。现甲未履行债务而请求乙履行，遭乙拒绝。乙行使的权利属于〔　　〕。（2013－法学－11－单）①

A. 请求权　　B. 支配权
C. 抗辩权　　D. 形成权

4. 民事权利的私力救济方式包括〔　　〕。（2012－非法学－46－多）②

A. 自卫行为　　B. 民间调解
C. 自助行为　　D. 民事仲裁

5. 下列权利中，属于相对权的是〔　　〕。（2011－非法学－22－单）③

A. 配偶权　　B. 抵押权
C. 邻接权　　D. 债权

二、 主观题

试论民事权利的私力救济。（2013－法学－36－论述）

第五节　民事责任（略）

第三章　自然人

第一节　自然人的民事权利能力

客观题

1. 李某于2012年7月将户籍由甲市迁往乙市，因遗失户籍迁移证而未能落户，后李某因工作需要，自2013年8月起租住在丙市，并在2014年9月至2015年12月期间因重病在丁市某医院住院治疗。2015年10月时李某的住所是〔　　〕。（2018－非法学－21－单）（2018－法学－11－单）④

A. 甲市　　B. 乙市
C. 丙市　　D. 丁市

2. 认定公民的出生时间，其证明依据的顺序是〔　　〕。（2013－非法学－22－单）⑤

A. 户籍证明、其他相关证明、医院证明
B. 户籍证明、医院证明、其他相关证明
C. 医院证明、其他相关证明、户籍证明
D. 医院证明、户籍证明、其他相关证明

第二节　自然人的民事行为能力

客观题

1. 16周岁的中学生史某在一次抽奖活动中获得10万元大奖。史某用该笔款项不仅交纳了自己的学费，还帮助父亲偿还了5万元欠款。史某〔　　〕。（2014－非法学－22－单）⑥

A. 是完全民事行为能力人
B. 是限制民事行为能力人
C. 视为限制民事行为能力人
D. 视为完全民事行为能力人

2. 不满10周岁的小学生所为的下列行为中，无效的是〔　　〕。（2013－非法学－23－单）⑦

A. 在自动售货机上买零食
B. 接受学校对三好生的物质奖励
C. 将自己的200元压岁钱送给同学
D. 写了一篇文章并发表在校报上

3. 某童星15周岁，其演出收入能够满足自己的生活需要。该童星未经监护人同意独立实施的下列行为中，有效的是〔　　〕。（2012－非法学－22－单）⑧

A. 向户籍管理部门申请变更姓名
B. 向工商管理部门申请注册公司
C. 购买价格为2万元的摄像机
D. 接受10万元现金的赠与

第三节　监护

一、 客观题

1. 监护人因发生突发事件等紧急情况暂时无法履行监护职责，被监护人的生活处于无人照料状态的，应当为被监护人安排必要的临时生活照料措施的组织有〔　　〕。（2021－非法学－46－多）（2021－法学－26－多）⑨

A. 被监护人住所地的民政部门
B. 监护人的所在单位
C. 被监护人住所地的居民委员会
D. 被监护人住所地的村民委员会

---

① C　② AC　③ D　④ C　⑤ 无　⑥ B
⑦ 无　⑧ D　⑨ ACD

2. 甲、乙系夫妻，1998年5月儿子丙出生。2017年10月甲与侄子丁签订书面协议，约定在甲丧失民事行为能力时，丁担任甲的监护人。一年后甲丧失民事行为能力，其好友戊表示愿意担任甲的监护人，并得到甲住所地居委会的同意。此时甲的监护人是〔　　〕。(2019-非法学-24-单)（2019-法学-14-单)①

A. 乙　　B. 丙
C. 丁　　D. 戊

3. 甲为精神病人乙的监护人。甲的下列行为中，属于依法履行监护职责的是〔　　〕。(2016-非法学-23-单)②

A. 免除丙欠乙的1万元债务
B. 撤销乙患病前低价卖表给丁的合同
C. 用乙的存款为乙支付医疗费
D. 为防止乙出门用铁链将其锁在家里

4. 甲系精神病人，有亲属如下：母亲，75周岁，瘫痪在床；弟弟，48周岁，工人；儿子，20周岁，在校大学生；女儿，17周岁，无业。甲的监护人应为〔　　〕。(2015-非法学-24-单)③

A. 甲母　　B. 甲弟
C. 甲子　　D. 甲女

5. 甲出差，委托同事乙照看其9周岁儿子丙。某日，乙将丙单独留在家中，自己出去打麻将。丙在玩耍时将邻居小孩丁打伤。丁的损害应由〔　　〕。(2015-非法学-25-单)④

A. 甲单独承担责任
B. 乙单独承担责任
C. 甲、乙承担连带责任
D. 甲承担责任，乙承担相应的补充责任

6. 小文系儿童影星，片酬颇丰。其父甲的弟弟乙生活困难。甲征得小文同意后，不顾小文母亲的反对，将小文的5000元片酬以小文的名义赠与乙。甲处分小文财产的行为〔　　〕。(2013-法学-12-单)⑤

A. 有效，因为甲已征得小文同意
B. 有效，因为甲为小文的法定代理人
C. 无效，因为小文母亲反对
D. 无效，因为甲处分财产不是为了小文的利益

7. 监护人有权处理被监护人财产的法定情形是〔　　〕。(2012-非法学-23-单)⑥

A. 发生紧急情况
B. 为被监护人的利益
C. 经被监护人同意
D. 经被监护人所在地的基层组织同意

二、主观题

简述撤销监护人资格的法定事由。(2020-非法学-53-简答)(2020-法学-33-简答)

第四节　宣告失踪与宣告死亡

一、客观题

1. 甲外出务工多年未与家中联系，经其配偶乙申请，法院宣告甲死亡。甲的好友丙替甲偿还了欠丁的1万元。后乙与丙组成家庭。一日，甲返乡。对此，下列说法正确的是〔　　〕。(2019-非法学-25-单)(2019-法学-15-单)⑦

A. 甲和乙之间的婚姻关系自动恢复
B. 乙和丙之间的婚姻关系自动解除
C. 乙、丙婚后，丙可向乙主张1万元债权
D. 无论甲、乙是否恢复婚姻关系，丙均有权要求甲偿还1万元债务

2. 甲被依法宣告失踪，乙为甲的财产代管人。下列选项中，由乙从甲的财产中支付的有〔　　〕。(2017-非法学-46-单)(2017-法学-26-单)⑧

A. 甲所欠税款
B. 甲所欠债务
C. 甲应支付的赡养费
D. 乙代管财产的管理费

3. 甲离家出走，下落不明已满5年。下列人员中，可向人民法院申请甲为失踪人的有〔　　〕。(2015-非法学-46-多)⑨

A. 甲的妻子　　B. 甲的姐姐
C. 甲的债权人　　D. 甲的外祖父

二、主观题

1. 简述宣告死亡的条件。(2016-非法学-53-简答)

---

①C　②C　③C　④无　⑤D　⑥B　⑦D　⑧ABCD　⑨ABCD

2. （2018-法学-38-案例）甲、乙系夫妻。2013年5月，甲、乙签订离婚协议，约定：3岁的孩子丙跟乙共同生活，甲婚前的个人房产在年底前过户给丙。同年6月，甲、乙办理了离婚手续。

2013年8月，甲向丁借款20万元做生意。9月，甲与戊结婚，不久甲生意失败，无法偿还债务。2013年12月，甲将离婚协议约定给丙的房产卖给他人并办理了过户手续。2014年1月，甲携卖房款离家出走，至今下落不明。

请根据上述材料，回答下列问题并说明理由：

（1）2013年10月时，谁是丙的监护人？

（2）乙是否有权主张房屋买卖合同无效？

（3）若丁请求戊偿还债务，戊是否有义务偿还？

（4）谁有权申请宣告甲失踪？

第五节 个体工商户、农村承包经营户（略）

第四章 法 人

第一节 法人概述

客观题

1. 甲公司章程规定：公司的法定代表人为张某；公司签订金额100万元以上的合同须经董事会决议。后张某擅自以甲公司名义与不知情的乙公司签订了一份金额为150万元的合同。张某的代表行为〔　　〕。（2016-非法学-35-单）①

A. 有效　　B. 可撤销

C. 无效　　D. 效力待定

2. 按照民法理论，有限责任公司属于〔　　〕。（2016-法学-26-多）②

A. 私法人　　B. 营利法人

C. 企业法人　　D. 社会团体法人

3. 下列选项中，具备法人资格的是〔　　〕。（2015-非法学-22-单）③

A. 合伙企业

B. 个体工商户

C. 个人独资企业

D. 一人有限责任公司

第二节 营利法人

客观题

营利法人依法解散进行清算期间，营利法人〔　　〕。（2020-非法学-38-单）④

A. 主体资格消灭，不能进行任何民事活动

B. 主体资格消灭，但可以从事与清算有关的活动

C. 主体资格不消灭，可以进行各种民事活动

D. 主体资格不消灭，但不得从事与清算无关的活动

第三节 非营利法人

客观题

1. 下列关于捐助法人的表述，正确的是〔　　〕。（2021-非法学-21-单）（2021-法学-11-单）⑤

A. 捐助法人终止时应将剩余财产返还给捐助人

B. 捐助法人无需设立决策机构

C. 捐助人是捐助法人的法定代表人

D. 捐助法人是为公益目的设立的非营利法人

2. 下列选项中，属于非营利法人的有〔　　〕。（2020-非法学-47-多）（2020-法学-27-多）⑥

A. 基层群众性自治组织法人

B. 社会团体法人

C. 事业单位法人

D. 农村合作经济组织法人

第四节 特别法人

客观题

我国《民法总则》依据法人存在的目的，将法人分为营利法人、非营利法人和特别法人。下列选项中，属于特别法人的有〔　　〕。（2019-非法学-46-多）（2019-法学-26-多）⑦

A. 机关法人

B. 事业单位法人

C. 捐助法人

D. 农村集体经济组织法人

---

① A ② ABC ③ D ④ D ⑤ D ⑥ BC ⑦ AD

第五节　法人的设立、变更和终止

客观题

1. 甲为设立蓝天公司，以自己的名义承租乙公司的房屋作为蓝天公司筹备处的办公场所，约定租金2万元。蓝天公司成立后，乙公司对到期未付的租金〔　　〕。（2019-非法学-23-单）（2019-法学-13-单）①

A. 只能请求甲支付

B. 只能请求蓝天公司支付

C. 有权选择请求甲或蓝天公司支付

D. 有权请求甲和蓝天公司承担按份责任

2. 下列情形中，不属于法人解散原因的是〔　　〕。（2018-非法学-32-单）②

A. 被吊销营业执照

B. 被吊销登记证书

C. 章程规定的存续期间届满

D. 变更名称

3. 法人必须依据特别立法或国家元首的许可才得以设立的原则称为〔　　〕。（2104-非法学-24-单）③

A. 准则主义

B. 特许主义

C. 行政许可主义

D. 自由设立主义

第五章　非法人组织

第一节　非法人组织概述

主观题

简述非法人组织的概念及应具备的要件。（2011-法学-33-简答）

第二节　合伙企业

客观题

1. 甲、乙结婚后，乙与丙、丁、戊设立一合伙企业，四人的出资比例是1：2：3：4。五年后，甲与乙协议离婚，双方约定将乙在合伙企业中的财产份额全部转让给甲。甲取得合伙人地位的条件是〔　　〕。（2021-非法学-28-单）（2021-法学-18-单）④

A. 丁、戊同意即可

B. 经丙、丁、戊一致同意

C. 丙、丁同意即可

D. 丙、戊同意即可

2. 甲、乙、丙设立一合伙企业。2014年8月，该合伙企业欠星月公司贷款36万元，同年10月，丙经甲、乙同意退伙，依约承担了15万元的合伙债务。2015年2月，丁经甲、乙同意入伙，并约定：丁对入伙前该合伙企业所欠债务不承担责任。对该合伙企业欠星月公司的债务应承担无限连带责任的有〔　　〕。（2018-非法学-46-多）（2018-法学-26-多）⑤

A. 甲　　B. 乙

C. 丙　　D. 丁

3. 甲、乙、丙三人共同设立一会计师事务所，该事务所为特殊的普通合伙企业。甲、乙在办理一笔业务时，因重大过失造成客户损失10万元。该损失应由〔　　〕。（2016-非法学-28-单）⑥

A. 甲、乙、丙承担按份责任

B. 甲、乙、丙承担无限连带责任

C. 甲、乙承担按份责任，丙承担补充责任

D. 甲、乙承担无限连带责任，丙承担有限责任

4. 甲、乙、丙设立一有限合伙企业，丙为有限合伙人。该合伙企业委托丙与丁公司签订一货物买卖合同。签约时，丙表明自己是该企业合伙人，并出示了单位印章。后合伙企业未清偿到期货款。对该合伙企业所欠丁公司的债务〔　　〕。（2014-法学-12-单）⑦

A. 丙不承担责任

B. 丙承担有限责任

C. 丙承担按份责任

D. 丙承担无限连带责任

5. 根据《合伙企业法》规定，有限合伙人〔　　〕。（2014-非法学-46-多）⑧

A. 不执行合伙事务

B. 有权对外代表合伙企业

C. 可以用实物和知识产权出资

D. 对合伙企业的债务承担有限责任

---

①　C　②　D　③　B　④　B　⑤　ABCD　⑥　D　⑦　D　⑧　ACD

6. 甲、乙、丙三人共同出资设立一合伙企业，甲被推举为合伙事务执行人。根据我国合伙企业法规定，甲在任职期间有权单独实施的行为是〔　　〕。(2013-非法学-25-单)(2013-法学-18-单)①

A. 与A公司签订货物买卖合同

B. 转让合伙企业拥有的一间商铺

C. 以合伙企业名义为

B. 公司提供担保

D. 聘任丁担任合伙企业的经营管理人员

7. 根据合伙企业法的规定，新入伙的有限合伙人对入伙前有限合伙企业的债务〔　　〕。(2012-法学-12-单)②

A. 不承担责任

B. 应承担按份责任

C. 应承担无限连带责任

D. 应以其认缴的出资额为限承担责任

8. 2008年5月，甲、乙、丙合开了一间酒吧，甲以现金10万元出资，乙以其所有的房屋出资，丙以担任调酒师工作的劳务出资。2008年12月，酒吧欠某酒厂5万元货款。后甲因与其他合伙人发生矛盾，于2009年2月退伙。上述债务应当〔　　〕。(2012-非法学-24-单)③

A. 由乙独立承担责任

B. 由乙和丙承担连带责任

C. 由甲和乙承担连带责任

D. 由甲、乙和丙承担连带责任

第六章　民事法律行为

第一节　民事法律行为概述

一、客观题

下列选项中，属于民事法律行为的是〔　　〕。(2016-非法学-26-单)④

A. 甲到烈士陵园缅怀先烈

B. 乙开车不慎将行人撞倒

C. 丙邀请朋友到自家聚餐

D. 丁向同事转让一架钢琴

二、主观题

简述民事法律行为的含义和特征。(2012-非法学-53-简答)(2012-法学-33-简答)

第二节　民事法律行为的分类

客观题

1. 甲(12周岁)将自己的自行车出卖给乙(19周岁)，甲的父母得知后予以追认。该追认行为是〔　　〕。(2022-单-回忆版)⑤

A. 从行为　　B. 负担行为

C. 单方行为　　D. 要式行为

2. 甲(13周岁)因考试成绩不理想将自己的书包扔掉。甲将书包扔掉的事实属于〔　　〕。(2018-非法学-35-单)⑥

A. 事件

B. 事实行为

C. 民事法律行为

D. 不具有法律意义的事实

3. 下列行为中，属于从法律行为的是〔　　〕。(2015-非法学-23-单)⑦

A. 行纪合同　　B. 协议离婚

C. 履行行为　　D. 抵押合同

4. 下列选项中，属于单方法律行为的是〔　　〕。(2012-法学-11-单)⑧

A. 遗赠　　B. 租赁

C. 宽恕表示　　D. 侵权行为

第三节　意思表示

客观题

下列关于意思表示生效的表述，正确的有〔　　〕。(2019-非法学-48-多)(2019-法学-28-多)⑨

A. 以对话方式作出的意思表示，相对人知道其内容时生效

B. 以非对话方式作出的意思表示，到达相对人时生效

C. 无相对人的意思表示，法律无特别规定的，表示完成时生效

---

① A ② D ③ D ④ D ⑤ C ⑥ C ⑦ D ⑧ A ⑨ ABCD

D. 以公告方式作出的意思表示，公告发布时生效

第四节　民事法律行为的成立和有效

客观题

公司职员甲办理了某银行的信用卡，在商场持卡消费2万余元。在向银行还款前，甲突患精神病。对此，下列说法正确的是〔　　〕。（2017-非法学-22-单）①

A. 甲与银行之间的合同、甲与商场之间的合同均有效

B. 甲与银行之间的合同、甲与商场之间的合同均无效

C. 甲与银行之间的合同有效，甲与商场之间的合同无效

D. 甲与银行之间的合同无效，甲与商场之间的合同有效

第五节　附条件和附期限的民事法律行为

一、客观题

甲、乙约定：甲赠与乙紫砂壶一把，该合同在乙结婚时生效。该合同属于〔　　〕。（2017-非法学-31-单）②

A. 附确定期限的合同

B. 附不确定期限的合同

C. 附延缓条件的合同

D. 附解除条件的合同

二、主观题

简述附条件民事法律行为的含义及所附条件的特点。（2016-法学-33-简答）

第六节　无效民事法律行为

客观题

1. 某幼儿园教师组织幼儿做游戏时，小莉被小明撞倒，前额磕伤。小莉的父母向幼儿园索赔，幼儿园以入园登记表中有"若非教师人为原因导致幼儿磕碰、摔伤等伤害，幼儿园不承担责任"的内容为由拒赔。该免责条款〔　　〕。（2021-非法学-24-单）（2021-法学-14-单）③

A. 可撤销　　B. 效力待定

C. 有效　　D. 无效

2. 甲、乙未婚同居。乙谎称怀孕，迫使甲承诺：甲给付乙"结婚保证金"50万元，如半年内不与乙结婚不得要求返还。甲、乙之间的约定〔　　〕。（2017-非法学-23-单）④

A. 因甲受胁迫可撤销

B. 因甲受欺诈可撤销

C. 因违反公序良俗原则而无效

D. 因违反法律的强制性规定而无效

第七节　可撤销的民事法律行为

一、客观题

1. 甲以5万元购得一块手表，甲的朋友乙发现该表系高仿品，但未告知甲。丙看见该手表有意购买，乙为让丙买下该表，对丙声称该表是绝版正品，丙信以为真，遂以5.5万元买下该表。甲与丙之间买卖合同的效力为〔　　〕。（2020-非法学-28-单）（2020-法学-18-单）⑤

A. 无效　　B. 可撤销

C. 效力待定　　D. 有效

2. 下列选项中，属于可撤销民事行为的是〔　　〕。（2016-法学-11-单）⑥

A. 甲将租赁的一辆汽车转让给乙

B. 甲在某网店购得国家禁止销售的窃听器

C. 某公司误将甲当成乙而与之签订委托合同

D. 甲谎称未婚，乙信以为真与之结婚

二、主观题

试论可撤销的民事法律行为。（2019-法学-36-论述）

第八节　效力未定的民事法律行为

一、客观题

甲16周岁，无业，依靠父母生活。某日，甲向朋友乙借款2万元，用其中的1万元买了名牌包送给男友丙，用200元为自己的手机充值，用余款购买了一张美发店的消费卡。下列选项中，正确的是〔　　〕。

① A　② C　③ D　④ C　⑤ B　⑥ C

(2015-非法学-28-单)①

A. 甲与乙之间的借款合同有效

B. 甲与丙之间的赠与合同无效

C. 甲为手机充值的行为可撤销

D. 甲购买消费卡的行为效力待定

二、 主观题

1. (2020-非法学-56-法条分析)《中华人民共和国民法总则》第 145 条规定：

限制民事行为能力人实施的纯获利益的民事法律行为或者与其年龄、智力、精神健康状况相适应的民事法律行为有效；实施的其他民事法律行为经法定代理人同意或者追认后有效。

相对人可以催告法定代理人自收到通知之日起一个月内予以追认。法定代理人未作表示的，视为拒绝追认。民事法律行为被追认前，善意相对人有撤销的权利。撤销应当以通知的方式作出。

请分析：

(1) 本条中“其他民事法律行为”在法定代理人同意或追认前效力如何？

(2) 本条中撤销权的行使须具备哪些条件？

(3) 本条中“善意相对人”应如何认定？

2. 简述效力待定民事法律行为的法律后果。(2018-非法学-简答-53)(2018-法学-简答-33)

第七章　代　理

第一节　代理概述

客观题

1. 学校委托教务人员王某购买一批教学器材。王某到百货公司购买时，恰逢该公司举行有奖销售，王某抽中数码相机一台。该相机应当〔　　〕。(2013-非法学-26-单)②

A. 归学校所有

B. 归王某所有

C. 归学校与王某共有

D. 归学校所有，但学校应给王某适当奖励

2. 甲、乙双方同意协议离婚。甲因出差，故委托丙去婚姻登记机关代为办理离婚登记手续。根据我国法律，丙〔　　〕。(2012-非法学-25-单)③

A. 不得代理

B. 可以代理

C. 在取得甲书面授权后可以代理

D. 在取得乙同意后可以代理

3. 下列行为中，可以代理的有〔　　〕。(2011-非法学-46-多)④

A. 立遗嘱

B. 申请商标注册

C. 订立合同

D. 参加行政诉讼

第二节　代理的分类

一、 客观题

1. 甲委托乙以乙的名义为甲购买一辆汽车。乙与丙签订购车合同后，由于甲的原因不能依约向丙支付购车款，乙遂向丙披露了委托人甲。对此，下列说法正确的是〔　　〕。(2017-非法学-25-单)(2017-法学-12-单)⑤

A. 丙只能请求甲支付购车款

B. 丙只能请求乙支付购车款

C. 丙可以在甲、乙中择一请求支付购车款

D. 丙请求甲支付购车款遭拒后，可请求乙支付

2. 甲委托乙购买某品牌新款手机并预付了购机款，乙又委托丙办理此事，但未将购机款交给丙，也未征求甲的意见。丙购得手机后交给甲，甲拒绝接受。对此，下列选项正确的是〔　　〕。(2016-非法学-29-单)⑥

A. 丙系甲的指定代理人

B. 乙的转委托行为有效

C. 甲有权要求乙返还购机款

---

① D　② A　③ A　④ BCD　⑤ C　⑥ C

D. 丙有权要求甲支付购机款

3. 甲（8 周岁）名下有一套房产。下列人员中，在处分房产时可以成为甲的法定代理人的有〔　　〕。(2015-法学-26-多)①

A. 甲的父亲

B. 甲的祖父

C. 甲的舅舅

D. 甲的继母

二、主观题

(2022-非法学-法条分析-回忆版）《民法典》第 170 条第 1 款规定："执行法人或者非法人组织工作任务的人员，就其职权范围内的事项，以法人或者非法人组织的名义实施的民事法律行为，对法人或者非法人组织发生效力。"

第 2 款规定："法人或者非法人组织对执行其工作任务的人员职权范围的限制，不得对抗善意相对人。"

请分析：

(1) 本条规定的代理属于何种代理？

(2) "不得对抗善意相对人" 如何理解？

(3) 相对人知道行为人超越职权范围实施代理行为的，该代理行为的法律后果如何？

第三节　代理权

一、客观题

1. 甲公司委托魏某、董某购买药品，魏某背着董某与卖方乙公司串通，购回一批假药。甲公司的损失应由〔　　〕。(2013-法学-15-单)②

A. 魏某承担全部赔偿责任

B. 魏某与乙公司承担连带赔偿责任

C. 乙公司承担全部赔偿责任

D. 魏某与董某承担连带赔偿责任

2. 下列行为中，属于滥用代理权的有〔　　〕。(2012-非法学-47-多)③

A. 自己代理

B. 双方代理

C. 越权代理

D. 无权代理

二、主观题

简述滥用代理权的主要情形及其效力。(2015-非法学-54-简答)(2015-法学-34-简答)

第四节　无权代理

一、客观题

1. 某服装公司员工实施的下列行为中，该公司不予认可但仍应承担民事法律后果的有〔　　〕。(2017-非法学-47-多)(2017-法学-27-多)④

A. 超越代表权限与不知情的 L 公司订立买卖合同

B. 超越公司经营范围与不知情的 M 公司订立买卖合同

C. 伪造公司印章与不知情的 P 公司订立买卖合同

D. 以自己的名义将公司的电脑转让给不知情的 Q 公司

2. 甲欲出售一辆汽车，乙向甲声称受丙委托购买该车，甲托人向丙核实，丙未予否认。甲遂将该车交给乙，乙将车开走后不知去向，甲向丙要求付款遭拒绝。此案的正确处理方法是〔　　〕。(2011-非法学-23-单)⑤

A. 由甲自行承担损失

B. 由乙支付车款

C. 由丙支付车款

D. 由乙、丙承担连带付款责任

二、主观题

简述表见代理的构成要件。(2017-非法学-54-简答)

第五节　代理关系的终止（略）

---

① ABD　② B　③ AB　④ AB　⑤ B

第八章　诉讼时效与期间

第一节　诉讼时效

客观题

1. 下列关于诉讼时效的约定，无效的有〔　　〕。(2021-非法学-49-多)(2021-法学-29-多)①

A. 关于诉讼时效中止事由的约定

B. 关于诉讼时效中断事由的约定

C. 关于诉讼时效期间的约定

D. 关于诉讼时效计算方法的约定

2. 下列情形中，可引起诉讼时效中止的是〔　　〕。(2016-非法学-24-单)②

A. 发生不可抗力

B. 债权人起诉后又撤诉

C. 债权人向公安机关报案

D. 债权人向债务人主张权利

3. 甲将一批货物存放于乙的仓库，提货时发现部分货物丢失。甲要求乙赔偿损失的诉讼时效期间是〔　　〕。(2015-非法学-26-单)③

A. 6 个月　　B. 1 年

C. 2 年　　D. 4 年

4. 甲欠乙 10 万元，时效期间届满未还。乙索要时，甲承诺 2 个月内偿还，但事后只给付了 2 万元。乙索要余款时，甲以 10 万元欠款已超过诉讼时效期间为由拒绝，并要求乙返还之前给付的 2 万元。下列选项中，正确的是〔　　〕。(2015-非法学-27-单)④

A. 甲应偿还剩余的 8 万元

B. 甲承诺偿还引起诉讼时效中断

C. 甲给付的 2 万元属于不当得利，乙应返还

D. 甲无权要求乙返还 2 万元，但剩余的 8 万元可以不偿还

5. 张某借给王某 3 万元，约定 2013 年 5 月 1 日还款。因王某到期未还，张某于 2013 年 5 月 8 日邮寄催款信件，王某于 2013 年 5 月 10 日收到此信，但直到 2013 年 5 月 12 日才拆阅此信。该债权诉讼时效中断的日期是〔　　〕。(2014-法学-13-单)⑤

A. 2013 年 5 月 1 日

B. 2013 年 5 月 8 日

C. 2013 年 5 月 10 日

D. 2013 年 5 月 12 日

6. 根据《民法典》的规定，诉讼时效中止后，从中止时效的原因消除之日起，诉讼时效期间〔　　〕。(2014-非法学-23-单)⑥

A. 届满

B. 不再计算

C. 重新计算

D. 继续计算

7. 下列各组请求权，均适用诉讼时效制度的是〔　　〕。(2013-法学-16-单)⑦

A. 定金返还请求权、不当得利返还请求权、缴付出资请求权

B. 定金返还请求权、人身损害赔偿请求权、不当得利返还请求权

C. 所有物返还请求权、存款本金返还请求权、人身损害赔偿请求权

D. 占有物返还请求权、存款利息返还请求权、不当得利返还请求权

8. 下列选项中，可引起诉讼时效中止的事由是〔　　〕。(2013-非法学-28-单)⑧

A. 义务人同意履行义务

B. 当事人提起诉讼

C. 权利人提出请求

D. 发生不可抗力

9. 下列情形中，不能引起诉讼时效中断的是〔　　〕。(2012-非法学-26-单)⑨

A. 权利人申请仲裁

B. 权利人主张权利

C. 义务人同意履行义务

D. 权利人因不可抗力不能起诉

10. 根据法律规定，因技术进出口合同争议提起诉讼的期限为〔　　〕。(2011-非法学-33-单)⑩

A. 1 年

B. 2 年

C. 3 年

D. 4 年

第二节　期间

客观题

1. 2007 年 5 月，甲向乙借款 10 万元。同年 10 月，乙要求甲在 2008 年 10 月 1 日前还款，甲同意。

---

① ABCD ② A ③ 无 ④ A ⑤ C ⑥ D ⑦ B ⑧ D ⑨ D ⑩ D

后甲未按期还款。2008 年 11 月 1 日，甲请求乙将还款期延长一年，乙未同意。因甲迟迟未还款，乙拟提起诉讼。本案诉讼时效期间的起算点是〔　　〕。（2011-法学-15-单）①

A. 2008 年 10 月 1 日
B. 2008 年 10 月 2 日
C. 2008 年 11 月 1 日
D. 2008 年 11 月 2 日

2. 根据《民法典》的规定，在期间的计算上，民法所称的包括“本数”在内的术语有〔　　〕。（2012-法学-26-多）②

A. 以上　　B. 以下
C. 以内　　D. 以外

---

① D　② ABC

PART 02

第二编　物　权

第一章　物权概述

第一节　物权的特征及分类

客观题

下列选项中，属于物权优先于债权之例外情形的有〔　　〕。(2013-法学-29-多)①

A.“一物二卖”时，买受人因交付或登记而取得标的物的所有权

B. 房屋预售时，经过预告登记的买受人的债权具有排他效力

C. 租赁房屋抵押时，原租赁关系不受该抵押权的影响

D. 租赁房屋出卖时，承租人的租赁权不因租赁物所有权的变动而受影响

第二节　物权的基本原则

主观题

1. 试论我国物权法的公示、公信原则。(2016-法学-34-论述)

2. (2013-非法学-58-法条分析) 我国《物权法》第5条(《民法典》第116条) 规定:“物权的种类和内容，由法律规定。”

请分析:

(1) 本条文规定的是物权法的哪项基本原则？其内涵与意义是什么？

(2) 本条文中“法律”的具体表现形式有哪些？

第三节　物权的保护

一、客观题

1. 甲将房屋出租给乙。租赁期间甲将房屋卖给了丙，办理了过户登记手续，双方约定剩余租期的租金由丙收取。其后甲将上述事实告知乙。租期届满后，乙继续占有该房屋。对此，下列表述正确的是〔　　〕。(2021-非法学-30-单) (2021-法学-20-单)②

A. 丙只能请求乙向甲返还房屋

B. 丙既可以请求甲交付房屋，也可以请求乙返还房屋

C. 丙只能请求甲交付房屋

D. 丙只能请求乙返还房屋

2. 宋某和赵某分别住在同一栋住宅楼的一层和二层。宋某在小区围墙与该楼之间自建平房，给住宅楼造成严重的安全隐患。不久，宋某在平房内开办门窗加工厂，加工生产的噪音严重干扰了赵某的正常生活。对此，赵某有权要求宋某〔　　〕。(2019-非法学-47-多) (2019-法学-27-多)③

A. 赔礼道歉　　B. 消除危险

C. 恢复原状　　D. 停止侵害

二、主观题

试论物权的保护。(2015-法学-36-论述)

① BCD　② D　③ BCD

第二章　物权变动

第一节　物权变动概述（略）

第二节　非基于民事法律行为的物权变动

客观题

1. 甲将母亲的骨灰葬于乙村坟地时，将自己的一对手镯随葬。该手镯的所有权属于〔　　〕。（2016-非法学-27-单）（2016-法学-16-单）①

A. 甲母　　B. 甲
C. 乙村　　D. 国家

2. 甲在其宅基地上建造房屋。现房屋已建成，并办理了登记手续。甲取得房屋所有权的时间是〔　　〕。（2011-法学-14-单）②

A. 房屋开始建造时
B. 房屋建造完成时
C. 申请房屋登记时
D. 登记手续完成时

3. 下列选项中，物权变动的情形包括〔　　〕。（2011-非法学-47-多）③

A. 政府征收了甲村的土地
B. 乙将自己的彩电赠与了好友
C. 丙在其宅基地上建造了房屋
D. 法院判决所有权有争议的汽车属于丁

第三节　基于民事法律行为的物权变动

一、客观题

1. 甲将借给乙的笔记本电脑卖给丙，甲、丙约定由丙直接向乙请求返还电脑。该电脑的交付方式属于〔　　〕。（2020-非法学-31-单）④

A. 现实交付
B. 占有改定
C. 简易交付
D. 指示交付

2. 下列选项中，无需登记即可发生物权变动的有〔　　〕。（2018-非法学-47-多）（2018-法学-27-多）⑤

A. 甲公司将其股权出质给银行
B. 乙公司将其轮船的所有权转让给高某
C. 丙公司通过拍卖取得建设用地使用权
D. 丁农户将土地承包经营权转让给钱某

3. 甲经政府主管部门批准，在其宅基地上盖了一栋楼房，未办理房屋登记手续。3 年后甲死亡，其唯一的继承人乙将房屋卖给同村的丙，并交付丙占有使用。现该房屋的所有权人是〔　　〕。（2017-非法学-30-单）（2017-法学-16-单）⑥

A. 国家　　B. 甲所在村集体
C. 乙　　D. 丙

4. 我国物权法规定的动产交付方式包括〔　　〕。（2012-非法学-48-多）⑦

A. 指示交付
B. 现实交付
C. 简易交付
D. 占有改定

二、主观题

（2011-非法学-58-法条分析）原《中华人民共和国物权法》第 15 条（《民法典》第 215 条）规定："当事人之间订立有关设立、变更、转让和消灭不动产物权的合同，除法律另有规定或者当事人另有约定外，自合同成立时生效；未办理物权登记的，不影响合同效力。"

根据该条文，分析不动产物权变动合同的生效与不动产物权变动的关系。

第四节　不动产登记

一、客观题

1. 预告登记失效的原因有〔　　〕。（2022-多-回忆版）⑧

A. 预告登记的权利人死亡或者终止
B. 买卖不动产的协议被认定无效
C. 买卖不动产的协议被撤销
D. 自能够进行不动产登记之日起 90 日内，权利人未申请登记

---

① B　② B　③ ABC　④ D　⑤ BD　⑥ C
⑦ ABCD　⑧ BCD

2. 根据以下案情，回答第（1）、（2）小题。(2016-非法学-39、40-单)

2014年3月12日，甲、乙签订房屋买卖合同，并于当日办理了预告登记。合同约定，乙于3月15日支付全款，双方于3月30日前办理过户手续。乙依约支付房款后，因甲出差双方一直未办理过户手续。7月10日甲又将该房屋卖给丙并办理了过户手续。

（1）关于两份房屋买卖合同的效力，下列选项正确的是〔　　〕。①

A. 甲、乙之间的合同和甲、丙之间的合同均有效

B. 甲、乙之间的合同有效，甲、丙之间的合同无效

C. 甲、乙之间的合同无效，甲、丙之间的合同有效

D. 甲、乙之间的合同有效，甲、丙之间的合同效力待定

（2）2014年8月1日，乙将甲诉至法院。此时〔　　〕。②

A. 预告登记有效，但丙取得房屋所有权

B. 预告登记有效，丙不能取得房屋所有权

C. 预告登记失效，丙取得房屋所有权

D. 预告登记失效，但丙不能取得房屋所有权

二、主观题

(2018-非法学-法条分析-56) 原《中华人民共和国物权法》第20条（《民法典》第221条）规定：

当事人签订买卖房屋的协议或者签订其他不动产物权的协议，为保障将来实现物权，按照约定可以向登记机构申请预告登记。预告登记后，未经预告登记的权利人同意，处分该不动产的，不发生物权效力。

预告登记后，债权消灭或者自能够进行不动产登记之日起九十日内未申请登记的，预告登记失效。

请分析：

（1）哪些行为属于该条第一款所称的“处分该不动产”行为？

（2）哪些情形应当认定为该条第二款所称的“债权消灭”的情形？

第三章　所有权

第一节　所有权概述

客观题

1. 下列选项中，专属于国家所有的是〔　　〕。(2020-非法学-32-单)③

A. 土地

B. 文物

C. 野生动植物

D. 无线电频谱资源

2. 村民甲在自家院子里挖水沟，致邻居乙的房屋地基下沉。依据物权法，甲侵害了乙的〔　　〕。(2011-非法学-25-单)④

A. 所有权

B. 地上权

C. 地役权

D. 建设用地使用权

第二节　所有权的取得

一、客观题

1. 甲将一部相机借给乙，乙擅自将相机卖给不知情的丙，丙又将相机卖给不知情的丁并交付。对此，下列说法正确的是〔　　〕。(2018-非法学-22-单)(2018-法学-12-单)⑤

A. 丁根据善意取得取得相机的所有权

B. 丁基于丙的交付取得相机的所有权

C. 丁在甲追认后方可取得相机的所有权

D. 丁在付清全部款项后方可取得相机的所有权

2. 甲将汽车以15万元的价格卖给乙并交付，后甲从乙处借回该车，并以16万元的价格卖给不知情的丙，同时办理了登记手续，但车仍由甲占有。乙得知后，要求甲、丙返还汽车、赔偿损失。对此，下列选项正确的是〔　　〕。(2018-非法学-34-单)⑥

A. 汽车归丙所有，乙的损失由甲赔偿

B. 汽车归丙所有，乙的损失由甲、丙连带赔偿

C. 汽车归乙所有，乙有权要求甲返还汽车、赔偿损失

D. 汽车归乙所有，乙有权要求丙返还汽车、赔偿损失

3. 甲遗失一条项链，被乙拾得。丙从乙处偷走项链，以1万元价格卖给不知情的丁并交付。现该项链的所有权人是〔　　〕。(2017-非法学-27-单)

---

①A　②C　③D　④A　⑤B　⑥C

（2017-法学-13-单）①

A. 甲　　B. 乙

C. 丙　　D. 丁

4. 下列选项中，属于所有权继受取得方式的是〔　　〕。(2015-非法学-29-单)②

A. 添附　　B. 先占

C. 生产　　D. 遗赠

5. 甲、乙系对门邻居，同时装修房屋。某日，在甲家装修的丙公司工人丁误将乙堆放在公共过道上的瓷砖当成甲所有，贴到甲家厨房墙壁。乙可以要求〔　　〕。(2015-非法学-47-多)③

A. 甲返还原物

B. 甲返还不当得利

C. 丙公司赔偿损失

D. 丙公司与丁承担连带责任

6. 甲将电脑交给乙保管。丙得知后，诱使乙将电脑低价卖给了自己。后电脑被丙遗失，被丁拾得。该电脑的所有权人是〔　　〕。(2013-法学-17-单)④

A. 甲　　B. 乙

C. 丙　　D. 丁

二、主观题

1. （2019-非法学-58-案例）何某 2014 年丧偶，其子女甲、乙二人均已工作。2015 年 5 月，何某在邻居张律师的见证下，当着甲、乙的面书写了遗嘱：本人去世后，名下两套房产由甲、乙分别继承。同年 6 月，何某因在报纸上读到有关遗产税的新闻，便找来甲、乙二人，与其虚构了房屋买卖文书。2015 年 7 月何某将房产分别过户至甲、乙名下。此后，何某与甲共同生活。

2018 年 10 月，何某因遭受甲的虐待，向甲表示撤销（撤回）遗嘱，并要求甲返还房屋。甲声称何某将房产过户给自己是三年前的事情，过了诉讼时效，拒绝归还房屋。

请根据上述材料，回答下列问题并说明理由：

（1）何某是否有权在张律师不在场的情况下撤销（撤回）遗嘱？

（2）何某将房屋过户给甲三年之后，是否有权要求甲归还房屋？

（3）如甲于 2016 年 6 月将房屋以市价卖给丙并过户，何某是否有权要求丙返还房屋？

2. （2016-非法学-60-案例）2015 年 5 月 7 日，A 公司法定代表人甲吩咐员工乙将一台已损坏的旧电脑扔掉。乙将电脑扔到垃圾箱后，觉得与其扔了还不如修好后卖掉，遂返回将电脑带回家修好。乙的朋友丙得知上述情况后，在 2015 年 6 月 5 日找到乙，请求乙将电脑送给自己，乙答应，并与丙约定一周后交付。丁听说乙有一台旧电脑，在 2015 年 6 月 8 日向乙表示愿以合理价格购买，乙当即同意。因乙在电脑中的文件尚未完成备份，故双方约定乙借用电脑三天，三天后再交付给丁。2015 年 6 月 9 日，乙通知丙撤销赠与。

请根据上述材料，回答下列问题并说明理由：

（1）A 公司是否丧失了电脑的所有权？

（2）乙是否有权撤销赠与？

（3）丁是否取得了电脑的所有权？

第三节　共有

客观题

1. 甲乙丙三人以 3：2：1 的比例按份共有一头骆驼用于旅游服务，现甲欲将自己的份额转让给丁，乙丙要求以同等条件购买，甲的份额应当〔　　〕。(2019-非法学-29-单)（2019-法学-19-单）⑤

A. 由丁购买

B. 由乙丙等额购买

C. 由甲在乙丙中指定一个购买

D. 由乙丙按所持份额比例购买

2. 甲、乙、丙三人按 35%、55%、10%的份额共有一艘渔船。乙、丙二人均有意卖掉渔船，甲坚决反对，关于出卖渔船，下列选项正确的是〔　　〕。(2018-非法学-37-单)⑥

A. 乙有权单独决定出卖渔船

B. 乙、丙未经甲同意无权出卖渔船

C. 乙、丙有权基于多数份额出卖渔船

D. 乙、丙可以根据多数共有人同意出卖渔船

3. 甲、乙、丙、丁共同出资购买一辆挖掘机，出资比例分别为 55%、30%、10%、5%。对该挖掘机的转让〔　　〕。(2017-非法学-29-单)（2017-法学-15-单）⑦

① A　② D　③ BC　④ A　⑤ D　⑥ B　⑦ B

A. 甲一人即可决定

B. 甲、乙二人同意即可

C. 经任意三人同意即可

D. 必须经四人一致同意

4. 甲、乙兄弟二人居住于祖传院落中，四间南房为甲所有，五间北房为乙所有。甲在外地打工，乙独自在家。某日，院墙因连日暴雨倒塌将路人丙砸伤。丙的损害应由〔　　〕。(2015-法学-16-单)①

A. 乙单独承担责任

B. 甲、乙承担连带责任

C. 甲、乙承担按份责任

D. 丙自己承担

5. 根据法律规定，按份共有人转让其应有份额时，其他共有人享有〔　　〕。(2011-非法学-24-单)②

A. 禁止其转让的权利

B. 解除共有关系的权利

C. 同等条件下的优先购买权

D. 对转让份额的追及权

第四节　业主的建筑物区分所有权

一、 客观题

1. 根据我国《民法典》规定，下列由业主共同决定的事项中，应当经参与表决专有部分面积 3/4 以上的业主且参与表决人数 3/4 以上的业主同意的是〔　　〕。(2021-非法学-26-单) (2021-法学-16-单)③

A. 解聘物业服务企业

B. 制定和修改管理规约

C. 选举业主委员会

D. 筹集建筑物的维修资金

2. 下列选项中，可以认定为建筑物区分所有权的业主的有〔　　〕。(2016-非法学-48-多)④

A. 基于租赁合同使用房屋的承租人

B. 依法登记取得建筑物专有部分所有权的人

C. 根据人民法院的生效判决取得建筑物专有部分所有权的人

D. 基于与建设单位之间的商品房买卖合同已合法占有建筑物专有部分的人

3. 甲、乙、丙分别购买了某住宅楼（共 3 层）的一层、二层、三层，各自办理了房产证。现丙欲出售其住宅，对丙出售的住宅〔　　〕。(2014-非法学-38-单)⑤

A. 仅甲享有优先购买权

B. 仅乙享有优先购买权

C. 甲、乙均享有优先购买权

D. 甲、乙均不享有优先购买权

4. 根据物权法的规定，业主的建筑物区分所有权的内容包括〔　　〕。(2013-法学-27-多)⑥

A. 专有部分的所有权

B. 业主的相邻权

C. 共有部分的共有权

D. 业主的管理权

5. 根据物权法的规定，下列由建筑物区分所有权的业主共同决定的事项中，应当经专有部分占建筑物面积 2/3 以上的业主且占总人数 2/3 以上的业主同意的有〔　　〕。(2012-法学-30-多)⑦

A. 制定和修改业主大会议事规则

B. 改建、重建建筑物及其附属设施

C. 选聘和解聘物业服务企业或者其他管理人

D. 筹集和使用建筑物及其附属设施的维修资金

二、 主观题

(2014-非法学-58-法条分析) 原《中华人民共和国物权法》第 70 条（《民法典》第 271 条）规定："业主对建筑物内的住宅、经营性用房等专有部分享有所有权，对专有部分以外的共有部分享有共有和共同管理的权利。"

请分析：

(1) 本条规定的是何种权利？该权利的主要特征有哪些？

(2) 符合哪些条件可认定为本条中的"专有部分"？

第五节　相邻关系

客观题

甲、乙约定，甲租住乙的别墅 15 年。租赁期间，甲将房屋加高，使邻居丙的房屋采光受到严重影响。对此，丙〔　　〕。(2015-非法学-48-多)⑧

A. 可以侵害相邻权为由要求甲排除妨碍

B. 可以侵害相邻权为由要求乙排除妨碍

C. 无权要求乙排除妨碍，因为将房屋加高是甲所为

D. 可以侵害建筑物区分所有权为由要求乙排除妨碍

---

① B ② C ③ D ④ BCD ⑤ D ⑥ ACD ⑦ 无 ⑧ AB

第四章　用益物权

第一节　用益物权概述

客观题

下列选项中，属于法定物权的是〔　　〕。(2014-非法学-39-单)①

A. 留置权　　B. 地役权
C. 权利质权　　D. 宅基地使用权

第二节　土地承包经营权

一、客观题

1. 根据我国物权法的规定，土地承包经营权的取得时间是〔　　〕。(2013-非法学-34-单)②

A. 承包合同生效时
B. 承包合同登记时
C. 承包合同公证时
D. 主管机关批准时

2. 根据物权法的规定，土地承包经营权的设立时间是〔　　〕。(2012-非法学-27-单)③

A. 土地承包经营权合同成立时
B. 土地承包经营权合同生效时
C. 土地承包经营权登记时
D. 取得土地承包经营权证时

二、主观题

(2020-法学-38-案例) 1998年4月1日，栗园村村委会与本村农户刘家签订土地承包合同，约定：村集体的耕地A地块交由刘家承包经营；承包期为1998年5月1日至2028年4月30日。

2012年5月1日，刘家与相邻B地块的承包户张家签订合同，约定：刘家有权在B地块取水浇田，每年支付2000元。刘家未对该权利申请登记。6月1日，刘家到B地块取水时，张家以刘家取水的权利未登记为由，不允许其取水。

2019年4月1日，刘家将A地块的土地经营权流转给本村农户李家，双方约定：李家有权于2019年4月10日至2030年3月31日使用A地块，每年支付500元/亩；刘家应于4月10日前交付A地块。4月5日，本村农户赵家得知刘家将土地经营权流转给李家，于是找到刘家，请求刘家将A地块的土地经营权流转给自己，并表示愿意每年支付700元/亩，刘家遂与赵家签订合同，并在当天交付了A地块。次日，李家发现赵家在使用A地块，要求赵家返还。

根据上述材料，回答以下问题并说明理由：

(1) 张家不允许刘家取水的理由是否成立？

(2) 刘家与李家之间关于李家使用A地块期限的约定是否有效？

(3) 李家是否有权要求赵家返还A地块？

第三节　建设用地使用权

客观题

1. 根据我国物权法，建设用地使用权的设立时间为〔　　〕。(2016-法学-18-单)④

A. 建设用地使用权出让合同生效时
B. 建设用地使用权登记时
C. 建设用地使用权出让合同公证时
D. 行政主管部门批准时

2. 根据物权法的规定，自登记时设立的用益物权是〔　　〕。(2012-法学-17-单)⑤

A. 地役权
B. 宅基地使用权
C. 建设用地使用权
D. 土地承包经营权

第四节　宅基地使用权

主观题

简述宅基地使用权的特征。(2021-非法学-53-简答)(2021-法学-33-简答)

第五节　居住权

主观题

［2022-非法学-案例（回忆版）］甲、乙是好朋友。甲死亡前手写一份遗嘱，将车赠与乙并以自有房

---

① A　② A　③ B　④ B　⑤ C

屋为乙设立居住权，已经签字并注明日期。后甲觉得字迹潦草遂让两位同事做见证打印了遗嘱共三页：第一页写明房屋归丙；第二页写明给乙设立居住权；第三页写明车赠与乙。丙是甲唯一的继承人。

甲于5月15日死亡，5月30日丙在不知道遗嘱的情况下办理了过户登记手续。6月，乙知道甲死亡，拿出遗嘱找丙办理居住权，丙以甲未在打印遗嘱第二页签字而主张居住权无效。

请分析：

（1）打印遗嘱是否有效？

（2）丙何时取得房屋的所有权？

（3）乙能否请求办理居住权登记？

第六节　地役权

一、客观题

1. 根据以下案情，回答第（1）、（2）题。（2017-非法学-39、40-单）（2017-法学-19、20-单）

甲村为了灌溉A地，与乙村签订书面合同，约定：甲村每年支付乙村4000元，在乙村的水库取水10000立方米；期限为20年。合同签订后，双方办理了权利登记。一年后，甲村将A地发包给丙。后丙将部分承包地转包给丁。

（1）甲村与乙村设定的有关取水的权利属于〔　　〕。①

A. 地役权　　B. 相邻权

C. 租赁权　　D. 土地承包经营权

（2）在丙将部分承包地转包给丁后，关于取水的权利表述正确的是〔　　〕。②

A. 只有丙有权取水

B. 只有丁有权取水

C. 丙、丁均有权取水

D. 丙、丁均无权取水

2. 甲为自己房屋使用的便利与乙签订地役权合同，约定五年内乙不得加盖楼房，甲支付5万元。合同签订后，双方办理了登记手续。三年后甲去世，房屋由丙继承。同年，乙将楼房卖给丁，随后丁加盖楼房，遭丙阻止。在本案中〔　　〕。（2013-非法学-47-多）③

A. 丙无权制止丁加盖楼房

B. 地役权由丙享有

C. 地役权不因甲死亡而消灭

D. 丁有权要求乙承担违约责任

二、主观题

1. 简述地役权的特征。（2019-非法学-53-简答）（2019-法学-33-简答）

2. 简述地役权与相邻关系的区别。（2011-法学-34-简答）

第五章　担保物权

第一节　担保物权概述

一、客观题

抵押期间，抵押财产毁损、灭失或者被征收等，抵押权人可以就获得的保险金、赔偿金或者补偿金等优先受偿。这体现了担保物权的〔　　〕。（2011-法学-16-单）④

A. 物上代位性　　B. 追及性

C. 排他性　　D. 不可分性

二、主观题

简述用益物权与担保物权的区别。（2012-法学34-简答）

① A　② C　③ BC　④ A

第二节 抵押权

一、客观题

1. 甲公司分期支付乙公司货款，可用于甲公司向乙公司提供担保的财产有〔　　〕。（2019-非法学-49-多）（2019-法学-29-多）①

A. 甲公司的职工班车

B. 甲公司持有的丙公司股权

C. 甲公司效益最好的分公司的厂房

D. 甲公司与相邻丁公司存在争议的货场使用权

2. 甲向乙借款 5 万元，以自己的汽车作抵押并办理了抵押登记。抵押期间，丙向甲表示愿意购买该车。根据我国物权法（《民法典》），下列选项正确的是〔　　〕。（2016-非法学-32-单）②

A. 甲通知乙后即有权转让该车

B. 甲告知丙后即有权转让该车

C. 甲征得乙同意后有权转让该车

D. 甲在任何情况下均无权转让该车

3. 甲公司以自己的一栋房屋作抵押，向乙银行借款 200 万元，约定 2011 年 12 月 3 日一次性还本付息。甲公司到期未清偿债务，乙银行多次催收未果，最后一次催收时间是 2013 年 3 月 9 日。乙银行的抵押权能够得到法院保护的最后日期是〔　　〕。（2016-法学-20-单）③

A. 2012 年 12 月 3 日

B. 2013 年 12 月 3 日

C. 2014 年 3 月 9 日

D. 2015 年 3 月 9 日

4. 甲向乙银行贷款，以其别墅设定抵押。之后，甲在别墅院内建造了独立车库。贷款到期，甲无力偿还。乙银行享有优先受偿权的财产〔　　〕。（2015-非法学-39-单）（2015-法学-19-单）④

A. 仅限于别墅

B. 包括别墅、车库

C. 包括别墅、建设用地使用权

D. 包括别墅、车库及建设用地使用权

5. 甲以房屋作抵押向乙借款，并办理了抵押登记。后甲未按期归还借款，且未与乙就如何实现抵押权达成协议。根据我国物权法规定〔　　〕。（2013-非法学-29-单）⑤

A. 乙有权直接取得房屋的所有权

B. 乙有权直接变卖房屋以实现抵押权

C. 乙只能委托拍卖公司拍卖房屋以实现抵押权

D. 乙可以请求人民法院拍卖、变卖房屋以实现抵押权

6. 甲因借款与乙签订房屋抵押合同，未办理抵押登记。其后甲又因借款将该房屋抵押给丙并办理了抵押登记。现甲不能偿还对乙、丙的欠款。根据我国民法相关规定〔　　〕。（2013-非法学-48-多）⑥

A. 甲、乙之间的抵押合同成立

B. 甲、丙之间的抵押合同成立

C. 乙享有抵押权

D. 丙享有抵押权

7. 根据物权法的规定，以下列财产设定抵押，抵押权自登记时成立的是〔　　〕。（2011-法学-12-单）⑦

A. 正在建造的船舶

B. 正在制造的设备

C. 正在建造的建筑物

D. 正在建造的航空器

8. 依据物法权的规定，下列财产中，可以抵押的是〔　　〕。（2011-非法学-26-单）⑧

A. 正在建造的船舶　　B. 宅基地使用权

C. 被查封的财产　　D. 集体土地所有权

二、主观题

1. （2021-非法学-56-法条分析）《中华人民共和国民法典》第 396 条规定：

企业、个体工商户、农业生产经营者可以将现有的以及将有的生产设备、原材料、半成品、产品抵押，债务人不履行到期债务或者发生当事人约定的实现抵押权的情形，债权人有权就抵押财产确定时的动产优先受偿。

请分析：

（1）该条规定的是何种类型的抵押？其特征有哪些？

（2）该种抵押权设立的公示方法及公示效力如何？

2. （2019-法学-38-案例分析）2017 年 3 月 1 日，甲公司与乙银行书面约定：甲公司向乙银行借款，以在建写字楼作抵押，抵押担保的债权为 2017 年 3 月 1 日至 12 月 31 日期间签订的所有借款合同项下的借款本息之和，但担保债权总额不超过 1 亿元。签约后双

① ABCD　② 无　③ 无　④ C　⑤ D　⑥ ABD　⑦ C　⑧ A

方办理了抵押登记。

2017年4月1日，甲公司法定代表人汪某以甲公司名义与乙银行签订2000万元借款合同。10月1日甲公司股东会决议：汪某代表公司所签借款合同，单笔限额为3000万元。12月31日汪某以甲公司名义与乙银行签订4000万元借款合同。乙银行对甲公司股东会决议并不知情。

上述借款均在2018年12月1日到期，本息共计6500万元。同日，乙银行将上述债权转让给丙公司，并书面通知了甲公司。

请根据上述材料，回答下列问题并说明理由：

（1）乙银行享有何种特殊抵押权？

（2）汪某以甲公司名义与乙银行签订的借款合同是否有效？

（3）丙公司对在建写字楼是否享有抵押权？

（4）本案中的抵押权在什么期间行使才能得到人民法院保护？

第三节 质权

客观题

1. Y公司向X银行贷款，并将存放在港口仓库的一批钢材质押给X银行。X银行委托Z公司进行监管，则X银行的质权〔 〕。(2022-单-回忆版)①

A. 三方协议生效时

B. 自质押合同生效时设立

C. 自Z公司实际控制货物之日起设立

D. 不能设立

2. 甲为担保对乙的债务，于2015年3月1日与乙签订质押合同，承诺将自己的越野车质押给乙。同年4月1日甲交付越野车，但未将随车工具箱交付给乙。对此，下列说法正确的是〔 〕。(2017-非法学-28-单)(2017-法学-14-单)②

A. 乙于3月1日取得质权

B. 乙对随车工具箱享有质权

C. 质押合同于3月1日生效

D. 质押合同于4月1日成立

3. 甲借钱给乙，乙为此将其电动车出质于甲。后甲向丙借款，未经乙同意将电动车出质于丙，在丙占有期间该车因不可抗力灭失。根据物权法规定，乙的损失应由〔 〕。(2014-法学-19-单)③

A. 甲承担全部赔偿责任

B. 乙自己承担

C. 丙承担全部赔偿责任

D. 甲和丙承担连带赔偿责任

4. 债务人或者第三人有权处分的下列权利中，不能出质的是〔 〕。(2013-法学-14-单)④

A. 建设用地使用权　B. 债券、存款单

C. 仓单、提单　D. 汇票、支票、本票

5. 甲出国前将古琴、油画及电脑交乙保管。后乙将古琴出借给丙，将油画赠送给丁，将电脑出质给戊。甲回国后发现以上事实。甲有权〔 〕。(2013-非法学-46-多)⑤

A. 要求丙返还古琴

B. 要求丁返还油画

C. 要求戊返还电脑

D. 要求乙承担违约责任

第四节 留置权

一、客观题

冯某将其所有的大卡车送至通达汽车修理厂修理。因冯某未依约定支付修理费，修理厂遂依法将该车留置，但未与冯某约定留置汽车后支付修理费的期间。根据物权法的规定，修理厂在实现其留置权前应当给冯某支付修理费的期间为〔 〕。(2012-非法学-28-单)⑥

A. 1个月以上　B. 2个月以上

C. 3个月以上　D. 6个月以上

二、主观题

简述留置权的含义及成立要件。(2012-非法学-54-简答)

第五节 担保物权的优先效力

客观题

1. 甲向乙借款，将自己的汽车抵押给乙，办理了抵押登记。后甲又向丙借款，将该车质押给丙。丙

---

① C ② C ③ A ④ A ⑤ ABD ⑥ B

在占有该车期间，发现汽车有故障，送到丁厂修理。丁厂因未收到修理费将该车留置。本案的担保物权受偿顺序是〔　　〕。(2020-非法学-35-单)①

A. 抵押权；质权；留置权

B. 质权；留置权；抵押权

C. 留置权；抵押权；质权

D. 留置权；质权；抵押权

2. 2010 年 8 月，邹某向甲借款 5 万元，以自己的汽车做抵押，但未办理登记手续。同年 9 月，邹某又以该车做抵押向乙借款 5 万元，并办理了登记手续。同年 11 月，邹某向丙借款 3 万元，将该车质押给丙。丙在占有该车期间，将车交给丁修理，因拖欠修理费该车被丁留置。本案中，对该车享有第一顺位优先受偿权的是〔　　〕。(2012-法学-18-单)②

A. 甲　　B. 乙

C. 丙　　D. 丁

第六章　占　有

第一节　占有概述

客观题

1. 甲将拾得的手表赠与不知情的乙，乙对该手表的占有属于〔　　〕。(2018-非法学-50-多)(2018-法学-30-多)③

A. 有权占有　　B. 善意占有

C. 直接占有　　D. 自主占有

2. 甲下班时误将同事的同款电脑当成自己的电脑带回家。甲对该电脑的占有属于〔　　〕。(2015-非法学-30-单)④

A. 有权占有　　B. 间接占有

C. 善意占有　　D. 他主占有

3. 甲将自己的摄像机交给乙保管，丙从乙处盗走该摄像机并卖给了不知情的丁。下列主体中，对该摄像机的占有属于他主占有的是〔　　〕。(2014-非法学-40-单)⑤

A. 甲　　B. 乙

C. 丙　　D. 丁

第二节　占有的效力和保护

一、客观题

1. 甲将一批货物存放在乙的仓库，之后丙因甲拖欠其 15 万元货款，强行将该批货物拉走抵债。对此，下列说法正确的是〔　　〕。(2017-非法学-26-单)⑥

A. 丙的行为属于自助行为

B. 丙的行为属于行使留置权

C. 乙请求丙返还货物的权利存续期间为 1 年

D. 甲请求丙返还货物的权利存续期间为 2 年

2. 甲公司为乙公司运输一批羊，途中有三只羊逃跑，被丙、丁拾得。丙将其中两只羊赶回家，丁带着剩下的一只羊在路边等候失主。戊驾车经过此地，因车速过快将羊撞死。下列选项中，正确的有〔　　〕。(2015-法学-28-多)⑦

A. 甲公司有权要求丙返还两只羊

B. 乙公司有权要求丙返还两只羊

C. 甲公司有权要求戊赔偿

D. 丁有权要求戊赔偿

3. 甲将自行车交乙保管，不久乙去世。乙之子丙误将该自行车当成遗产继承，后在使用过程中致自行车损坏。根据有关规定〔　　〕。(2013-非法学-30-单)⑧

A. 丙系恶意占有人

B. 丙应当返还自行车给甲

C. 丙应当向甲承担违约责任

D. 丙应当赔偿甲的损失

4. 根据物权法的规定，占有人返还原物的请求权，自侵占发生之日起法定期间内未行使的，该请求权消灭。该法定期间为〔　　〕。(2012-法学-19-单)⑨

A. 6 个月　　B. 1 年

C. 2 年　　D. 4 年

二、主观题

试论民法典物权编对我国物权立法的完善与发展。(2021-法学-36-论述)

---

① C　② D　③ BCD　④ C　⑤ B　⑥ C　⑦ ABCD　⑧ B　⑨ B

PART 03
第三编　合　同

第一分编　通　则

第一章　债与合同概述

第一节　债的概述

客观题

1. 甲、乙、丙、丁对张某承担400万元连带债务，内部约定各承担100万元债务，下列说法正确的是〔　　〕。(2022-单-回忆版)①

A. 若张某免除甲的债务，则乙、丙、丁的债务均消灭

B. 若乙和张某债权债务混同，则甲、丙、丁的债务均消灭

C. 若丙偿还张某400万元债务，则丙可以向甲、乙、丁各追偿100万元

D. 若丁偿还张某400万元债务，则丁可以向甲、乙、丙主张400万元债权

2. 甲与某房产公司签订一购房合同，双方约定：如交房时房价下跌，买方可要求退房或要求卖方退还差价。该约定产生的债属于〔　　〕。(2016-法学-19-单)②

A. 可分之债　　B. 简单之债

C. 选择之债　　D. 种类之债

3. 下列选项中，不属于债权特征的是〔　　〕。(2014-非法学-29-单)③

A. 平等性　　B. 相容性

C. 任意性　　D. 永久性

4. 甲、乙签订一份设备买卖合同。甲的下列行为中，属于履行附随义务的是〔　　〕。(2014-非法学-34-单)④

A. 甲应乙的请求送货上门

B. 甲告知乙使用设备的注意事项

C. 甲将设备维修工具附赠给乙

D. 甲将设备检验合格证交付给乙

5. 下列协议中，应由我国民法典合同编调整的是〔　　〕。(2013-非法学-31-多)⑤

A. 甲与乙签订的收养协议

B. 甲与乙离婚时签订的子女抚养协议

C. 甲行政机关与公务员签订的廉政协议

D. 甲村委会与本村村民签订的土地承包经营权协议

第二节　无因管理

一、客观题

1. 甲借用乙的平房居住。后平房漏雨，甲联系不到乙，遂委托丙维修并依承诺向丙支付维修费。甲请求乙偿还维修费的依据是〔　　〕。(2021-非法学-22-单)(2021-法学-12-单)⑥

A. 代理行为　　B. 委托合同

C. 无因管理　　D. 单方允诺

2. 甲闻到邻居乙的房间有刺鼻煤气味，便破门而入关闭煤气管道阀门，此时煤气爆炸，甲、乙均被炸伤。对此，下列选项正确的是〔　　〕。(2019-非法学-40-单)⑦

A. 乙应当对甲给予适当补偿

B. 乙应当赔偿甲的全部损失

C. 甲、乙各自承担自己的损失

D. 甲应当赔偿乙的房门损失

3. 下列选项中，甲的行为构成无因管理的是〔　　〕。(2018-非法学-25-单)(2018-法学-15-单)⑧

A. 甲主动将摔倒在人行道上的老人扶起

B. 甲儿时被收养，成年后赡养亲生父母

C. 甲为了出行便利，出钱修复邻居家被台风刮倒的院墙

---

① C　② C　③ D　④ B　⑤ ABD　⑥ C　⑦ A　⑧ C

D. 甲的狗将他人咬伤，甲误以为是好友乙的狗咬伤人而赔偿伤者

4. 甲的母牛走失，被乙拾得。在乙饲养期间，母牛生下一头小牛。乙为饲养这两头牛共支付草料费200元，并造成误工损失300元。根据我国民法的相关规定〔　　〕。(2014-法学-15-单)①

A. 小牛归甲，乙有权要求甲支付200元

B. 小牛归乙，乙有权要求甲支付200元

C. 小牛归甲，乙有权要求甲支付500元

D. 小牛归乙，乙有权要求甲支付500元

5. 下列行为中，构成无因管理的是〔　　〕。(2011-非法学-27-单)②

A. 未受委托替朋友招待客人

B. 未成年人抢救落水儿童

C. 主动代同事值夜班

D. 代替配偶放弃继承权

二、 主观题

1. （2017-非法学-58-法条分析）原《中华人民共和国民法通则》第93条（《民法典》第121条）规定："没有法定的或者约定的义务，为避免他人利益受损失而进行管理的人，有权请求受益人偿还由此支出的必要费用。"

请分析：

（1）本条规定的是因何种原因产生的债？

（2）本条规定的债的发生原因有哪些构成要件？

（3）本条中的"必要费用"包括哪些？

2. （2014-法学-38-案例）2012年春节过后，甲外出打工，将一祖传瓷瓶交由邻居乙保管。乙因结婚用钱，谎称瓷瓶为自己所有，将其按照市价卖给了丙，得款1万元。2012年7月，乙见甲的房屋有倒塌危险，可能危及自己的房屋，遂以自己的名义请施工队加固甲的房屋。施工结束后，经结算需要支付工程款2万元。2012年底甲回村，因瓷瓶处分和工程款支付问题与乙发生纠纷。

结合上述材料，请回答下列问题：

（1）丙能否取得瓷瓶的所有权？为什么？

（2）乙出售瓷瓶是否属于侵权行为？为什么？

（3）施工队应向谁请求支付工程款？为什么？

（4）乙聘请施工队为甲加固房屋的行为是否构成无因管理？为什么？

第三节　不当得利

客观题

1. 甲拾得乙丢失的手机，向乙索要2000元报酬，乙表示面谈。见面后乙称只给500元，甲因此拒绝返还手机。乙要求甲返还手机的请求权有〔　　〕。(2020-非法学-46-多）(2020-法学-26-多)③

A. 侵权请求权

B. 物权请求权

C. 不当得利请求权

D. 无因管理请求权

2. 下列行为中，可引起不当得利之债的是〔　　〕。(2016-非法学-38-单)④

A. 甲偿还5万元赌债

B. 乙清偿明知超过诉讼时效期间的债务

C. 丙被他人收养，成年后给付生父母生活费

D. 丁误将邻居的装修材料用于自己房屋的装修

3. 下列选项中，能够引起不当得利之债发生的有〔　　〕。(2015-法学-29-多)⑤

A. 向债权人提前偿还借款

B. 匿名资助贫困地区学生读书

C. 向黑社会性质组织成员交"保护费"

D. 在网站订购的商品被快递员误投给他人

4. 下列选项中，构成不当得利之债的有〔　　〕。(2014-法学-26-多)⑥

A. 甲在自动取款机上取款，机器因故障多吐出500元

B. 甲所订报纸被送报员放入邻居乙的报箱，乙取而弃之

C. 甲订购乙公司商品并已付款，在乙公司送货上门时甲妻不知情再次付款

D. 甲被乙撞伤，乙支付甲医疗费，同时甲获得了保险公司给付的意外伤害保险金

5. 下列选项中，属于不当得利构成要件的有

---

① C　② B　③ ABC　④ D　⑤ CD　⑥ ABC

〔　　〕。(2013-非法学-49-多)①

A. 一方获得利益，他方受有损失

B. 受损方不存在过错

C. 获益与受损之间有因果关系

D. 获益方获得利益没有合法根据

6. 下列事实中，能够形成不当得利之债的是〔　　〕。(2011-法学-20-单)②

A. 提前偿还所欠他人债务

B. 养子女给付生父母赡养费

C. 明知不欠他人钱款而为给付

D. 依合同支付货款后合同被撤销

第四节 合同的分类及相对性

一、 客观题

甲与乙签订预订书，约定一年内订立房屋买卖合同。后乙拒绝订立买卖合同。对于乙违反预订书的行为，甲可以〔　　〕。(2021-非法学-47-多)（2021-法学-27-多)③

A. 请求乙赔偿精神损害

B. 请求乙承担侵权责任

C. 请求乙承担违约责任

D. 解除预订书

二、 主观题

试论合同的相对性。(2012-法学-36-论述)

第二章 合同订立

第一节 合同订立的程序

一、 客观题

1. 某网店打折促销A型号扫地机器人，甲提交订单购买10台并付款。该网店以库存不足为由拒绝发货。对此，该网店〔　　〕。(2022-单-回忆版)④

A. 不承担民事责任

B. 应当承担缔约过失责任

C. 应当承担违约责任

D. 应当承担违反预约合同的违约责任

2. 甲网店为回馈老客户，以100元的优惠价格寄给乙一盒面膜并附说明：如不同意购买，请于10日内寄回，运费到付，否则视为同意购买。乙收到后将面膜放在桌子上。12天后，甲请求乙付款，乙拒绝。甲乙之间的合同〔　　〕。(2022-单-回忆版)⑤

A. 可撤销　　B. 有效

C. 无效　　D. 未成立

3. 甲在某餐厅用餐，根据菜单点了一道标价为98元的菜。结账时，餐厅要求甲支付298元，甲则坚持以菜单为准付款，这时餐厅才发现菜单被调包。经查，菜单调包系刚刚来此就餐的某顾客所为。甲与餐厅之间债的发生原因是〔　　〕。(2021-非法学-35-单)⑥

A. 侵权行为　　B. 不当得利

C. 合同　　D. 缔约过失

4. 甲收到乙通讯公司短信，内容为：本公司为您提供实时天气预报服务，每月收费5元，如不接受此服务，请回复N。甲看后未予理睬。后甲发现乙公司向自己收取了该费用，遂要求返还。甲与乙公司之间的天气预报服务合同〔　　〕。(2020-非法学-26-单)（2020-法学-16-单)⑦

A. 不成立　　B. 无效

C. 可撤销　　D. 有效

5. 甲听说乙有一祖传玉石，遂前往询价，甲问：你多少钱卖？乙说：你出多少钱？甲问：15万元卖不卖？乙说：20万元可以马上拿走。甲未置可否。三天后，甲携款20万元前来购买，乙说：25万元才能卖。对此，下列选项正确的是〔　　〕。(2019-非法学-28-单)（2019-法学-18-单)⑧

A. 乙说“你出多少钱”属于要约

B. 乙说“20万元可以马上拿走”属于要约邀请

C. 甲携款20万元前来购买时合同成立

D. 乙说“25万元才能卖”属于要约

6. 甲公司于4月24日通知乙公司急需货物10吨，乙公司遂于4月25日按双方之间的交易惯例发货。4月26日甲公司又通知乙公司不需要该批货物。对此，下列说法正确的是〔　　〕。(2017-非法学-32-单)⑨

---

① ACD ② D ③ CD ④ C ⑤ D ⑥ C ⑦ A ⑧ D ⑨ D

A. 乙公司的发货行为构成要约

B. 甲公司 4 月 24 日的通知构成要约邀请

C. 甲公司 4 月 26 日的通知构成要约的撤销

D. 甲公司、乙公司之间的合同于 4 月 25 日成立

7. 甲上晚自习时拾得一个单反相机，后相机被乙借走。乙看到悬赏 200 元的寻物启事，未经甲同意将相机还给了失主。下列选项中，正确的是〔　　〕。(2015-非法学-31-单)①

A. 甲、乙均有权要求失主支付报酬

B. 仅甲有权要求失主支付报酬

C. 仅乙有权要求失主支付报酬

D. 甲、乙均无权要求失主支付报酬

8. 根据《合同法》规定，当事人对合同是否成立存在争议，除法律另有规定或者当事人另有约定外，人民法院能够确定必备条款的，一般应当认定合同成立。这些必备条款包括〔　　〕。(2014-法学-28-单)②

A. 标的

B. 质量

C. 数量

D. 当事人名称或姓名

9. 根据我国合同法的规定，以书面形式作出承诺的，承诺的生效时间是〔　　〕。(2013-非法学-33-单)③

A. 承诺人作出承诺时

B. 承诺通知发出时

C. 承诺通知到达要约人时

D. 要约人了解承诺时

10. 2009 年 8 月 5 日，甲公司向乙公司发出订购图书的订单，订单中详细列明了订购数量、交货日期等，并要求乙公司在接到该订单之日起 3 日内向甲公司发出确认函。乙公司 8 月 6 日接到订单，于 8 月 10 日向甲公司发出确认函，同时寄出该批图书。甲公司收到图书后，拒绝接受。关于本案的以下表述，正确的是〔　　〕。(2012-非法学-30-单)④

A. 甲公司向乙公司发出订单的行为属于要约邀请

B. 乙公司向甲公司发出确认函的行为属于承诺

C. 乙公司向甲公司发出确认函的行为属于要约

D. 乙公司向甲公司寄出图书的行为属于履行合同

11. 甲不慎丢失贵重首饰后，在媒体上发布悬赏广告，称“若有归还者，给付酬金 1000 元”。乙拾得首饰并归还给甲。几天后，乙看到甲此前发布的悬赏广告，遂要求甲支付酬金 1000 元，甲拒绝。根据法律规定〔　　〕。(2011-法学-17-单)⑤

A. 甲没有义务支付承诺的酬金，因为归还遗失物是乙的法定义务

B. 甲没有义务支付承诺的酬金，因为乙归还首饰时未提出此项要求

C. 甲有义务支付乙的保管费用，但没有义务支付承诺的酬金

D. 甲有义务支付承诺的酬金，因为悬赏广告对甲具有法律约束力

二、主观题

(2011-非法学-60-案例) 2007 年 11 月 4 日，甲不慎将皮包遗失，包内装有刚购买的附有发票的相机一部和已经使用半年的笔记本电脑一台。乙拾得该皮包后，将相机卖给了旧货商店；电脑在不久后丢失，被丙拾得。2007 年 12 月 2 日，丁从旧货商店以市价购得此相机。甲于 2007 年 12 月 20 日得知相机下落。

甲丢包后，曾于 2007 年 11 月 8 日在当地报纸上刊登寻物启事，称：若有人将自己遗失的物品归还，酬金 1000 元。2007 年 12 月 1 日，丙依寻物启事找到甲。

根据上述案情，请回答：

(1) 甲是否有义务向丙支付寻物启事中许诺的酬金？请说明理由。

(2) 如果甲未在寻物启事中许诺酬金，丙是否有权要求甲支付报酬？请说明理由。

(3) 甲是否有权要求丁返还相机？如果有，则要求返还的条件是什么？请说明理由。

第二节　格式条款与缔约过失责任

一、客观题

1. 甲倒车将甲母撞伤，保险公司称保险合同中有条款约定“对于被保险车辆造成被保险人或者经允许的驾驶人及其亲属伤亡的，保险公司不承担保险责任”。保险公司未就该条款作特别提示，甲可以主张该条款〔　　〕。(2022-单-回忆版)⑥

A. 无效　　B. 效力未定

C. 可撤销　　D. 不成为合同内容

2. 某旅游者与旅行社签订一份由旅行社提供的旅游合同。在该合同履行过程中，旅行社和旅游者对合同中“名胜古迹”含义的理解发生分歧。旅游者认为某建筑属于名胜古迹，旅行社应当安排游览，而旅

① C　② ACD　③ C　④ C　⑤ D　⑥ D

行社持相反观点。根据《合同法》规定，对此条款的解释应按照〔　　〕。(2009-41-单)①

A. 通常理解进行解释

B. 公平原则进行解释

C. 旅游习惯进行解释

D. 对旅行社不利原则进行解释

二、 主观题

1.（2016-非法学-58-法条分析）我国原《合同法》第39条第1款（《民法典》第496条第2款）规定："采用格式条款订立合同的，提供格式条款的一方应当遵循公平原则确定当事人之间的权利和义务，并采取合理的方式提示对方注意免除或者减轻其责任等与对方有重大利害关系的条款，按照对方的要求，对该条款予以说明。提供格式条款的一方未履行提示或者说明义务，致使对方没有注意或者理解与其有重大利害关系的条款的，对方可以主张该条款不成为合同的内容。"

请分析：

(1) 何谓格式条款？

(2) 提供格式条款的一方负有哪些法定义务？

(3)"采取合理的方式"应如何认定？

2.（2021-非法学-58-案例分析）2020年7月10日，甲、乙签订书面合同，约定：甲在8月12日前向乙交付70台设备，货到付款；合同自双方盖章时成立。后乙欲将购买的设备转售，遂在7月15日询问甲能否按时发货，甲答复称："没问题，盖章后就发货。"乙于是与丙签订了70台设备的买卖合同，约定乙在8月16日向丙交货。

7月20日，甲发现设备库存不足，故未在合同书上盖章，并通知乙只能交付60台设备，乙无奈同意。7月31日，甲将60台设备交付给乙。8月8日，因价格上涨，甲以合同不成立为由要求乙返还已交付的设备，被乙拒绝。

为按时向丙交货，乙在8月10日以市价购买了10台同型号设备，连同甲交付的60台设备一并交给丙。事后，乙请求甲赔偿未交付10台设备给自己造成的损失。

请根据上述材料，回答下列问题并说明理由：

(1) 甲、乙在7月10日签订的买卖合同是否成立？

(2) 甲是否有权请求乙返还60台设备？

(3) 乙是否有权请求甲赔偿未交付10台设备所造成的损失？

第三章　合同的效力

客观题

甲开车上班，在停车入库时剐蹭到乙的汽车。为赶时间，甲留下电话号码后离开。后乙联系到甲，双方协商约定甲赔偿800元。后来乙修车花费1000元。甲、乙之间的约定〔　　〕。(2022-单-回忆版)②

A. 成立并有效

B. 因重大误解效力未定

C. 因显示公平可撤销

D. 因是口头约定而无效

第四章　合同的履行

第一节　合同履行的规则

一、 客观题

1. 情势变更主要体现了以下哪些原则〔　　〕。(2022-多-回忆版)③

A. 自愿原则　　B. 公序良俗原则

C. 平等原则　　D. 公平原则

---

① 无　② A　③ AD

2. 甲公司与乙公司签订一份货物买卖合同，但未约定货物价格。在乙公司交货时，双方就货物价格发生争议，且未能达成补充协议，也无法按照合同条款或者交易习惯加以确定。根据《合同法》规定，货物的价格应〔　　〕。(2014-非法学-33-单)①

A. 依订立合同时甲公司营业地的市场价格确定

B. 依订立合同时履行地的市场价格确定

C. 依履行合同时乙公司营业地的市场价格确定

D. 依履行合同时履行地的市场价格确定

二、 主观题

试论情事变更原则。(2011-法学-36-论述)

第二节　双务合同履行中的抗辩权

一、 客观题

1. 甲、乙签订买卖合同，约定：甲于 9 月 30 日交货，乙于 10 月 5 日付款。9 月 30 日甲得知乙经营状况严重恶化，遂通知乙暂不交货。甲行使的是〔　　〕。(2019-非法学-39-单)②

A. 先诉抗辩权

B. 不安抗辩权

C. 先履行抗辩权

D. 同时履行抗辩权

2. 依据合同法的规定，双务合同履行中的抗辩权包括〔　　〕。(2011-非法学-31-单)③

A. 同时履行抗辩权、先履行抗辩权和不安抗辩权

B. 同时履行抗辩权、先履行抗辩权和先诉抗辩权

C. 后履行抗辩权、合同无效抗辩权和不安抗辩权

D. 后履行抗辩权、合同消灭抗辩权和先诉抗辩权

二、 主观题

简述不安抗辩权的构成要件。(2014-非法学-简答)

第五章　合同的保全

客观题

1. 甲欠乙 5 万元逾期不还。乙要求甲马上偿还，否则起诉。甲遂将自己仅有的财产一辆市价 5 万的车以 4 万卖给知情的丙。后被乙得知，对于甲丙之间的买卖合同，正确的是〔　　〕。(2019-非法学-34-单)④

A. 乙有权以书面通知方式撤销

B. 乙得知一年后不再享有撤销权

C. 乙有权请求确认无效

D. 乙无权撤销

2. 对债务人实施的下列行为，债权人可以行使撤销权的是〔　　〕。(2014-法学-16-单)⑤

A. 收养子女导致其偿还债务困难

B. 放弃继承权导致其财产未增加

C. 以市场交易价 72%的价格转让财产对债权人造成损害，且受让人知道该情形

D. 以市场交易价 135%的价格购入财产对债权人造成损害，且出让人知道该情形

3. 甲对乙享有债权，乙对丙享有债权。因乙未清偿到期债务，甲欲行使代位权。甲提起代位权诉讼应具备的条件包括〔　　〕。(2014-非法学-49-多)⑥

A. 乙对丙的债权合法

B. 乙对丙的债权已经到期

C. 乙对丙的债权不属于专属性债权

D. 乙对丙未提起诉讼或者申请仲裁

---

① B　② B　③ A　④ D　⑤ D　⑥ ABCD

第六章　合同的变更和转让

一、客观题

1. 甲与某影视公司签订合同，约定甲两年内完成一部电视剧剧本，影视公司支付稿酬 50 万元。后甲将请求支付稿酬的权利转让给乙。甲请求支付稿酬的权利〔　　〕。（2021-非法学-25-单）（2021-法学-15-单）①

A. 经影视公司同意才可以转让

B. 依合同性质不得转让

C. 在转让通知到达影视公司时发生转让

D. 在转让合同生效时发生转让

2. 甲公司与乙幼儿园签订空气净化器买卖合同，约定：净化器的 PM2.5 去除率应达到 95%，验收合格后付款。后乙幼儿园经甲公司同意将合同转让给丙幼儿园，丙幼儿园验收时，发现 PM2.5 去除率远未达到合同约定的标准。对此，下列说法正确的是〔　　〕。（2018-非法学-49-多）（2018-法学-29-多）②

A. 丙幼儿园有权解除买卖合同

B. 丙幼儿园可以对甲公司行使先履行抗辩权

C. 丙幼儿园可以请求乙幼儿园承担违约责任

D. 乙幼儿园与丙幼儿园之间的转让合同有效

3. 下列权利中，可以转让的是〔　　〕。（2012-非法学-29-单）③

A. 劳动报酬请求权

B. 人身损害赔偿请求权

C. 支付租金请求权

D. 近亲属间的扶养请求权

二、主观题

试论债权让与。（2020-法学-36-论述）

第七章　合同权利义务的终止

第一节　合同解除

一、客观题

甲将住房出租给乙。签订合同前乙来看房，发现室内有很浓的装修气味。甲告诉乙，开开窗，过几天味道就没了。乙住了两个月后，气味依然很浓。经检测，该房屋有害气体严重超标。对此，乙〔　　〕。（2015-非法学-33-单）④

A. 无权主张任何权利

B. 有权解除合同

C. 有权请求确认合同无效

D. 有权要求甲承担侵权责任

二、主观题

（2013-非法学-60-案例分析）2010 年 3 月 15 日，甲与乙达成买卖协议，约定甲向乙出售孤本线装古书一套（该套书分为上中下三卷），价款 15 万元，双方应于同年 8 月 9 日同时履行。2010 年 5 月 30 日，甲在搬家过程中不慎将该套书的中卷本丢失。

甲第二天在报纸上刊登寻物启事，称归还此书者可得酬金 5000 元。丙拾得此书后看到该寻物启事，于 6 月 6 日找到甲欲归还此书，同时要求甲给付酬金。因甲不愿支付酬金，二人产生争执，丙遂将书带回家。2010 年 8 月 9 日，甲向乙提出，因自己与丙之间的纠纷未解决，无法交付整套书籍，故主张解除合同。乙不同意。

根据上述案情，请回答以下问题并分别说明理由：

（1）甲是否有权单方解除合同？

（2）丙是否有权拒绝归还此书？

（3）丙在何种情况下有权要求甲支付悬赏广告中的酬金？

（4）乙是否有权请求丙交付该套书的中卷本？

---

① D　② ABD　③ C　④ B

第二节　清偿、抵销、提存、免除与混同

客观题

1. 甲请同事吃饭，结账时发现没带钱，遂请好友乙帮忙买单，乙碍于情面付款。后乙要求甲偿还，甲拒绝。乙的付款行为属于〔　　〕。（2019-非法学-27-单）（2019-法学-17-单）①

A. 赠与　　B. 代为清偿
C. 无因管理　　D. 情谊行为

2. 甲公司欠乙公司货款 50 万元，乙公司欠甲公司租金 50 万元，后甲公司被乙公司兼并，甲公司与乙公司之间的债的消灭的原因是〔　　〕。（2018-非法学-26-单）（2018-法学-16-单）②

A. 混同　　B. 免除
C. 抵销　　D. 清偿

3. 下列情形中，当事人可以提存的有〔　　〕。（2013-法学-28-多）③

A. 货运合同中，收货人无正当理由拒绝受领货物
B. 仓储合同中，经催告存货人逾期仍不提取仓储物
C. 承揽合同中，定作人因定作物质量不合格逾期拒不受领
D. 行纪合同中，委托物不能卖出，经催告委托人仍不取回该物

4. 下列关于债的提存的说法中，符合我国民法典规定的是〔　　〕。（2013-非法学-32-单）④

A. 债权人无正当理由拒绝受领标的物是提存的条件之一
B. 提存物在提存期间产生的孳息归提存人所有
C. 债权人超过法定期限不领取提存物，提存物归债务人所有
D. 提存期间，提存物毁损灭失的风险由提存机关承担

5. 甲、乙互负债务，根据民法典的规定，双方债务法定抵销的条件包括〔　　〕。（2012-非法学-49-单）⑤

A. 双方协商一致
B. 双方所负债务数额相等
C. 双方的给付为同种类、同品质
D. 双方的债务均届清偿期

第八章　违约责任

一、客观题

1. 某网店打折促销某型号的扫地机器人，甲看见后购买了 10 台并付款，之后该网站以库存不足为由拒绝发货，该网站〔　　〕。（2022-单-回忆版）⑥

A. 不承担民事责任
B. 应承担违约责任
C. 应承担缔约过失责任
D. 应承担违反预约合同责任

2. 在合同履行期限届满前，当事人一方以自己的行为表明不履行主要债务的，该行为〔　　〕。（2014-法学-14-单）⑦

A. 构成预期违约
B. 构成实际违约
C. 不构成违约
D. 只在履行期限届满后才构成违约

3. 甲购买乙的房屋一套。签约当天，甲支付了全部房款，乙将房屋交付给甲。几天后甲开始装修房屋。在装修过程中，乙通知甲立即停止装修，因房屋已卖给丙并办理了过户登记手续。根据法律规定，乙向甲承担违约责任的方式包括〔　　〕。（2011-法学-27-多）⑧

A. 返还房款
B. 继续履行
C. 赔偿装修费用
D. 赔偿因房价上涨造成的损失

4. 根据法律规定，定金的种类包括〔　　〕。（2011-非法学-48-多）⑨

A. 立约定金　　B. 解约定金
C. 违约定金　　D. 守约定金

二、主观题

（2021-法学-38-案例分析）2018 年 8 月 25 日，A 公司给 B 公司发去电子邮件：求购 1000 个 V 型芯片，单价为 1000 元。8 月 30 日，A 公司与 C 公司签订买卖合同，约定 A 公司向 C 公司提供 1000 个 V 型芯片，价款 120 万元，交货日期为 9 月 30 日。合同签订后，C 公司依约向 A 公司交付定金 10 万元。

2018 年 9 月 5 日，B 公司给 A 公司发来 600 个芯片，同时说明只能供应 600 个，A 公司收货并支付了

---

① B　② A　③ ABD　④ A　⑤ C　⑥ B
⑦ A　⑧ ACD　⑨ ABC

600个芯片的货款。后A公司要求B公司交付剩余的400个芯片，B公司以无此义务为由拒绝。

2018年9月20日，A公司将600个芯片交付给C公司，表示剩余400个芯片无货可供，愿意为此承担违约责任，并请C公司自行寻找货源，但C公司仍坚持要求A公司供货。C公司苦等几个月无望，不得已从市场购进400个芯片，此时芯片价格上涨，C公司比合同价款多支出15万元。

请根据上述材料，回答下列问题并说明理由：

（1）A公司与B公司之间的买卖合同何时成立？

（2）B公司是否有权拒绝交付剩余的400个芯片？

（3）C公司是否有权请求A公司对10万元定金双倍返还？

（4）C公司是否有权请求A公司赔偿15万元的损失？

第二分编 典型合同

第一章 转移财产权的合同

第一节 买卖合同

一、客观题

1. 甲将自己的房屋赠与好友乙，已交付但未办理过户登记。一年后，甲因急需资金，将该房卖给丙并办理了过户登记，同时约定在丙付清全款前，甲保留房屋所有权。对此，下列选项正确的是〔 〕。（2020-非法学-29-单）（2020-法学-19-单）①

A. 甲仍享有房屋所有权

B. 乙继受取得房屋所有权

C. 丙善意取得房屋所有权

D. 丙继受取得房屋所有权

2. 甲委托乙公司将一批货物运往A地。后甲将运输途中的货物卖给丙，双方对风险的承担没有约定。甲、丙签订买卖合同后，该批货物毁损、灭失的风险〔 〕。（2020-非法学-34-单）②

A. 自买卖合同成立时起由丙承担

B. 自货物交付给乙公司时起由丙承担

C. 自货物运抵A地时起由丙承担

D. 自货款付清时起由丙承担

3. 甲公司与乙公司签订一设备买卖合同，约定甲公司保留设备所有权直至乙公司付清货款为止。乙公司未付清货款便将该设备转卖给丙公司，但未交货。后乙公司又将该设备以市价转让并交付给不知情的丁公司。本案中的设备所有权应属于〔 〕。（2014-非法学-30-单）③

A. 甲公司　　B. 乙公司

C. 丙公司　　D. 丁公司

二、主观题

1. （2018-非法学-58-案例分析）2014年5月15日，甲公司与乙公司签订买卖合同，约定：甲公司从乙公司购进5台空调、2个冰柜。货款总计60000元，从2014年10月起分四期按月支付，每期支付15000元。

2014年5月20日，乙公司将合同约定的货物全部交给甲公司。5月27日，赵某为甲公司安装空调，期间，赵某不慎将工具掉到楼下，将行人钱某砸伤。经查，赵某系丙公司派遣到乙公司的安装工人，且丙公司在派遣前对赵某进行了培训。

2014年10月，甲公司支付了第一期货款15000元，后一直未支付第二期货款。

请根据以上材料，回答下列问题并说明理由：

（1）本案中的买卖合同是否属于分期付款买卖？

（2）乙公司是否有权解除与甲公司签订的买卖合同？

（3）钱某的损害应当由谁承担赔偿责任？

① D ② A ③ D

2.（2017-非法学-60-案例）甲因出国工作，将自己的宠物犬寄养在朋友乙家。2015 年 5 月 2 日，乙擅自决定将该犬卖给同事丙，乙、丙二人约定：宠物犬价格为 5 万元，2015 年 8 月 30 日双方同时交付。

丙为按时向乙付款，于 2015 年 8 月 20 日向丁借款 3 万元，以自己的一辆汽车抵押，双方签订了书面抵押合同但未办理抵押登记。2015 年 8 月 23 日甲提前回国，从乙处取回宠物犬。2015 年 8 月 31 日丙以乙不能履行为由通知乙解除合同。

请根据上述材料，回答下列问题并说明理由：

（1）乙、丙之间的买卖合同效力如何？

（2）丁对丙的汽车是否享有抵押权？

（3）丙是否有权解除与乙之间的买卖合同？

3.（2014-非法学-60-案例）2013 年 5 月 10 日，某家具行与某贸易公司达成买卖 10 套仿古红木家具的协议，约定双方在合同书上盖章后合同成立，但未约定家具的质量标准。家具行盖章后，将合同书寄给贸易公司盖章。贸易公司未盖章，即将 10 套仿古红木家具发运给家具行。家具行收到家具的当天，将家具卖给某宾馆。一周后，宾馆因购得的家具多处开裂而退货。经有关部门鉴定，该批家具质量未达国家标准。

2013 年 7 月 10 日，家具行以家具质量不合格为由向贸易公司提出退货，贸易公司要求就此事进行协商，双方协商未果。家具行要求贸易公司承担违约责任，遭拒绝。贸易公司的理由为：第一，本公司至今未在合同书上盖章，合同尚未成立，故不构成违约；第二，双方未约定家具质量标准，也未达成补充协议，不能认定家具质量不合格。

在家具行要求退货的第三天，家具行的仓库因雷电起火，存放在那里的 10 套仿古红木家具全部被烧毁。

根据上述案情，请回答：

（1）贸易公司的第一个理由是否成立？为什么？

（2）贸易公司的第二个理由是否成立？为什么？

（3）家具被烧毁的损失应由谁承担？为什么？

第二节　赠与合同

一、客观题

1. 在受赠人请求履行时，赠与人可以不再履行赠与义务的情形是〔　　〕。（2021-非法学-23-单）（2021-法学-13-单）①

A. 受赠人严重侵害赠与人近亲属的合法权益

B. 赠与人的经济状况显著恶化，严重影响其生产经营

C. 赠与某贫困山区小学电脑，但尚未交付

D. 受赠人不履行赠与合同约定的义务

2. 甲恋爱期间送给女友乙一枚钻戒，后二人因性格不合分手，2 年后甲欲要回钻戒。甲〔　　〕。（2015-法学-11-单）②

A. 有权要求乙返还，因为赠与合同可撤销

B. 无权要求乙返还，因为赠与物已经交付

C. 无权要求乙返还，因为已超过诉讼时效

D. 有权要求乙返还，因为赠与钻戒属于情谊行为

3. 甲向某电脑公司购买一批电脑送给母校。甲指示电脑公司将电脑交给学校，并将订货情况通知了学校。后电脑公司委托某快递公司将电脑运至学校，运输过程中两台电脑毁坏。下列选项中，正确的是〔　　〕。（2015-非法学-32-单）③

A. 甲有权要求电脑公司承担违约责任

B. 甲有权要求快递公司承担违约责任

C. 学校有权要求电脑公司承担侵权责任

D. 学校有权要求快递公司承担侵权责任

二、主观题

简述赠与人可以行使法定撤销权的事由。（2019-非法学-54-简答）（2019-法学-34-简答）

第三节　借款合同

客观题

1. 银行与自然人之间的借款合同属于〔　　〕。（2020-非法学-33-单）④

① B　② B　③ A　④ B

A. 实践性合同　　　　B. 有偿合同
C. 从合同　　　　　　D. 单务合同

2. 下列选项中，属于实践性合同的是〔　　〕。(2014-法学-17-单)①

A. 融资租赁合同
B. 建设工程合同
C. 自然人之间的借款合同
D. 技术开发合同

3. 金鑫公司与某银行签订一借款合同，双方约定：银行为金鑫公司提供150万元贷款，分两笔发放；金鑫公司应按照约定的用途使用贷款。第一笔贷款发放后，金鑫公司未按照约定使用贷款。银行有权〔　　〕。(2012-法学-28-多)②

A. 解除借款合同
B. 提高贷款利率
C. 提前收回贷款
D. 停止发放第二笔贷款

第四节　租赁合同

一、客观题

甲将房屋出租给乙，租期5年。半年后，甲通知乙欲出售该房屋，20天内乙未表态，甲遂将该房屋卖给丙，并办理了过户登记。乙有权〔　　〕。(2017-非法学-33-单)(2017-法学-17-单)③

A. 主张甲、丙之间的买卖合同无效
B. 要求甲承担违约责任
C. 主张租赁合同对丙继续有效
D. 主张优先购买权

二、主观题

(2020-非法学-58-案例分析) 甲、乙合伙开办健身中心，二人在2014年12月1日约定：甲以健身场地出资，乙以现金80万元出资，合伙期限为2015年1月1日至2019年12月31日，利润双方平分。协议签订后，甲为提供健身场地，以个人名义租赁了丙的经营性用房，租期为2015年1月1日起五年，每年年底支付当年租金15万元。租赁期间，甲在该房屋的入口处安装了两个摄像头，但未告知丙。

2018年1月初，甲因病去世。乙向丙请求按照原租赁合同租赁该房屋，丙拒绝。甲去世时，2017年的房租尚未支付。

请根据上述材料，回答下列问题并说明理由：

(1) 丙发现甲安装摄像头后，有权向甲提出何种请求？

(2) 甲死亡后，乙是否有权请求按照原租赁合同租赁该房屋？

(3) 乙是否有义务支付甲欠付的租金？

第五节　融资租赁合同

客观题

1. A公司急需机床，因资金不足与B公司签订合同，约定：B公司按照A公司的要求向C厂购买10台机床出租给A公司，由C厂向A公司交付机床；租金800万元，每年年末A公司向B公司支付80万元；租赁期届满时，机床的所有权归A公司。该合同为〔　　〕。(2021-非法学-38-单)④

A. 融资租赁合同
B. 借款合同
C. 租赁合同
D. 所有权保留的买卖合同

2. 下列有关租赁合同与融资租赁合同异同的表述，不正确的是〔　　〕。(2011-非法学-40-单)⑤

A. 租赁合同与融资租赁合同的标的物均属于非消耗物

B. 租赁合同与融资租赁合同均属于双务、有偿、诺成、要式合同

C. 租赁合同对出租人资格没有限制，融资租赁合同中的出租人须具备法定资格

D. 租赁合同的租金为使用租赁物的代价，融资租赁合同中的租金为融资的代价

第二章　完成工作成果的合同

第一节　承揽合同

主观题

(2017-法学-38-案例分析) 2014年6月27日，甲公司与乙公司签订《模具加工合同》，约定：甲公司委托乙公司加工3个模具，编号分别为模具1号、

① C　② ACD　③ C　④ A　⑤ B

模具 2 号、模具 3 号，总价款 100 万元；乙公司应于 2014 年 8 月 20 日前交付模具；甲公司应在合同签订之日交付定金 30 万元，于模具交付之日起 3 个月内付清全部价款。合同签订当日，甲公司依约交付定金 30 万元。

乙公司将 3 个模具加工完毕后，按照甲公司的通知，于 2014 年 8 月 17 日将 1 号模具、2 号模具分别交付给甲公司下属的 A 公司、B 公司。因甲公司在另一笔业务中尚欠乙公司 30 万元货款，乙公司留置了价值 20 万元的 3 号模具。

2014 年 9 月 17 日，甲公司以乙公司未交付 3 个模具构成严重违约为由，通知乙公司解除合同。

请根据上述材料，回答下列问题：

（1）甲公司与乙公司签订的是何种有名合同？

（2）定金条款效力如何？为什么？

（3）乙公司是否可以行使留置权？为什么？

（4）甲公司是否有权解除合同？为什么？

第二节　建设工程合同

一、客观题

某建筑队借用 A 建筑公司的资质，以 A 建筑公司的名义与 B 公司签订了建设工程施工合同。该施工合同的效力为〔　　〕。（2021-非法学-37-单）①

A. 有效

B. 可撤销

C. 无效

D. 效力待定

二、主观题

（2019-非法学-56-法条分析）《中华人民共和国合同法》第 286 条规定：

发包人未按照约定支付价款的，承包人可以催告发包人在合理期限内支付价款。发包人逾期不支付的，除按照建设工程的性质不宜折价、拍卖的以外，承包人可以与发包人协议将该工程折价，也可以申请人民法院将该工程依法拍卖。建设工程的价款就该工程折价或者拍卖的价款优先受偿。

请分析：

（1）该条所规定的“建设工程的价款”的范围是什么？

（2）该条所规定的承包人行使优先受偿权的期限是多长？从何时起算？

（3）如建设工程抵押给银行，银行与承包人均主张优先受偿，如何处理？

第三章　提供劳务的合同

第一节　运输合同

一、客观题

1. 甲、乙、丙、丁一家四口乘坐某客运公司的客车去旅游。甲购买了全票，乙购买了优待票，丙购买了半票，丁免票。因司机疲劳驾驶发生交通事故，全车旅客受伤。下列人员中，有权请求客运公司赔偿的有〔　　〕。（2020-非法学-48-多）（2020-法学-28-多）②

A. 甲　　B. 乙

C. 丙　　D. 丁

2. 甲公交公司的司机乙为避让闯红灯的行人丙而急刹车，致乘客丁摔倒受重伤。丁的损害应由〔　　〕。（2018-非法学-30-单）（2018-法学-20-单）③

A. 甲公司赔偿

B. 甲公司和乙连带赔偿

C. 乙赔偿

D. 甲公司和丙连带赔偿

二、主观题

1. （2016-法学-38-案例）2012 年 9 月 5 日，陈某到野狼快递服务部寄一部价值 5000 元的手机，该服务部业务员宋某承接了此笔业务。宋某收取陈某的快

---

① C　② ABCD　③ A

递费后，在陈某填写的“飞狐速递运单”上签字确认。3天后，陈某得知其包裹被宋某卷走，遂要求野狼快递服务部承担违约责任。

经查：该快递运单背面写有客户须知，载明“未保价的寄递包裹丢失或毁损的，不予赔偿”，陈某未办理保价；野狼快递服务部系飞狐速递公司所设的营业网点，对外以飞狐速递公司名义开展快递业务。

请依据上述材料，回答以下问题：

（1）本案中当事人所签运单属于何种有名合同？

（2）“未保价的寄递包裹丢失或毁损的，不予赔偿”的条款效力如何？为什么？

（3）野狼快递服务部是否应当向陈某承担违约责任？为什么？

（4）假设陈某于2014年12月向人民法院起诉，请求宋某返还手机，宋某以超过诉讼时效期间为由拒绝返还。请问宋某的抗辩理由能否成立？为什么？

2.（2015-法学-38-案例）2013年10月18日，甲公司与乙公司签订货物运输合同，双方约定：乙公司以公路运输方式运输甲公司的货物，合同有效期为1年。同年12月1日，甲公司与丙公司签订货物买卖合同，约定在12月10日前甲公司将货物运交丙公司。12月3日，甲公司将丙公司订购的货物交由乙公司运输，乙公司出具的货物托运单载明：托运人为甲公司，收货人为丙公司。

乙公司收到货物后，委托丁公司将货物运交给丙公司。丁公司将货物运到丙公司所在地后，以乙公司拖欠运费为由扣留货物。经查，乙公司拖欠丁公司运费一事属实。

请根据上述案情，回答下列问题并说明理由：

（1）丙公司是否有权要求丁公司交付货物？

（2）丁公司是否有权对货物行使留置权？

（3）甲公司是否有权要求丁公司承担赔偿责任？

（4）甲公司是否有权解除与乙公司之间的货物运输合同？

第二节　保管合同、仓储合同（略）

第三节　委托、行纪、中介及物业服务合同

一、客观题

1. 导游甲带团赴国外旅游，朋友乙委托其代购三块名表，回国时甲代购的名表被海关发现，被罚款。下列选项正确的是〔　　〕。（2019-非法学-30-单）（2019-法学-20-单）①

A. 乙应当承担海关罚款

B. 甲有权要求乙分担一半的国际机票费

C. 如手表有质量问题，乙有权向甲退货

D. 甲有权要求乙支付使用甲的信用卡所享受的折扣优惠价

2. 根据以下案情，回答第39、40小题。（2018-非法学-39、40-单）

甲与金科公司约定，甲委托金科公司为自己提供出借人的相关信息，甲在与出借人订立借款合同后向金科公司支付报酬。后根据金科公司提供的信息，甲从创富公司借款36万元并以其房产设定抵押，但一直未办理抵押登记手续。

（1）甲与金科公司之间的约定属于合同法中的〔　　〕。②

A. 委托合同

B. 行纪合同

C. 居间合同

D. 技术咨询合同

（2）甲与创富公司之间签订的房产抵押合同〔　　〕。③

A. 有效　　B. 可撤销

C. 效力待定　　D. 无效

3. 根据我国合同法，下列当事人中，有权随时解除合同的是〔　　〕。（2017-非法学-24-单）④

A. 委托人　　B. 承揽人

C. 出租人　　D. 赠与人

4. 戴某委托某置业公司将其一套公寓出售，为此双方签订了合同。置业公司将戴某委托的内容登记在本公司房屋买卖的信息网上。王某看到该信息后，通过置业公司与戴某签订了买卖合同。根据合同法规定，戴某与置业公司签订的合同为〔　　〕。（2012-法学-16-单）⑤

A. 居间合同

---

① A　② C　③ A　④ A　⑤ A

B. 委托合同

C. 行纪合同

D. 无名合同

二、主观题

简述物业服务合同中物业服务人的义务。（2022-非法学/法学-简答-回忆版）

第四节 保理合同

客观题

Y公司常年为Z公司供货，货款按月计算，每年6月底支付。2021年1月10日，Y公司和银行订立有追索权的保理合同，将其对Z公司2021年度第一季度的1000万元货款债权转让给银行，向银行融资800万元，保理期限6个月。Y公司到期未能向银行偿还保理融资贷款，银行有权〔　　〕。（2022-多-回忆版）①

A. 请求Y公司返还800万元融资款本息

B. 请求Y公司回购1000万元货款债权

C. 请求Z公司偿还1000万元货款债务

D. 保留Z公司偿还的1000万元货款扣除800万元本息和相关费用后的剩余部分

第四章 担保合同

第一节 合同担保概述

一、客观题

甲与乙约定，甲将自己的汽车卖给乙并转移所有权，乙支付价款60万元，该汽车由甲继续占有使用，甲每月支付租金15000元。合同有效期为5年，期满支付完毕租金后，汽车无偿归甲所有。对此，下列选项正确的有〔　　〕。（2022-多-回忆版）②

A. 该合同是有名合同

B. 该合同名为买卖，实为借款

C. 该合同约定转移汽车所有权的内容无效

D. 该合同生效乙取得汽车所有权

二、主观题

（2013-法学-38-案例）甲公司向A银行借款1000万元。乙公司受甲公司委托，与该银行签订保证合同，约定为甲公司的借款提供连带责任保证。为保障乙公司的追偿权，甲公司以自己的一处房产为乙公司提供抵押担保，双方签订抵押合同并办理了抵押登记。同时，丙公司受甲公司委托，与乙公司签订保证合同，约定"保证方式为连带责任保证，丙公司按照我国《担保法》第17条第1款规定承担保证责任"。借款到期后，甲公司只偿还了部分借款，剩余部分由乙公司承担了保证责任。

（附：原《担保法》第17条第1款（《民法典》第687条）规定："当事人在保证合同中约定，债务人不能履行债务时，由保证人承担保证责任的，为一般保证。"）

根据上述案情，请回答：

（1）本案涉及的相对法律关系有哪些？

（2）丙公司应按照何种保证方式承担保证责任？为什么？

（3）本案中有哪些反担保合同？

（4）乙公司承担保证责任后，为实现自己的追偿权，应先行使对甲公司房产的抵押权还是先要求丙公司承担保证责任？为什么？

第二节 保证合同

一、客观题

1. 连带责任保证人享有的抗辩权包括〔　　〕。（2021-非法学-48-多）（2021-法学-28-多）③

A. 主债务人的同时履行抗辩权

B. 主债务人的不安抗辩权

C. 先诉抗辩权

D. 主债务诉讼时效期间届满的抗辩权

2. 下列可以作为保证人的是〔　　〕。（2019-非法学-31-单）④

A. 个体工商户

B. 教育部直属高校

---

① ABC　② BC　③ ABD　④ A

C. 企业法人的职能部门

D. 街道办事处

3. 甲向乙借款 10 万元，由丙作保证人。在保证期间，甲将债务移转给丁，当事人对丙是否继续承担保证责任未作约定。根据担保法规定〔　　〕。（2014-非法学-31-单）①

A. 丙应无条件地继续承担保证责任

B. 丙在任何情况下均不再承担保证责任

C. 如果债务移转后书面通知了丙，则丙应继续承担保证责任

D. 如果债务移转得到了丙的书面同意，则丙应继续承担保证责任

4. 根据我国民法典的规定，保证合同未约定保证期间的，保证期间为主债务履行期届满之日起〔　　〕。（2012-非法学-31-单）②

A. 6 个月　　B. 1 年

C. 2 年　　D. 4 年

5. 根据法律规定，保证人不承担保证责任的情形是〔　　〕。（2011-法学-19-单）③

A. 主债权未经保证人书面同意而转让

B. 主债务未经保证人书面同意而转让

C. 债权人与债务人协议变更主合同的履行期

D. 债权人与债务人协议变更主合同的标的额

二、 主观题

（2015-非法学-60-案例）2012 年 4 月初，甲与乙、丙签订借款合同，约定：甲借给乙 120 万元，期限 2 年，乙每月偿还 5 万元；丙承担保证责任，如乙到期无力还款，由丙向甲偿还全部借款。

合同签订后，乙请求甲再多借给自己 20 万元，甲表示同意，并于 2012 年 4 月 28 日将 140 万元借款交给乙。乙出具借据，载明收到 140 万元，还款期限顺延。丙对此不知情。

2012 年 5 月至 2012 年 12 月底，乙共计还款 40 万元。2013 年 1 月，甲与丁签订债权转让合同，将甲对乙的债权转让给丁。合同签订后，甲向乙、丙发出债权转让通知书，乙收到后明确表示不同意，丙则未置可否。

请根据上述案情，回答下列问题并说明理由：

（1）甲与乙之间的借款合同何时生效？

（2）丙的担保属于何种保证方式？对甲多借给乙的 20 万元，丙是否应承担保证责任？

（3）甲与丁之间的债权转让合同是否因乙不同意而无效？

第三节　共同担保

一、 客观题

甲向乙借款 100 万元。为担保乙的债权，甲以一套价值 50 万元的房屋作抵押，丙以一套价值 50 万元的房屋作抵押，丁提供保证。现甲不能偿还到期债务。对此，下列说法正确的是〔　　〕。（2020-非法学-30-单）（2020-法学-20-单）④

A. 乙应当先就甲的房屋实现抵押权

B. 乙应当先就丙的房屋实现抵押权

C. 乙应当先请求丁承担保证责任

D. 乙可以同时请求甲、丙、丁承担按份担保责任

二、 主观题

（2012-非法学-60-案例）2007 年 8 月，甲企业通过转让取得一块土地的建设用地使用权，并在该土地上合法建造了一座厂房。2008 年 5 月，甲企业向乙银行借款 1500 万元，同时以该厂房为抵押物为借款提供担保，双方签订了抵押合同并办理了抵押权登记手续。2008 年 7 月，乙银行认为甲企业用作抵押物的厂房价值不足，于是要求甲企业另行提供担保。甲企业遂委托丙公司作保证人，丙公司与乙银行签订了保证合同。2009 年 1 月，乙银行将 1500 万元的债权转让给丁银行。现 1500 万元借款已到期，甲企业因经营管理不善无力偿还。

根据上述案情，请回答：

（1）甲企业对其建造的厂房是否享有所有权？为什么？

（2）丙公司对丁银行的债权是否应承担保证责任？为什么？

（3）本案中丁银行应如何通过担保实现自己的债权？为什么？

---

① D　② A　③ B　④ A

第五章　合伙合同、技术合同

客观题

W 公司（国有独资）与 X 研究所签订技术咨询合同。受托方 X 研究所利用 W 公司提供的技术资料和工作条件完成新的技术成果，双方对新技术成果的归属没有约定，则该技术成果归属于〔　　〕。（2022-单-回忆版）①

A. W 公司

B. X 研究所

C. 双方共有

D. 国家

① B

PART 04
第四编　知识产权

第一章　知识产权概述

一、 客观题

1. 下列选项中，属于知识产权的客体的有〔　　〕。(2022-多-回忆版)①

A. 集成电路布图设计

B. 商业秘密

C. 植物新品种

D. 地理标志

2. 甲网购了一条乙销售的裙子，发现并非是乙宣传的真丝便给了差评，乙认为甲的差评影响了网店销量，遂要求甲删除差评，并表示愿双倍退款。甲拒绝，后乙了解到甲系一服装店店主，甲的行为〔　　〕。(2019-非法学-33-单)②

A. 不构成侵权

B. 构成商业诽谤

C. 侵犯了乙的经营权

D. 构成不正当竞争

3. 下列知识产权中，对其法律保护没有时间限制的有〔　　〕。(2019-非法学-50-多)(2019-法学-30-多)③

A. 甲公司的保密除虫剂配方

B. 乙制作的电影《问道昆仑》

C. 丙企业的驰名商标“云南白药及图”

D. 丁行业协会的“阳澄湖大闸蟹”地理标志

二、 主观题

1. 简述商业秘密的构成要件。(2016-法学-32-简答)

2. 简述知识产权的法律特征。(2013-非法学-53-简答)

第二章　著作权

一、 客观题

1. 著作权人以有线或者无线方式向公众提供作品，使公众可以在其选定的时间和地点获得作品的权利是〔　　〕。(2022-单-回忆版)④

A. 展览权　　B. 广播权

C. 发行权　　D. 信息网络传播权

2. 甲受所在单位委托，创作了雕塑《峰》。乙在拍卖会上购得该雕塑后，捐赠给某高校。雕塑《峰》的著作权人是〔　　〕。(2021-非法学-33-单)⑤

A. 甲的所在单位　　B. 某高校

C. 甲　　D. 乙

3. 作家甲的私人书信被乙收藏。对此，下列选项正确的是〔　　〕。(2019-非法学-36-单)⑥

A. 书信著作权和书信原件所有权均归甲

---

① ABCD　② A　③ AD　④ D　⑤ C　⑥ C

B. 书信著作权和书信原件所有权均归乙

C. 书信著作权归甲，书信原件所有权归乙

D. 书信著作权归乙，书信原件所有权归甲

4. 甲汽车公司委托乙建筑设计公司设计 4S 店，合同未约定著作权条款。后丙汽车公司请人仿照甲公司的这家 4S 店建造了一家汽车美容店，并办理了著作权登记。丙公司侵犯了〔　　〕。（2019－非法学－38－单）①

A. 甲公司的复制权

B. 乙公司的复制权

C. 甲公司的商誉权

D. 乙公司的版式设计权

5. 甲在报纸上发表了一篇时事性文章，未声明不允许其他媒体刊登，乙杂志社未经甲同意予以转载且未支付报酬。乙杂志社的行为不构成侵权的法律依据是〔　　〕。（2018－非法学－23－单）（2018－法学－13－单）②

A. 许可使用　　B. 法定许可

C. 强制许可　　D. 合理使用

6. 甲购得某画家创作的一幅油画。根据我国著作权法，甲获得该作品的〔　　〕。（2016－非法学 30－单）③

A. 著作权　　B. 复制权

C. 修改权　　D. 原件展览权

7. 2010 年 9 月 9 日甲创作完成小说《坚硬的泡沫》，2012 年 5 月 4 日甲去世。该作品著作财产权保护期的截止日是〔　　〕。（2015－法学－12－单）④

A. 2060 年 9 月 9 日

B. 2060 年 12 月 31 日

C. 2062 年 5 月 4 日

D. 2062 年 12 月 31 日

8. 甲在《雾都》杂志发表了一部小说，未作版权声明。某读者阅读后十分喜欢，遂推荐给《传奇文摘》杂志社。《传奇文摘》杂志社若转载该小说，则〔　　〕。（2015－非法学－34－单）⑤

A. 不必经甲同意，但应向甲支付稿酬

B. 必须经甲同意，但不必向甲支付稿酬

C. 不必经《雾都》杂志社同意，但应向其支付稿酬

D. 必须经《雾都》杂志社同意，但不必向其支付稿酬

9. 下列权利中，著作权人可以转让的是〔　　〕。（2014－法学－18－单）⑥

A. 署名权　　B. 发行权

C. 修改权　　D. 保护作品完整权

10. 王某的小说《漂在都市》发表后，甲公司经王某同意将该小说改编成剧本，并拍摄成同名电视剧，后该剧在乙电视台播出。丙剧团经王某授权后，将该小说改编成同名话剧，在投入资金排练后公开演出。根据《著作权法》规定〔　　〕。（2014－法学－27－多）⑦

A. 王某对小说享有著作权

B. 甲公司对电视剧剧本享有著作权

C. 乙电视台作为播放者享有著作权

D. 丙剧团作为表演者享有邻接权

11. 甲未经乙许可，将乙的摄影作品《晚年》临摹成一幅相同主题的油画。甲在临摹时，对背景作了细微改动，以之参加比赛并获奖。甲以该油画参赛的行为〔　　〕。（2013－法学－19－单）⑧

A. 属于合法行为，其油画具有独创性，受著作权法保护

B. 属于合法行为，但其油画与他人作品实质相似，不受著作权法保护

C. 构成侵权行为，但其油画具有独创性，受著作权法保护

D. 构成侵权行为，其油画不具有独创性，不受著作权法保护

12. 甲创作了一首歌曲，乙经甲授权后演唱并将该首歌曲收录在由丙公司为其录制的唱片中。丁网站未经任何人许可，擅自将该唱片中的所有歌曲上传供网民免费下载。根据我国著作权法规定，丁网站〔　　〕。（2013－非法学－38－单）⑨

A. 侵犯了甲、乙的发表权

B. 侵犯了乙、丙的播放权

C. 侵犯了甲、乙、丙的复制权

D. 侵犯了甲、乙、丙的信息网络传播权

13. 下列情形中，构成侵犯著作权的是〔　　〕。（2012－法学－13－单）⑩

A. 某博物馆为保存版本的需要，复制本馆收藏的作品

B. 某法院为办案需要，将某学者的论文复印供办案人员参考

C. 某公司已知待售的油画系假冒某名画家的作品，仍予以出售

D. 某研究员未经同事徐某同意，在其所著著作上将徐某署名为合作作者

14. 甲创作的话剧剧本《秋日的私语》于 2009 年发表，乙话剧团经甲许可获得该剧本的表演权。

---

① B　② D　③ D　④ D　⑤ A　⑥ B　⑦ ABD　⑧ C　⑨ D　⑩ C

2010年丙话剧团也欲使用该剧本演出，丙话剧团〔　　〕。(2012-非法学-33-单)①

A. 应经甲许可并支付报酬

B. 应经乙话剧团许可并支付报酬

C. 无须经甲或乙话剧团许可，但须向甲支付报酬

D. 应经甲与乙话剧团共同许可，并向甲、乙话剧团支付报酬

15. 下列选项中，属于邻接权客体的是〔　　〕。(2012-非法学-34-单)②

A. 计算机软件

B. 即兴演讲

C. 具有独特造型的建筑物

D. 瑜伽录像制品

16. 甲受乙委托，为乙画了一幅肖像，双方未约定该画著作权的归属。乙去世后，其继承人丙将该画卖给丁，丁未经任何人同意将该画复制出售。丁的行为〔　　〕。(2011-法学-18-单)③

A. 侵犯了甲的著作权

B. 侵犯了乙的著作权

C. 侵犯了丙的著作权

D. 属于合法行使权利

17. 工程师甲在本职工作范围内，利用单位的物质技术条件，创作完成了一项由单位承担责任的产品设计图。根据法律规定，下列表述正确的是〔　　〕。(2011-非法学-28-单)④

A. 该设计图的著作权由甲与其所在的单位共同享有

B. 该设计图的著作权归属由甲与其所在单位协商决定

C. 该设计图的著作权由甲享有，甲的单位在业务范围内有两年优先使用权

D. 该设计图由甲享有署名权，由甲的单位享有著作权的其他权利

18. 甲为撰写毕业论文，复印了某杂志上的一篇文章作为参考。甲的这一行为属于〔　　〕。(2011-非法学-29-单)⑤

A. 法定许可使用行为　　B. 侵权行为

C. 合理使用行为　　D. 强制许可使用行为

二、 主观题

1. 简述表演者的权利与表演权的区别。(2018-非法学-54-简答)(2018-法学-34-简答)

2. 简述邻接权与著作权的主要区别。(2014-非法学-54-简答)

第三章　专利权

一、 客观题

1. 根据我国《专利法》规定，外观设计专利权的保护范围〔　　〕。(2021-非法学-32-单)⑥

A. 以申请文件的内容为准

B. 以表示在图片或者照片中的该产品的外观设计为准

C. 以权利要求的内容为准

D. 以说明书记载的内容为准

2. 我国专利法对发明和实用新型采用的新颖性标准是〔　　〕。(2020-非法学-37-单)⑦

A. 绝对新颖性标准

B. 绝对新颖性为主，相对新颖性为补充

C. 相对新颖性标准

D. 相对新颖性为主，绝对新颖性为补充

3. 申请专利的发明创造在申请日以前6个月内发生下列情形，其中导致新颖性丧失的是〔　　〕。(2015-法学-13-单)⑧

A. 在国内试销产品

B. 在规定的学术会议上首次发表

C. 他人未经申请人同意而泄露其内容

D. 在中国政府主办的国际展览会上首次展出

4. 根据专利法规定，专利权转让合同履行完毕

---

①A　②D　③A　④D　⑤C　⑥B　⑦A　⑧A

后，专利权被宣告无效的，该专利权转让合同〔　　〕。(2013-法学-20-单)①

A. 效力待定，由双方当事人重新协商确定效力

B. 无效，转让人应当向受让人返还专利权转让费

C. 有效，转让人一般无须向受让人返还专利权转让费

D. 可撤销，受让人享有撤销该转让合同的权利

5. 下列选项中，专利权人有权请求停止侵害的有〔　　〕。(2012-法学-29-多)②

A. 甲公司购入侵犯专利权的产品后在电视台做销售广告

B. 乙公司将自己生产的侵犯专利权的产品在展销会上展出

C. 丙公司购入不知是侵犯专利权的产品后将其作为福利发放给职工

D. 丁公司获得专利权人的排他许可后将该专利技术再许可给第三人使用

6. 在发明专利申请文件中，确定专利权保护范围的主要依据是〔　　〕。(2012-非法学-35-单)③

A. 说明书

B. 说明书摘要

C. 请求书

D. 权利要求书

7. 甲与乙均为丙研究所的工作人员，二人受丁公司委托利用业余时间合作研发了一种新型电池，各方未就专利申请权的归属作出约定。该发明的专利申请权应属于〔　　〕。(2012-非法学-36-单)④

A. 甲与乙

B. 丙研究所

C. 甲、乙和丙研究所

D. 丁公司

8. 下列行为中，构成侵犯专利权的是〔　　〕。(2011-非法学-30-单)⑤

A. 专为科学研究和实验而使用有关权利

B. 购买合法销售的专利产品后再转卖给他人

C. 临时过境的运输工具依互惠原则为自身需要在其设备中使用有关专利

D. 为生产经营目的使用不知道是未经专利人许可而制造并售出的专利产品

二、 主观题

1. 简述我国专利权客体的具体类型。(2016-非法学-54-简答)

2. 简述职务发明创造的具体类型。(2015-非法学-53-简答)

第四章　商标权

一、 客观题

1. 下列选项中，可以作为台灯注册商标的有〔　　〕。(2021-非法学-50-多)(2021-法学-30-多)⑥

A. “照明”牌　　B. “轻风”牌

C. “金榜”牌　　D. “护眼”牌

2. 下列行为中，构成侵犯商标权的有〔　　〕。(2016-非法学-47-多)⑦

A. 甲销售伪造的注册商标标识

B. 乙擅自制造他人注册商标标识

C. 丙未经商标注册人同意，更换其注册商标并将该更换商标的商品又投入市场

D. 丁在类似商品上，将与他人注册商标近似的标志作为商品装潢使用，误导公众

3. 根据我国商标法，下列要素及其组合中，可以作为商标申请注册的有〔　　〕。(2015-法学-27-多)⑧

A. 图形　　B. 颜色组合

C. 三维标志　　D. 声音

4. 法律规定，认定驰名商标应当考虑的因素有〔　　〕。(2013-法学-30-多)⑨

---

① C ② ABD ③ D ④ A ⑤ D ⑥ BC ⑦ ABCD ⑧ ABCD ⑨ ACD

A. 商标使用的持续时间

B. 商标使用人的生产、经营规模

C. 商标宣传的持续时间

D. 商标在相关公众中的知晓程度

5. 下列申请注册的商标，不符合我国商标法规定的是〔　　〕。(2013–非法学–37–单)①

A. “仙山”牌药品商标

B. “奔月”牌电脑商标

C. “耐用”牌家具商标

D. “暖阳”牌毛巾商标

6. 根据我国商标法的规定，注册商标的有效期为 10 年，其起算点为〔　　〕。(2012–非法学–37–单)②

A. 商标公告之日

B. 商标核准注册之日

C. 申请人提出商标注册申请之日

D. 商标局收到商标注册申请之日

7. 甲公司为床单、被罩等床上用品注册了“栀子花”商标。下列未经许可的行为中，构成侵权的有〔　　〕。(2011–法学–28–多)③

A. 某企业将“栀子花”注册为童装的商标并予以使用

B. 某公司将“栀子花”商标用在其生产的床单的外包装上

C. 某商场将假冒“栀子花”商标的枕套作为促销活动的赠品

D. 某公司购买甲公司的“栀子花”牌床罩后，将“栀子花”改为“玉兰花”并重新包装销售

8. 下列选项中，可以作为商标注册的是〔　　〕。(2011–非法学–32–单)④

A. “锐利”牌剪刀

B. “耐穿”牌皮鞋

C. “蝴蝶”牌缝纫机

D. “精粉”牌馒头

二、简答题

1. 简述侵犯商标权的主要情形。(2020–非法学–54–多)(2020–法学–34–多)

2. 简述商标权的内容。(2017–法学–32–简答)

① C　② B　③ BCD　④ C

PART 05
第五编 人格权

第一章 人格权

第一节 人格权的一般规则

客观题

1. 下列权利中，属于身份权的是〔　　〕。(2016-非法学-25-单)①

A. 名誉权　　B. 名称权
C. 隐私权　　D. 配偶权

2. 下列行为中，属于侵害人身权的有〔　　〕。(2016-法学-29-多)②

A. 王某将金某口中种植的假牙打落
B. 李某干涉其已成年的儿子小李变更姓名
C. 陆某离婚后屡次阻拦前妻齐某探望孩子
D. 记者赵某将游客张某的不文明行为拍成照片

3. 下列有关自然人人格权与身份权异同的表述，不正确的是〔　　〕。(2012-非法学-32-单)③

A. 人格权与身份权均没有直接财产内容
B. 人格权与身份权均属于支配权和绝对权
C. 人格权受到侵害后权利人可以请求精神损害赔偿，身份权则不可以
D. 人格权始于出生，身份权则以取得一定身份为前提

第二节 具体人格权

一、生命权、身体权、健康权

1. 甲医院误将患者乙的左肾切除。甲医院有义务赔偿乙的〔　　〕。(2015-非法学-49-多)④

A. 精神损害
B. 后续治疗费用
C. 护理费和交通费
D. 因误工减少的收入

2. 甲向乙求婚，遭拒绝，甲恼羞成怒剪掉了乙飘逸的长发，乙因此忧郁成疾。甲侵害了乙的〔　　〕。(2014-法学-20-单)⑤

A. 名誉权　　B. 健康权
C. 身体权　　D. 肖像权

二、姓名权及名称权

1. 甲谎称是乙公司的代理人，以乙公司的名义与丙公司签订合同。甲侵犯了乙公司的〔　　〕。(2017-非法学-34-单)⑥

A. 姓名权　　B. 商标权
C. 名誉权　　D. 名称权

2. 甲公司买通乙公司员工，获得乙公司的产品制造方法及客户名单等保密信息。其后甲公司以乙公司的名义与乙公司客户进行交易。甲公司的行为侵害了乙公司的〔　　〕。(2016-非法学-50-多)⑦

A. 专利权　　B. 商业秘密
C. 名称权　　D. 隐私权

3. 甲、乙系父子关系。乙在注册公司时，将其父甲登记为股东之一，后被甲发现。因甲不同意，双方发生争执并诉至法院。乙的行为〔　　〕。(2013-非法学-36-单)⑧

A. 合法，属于法定代理
B. 合法，属于无因管理
C. 非法，侵犯了甲的姓名权
D. 非法，侵犯了甲的隐私权

三、肖像权

1. 甲为乙拍摄照片后将照片发到朋友圈，丙看到后觉得很有趣，遂将该照片做成搞笑表情包出售。丙侵犯了〔　　〕。(2021-非法学-31-单)⑨

A. 乙的肖像权
B. 乙的荣誉权

---

① D　② ABC　③ C　④ ABCD　⑤ C
⑥ D　⑦ BC　⑧ C　⑨ A

C. 甲的发表权
D. 甲的隐私权

2. 微信名为“温柔的小蜜蜂”的用户在朋友圈中发图配文称：张某是一位糖尿病患者，服用“小蜜蜂”牌保健品后病情得到控制。李某发现该图用的是自己的生活照，且文字内容与自己毫不相干。该用户侵犯了李某的〔　　〕。(2020-非法学-25-单)(2020-法学-15-单)①
A. 名誉权
B. 肖像权
C. 个人信息权益
D. 姓名权

3. 摄影师甲以乙为模特拍摄了数百张艺术照。甲将这些照片编辑成画册，未经乙同意交出版社出版发行。甲的行为侵害了乙的〔　　〕。(2018-非法学-28-多)(2018-法学-18-多)②
A. 著作权　　B. 发表权
C. 肖像权　　D. 署名权

4. 某电影厂以纪实手法拍摄影片，拍摄街头实景时将报刊摊主汪某摄入镜头，并有3秒钟形象定格。影片公映后，汪某因此屡遭他人调侃，心生不悦。电影厂的行为〔　　〕。(2016-法学-14-单)③
A. 不构成侵权
B. 侵犯了汪某的肖像权
C. 侵犯了汪某的名誉权
D. 侵犯了汪某的隐私权

5. 甲公司擅自使用电视剧《华妃传》中华妃扮演者的剧照为某化妆品做广告，甲公司的行为侵害了〔　　〕。(2015-非法学-35-单)④
A. 华妃扮演者的肖像权
B. 华妃扮演者的名誉权
C. 《华妃传》著作权人的著作权
D. 《华妃传》著作权人的邻接权

6. 摄影师甲为刘某拍照后，私自将照片卖给乙制作挂历销售。后来乙又将照片送给丙作橱窗广告，被刘某发现诉至法院。在本案中，侵害刘某肖像权的是〔　　〕。(2013-非法学-35-单)⑤
A. 甲和乙　　B. 乙和丙
C. 甲和丙　　D. 甲、乙、丙

7. 下列选项中，属于侵害肖像权的是〔　　〕。(2012-法学-20-单)⑥
A. 甲殴打耿某致其面部受伤
B. 乙以营利为目的擅自使用已故著名运动员蒋某的相片
C. 丙整容成知名歌星商某的外形参加营利性模仿秀表演
D. 丁将偶然在辛某博客上看到的辛某自画像用于某杂志封面

8. 甲与某影楼约定，影楼免费为甲拍摄艺术照，同时有权选择其中的一套照片用于制作影楼的宣传画册。后甲发现自己的照片出现在某整容医院的广告中。经查，该照片系整容医院从影楼购得。根据法律规定〔　　〕。(2011-法学-30-多)⑦
A. 影楼的行为构成违约
B. 影楼的行为侵犯了甲的肖像权
C. 整容医院的行为侵犯了甲的隐私权
D. 整容医院的行为侵犯了甲的肖像权

9. 下列人身权中，属于自然人专有的是〔　　〕。(2011-非法学-39-单)⑧
A. 名誉权　　B. 肖像权
C. 信用权　　D. 荣誉权

四、名誉权、荣誉权

甲将乙的照片和联系方式发到自己的微信朋友圈，声称乙欠钱不还，是个骗子。经查，甲所言与事实完全不符。甲的行为侵害了乙的〔　　〕。(2018-非法学-29-单)(2018-法学-19-单)⑨
A. 姓名权　　B. 名誉权
C. 肖像权　　D. 荣誉权

五、隐私权和个人信息保护

1. 甲公司将售房过程中收集到的购房者的姓名、身份证号码、电话、家庭住址等信息打包出售。甲公司的行为侵害了购房者的〔　　〕。(2019-非法学-26-单)(2019-法学-16-单)⑩
A. 个人信息权益
B. 身份权
C. 信用权
D. 姓名权

2. 某公安局官方微博公布了演员甲因容留他人吸毒被抓的消息，某知名记者在其博客上转载该消息，并上传了甲与艺人乙、丙一起赌博的照片。该记者的行为〔　　〕。(2015-非法学-40-单)(2015-法学-20-单)⑪
A. 侵害了甲的隐私权
B. 侵害了乙、丙的肖像权
C. 侵害了乙、丙的隐私权
D. 不构成侵权

---

① B　② C　③ A　④ A　⑤ D　⑥ D
⑦ ABD　⑧ B　⑨ BC　⑩ A　⑪ D

3. 下列选项中，属于人格权且只能由自然人享有的是〔　　〕。(2014-非法学-32-单)①

A. 荣誉权　　B. 名誉权
C. 隐私权　　D. 亲属权

六、 主观题

肖像合理使用的情形。(2022-非法学/法学-简答-回忆版)

第二章　精神损害赔偿

客观题

1. 甲将祖父的遗像交给乙装裱，乙粗心大意，弄丢了该遗像，甲非常痛苦。甲有权要求乙〔　　〕。(2020-非法学-50-多)(2020-法学-30-多)②

A. 返还原物
B. 恢复原状
C. 赔偿财产损失
D. 赔偿精神损害

2. 根据我国侵权责任法的规定，下列情形可以适用精神损害赔偿的是〔　　〕。(2013-非法学-单)③

A. 某公司连续一年未发工资，致职工甲忧心忡忡

B. 某学校违反合同提前解聘教师乙，致其痛苦不堪

C. 某行政机关公布对工作人员丙的处分决定，致其精神萎靡不振

D. 某医院因失误致产妇丁抱错孩子，其抚养 15 年后发现真相痛苦万分

---

①C　②CD　③D

PART 06

第六编　婚姻家庭

第一章　亲属制度

客观题

甲的外祖父与乙的父亲是亲兄弟。甲与乙属于〔　　〕。(2021-非法学-27-单) (2021-法学-17-单)①

A. 四代旁系血亲

B. 五代旁系血亲

C. 二代旁系血亲

D. 三代旁系血亲

第二章　结　婚

一、 客观题

1. 甲在 2005 年与乙结婚登记，2010 年又与丙登记结婚，并生一子。2015 年甲与乙离婚。现甲与丙的婚姻〔　　〕。(2019-非法学-35-单)②

A. 有效　　B. 无效

C. 可撤销　　D. 不成立

2. 甲声称具有某海外名校学历，与乙登记结婚。半年后，乙发现甲的毕业证书系伪造。甲、乙之间的婚姻〔　　〕。(2018-非法学-33-单)③

A. 无效

B. 有效

C. 因欺诈可撤销

D. 因重大误解可撤销

3. 甲（18 周岁）伪造身份信息与乙（23 周岁）登记结婚。有权以甲未达到法定婚龄为由申请宣告婚姻无效的利害关系人是〔　　〕。(2017-非法学-38-单) (2017-法学-18-单)④

A. 甲的近亲属

B. 乙的近亲属

C. 甲住所地的基层组织

D. 乙住所地的基层组织

4. 2014 年 3 月 2 日，甲、乙离婚并分割了共同财产。2015 年 3 月 8 日，甲发现乙在离婚时将属于夫妻共有的 40 万元存款转移到了乙兄的银行账户中，遂向人民法院起诉，请求分割该 40 万元存款。本案的诉讼时效期间起算日为〔　　〕。(2016-非法学-21-单)⑤

A. 2014 年 3 月 2 日　　B. 2014 年 3 月 3 日

C. 2015 年 3 月 8 日　　D. 2015 年 3 月 9 日

5. 甲、乙婚后开了一家便利店，由乙经营。2013 年 6 月起二人分居，同年 9 月乙向丙借款用于便利店的经营，2014 年 12 月甲、乙离婚。不久，丙请求乙偿还到期欠款，乙拒绝。该债务应由〔　　〕。(2016-非法学-36-单)⑥

A. 甲、乙承担按份责任

B. 甲、乙承担连带责任

C. 乙承担全部责任

D. 乙承担责任，甲承担补充责任

6. 甲婚后通过网聊结识乙，并与之发生婚外情，被甲妻发现。甲妻诉至法院，以甲违反忠实义务为由请求赔偿精神损害 10 万元，但未请求离婚。对于本案，人民法院〔　　〕。(2014-非法学-35-单)⑦

A. 应当受理

B. 不予受理

C. 根据精神损害程度，决定是否受理

D. 根据违反忠实义务程度，决定是否受理

7. 顾某欲与闫某离婚。下列情形中，顾某既可以之作为起诉离婚的理由，同时可请求损害赔偿的有〔　　〕。(2014-非法学-50-多)⑧

---

①　A　②　A　③　B　④　A　⑤　D　⑥　B　⑦　B　⑧　BC

A. 闫某变卖夫妻共同财产

B. 闫某殴打顾某致其残疾

C. 闫某与婚外异性同居

D. 闫某经常赌博且屡教不改

8. 甲、乙结婚多年。某日，甲外出后失踪，乙四处寻找仍无结果。五年后，乙欲与丙登记结婚。根据我国民法相关规定，下列选项中正确的是〔　　〕。(2013-非法学-24-单)①

A. 乙、丙二人可以直接登记结婚

B. 乙只能申请宣告甲死亡，待法院宣告甲死亡后再与丙登记结婚

C. 丙可以申请宣告甲死亡，待法院宣告甲死亡后再与乙登记结婚

D. 乙可以起诉请求与甲解除婚姻关系，待法院作出离婚判决后再与丙登记结婚

9. 在我国，有权宣告婚姻无效的机关是〔　　〕。(2011-非法学-36-单)②

A. 公安机关　　B. 人民法院

C. 婚姻登记机关　　D. 基层组织

二、主观题

(2015-非法学-58-法条分析)《民法典》第 1052 条第 1 款规定："因胁迫结婚的，受胁迫的一方可以向人民法院请求撤销婚姻。"

第 2 款规定："请求撤销婚姻的，应当自胁迫行为终止之日起一年内提出。"

第 3 款规定："被非法限制人身自由的当事人请求撤销婚姻的，应当自恢复人身自由之日起一年内提出。"

请问：

(1) 本条所称的"胁迫"应该如何解释？

(2) 有权以胁迫为由请求撤销婚姻的主体是谁？

(3) 本条中的"1 年"是何种性质的期间？

第三章　家庭关系

客观题

1. 我国婚姻法规定，"父母不履行抚养义务时，未成年的或不能独立生活的子女，有要求父母付给抚养费的权利。"其中，"不能独立生活的子女"包括〔　　〕。(2020-非法学-49-多)(2020-法学-29-多)③

A. 在校接受高中学历教育的成年子女

B. 在校接受大学本科学历教育的成年子女

C. 丧失劳动能力无法维持正常生活的成年子女

D. 未完全丧失劳动能力无法维持正常生活的成年子女

2. 甲、乙系夫妻。在不损害债权人利益的情况下，甲请求分割夫妻共同财产能得到法院支持的理由有〔　　〕。(2016-非法学-49-多)(2016-法学-30-多)④

A. 乙伪造夫妻共同债务

B. 乙挥霍夫妻共同财产

C. 乙隐藏夫妻共同财产

D. 乙变卖夫妻共同财产

3. 甲、乙系夫妻。在双方未作任何约定的情况下，属于夫妻共有的财产包括〔　　〕。(2016-法学-28-多)⑤

A. 婚后甲依法定继承方式继承的一套房屋

B. 甲婚前继承、婚后登记在甲名下的一套房屋

C. 婚后双方父母出资购买并登记在乙名下的一套房屋

D. 婚后乙的父母出资为乙购买并登记在乙名下的一套房屋

4. 甲与乙协议离婚时约定：女儿由乙抚养，甲给付抚养费，每周探望一次。离婚后，甲的父母非常想念孙女，也想探望，遭乙拒绝。下列选项中，正确的是〔　　〕。(2015-法学-15-单)⑥

A. 仅甲有探望权

B. 甲、甲的父母均有探望权

C. 乙若拒绝甲探望女儿，则丧失抚养权

D. 甲若不给付抚养费，乙可以剥夺甲的探望权

5. 在婚姻关系存续期间所得的下列财产，归夫或妻一方所有的是〔　　〕。(2013-非法学-27-单)(2013-法学-13-单)⑦

A. 参加体育比赛所获奖金

B. 因身体受到伤害获得的医疗费

C. 通过法定继承分得的遗产

D. 以婚前个人存款炒股所得的收益

---

① D　② B　③ ACD　④ ABCD　⑤ AC
⑥ A　⑦ B

第四章　离　婚

一、客观题

1. 没有配偶且符合其他结婚条件的男女同居生活的，如果当事人向法院起诉请求解除同居关系，人民法院〔　　〕。(2012-非法学-38-单)①

A. 按离婚处理

B. 不予受理

C. 按解除同居关系处理

D. 对有子女的按离婚处理

2. 根据婚姻法的规定，法院审理离婚案件，准予离婚的情形是〔　　〕。(2011-非法学-34-单)②

A. 夫妻感情确已破裂

B. 婚姻关系确已破裂

C. 一方有过错

D. 双方已就子女抚养和财产分割协商一致

3. 根据婚姻法的规定，离婚时，原为夫妻共同生活所负的债务，应当共同偿还；共同财产不足清偿的，其处理办法是〔　　〕。(2011-非法学-35-单)③

A. 双方不再负清偿责任

B. 由双方协议清偿；协议不成时，由人民法院判决

C. 由双方协议清偿；协议不成时，依法由双方各清偿一半

D. 由双方协议清偿；协议不成时，依法由经济条件较好的一方清偿

二、主观题

1. 简述离婚与撤销婚姻的区别。(2014-法学-34-简答)

2. (2012-法学-38-案例分析) 孙某与江某于2004年8月8日登记结婚。婚后二人签订了一份夫妻忠诚协议，约定：婚后各方应以家庭为重，互相忠实；任何一方背叛对方，背叛方必须同意离婚，且夫妻共同财产全部归无过错方所有。随着女儿的降生，2006年年初，二人又补充了忠诚协议的内容：如一方违反忠诚协议，离婚后女儿归无过错方抚养，过错方必须放弃对女儿的监护权。2009年9月，江某得知孙某与其大学时期的恋人邹某重温旧情，气愤不已，但因孙某一再保证以后不再与邹某联系，故江某原谅了孙某。2010年4月，江某发现孙某仍然与邹某保持着联系，且经常互发暧昧短信，接触频繁，孙、江二人感情因此出现危机。同年7月起，孙某与邹某在外租房同居。江某对孙某的出轨行为忍无可忍，提出离婚，并要求孙某履行夫妻忠诚协议。

请根据上述事实回答以下问题：

(1) 孙某与江某的夫妻忠诚协议是否适用我国合同法？为什么？

(2) 对本案中的夫妻忠诚协议，法官甲认为全部无效，而法官乙认为部分无效。请选择您较为认同的观点（只能选择一种观点），并阐释理由。

3. (2011-法学-38-案例) 王某与张某原系夫妻。2007年1月16日，为给王某治病，张某以自己的名义向赵某借款3万元，约定于2007年5月16日偿还，并出具借条一张。孙某以保证人的身份在借条上签字，但未与赵某约定保证方式、保证期间和保证范围。债务到期后，张某未偿还借款。2007年7月5日，王某与张某协议离婚，双方约定由张某负责偿还欠赵某的3万元借款。因张某一直未偿还欠款，赵某遂于2007年12月19日诉至法院，请求张某、王某和孙某共同偿还此笔欠款。

根据上述案情，请回答：

(1) 张某以自己的名义向赵某所借款项是否属于夫妻共同债务？为什么？

(2) 本案保证合同中的保证方式和保证范围应如何确定？请说明理由。

(3) 王某与张某离婚协议中关于偿还欠款的约定的法律效力如何？

(4) 孙某是否应当承担保证责任？为什么？

---

①　B　②　A　③　B

第五章　收养制度

客观题

1. 甲丧偶后不久罹患癌症，无力抚养 2 周岁的儿子小明，依法将其送养。小明成年后见甲生活困难，按月给甲 500 元生活费。小明给付甲生活费的行为属于〔　　〕。(2022-单-回忆版)①

A. 履行道德义务

B. 履行法定赡养义务

C. 公益捐赠

D. 紧急救助

2. 下列选项中，属于继父或继母收养继子女的条件是〔　　〕。(2020-非法学-27-单)（2020-法学-17-单)②

A. 继子女不满 14 周岁

B. 继父母无子女

C. 经生父母同意

D. 生父母有特殊困难无力抚养子女

3. 下列关于收养关系的解除的说法正确的是〔　　〕。(2019-非法学-32-单)③

A. 养父母遗弃未成年养子女的，养子女有权要求解除收养关系

B. 养父母虐待未成年养子女的，送养人有权要求解除收养关系

C. 在被收养人成年以前，收养人经民政部门同意可以解除收养关系

D. 养父母与未成年养子女关系恶化，无法生活，可以协议解除收养关系

4. 根据我国收养法，下列情形中，收养关系可以成立的是〔　　〕。(2017-非法学-37-单)④

A. 甲（男，28 周岁，未婚）收养 2 周岁的孤儿

B. 乙（女，50 周岁，离异）收养自己 15 周岁的亲侄子

C. 丙（女，60 周岁，丧偶）收养自己 19 周岁的继女

D. 丁（女，45 周岁，有配偶）单独收养自己 5 周岁的外甥

5. 甲系公司经理，有一子一女。甲弟乙（单身）38 周岁时与甲签订收养协议，收养甲 5 周岁的女儿丙，双方办理了登记手续。两年后乙结婚，要求解除收养关系，甲不同意。对此，下列选项中正确的是〔　　〕。(2015-法学-14-单)⑤

A. 乙无权解除收养关系

B. 甲、乙之间的收养协议适用合同法

C. 甲不具备送养人条件，故收养无效

D. 乙不具备收养人条件，故收养无效

6. 无配偶的男性收养女性的，收养人与被收养人之间的年龄差应当为〔　　〕。(2012-非法学-39-单)⑥

A. 30 周岁以上　　B. 35 周岁以上

C. 40 周岁以上　　D. 45 周岁以上

7. 未成年养子女与养父母解除收养关系的，其与生父母之间的权利义务关系〔　　〕。(2012-非法学-40-单)⑦

A. 自行恢复

B. 经人民法院判决后恢复

C. 经生父母同意后恢复

D. 经生父母与养父母协商同意后恢复

8. 下列情形中，收养关系有效的是〔　　〕。(2011-非法学-37-单)⑧

A. 29 周岁的某单身女子收养 1 周岁的孤儿

B. 44 周岁的某单身男子收养 5 周岁的女孩

C. 46 周岁的某单身女子收养 12 周岁的男孩

D. 48 周岁的某男与妻子生育一女后共同收养父母尚健在的周岁男孩

9. 养子女与生父母之间的权利义务关系因收养关系的成立而〔　　〕。(2011-非法学-38-单)⑨

A. 中止　　B. 中断

C. 延缓　　D. 解除

---

① A　② C　③ B　④ B　⑤ A（B 选项有瑕疵）⑥ C　⑦ A　⑧ 无　⑨ D

PART 07

第七编　继　承

第一章　继承概述

客观题

1. 志愿者甲经常照顾孤寡老人乙。2015年3月20日，乙病故，遗嘱执行人丙告诉甲，乙遗赠给甲3万元和一套古籍。5月15日，甲明确表示拒绝接受古籍。5月18日，甲联系丙，表示撤销此前拒绝接受古籍的行为。5月28日，甲请求丙执行遗嘱，丙〔　　〕。(2018-非法学-48-多)(2018-法学-28-多)①

A. 应将3万元交付给甲

B. 应将古籍交付给甲

C. 无需向甲交付3万元

D. 无需向甲交付古籍

2. 2013年3月28日，毕某病逝。3月31日，子女将其安葬。4月2日，毕某的子女一起清理毕某的遗产并确定继承份额。4月5日，遗产分割完毕。遗产继承开始的时间是〔　　〕。(2014-非法学-37-单)②

A. 3月28日　　B. 3月31日

C. 4月2日　　D. 4月5日

3. 下列选项中，属于我国继承法基本原则的有〔　　〕。(2012-非法学-50-多)③

A. 养老育幼原则

B. 诚实信用原则

C. 继承权男女平等原则

D. 互谅互让、团结和睦原则

第二章　法定继承

一、客观题

1. 甲丧偶，唯一的亲属乙是甲的侄子。邻居丙主动照顾甲长达30年，并在甲去世后为其操办后事。甲的遗产〔　　〕。(2022-单-回忆版)④

A. 应当由乙、丙各继承50%

B. 应当全部由丙继承

C. 应当首先用于支付丙照顾甲的报酬

D. 可以适当分给丙

2. 甲、乙系夫妻，育有一子丙。甲的父亲去世后，甲的母亲李某与甲的弟弟丁一起生活。1990年起李某为照看丙，开始与甲一家共同生活。2010年甲因病去世，李某伤心过度而中风，乙一直照顾李某。2018年李某去世，留下存款6万元。该6万元〔　　〕。(2021-非法学-36-单)⑤

A. 只能由丙、丁继承

B. 应当由乙、丙、丁继承

C. 全部由丁继承

D. 只能由乙、丙继承

3. 画家甲丧偶后，独自抚养儿子乙。某日，甲将自己的一幅画作交给朋友丙保管，嘱托丙待自己去世后烧毁该画作。甲去世后，丙违背甲的嘱托，将画作交拍卖公司拍卖，得款50万元。该50万元应当〔　　〕。(2020-非法学-24-单)(2020-法学-14-单)⑥

A. 归乙所有

B. 归丙所有

C. 由乙、丙平分

D. 归国家所有

4. 甲、乙系夫妻，有一子丙。丙与丁结婚，生有一女戊。2008年丙去世，丁与庚再婚，二人一起照顾甲、乙的生活起居。2015年5月甲去世。对甲遗产

---

① CD　② A　③ ACD　④ D　⑤ B　⑥ A

的继承，第一顺序继承人有〔　　〕。（2017-非法学-48-多）（2017-法学-28-多）①

A. 乙　　B. 丁

C. 戊　　D. 庚

5. 甲与妻子乙协议离婚，约定8周岁儿子由乙抚养，甲支付抚养费。后甲与有一女儿的丙再婚，并在婚后继续给付儿子抚养费。十年后，丙因病去世。丙去世时，其近亲属还有姐姐丁。有权继承丙遗产的人有〔　　〕。（2015-非法学-50-多）（2015-法学-30-多）②

A. 甲　　B. 甲的儿子

C. 丙的女儿　　D. 丁

6. 赵某死亡，遗产由其父甲、其母乙、其妻丙和其子丁继承，当时丙已怀孕。上述继承人在继承时为胎儿保留了必要的继承份额。丙分娩时，胎儿死于母体内。有权继承为该胎儿所保留份额的人包括〔　　〕。（2011-法学-29-多）③

A. 甲　　B. 乙

C. 丙　　D. 丁

7. 甲与妻子乙育有一子一女，儿子与其妻丁生有一子戊，儿子于2005年遇车祸死亡。儿子去世后，甲、乙老无生活来源，女儿丙拒不赡养，甲、乙主要由再婚的丁供养。甲于2010年3月死亡，留下房屋3间。依照继承法的规定，可以参加第一顺序继承的人有〔　　〕。（2011-非法学-49-多）④

A. 乙　　B. 丙

C. 丁　　D. 戊

二、主观题

［2022-法学-案例（回忆版）］1998年1月甲、乙结婚，次年11月女儿丙出生，2007年3月乙病故，甲将丙托付给自己的父母照顾，自己外出打工。甲在打工时认识了丁，两人合伙做生意并同居生活，在此期间共同出资购买房屋一套，登记在甲名下。

2021年9月6日，甲、丁前往登记机关办理结婚登记，途中遭遇车祸，甲当场身亡，丁受轻伤。此时，丁已怀有身孕，丙在办理父亲的丧事期间，得知甲名下有一套房屋，遂办理了遗产继承公证，并根据公证将房屋过户到自己名下，后丙以市价将房屋卖给戊，并以房屋已出卖为由，要求丁搬离。丁遂前往登记机关办理了异议登记。丙和戊办理房屋过户时，因有异议登记而无法过户，戊主张自己已经善意取得了房屋所有权，要求丁注销异议登记。丁则主张自己是房屋共有人，要求分割该房屋，并主张丙与戊之间的房屋买卖合同因丙无权处分而无效。

结合上述材料回答下列问题，并说明理由。

（1）丙与戊签订的房屋买卖合同是否无效？

（2）戊是否已经取得了房屋所有权？

（3）丁是否有权请求分割房屋？

（4）丁腹中的胎儿是否有权继承甲的部分遗产？

第三章　遗嘱继承

一、客观题

1. 2010年甲立自书遗嘱一份，表示自己的房屋由儿子乙继承，屋内的紫檀家具由孙子丙继承。2018年甲将该房屋卖给任某，得款120万元，并办理了过户登记手续。后甲病故。对此，下列表述正确的是〔　　〕。（2021-非法学-29-单）（2021-法学-19-单）⑤

A. 乙有权基于遗嘱继承取得卖房款120万元

B. 丙有权基于遗赠取得紫檀家具

C. 甲所立自书遗嘱的内容全部被撤回

D. 甲立遗嘱后不得出卖遗嘱处分的财产

2. 2005年，甲立公证遗嘱，将自己的一套房屋留给儿子乙，后甲与丙结婚，生有一子丁。2008年，甲立自书遗嘱，指定前述房屋由丙、丁二人共同继承。2017年，甲去世，该房屋〔　　〕。（2018-非法学-36-单）⑥

A. 应按照公证遗嘱由乙继承

B. 应按照自书遗嘱由丙、丁共同继承

C. 应由乙、丙、丁依照法定继承共同继承

D. 属于甲和丙的共同财产，应当先析产后继承

3. 根据我国继承法，遗嘱人在遗嘱中应当为缺乏劳动能力又没有生活来源的继承人保留必要的遗产份额。继承人是否符合上述条件的确定时间为〔　　〕。（2016-法学-15-单）⑦

A. 立遗嘱时　　B. 遗嘱生效时

C. 执行遗嘱时　　D. 分割遗产时

---

① ABC　② AC　③ ABCD　④ ABCD　⑤ B
⑥ B　⑦ B

二、 主观题

简述遗嘱的有效要件。(2013-非法学-54-简答)

第四章 遗赠和遗赠扶养协议

一、 客观题

1. 张某在丈夫去世后，与其保姆李某签订了遗赠扶养协议，张某的子女得知后不认可该遗赠扶养协议的效力。该遗赠扶养协议的效力为〔　　〕。(2021-非法学-39-单)①

A. 可撤销　　B. 效力待定

C. 有效　　D. 无效

2. 甲立有遗嘱，将其两幅字画留给好友乙。甲死后次日，乙表示接受遗赠。后乙在遗产分割前死亡。对此，下列表述正确的是〔　　〕。(2016-非法学-37-单)②

A. 该遗赠失效

B. 两幅字画由乙的继承人继承

C. 该遗赠不生效

D. 两幅字画由乙的晚辈直系血亲继承

二、 主观题

简述遗赠和遗赠扶养协议的区别。(2013-法学-34-简答)

第五章 遗产的处理

客观题

1. 肖某育有二子一女，长子甲拒绝对肖某尽赡养义务，次子乙患脑瘫且无生活来源，女儿丙婚前、婚后均与肖某共同生活。2004 年肖某捡到一弃婴丁并予以抚养，但未办理收养手续。2012 年 7 月，肖某死亡。分配遗产时〔　　〕。(2014-法学-30-多)③

A. 甲应当不分或少分

B. 对乙应当予以照顾

C. 丙可以多分

D. 可以分给丁适当的遗产

2. 赵某死亡后，甲依遗嘱继承了一套房屋（价值 180 万元），乙依遗赠分得一幅字画（价值 40 万元），丙依法定继承分得现金 60 万元。遗产分割完毕后，赵某的债权人找到甲、乙、丙，要求偿还欠款 40 万元。该欠款应〔　　〕。(2014-非法学-36-单)④

A. 全部由甲偿还

B. 全部由丙偿还

C. 由甲偿还 30 万元，丙偿还 10 万元

D. 由甲、乙、丙按照各自分得的遗产价值比例偿还

---

① C　② B　③ ABCD　④ B

PART 08
第八编 侵权责任

第一章 侵权责任的归责原则

一、客观题

1. 傍晚，甲驾驶拖拉机在乡村公路上行驶，乙招手搭车，甲让其上车，并告知车上有一口空棺材。不久下起大雨，乙钻进棺材避雨，过了一会儿睡着了。后又有丙请求搭车，甲也让她上了车。乙醒后手托棺材盖露出头来透气，丙吓得大喊“有鬼”，跳下车，致左腿骨折。

（1）甲让乙搭车的行为属于〔　　〕。（2020-非法学-39-单）①

A. 事实行为　　B. 无因管理

C. 情谊行为　　D. 合同行为

（2）丙的损害应由〔　　〕。（2020-非法学-40-单）②

A. 甲承担责任

B. 乙承担责任

C. 甲和乙承担按份责任

D. 丙自己承担

2. 甲、乙在街头因琐事斗殴，甲感到自己不是乙的对手，转身逃跑，乙紧追不舍。路人丙见状，跑上前想阻止乙追打甲。甲误认为丙是乙的同伙，挥棍打丙，致其重伤。根据我国民法的有关规定，丙的人身损害应由〔　　〕。（2014-法学-11-单）③

A. 甲承担全部赔偿责任

B. 乙承担全部赔偿责任

C. 甲、乙承担按份赔偿责任

D. 甲、乙承担连带赔偿责任

二、主观题

1. （2012-非法学-58-法条分析）我国原《侵权责任法》第6条（《民法典》第1165条）规定：“行为人因过错侵害他人民事权益造成损害的，应当承担侵权责任。依照法律规定推定行为人有过错，其不能证明自己没有过错的，应当承担侵权责任。”请运用民法原理分析：

（1）本条第1款规定的是何种归责原则？其含义及适用范围是什么？

（2）本条第2款应当如何理解？其适用范围是什么？

2. 简述我国侵权责任法中适用无过错责任原则的主要情形。（2011-非法学-54-简答）

第二章 一般侵权责任的构成要件

客观题

1. 下列民事权益中，受我国侵权责任法保护的有〔　　〕。（2017-非法学-50-多）（2017-法学-30-多）④

A. 婚姻自主权　　B. 担保物权

C. 股权　　D. 商业秘密

---

① C　② D　③ A　④ ABCD

2. 下列权利中，受侵权责任法保护的有〔 〕。(2014-非法学-47-多)①

A. 股权 B. 监护权
C. 发现权 D. 继承权

第三章 侵权责任的承担方式

客观题

根据我国侵权责任法，侵害他人财产的，如果财产损失按照市场价格计算，则市场价格的确定时间为〔 〕。(2016-非法学-34-单)②

A. 损失发生时
B. 被侵权人提起诉讼时
C. 侵权行为实施时
D. 被侵权人知道损失发生时

第四章 侵权责任的抗辩事由

一、 客观题

1. 甲（20周岁）收入不高，但经常出入某高档酒吧。某日，甲以个人名义向该酒吧预订生日包厢。甲生日当晚，乙、丙、丁受甲的邀请来酒吧玩耍。甲结账时，账单显示消费金额为2万元，甲请求延期支付，被拒绝后欲离开。酒吧经理阻止甲离开并报警。(2022-单-回忆版)

（1）对于2万元的消费金额,酒吧有权要求:〔 〕③

A. 甲支付
B. 甲的父母和甲共同支付
C. 甲、乙、丙、丁承担按份责任
D. 甲、乙、丙、丁承担连带责任

（2）酒吧经理阻止甲离开的行为：〔 〕④

A. 侵犯了甲的身体权
B. 侵犯甲的人身自由
C. 侵犯甲的名誉权
D. 不构成侵权

2. 甲骑乙公司运营的共享单车上班。途中，单车刹车失灵，甲躲闪不及，撞伤丙。丙的损害应当〔 〕。(2019-非法学-22-单) (2019-法学-12-单)⑤

A. 由甲承担全部赔偿责任
B. 由乙公司承担全部赔偿责任
C. 由甲和乙公司承担按份责任
D. 由甲和乙公司承担连带责任

3. 甲驾车正常行驶，乙酒后驾车闯红灯，两车相撞，致甲的车撞伤正在执勤的交警丙。丙的损害应由〔 〕。(2017-非法学-35-单)⑥

A. 甲承担全部责任
B. 乙承担全部责任
C. 甲、乙承担连带责任
D. 甲承担次要责任，乙承担主要责任

4. 某高校学生甲、乙在学校操场上打篮球时，乙投篮，球反弹将甲的头部砸伤。甲的损害应由〔 〕。(2016-非法学-31-单)⑦

A. 甲自己承担
B. 乙承担全部责任
C. 该高校承担全部责任
D. 该高校与乙共同承担责任

5. 一般侵权行为民事责任的抗辩事由包括〔 〕。(2011-非法学-50-多)⑧

A. 不可抗力 B. 受害人的故意
C. 意外事件 D. 受害人同意

二、 主观题

1. 简述侵权责任的承担方式。(2017-非法学-53-简答)

2. 简述侵权责任的抗辩事由。(2017-法学-33-简答)

---

① ABCD ② A ③ A ④ D ⑤ B ⑥ B ⑦ A ⑧ ABCD

第五章　数人侵权

一、 客观题

1. 甲酒店建立旅客信息数据库，明知存在漏洞未采取补救措施。乙罪犯利用该漏洞窃取旅客丙的数据资料并发布在网络上。对于丙的损失，应由〔　　〕。(2022-单-回忆版)①

A. 甲乙承担连带责任

B. 甲乙承担不真正连带责任

C. 甲单独承担责任

D. 甲乙承担按份责任

2. 甲（10 周岁）、乙（11 周岁）、丙（12 周岁）翻越高速公路天桥旁水泥护栏后，趴在防护网上往高速公路抛掷石块击打过往车辆，其中一石块击中司机丁致其重伤，但无法确认该石块是谁投掷。丁的损害应由〔　　〕。(2018-非法学-31-单)②

A. 甲、乙、丙连带赔偿

B. 高速公路管理机构赔偿

C. 甲、乙、丙的监护人连带赔偿

D. 甲、乙、丙的监护人和高速公路管理机构连带赔偿

3. 甲、乙分别在山上伐木，为图方便各自将伐下的原木从山上滚下，不料其中一根木头砸伤了山下的行人丙，且无法确定是谁推下的这根木头。丙的损害应由〔　　〕。(2016-非法学-33-单)③

A. 甲、乙承担按份责任

B. 甲、乙承担连带责任

C. 甲、乙、丙分担

D. 丙自己承担

4. 甲超速驾驶汽车，乙逆行骑摩托车。两车相撞，摩托车飞至人行道，将行人丙砸伤。丙的损害应由〔　　〕。(2015-非法学-37-单)④

A. 甲单独承担责任

B. 乙单独承担责任

C. 甲、乙承担连带责任

D. 甲、乙承担按份责任

二、 主观题

1. 简述民法典侵权责任编中连带责任的适用情形。(2021-非法学-54-简答)(2021-法学-34-简答)

2. 简述共同侵权行为的概念和构成要件。(2014-法学-33-简答)

第六章　特殊侵权责任

一、 特殊主体的侵权责任

1. 甲物业公司委托乙清洁公司清洁其管理的某住宅楼外墙，乙公司指派的员工丙因操作不当，致清洁工具从高处掉落，砸中业主丁的汽车。丁的损害应由〔　　〕。(2020-非法学-23-单)(2020-法学-13-单)⑤

A. 甲公司承担责任

B. 乙公司承担责任

C. 甲公司和乙公司承担连带责任

D. 乙公司和丙承担连带责任

2. 甲雇乙粉刷楼房外墙。乙工作时，丙驾驶的摩托车失控撞向脚手架，致乙从脚手架上跌落，摔成重伤。乙对自己的损害〔　　〕。(2019-非法学-37-单)⑥

A. 只能要求甲承担赔偿责任

B. 只能要求丙承担赔偿责任

C. 可以要求甲、丙承担按份责任

D. 可以要求甲、丙承担连带责任

3. 甲在某酒店公用洗手间滑倒，摔碎了眼镜。经查：甲滑倒系因酒店清洁工乙清洁不彻底，地面湿

① D　② C　③ B　④ D　⑤ B　⑥ 无

滑所致。甲的损失应由〔　　〕。（2018-非法学-24-单）（2018-法学-14-单）①

A. 甲自己承担

B. 酒店承担全部责任

C. 酒店和乙承担按份责任

D. 酒店和乙承担连带责任

4. 小明在父母离异后跟随母亲生活。某日午休时，小明在幼儿园与小朋友小刚打闹，幼儿园老师余某因外出接电话而未能发现和制止，小明将小刚的头打伤。对于小刚的损害，不应承担责任的有〔　　〕。（2017-非法学-49-多）（2017-法学-29-多）②

A. 小明的母亲

B. 幼儿园

C. 小明的父亲

D. 余某

5. 孙某在商场购物时，被正在追小偷的商场保安王某撞伤。孙某的损害应由〔　　〕。（2016-法学-12-单）③

A. 商场承担全部责任

B. 王某承担全部责任

C. 商场与王某承担连带责任

D. 商场与王某承担按份责任

6. 甲在网吧上网，邻座乙、丙因故发生争吵并互殴，但无人制止，致甲被误伤。甲的损害应由〔　　〕。（2015-法学-18-单）④

A. 网吧单独承担责任

B. 网吧、乙、丙承担连带责任

C. 网吧承担责任，乙、丙承担相应的补充责任

D. 乙、丙承担责任，网吧承担相应的补充责任

7. 甲在某饭店醉酒闹事，饭店员工和就餐顾客纷纷躲闪，顾客乙躲闪不及被甲打伤。乙的损害应由〔　　〕。（2015-非法学-36-单）⑤

A. 甲单独承担责任

B. 甲和饭店承担连带责任

C. 饭店承担责任，甲承担相应的补充责任

D. 甲承担责任，饭店承担相应的补充责任

8. 章某为曙光中学初一学生。某日，在放学回家路过育才幼儿园时，章某用弹弓射树上小鸟，不料误伤在园内玩耍的幼儿吕某。吕某的损害应由〔　　〕。（2014-非法学-27-单）⑥

A. 曙光中学承担全部赔偿责任

B. 育才幼儿园承担全部赔偿责任

C. 章某的监护人承担全部赔偿责任

D. 育才幼儿园和章某的监护人承担连带赔偿责任

9. 某小学课间休息期间，校外人员马某翻墙进入校内，将在操场上玩耍的8岁小学生高某打伤。高某的人身损害应当〔　　〕。（2012-法学-14-单）⑦

A. 由学校承担赔偿责任

B. 由马某承担赔偿责任

C. 由学校和马某承担连带责任

D. 由学校和马某承担按份责任

10. 刘某对与其分手的前女友史某怀恨在心，便在某网站论坛上发帖公布了史某详细的个人信息，并附上了史某的若干张裸照。史某得知后，精神受到严重损害，立即要求网站删除该帖。但该网站因疏忽并未采取必要措施，致史某精神恍惚无法正常上班。根据侵权责任法的规定，史某损害的扩大部分应由〔　　〕。（2012-法学-15-单）⑧

A. 刘某承担责任

B. 网站运营商承担责任

C. 刘某和网站运营商承担连带责任

D. 刘某和网站运营商承担按份责任

二、 产品责任

1. 王某在甲汽车销售店购买了乙公司制造的汽车。某日，王某驾驶该车在高速公路上正常行驶，安全气囊突然弹开，导致车辆失控，王某受伤。王某〔　　〕。（2020-非法学-36-单）⑨

A. 只能向甲请求赔偿

B. 只能向乙请求赔偿

C. 只能要求甲和乙按份赔偿

D. 可向甲请求赔偿，也可向乙请求赔偿

2. 明知产品存在缺陷仍然实施某些行为，造成他人死亡或者健康严重损害的，被侵权人有权请求相应的惩罚性赔偿。这些行为包括〔　　〕。（2016-非法学-46-多）⑩

A. 生产　　B. 销售

C. 运输　　D. 保管

3. 甲从超市购买了两瓶白酒送给朋友乙，乙饮用后双目失明。经鉴定，该酒系工业酒精勾兑而成。根据侵权责任法理论，与乙失明存在因果关系的行为有〔　　〕。（2016-法学-27-多）⑪

A. 甲送酒的行为

B. 乙饮用的行为

C. 生产者的勾兑行为

D. 超市的销售行为

---

① B　② D（公布答案为ACD）　③ A　④ D　⑤ D　⑥ C　⑦ B　⑧ C　⑨ D　⑩ AB　⑪ CD

三、机动车交通事故责任

1. 甲将自己的汽车借给乙使用。某日，乙酒后驾驶该车撞伤丙，丙的损失应该由〔　　〕。（2018-非法学-27-单）（2018-法学-17-单）①

A. 甲全部赔偿

B. 乙全部赔偿

C. 甲、乙连带赔偿

D. 甲、乙按份赔偿

2. 甲乘坐公交车时，公交车与一私家车相撞，甲受伤致残。经认定，该起交通事故应由公交公司司机乙负全部责任。对此，下列选项中，不正确的有〔　　〕。（2013-非法学-50-多）（2013-法学-26-多）②

A. 甲的损失应由乙承担责任

B. 甲的损失应由公交公司承担责任

C. 甲的损失应由乙与公交公司承担按份责任

D. 甲的损失应由乙与公交公司承担连带责任

3. 甲将自有的已达到报废标准的小汽车卖给乙，乙在驾驶该车时不慎将丙撞伤。根据侵权责任法规定，丙的损失应当〔　　〕。（2011-法学-13-单）③

A. 由甲承担

B. 由乙承担

C. 由甲、乙承担连带责任

D. 由甲、乙承担按份责任

四、医疗损害责任

1. 根据《侵权责任法》的规定，患者在诊疗活动中遭受损害，医疗机构不承担赔偿责任的情形有〔　　〕。（2014-法学-29-多）④

A. 限于当时的医疗水平难以诊疗

B. 医务人员在抢救生命垂危的患者时已尽到合理诊疗义务

C. 医务人员在诊疗活动中未尽到与当时的医疗水平相应的诊疗义务

D. 患者不配合医疗机构进行符合诊疗规范的诊疗，且医疗机构及其医务人员无过错

2. 某医院医生张某在为患者李某做手术时将一块纱布遗留在李某腹腔，李某因此所受的损害应由〔　　〕。（2014-非法学-28-单）⑤

A. 医院承担全部赔偿责任

B. 张某承担全部赔偿责任

C. 医院和张某承担连带赔偿责任

D. 张某承担赔偿责任，医院承担补充责任

3. 张某在人行道上被违章驾驶的李某撞伤，被送到某医院进行急救手术，因输血染上丙肝病毒。后查明所输血液是由某血站提供的。对因感染丙肝病毒所导致的损害，张某可请求〔　　〕。（2012-法学-27-多）⑥

A. 李某承担赔偿责任

B. 医院承担赔偿责任

C. 血站承担赔偿责任

D. 医院和李某承担连带责任

4. 根据侵权责任法的规定，患者在诊疗活动中受到损害，推定医疗机构有过错的情形包括〔　　〕。（2011-法学-26-多）⑦

A. 医疗机构销毁病历资料

B. 医疗机构伪造、篡改病历资料

C. 医疗机构隐匿与纠纷有关的病历资料

D. 医疗机构拒绝提供与纠纷有关的病历资料

五、环境污染和生态破坏责任

1. 两个以上污染者污染环境造成他人损害的，污染者承担〔　　〕。（2020-非法学-22-单）（2020-法学-12-单）⑧

A. 按份责任　　B. 连带责任

C. 过错责任　　D. 公平责任

2. 甲工厂、乙工厂分别位于某河流的上游和中游，两工厂单独排放的废水均不会造成损害，但废水汇集后导致下游丙的鱼塘的鱼大量死亡。对于丙的损失〔　　〕。（2017-非法学-36-单）⑨

A. 甲、乙均不承担责任

B. 甲、乙承担按份责任

C. 甲、乙承担连带责任

D. 甲、乙、丙三方分担

3. 根据《侵权责任法》的规定，污染环境造成损害的，污染者承担侵权责任的归责原则是〔　　〕。（2014-非法学-25-单）⑩

A. 公平责任原则

B. 过错责任原则

C. 无过错责任原则

D. 过错推定责任原则

六、高度危险责任

1. 甲公司与乙公司签订运输合同，约定由乙公司将甲公司的氯气运至某市。甲公司在装运时未按规定使用专用容器。运输途中一罐氯气滚落到马路上，乙公司的司机甄某未察觉，氯气泄漏致数人中毒。受害人的损害应由〔　　〕。（2016-法学-13-单）①

---

① B　② ACD　③ C　④ ABD　⑤ A　⑥ BC
⑦ ABCD　⑧ 无（公布答案是 A）　⑨ B　⑩ C

A. 甲公司承担全部责任
B. 乙公司承担全部责任
C. 乙公司与甄某承担连带责任
D. 甲公司与乙公司承担连带责任

2. 根据《侵权责任法》的规定，民用航空器造成他人损害的，民用航空器经营者的免责事由是〔 〕。(2014-非法学-28-单)②

A. 战争
B. 不可抗力
C. 受害人故意
D. 受害人重大过失

七、 饲养动物损害责任

动物园的动物造成他人损害，动物园不承担责任的情形是〔 〕。(2021-非法学-34-单)③

A. 动物园能够证明该致损动物并非危险动物
B. 动物园能够证明损害系第三人的过错造成
C. 动物园能够证明尽到管理职责
D. 动物园能够证明损害系被侵权人重大过失造成

八、 建筑物和物件损害责任

1. 某地多日暴雪，甲在公交站等车时，站台顶棚因积雪过多塌落，将甲砸伤。该公交站站台系乙公司设计、丙公交公司管理。甲的损害应由〔 〕。(2020-非法学-21-单)(2020-法学-11-单)④

A. 本人承担
B. 乙公司赔偿
C. 丙公司赔偿
D. 乙公司和丙公司共同赔偿

2. 某公司货车在途经竣工不久的高架桥时，大桥突然坍塌，货车倾覆，司机重伤，货物毁损。该损害应由〔 〕。(2015-法学-17-单)⑤

A. 施工单位单独承担责任
B. 建设单位单独承担责任
C. 建设单位和施工单位承担连带责任
D. 施工单位和监理单位承担连带责任

3. 甲承租乙的房屋。某日，甲在阳台上修剪花草，顺手将剪刀放在阳台边上，不料剪刀被大风吹落，扎伤行人丙。丙的损害应由〔 〕。(2015-非法学-38-单)⑥

A. 甲单独承担责任
B. 乙单独承担责任
C. 丙自行承担
D. 甲、乙共同承担责任

4. 市政公司在挖掘的坑道两侧设置了障碍物和夜间警示灯。某夜，甲酒后驾车，撞毁障碍物和夜间警示灯后逃逸。次日凌晨，乙骑自行车经过时摔入坑道受伤。乙的损失应当〔 〕。(2013-非法学-39-单)⑦

A. 由市政公司承担赔偿责任
B. 由甲承担赔偿责任
C. 由市政公司和甲承担连带责任
D. 由乙自己承担

九、 主观题

简述产品责任的构成要件及其责任形式。(2015-法学-33-简答)

---

① D ② C ③ C ④ C ⑤ C ⑥ A ⑦ A